제 2 판

비교경찰론

이성용 · 권선영 · 김영식

이기수 · 이훈 · 장응혁 · 최대현

제2판 머리말

2015년 비교경찰론을 출간한 이후 개정판을 기대하는 목소리를 직간접으로 접하고 있었음에도 이제서야 2판을 출간하게 되었음에 미안한 마음이 앞선다.

그간 우리나라 경찰제도에는 근본적이고 혁신적인 변화가 있었다. 형사소송법 등의 개정으로 형사사법 시스템이 변화되었고, 자치경찰제도는 아직도 뚜렷한 방향을 잡지 못하고 표류 중이다.

다행히 외국 경찰제도의 경우 우리나라와 달리 도드라진 제도의 변화를 감지할 수는 없었고, 치안통계와 관련 수치의 업데이트, 주변 치안 환경의 변화 등이 이번 개정판에서 반영되었다.

국제적 치안 환경은 급속도로 변화하고 있다. AI, 가상화폐, 다크웹 그리고 보이스피싱 등 새로운 치안 문제에 대응하기 위한 국제협력은 더욱 강화되고 있고 치안 한류를 위한 우리 경찰의 활동도 활발하다. 코로나가 종식되면서 국민의 해외 진출도 확대되고 해외 경찰주재관에 대한 기대와 수요도 더욱 높아지고 있다.

이런 시대 상황에 발맞춰 최근 경찰 채용시험에 변화가 있었고, 경찰학 과목에서 비교경찰 영역이 출제범위에 포함되었다. 과거 외국 경찰제도에 대한 충분한 이해 없이 지엽적인 문제를, 그마저도 잘못 출제하여 논란이 된 사례가 있었음을 기억한다. 법률이나 일반 이론문항들은 법문이나 이론서를 통해 충분한 검증이 가능하나 비교경찰 문항의 경우 이러한 검증이 어렵다.

경찰학 강좌를 개설하는 대학에서 교수님들이 가장 꺼리는 과목이 비교경찰론이라고들 한다. 시간강사를 구하는 것은 더더욱 어렵다. 외국 경찰을 연구하고 경험한 어떤 연구자도 여러 나라의 경찰제도를 두루 이해하고 강의하기는 쉽지 않은 일이기 때문이다.

이 책을 통해 대학 및 경찰교육 현장에서 비교경찰에 대한 보다 흥미롭고 현실감 있는 강의와 학습이 진행되고, 국제적 안목과 식견을 가진 경찰 실무가들을 양성할 수 있기를 기대해 본다.

2023년 7월

이 성 용

머 리 말

쉬운 일이 아닐 것이라는 예감은 처음부터 적중했다. 주요국가 경찰의 모습을 제대로 풀어내고 우리의 그것과 비교할 수 있으려면, 경찰을 넘어 역사와 문화, 제도와 행태에 대한 깊은 이해가 필요할 것이다. 뿐만 아니라 우리나라 경찰제도에 대한 충분한 학술적 · 실무적 경험도 요구된다.

이렇다보니 이미 깃발을 곧추세운 험난한 여정을 함께 하실 승선자 명단작성도 난항이었고, 엄선된 분들에게는 삼고초려도 마다할 수 없었다. 전국에서 모인 7인 저자들의 도원결의는 2014년 대전에서 그렇게 오리를 구워가며 시작되었다.

이미 외국경찰제도에 대한 훌륭한 선행연구들이 있는 마당에, 차별화될 수 있는 저작을 출간할 수 있을 것인지 우려도 앞섰다. 그렇지만 시시각각 변화하는 비교제도연구는 계속해서 많은 연주자들에 의해 변주될수록 우리네 그것과 보다 어우러지는 화음을 만들어 낼 것이라 믿었다.

기존 연주자들과 다른, 보다 풍부한 화성을 찾고자 英, 美, 獨, 佛, 中, 日의 오리지널 사운드트랙을 직접 음미하고 비교하는 작업을 거쳤다. 더군다나 참여한 분들이 다양한 음색을 가진 해당국가 특유의 원산 음악을 이미 섭렵하고 각기 개성 있는 연주법들을 마스터하고 계셨으니 더 말해 무엇 하랴. 남은 과제는 개성을 줄이고 화음을 만들어가는 숙성과정 뿐.

비교연구의 1차 목적은 연구대상의 비교를 통해 우리문제의 해결책을 모색하고, 다른 제도의 이해를 높이는 것이다. 그 방법론에서는 비동등성이 전제되어야 한다. 미국 폴리스라인의 당위성은 주민자치의 전통에서, 독일경찰의 정치중립에 대한 국민신뢰는 정치경찰에 대한 뼈저린 반성에 이어진 정보경찰과의 결별에서 비롯된다.

이 책은 대학에서 경찰을 탐구하는 학생들을 위해 집필되었지만, 동시에 경찰을 연구하는 학자들 그리고 경찰정책을 담당하는 실무자들에게 실질적인 도움이 되고자 노력하였다. 쉽게 읽히도록 난해한 이론이나 설명보다는 간결한 문체와 도표, 그림을 적극 활용했다. 새로운 시각과 생각거리를 위한 심화자료는 별도로 삽입시켰다. 연구의 목차와 연구방법의 체계성을 위해 몇 번이나 저자들이 모여 난상토론을 하며 의견을 수렴했다. 때문에 준비된 소주잔은 언제나 뒤쪽으로 물려져야만 했다.

비교경찰연구의 수단적 가치는 경찰의 국제협력에서 도드라진다. 학식과 더불어 인터폴 실무경력을 갖춘 오랜 벗이 이 화룡점정을 위해 자판과 씨름했다.

끝으로 실무적 관점에서 집필을 자문해 주신 주독 경찰주재관 이교동 경정의 아낌없는 도움에 감사를 표하고, 아울러 저자들의 지루한 학술논쟁 자리에 언제나 함께였던 '철원의 현빈' 박영사 박세기 차장님, 섬세한 교정과 검토로 완성도를 높여주신 박영사 배우리 님의 노고도 잊지 않으려 한다.

걸작을 만들지는 못했을지라도 걸작을 위한 열정이 있었음은 기억되기를.

2015년 7월

이 성 용

함께 하신 모든 저자들을 대신하며

차 례

독 일   [이 성 용]

미 국　　　　　　　　　　　　　　　　　　　　　　　[이　훈]

일 본   [장 응 혁]

중 국 [이 기 수]

경찰의 국제공조 　　　　　　　　　　　　　　　　　　　[권 선 영]

Germany

독 일

독일의 16개 각 주는 각기 상이한 경찰제도를 운영하고 있으며, 경찰이라 불리는 조직의 사무범위 또한 차이가 있다. 독일의 경찰조직을 이해하기 위해서는 연방차원의 경찰조직과 주 정부 차원의 경찰조직을 구분해야 한다. 독일의 경찰활동은 주 경찰을 중심으로 수행되고 있으므로 먼저 주 경찰조직에 관해서 살펴본 후, 연방차원의 경찰조직을 설명하기로 한다.

[이 성 용]

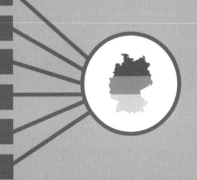

1. 독일의 생성과 발전

서유럽에 위치한 독일은 16개의 주로 구성된 연방공화국(Bundesrepublik)이다. 국가면적은 약 35만㎢로 한반도의 약 1.6배이며, 인구는 약 8천4백만명(2022년 기준)으로 명실상부한 유럽 최강대국이다.

오랜 기간 독일은 수많은 영주국가로 분리되어 있다가, 1871년에 이르러 비스마르크의 주도로 독일제국으로 통일되었다. 1차 대전 중이던 1918년, 독일혁명으로 왕정이 무너지고 바이마르 공화국(1919~1933)이 수립된다. 1933년 히틀러는 권력을 장악하고 중앙집권적인 전체주의 국가를 세웠다(제3제국).

2차 대전 패전 이후, 프랑스, 영국, 미국이 통제하던 서방측에 독일연방공화국(BRD)이 수립되고, 소련 주둔지역은 독일민주공화국(DDR)이 등장한다. 두 나라는 각각 '서독'과 '동독'으로 불렸으며, 베를린 역시 서베를린과 동베를린으로 갈라졌다.

냉전의 상징이던 베를린 장벽은 1989년 국경이 개방되면서 무너지고, 1990년 마침내 독일은 재통일을 이룬다.

2. 행정체계

독일의 16개 연방 주는 각각의 헌법과 정부, 법원을 구성하고 입법·사법·행정권을 행사하며 대내적으로 국가적 권능을 가지지만, 국제법적인 국가권한의 행사는 제한되며, 분권주의에 따라 연방과 주의 권한이 배분되어 있다.[1] 국가원수로 임기 5년의 대통령이 있지만, 실질적인 정치·행정의 권한은 연방총리가 행사한다. 연방총리(Bundeskanzler)는 상원과 하원으로 이루어진 연방의회의 과반수를 얻

---

1 우리나라의 광역자치단체 중 광역시가 존재하는 것처럼, 독일 베를린, 함부르크, 브레멘은 도시 자체가 하나의 주의 권능을 가지고 있다. 독일어로는 이를 'Stadtstaaten(도시 주: City States)'라고 한다.

어 대통령이 임명하며 임기는 4년이다. 2021년 12월, 독일 제9대 총리로 올라프 숄츠(Olaf Scholz)가 임명되었다.

3. 치안과 사법체계

가. 치안현황

특정국가의 치안상황을 다른 국가와 단순비교하는 것은 쉽지 않다. 국가마다 사법체계, 범죄 구성요건이 다르고 사법통계에 대한 신뢰도 차이를 보일 뿐만 아니라, 객관적인 범죄통계에 포함되지 않는 암수범죄를 파악하는 것도 쉽지 않기 때문이다.

국가의 치안수준을 평가할 수 있는 지표로 통상 살인범죄 발생률이 비교되는데, 다른 범죄와 달리 살인사건은 예외 없이 경찰에 접수되기 때문이다. 인구 10만 명당 살인사건 발생빈도를 비교한 OECD 자료에 의하면, 독일은 0.4로 조사대상 41개국 중 10위를 차지하고 있다(우리나라는 0.8로 19위). 체감치안을 평가하기 위한 '밤에 혼자 걷고 있을 때 안전하다고 느끼는가'라는 질문에는 독일 국민 76.15%가 '그렇다'라고 대답하여 OECD 평균인 74%를 상회하며, 조사대상 41개국가 중 22위를 차지하고 있다(한국은 82.02%로 11위).[2] 필자의 개인적 경험으로는 독일이 유럽에서 가장 안전한 국가 중 하나에 해당하지만, 우리나라만큼의 치안 수준을 유지하고 있다고 보기는 어렵다. 그런데도 살인사건 발생률에서 우리나라가 더 높은 이유는 독일인들이 이성적인 반면, 한국인들은 충동적이고 감정적인 성격이 강해서 우발적인 살인의 발생빈도가 높은 것이 아닌가 하는 추측이다.

한편 국민이 경찰에 대해서 느끼는 경찰의 신뢰도 측정 결과는 객관적 범죄 통계와는 사뭇 다르다. 독일의 통계 플랫폼인 Statista에서 2022년도 실시한 28개국의 경찰 신뢰도 조사 결과 덴마크와 네덜란드가 58%로 공동 1위, 스웨덴이 55%로 3위, 독일은 53%로 4위를 차지했다. 반면 우리나라는 24%로 폴란드, 컬럼비아와 함께 공동 22위에 그쳤다.[3] 이런 결과는 정치권력과 연계된 고위직 경찰 부패에 대한 부정적 인식에 기인한 것으로 보인다(1991년 경찰청 출범 이래 역대 우리나라 경찰청장 22명 중 10명이 범죄혐의로 형사처벌을 받았다).

---

2 https://www.oecdbetterlifeindex.org/topics/safety/

3 https://www.statista.com/statistics/1274278/trust-in-police-worldwide-by-country/

나. 사법시스템

독일은 전통적인 대륙법계 국가로서 그 사법제도가 일본을 거쳐 우리나라에까지 영향을 미쳤다. 1988년 구성된 우리의 헌법재판소도 독일 연방헌법재판소를 모델로 한 것이며, 형사사법제도 또한 마찬가지다. 프랑스에서 시작된 검찰제도는 독일을 통해 발전되었고, 이에 따라 수사경찰이 검찰의 지휘를 받는 전통이 이어지고 있다.

독일헌법은 '기본법(Grundgesetz)'으로 불린다. 1949년 서독에서 제정될 당시, 동독과의 통일 이전까지의 임시헌법이라는 의미에서 '헌법(Verfassung)'이라는 명칭대신 '기본법(Grundgesetz)'을 사용했는데, 1990년 통일 이후에도 이를 바꾸지 않고 그대로 사용하는 것이다. 기본법에 따라 독일의 입법권은 원칙적으로 연방이 아닌 16개 연방 주에 존재하지만(기본법 제70조), 연방에서만 독자적으로 입법권을 행사하거나, 입법우선권을 가지는 분야가 별도로 명시되어 있다(기본법 제73조 내지 74조).

기본법에 근거, 독일의 형법과 형사소송법은 연방법으로 제정되어 있으며, 각 주의 검사, 사법경찰관리들은 연방법에 따른 형사사법절차를 집행하게 된다. 반면 사법경찰의 영역이 아닌, 위험방지의 행정경찰은 16개의 연방 주에서 입법권을 가짐에 따라, 주마다 독자적인 경찰작용법4이 제정되고, 주 경찰들은 이 법에 따라 경찰권을 행사한다. 연방법인 형사법에 따라 사법경찰활동은 검사의 지휘를 받는 반면, 공공의 안녕과 질서유지를 목적으로 하는 위험방지 활동(행정경찰작용)은 경찰의 고유한 재량영역으로 인정되었다. 이로 말미암아 경찰의 독자적인 위험방지활동이 사법경찰활동으로부터 엄격하게 분리되고 있다.

---

4 우리나라의 「경찰관직무집행법」에 해당한다.

Ⅱ. 경찰의 발전과정

1. 19세기 이전

비스마르크의 독일통일 이전까지 수많은 영주국가로 분리되어 있던 독일에서 경찰활동의 시작을 확인하는 것은 쉽지 않다. 가장 오래된 경찰활동은 1630년경의 뉘르베르크의 예산자료에서 확인할 수 있다.[5] 시에서 고용한 야경원(Nachtwache, 夜警)들은 야간 거리순찰과 소등, 주거와 상점의 출입문 및 창문을 점검하였다. 또한 범죄발생억지 및 사회상규상 바람직하지 않은 주취, 구걸, 욕지거리 등을 통제하는 역할을 담당하였다.[6] 16세기 이후 야경제도는 유니폼을 착용하고 순찰활동을 하는 제도로 정착되어 세계적으로 확산되어 갔다. 그러나 이들은 경찰조직이라기보다는 민간인에게 봉급을 주고 순찰업무를 맡겼다는 의미에서 경찰의 전신(前身)으로 평가된다.[7]

근대적인 경찰조직은 1848년 국왕 프리드리히 빌헬름 4세의 지시로 창설된 베를린의 왕립경찰대(Königliche Schutzmannschaft)에서 비롯되었다.[8] 영국 경찰을 모델로 군과 구별되는 제복을 착용한 무장경찰이 탄생한 것이다. 이보다 앞서 1809년에는 그루너(Karl Justus Gruner)가 베를린 최초의 경찰청장으로 임명되었고, 1811년에는 법원으로부터 분리된 최초의 수사경찰 조직이 구성되었다.

1878년에는 형사소송법에 따라 일정 직급의 경찰관들을 검사를 보조하는 사법경찰관으로 임명하여 공식적인 사법경찰권을 부여한다.

---

5 BDWS, Nachtwachwesen älter als die Polizei, WS Information 1983, Nr. 159, 10면.

6 Nelken, Das Bewachungsgewerbe, 25면 이하.

7 Mahlberg, Gefahrenabwehr durch gewerbliche Sicherheitsunternehmen, 26면; Huber, Wahrnehmung von Aufgaben im Bereich der Gefahrenabwehr durch das Sicherheits- und Bewachungsgewerbe, 42면.

8 http://www.berlin.de/polizei/verschiedenes/historie/artikel.88045.php

2. 나치치하의 경찰

민주주의를 표방하던 바이마르 공화국이 나치의 집권으로 역사의 뒤안길로
사라지면서, 더 이상 법에 의한 지배(rule of
law)가 아닌 독재권력에 의해 경찰권이 남
용되는 독일역사의 가장 부끄러운 경찰국
가의 시대가 시작되었다. '민족과 국가의
보호'라는 명분으로 정적인 공산주의, 사
회민주주의자들이 숙청되고, 언론의 자
유, 표현의 자유와 같은 헌법적 기본권이
제한없이 통제되었다. 자의적인 압수·수
색이 자행되고 대규모 감시가 진행되었다.

1933년 4월, 비밀국가경찰청(Geheime
Staatspolizeiamt)이 설립되고 비밀경찰 게슈
타포(Gestapo)가 경찰국가의 권력유지에 기
여하면서, 나치 친위대와 결속된 경찰조직
은 독재권력의 도구로 활용되었다. 1936년
히믈러(Himmler)가 독일 경찰청장, 그리고
SS(Schutzstaffel: 나치당 소속 질서부대) 조직의

[그림 1] 1941년 '경찰의 날'을 홍보하는 SS의 포스터(왼
쪽은 정치담당 경찰, 오른쪽은 일반치안경찰,
출처: http://commons.wikimedia.org)

수장을 겸직하면서, 정규경찰은 나치당과 연계되어 있던 SS 조직의 계급을 함께
부여받고, 양 기관의 상호 인사교류가 이루어짐에 따라 법치주의가 아닌 전체주
의적 정치 이데올로기가 경찰활동을 지배하였다.[9]

3. 2차 대전 이후

패전 이후 독일을 분할점령한 미국, 영국, 프랑스, 소련은 각각 과도기 경찰
조직을 구성한다. 소련점령지역에 1948년 독일민주공화국(DDR)이 수립됨에 따라,
동독에는 인민경찰(Volkspolizei)이 내무부에 조직되고, 국방부 산하에 국경경찰

---

9 박병욱, 독일 나찌시대 제국안전청의 긴 그림자, 경찰법연구 제11권 제2호, 2013, 253면.

(Grenztruppen)이 설립되었다.

연합국의 주도로 제정된 서독의 기본법은 얄타·포츠담 회담에서 발전된 독일의 '문민화(Entmilitarisierung), 탈나치화(Entnazifizierung), 민주화(Demokratisierung), 분권화(Dezentralisierung)' 원칙을 경찰에 그대로 적용하였다. 군대식 경찰조직의 와해, 무장의 축소, 그리고 경찰권을 각 주에 분산시켜, 연방의 경찰권은 국경경비, 연방수사 등 제한된 범위로 한정하였다. 특히 영국과 미국은 지역경찰이라는 앵글로아메리카식 경찰이념에 따라 독일 경찰의 임무를 '국가의 보호'에서 '시민에 대한 봉사'로 전환하고자 노력하였다.[10]

[그림 2] 2차 대전 이후 독일의 분할점령
(출처: http://commons.wikimedia.org)

주 정부 단위로 경찰권이 분권화됨에 따라 경찰수사의 원활한 협조와 조정을 위해 서독은 1951년에 비스바덴에 연방수사청(Bundeskriminalamt)을 창설하고, 공산국가인 동독, 체코슬로바키아 등과의 국경경비를 위해, 같은 해 연방국경수비대(BGS: Bundesgrenzschutz)[11]가 설립되었다.

4. 통일 이후의 경찰

1990년 동·서독이 통일되자, 구동독지역에 메클렌부르크포어포메른(Mecklenburg-Vorpommern), 작센(Sachsen), 작센안할트(Sachsen-Anhalt), 브란덴브르크(Brandenburg), 튀링엔(Thüringen)의 5개 주가 신설되고, 통일 전 동베를린과 서베를린으로 분단되었던 베를린은 단일 수도로 통합되었다.

구동독에서 중앙집권적 국가경찰조직으로 구성되어 있던 인민경찰(Volkspolizei)은 신설된 5개 주에 재임용되는 방식으로 통일된 독일연방공화국의 주 경찰조직

---

10 Lisken/Denninger, Handbuch des Polizeirechts, 4. Aufl. 2007, 28면.
11 독일 통일 이후인 2005년 연방국경수비대는 '연방경찰(Bundespolizei)'로 변경되었다. 여기에 관해서는 후술하기로 한다.

으로 편입되었다. 이 과정에서 동·서 베를린은 서베를린 중심으로 흡수통합되면서 주요 관리자가 서베를린 경찰관으로 교체되었고, 신설된 5개 주는 민주경찰제도의 수립을 지원하기 위해 구서독 주와 신연방 주간의 자매결연을 통한 인적·물적 교류와 교육지원 등이 추진되었다.[12]

> ❁ 독일 경찰의 탈경찰화
>
> 경찰법을 연구하는 독일 크네마이어(Knemeyer) 교수는 독일 경찰의 발전과정을 탈경찰화(Entpolizeilichung)의 경찰권의 축소과정으로 분석한다.[13]
>
> **1. 제1의 탈경찰화**
>
> 중세 절대국가에서 군주의 포괄적인 권한으로 인정되었던 경찰권은, 18세기 계몽주의 사상의 영향과 절대봉건 국가권력의 제한을 위해 적극적인 복리증진을 배제한 소극적 위험방지의 영역으로 축소된다. 이 과정에서 유명한 크로이츠베르크 판결이 등장하는데, 1882년 독일의 전신인 프로이센 상급행정법원이 전승기념비의 조망확보를 위해 건축물 고도를 제한하는 경찰명령이 위험방지가 아닌, 복리증진을 위한 조치이므로 무효라고 판단한 것이다.
>
> **2. 제2의 탈경찰화**
>
> 2차 대전 후 독일의 7개 주에 주둔한 미국과 영국군은 '위험방지'라는 실질적 경찰영역으로 통합되어 있던 기존의 경찰업무를, 영업·위생·건축 등 일반행정기관에 의해 수행되는 좁은 의미의 행정경찰사무와 제복경찰에 의해 수행되는 직접적인 위험방지 경찰활동으로 구분하고 경찰조직을 분리시킨다. 이에 따라 우리가 통상 '경찰(Polizei)'이라고 지칭하는 제복공무원들의 직무에서 일반행정적 위험방지 임무가 제외되고, 일반행정기관에 의해서 수행되기 곤란하고 즉각적인 경찰강제권을 필요로 하는 급박한 상황에서의 공공안녕·질서유지, 국민의 생명·신체·재산 등의 보호임무로 그 영역이 다시금 축소된다.
>
> **3. 제3의 탈경찰화**
>
> 1990년대 이후 경찰의 변화로서, 사회안전과 범죄예방에 대한 책임이 기존 경찰에서 지역사회, 민간의 영역으로 재분배되는 것이다. 현대사회는 위험방지 영역에서 기존 국가의 독점적 역할이 점차 민간경비, 시민들의 자율방범활동 등을 통해 새로이 분산되는 것이다. 이는 '사인에 의한 경찰행정', '경찰업무의 민영화' 논의와 그 맥락을 같이하고 있다.

---

12 임준태 외, 비교경찰제도론, 2012, 454–459면.
13 Knemeyer, Polizei– und Ordnungsrecht, 11. Aufl. 2007, 4–17면.

Ⅲ. 경찰의 조직

앞서 설명한 것처럼 연방국가인 독일의 경찰권은 기본법에 따라 원칙적으로 각 주의 고유한 권한으로 유보되어 있다. 각 주에서는 주의 실정에 따라 경찰조직, 작용에 관한 주법을 제정하고, 경찰조직의 구성, 권한의 행사를 규율하고 있다.[14]

한편 기본법은 국경경비, 경찰상 정보관리, 범죄수사를 관할하는 중앙행정기관을 설치할 수 있도록 규정하고 있어(제87조 제1항 제2호), 이에 따라 연방경찰청(Bundespolizei), 연방수사청(Bundeskriminalamt) 등의 연방경찰기관이 설치된다.

따라서 독일의 경찰조직을 이해하기 위해서는 연방차원의 경찰조직과 주 정부 차원의 경찰조직을 구분해야 한다. 독일의 경찰활동은 주 경찰을 중심으로 수행되고

[그림 3] 연방과 16개 주의 문양
(출처: www.polizei-de)

있으므로 이하에서는 우선 주 경찰조직에 관해서 살펴본 후, 연방차원의 경찰조직을 설명하기로 한다.

1. 주 경찰조직(바덴 뷔르템베르크/바이어른/베를린 경찰을 중심으로)

독일의 16개 각 주는 각기 상이한 경찰제도를 운영하고 있으며, 경찰이라 불리는 조직의 사무범위 또한 차이가 있다. 공공의 안녕과 질서에 관련한 주 정부의 행정을 광범위하게 담당하는 경찰조직이 있는 반면, 경찰과 질서행정청을 분리하여 경찰조직의 사무범위를 축소시킨 주들도 있다. 독일의 분권화된 경찰제도

---

14 예를 들어 노르트라인베스트팔렌(Nordrhein-Westfalen) 주 경찰조직법 제1조에서는 "경찰은 주의 소관사무이다."라고 규정한다.

를 이해하기 위해서는 16개 각 주의 경찰조직과 기능을 모두 고찰하는 것이 가장 정확할 것이나, 분권화된 다양한 주 경찰활동과 사무의 단순한 나열은 도리어 특정 국가의 경찰을 이해하는데 혼란만을 가중시킬 수도 있다.

　　이 책에서는 16개 주의 경찰모델 중 대표성을 가진(pars pro toto) 특징적인 3개의 주 단위 경찰을 중점적으로 설명하기로 한다.

> ⊛ 우리나라의 탈경찰화
>
> 　우리나라도 해방 이후 미군정기를 거치면서 독일과 마찬가지로 두 번째 탈경찰화 과정을 거치게 되었다. 과거 일본 경찰이 담당하던 출판경찰·위생경찰·경제경찰의 역할을 더 이상 제복경찰조직이 담당하지 않고, 일반행정기관인 지방자치단체에서 담당하도록 한 것이다. 장물유통을 예방한다는 명분으로 경찰서장의 허가를 통해 규제하던 전당포, 고물상 등의 영업이 1990년대에 이르러 관련 법개정을 통해 경찰허가를 필요로 하지 않는 영업으로 변화된 것도 제2의 탈경찰화 과정이다. 따라서 건축·위생·경제 등 일반 행정경찰사무를 경찰조직이 아닌 지방자치단체에서 담당하고 있는 우리나라도 분리모델을 채택하고 있다고 볼 수 있다.
>
> 　현행 「사행행위 등 규제 및 처벌특례법」에서는 아직도 사행행위 영업을 할 경우 지방경찰청장의 허가를 받도록 규정하고 있지만, 경마·경륜·경정·스포츠 토토·관광카지노 등 대부분의 사행영업은 특별법에 의해 문화체육관광부, 농림축산식품부, 기획재정부 등 일반 행정기관에서 허가를 담당하고 있어, 사행영업에 대한 경찰의 허가권은 사실상 사문화되고 있다. 형식적으로나마 유지되고 있는 경찰의 사행영업 허가권은 미처 탈경찰화되지 못한 전근대적 잔재이다.

가. 바덴 뷔르템베르크 주 경찰

1) 주 개관

바덴 뷔르템베르크(Baden-Württemberg) 주는 독일 남서부에 위치하고 있으며 1952년 Würtemberg-Baden, Baden 및 Württemberg- Hohenzollern의 병합으로 구성되었다. 주도(州都)는 포르쉐, 벤츠 등의 본사가 위치한 자동차 산업 중심지인 슈투트가르트(Stuttgart)이다. 면적은 35,673.27㎢이며 인구는 2021년 기준 1,112만명이다.[15] 인구와 면적대비로 바덴 뷔르템베르크는 독일에서 세 번째로 큰 주가 된다.

---

15 http://www.statistik.baden-wuerttemberg.de/SRDB/Tabelle.asp?H＝BevoelkGebiet&U＝02&T＝01
　035050&E＝LA&R＝LA

바덴 뷔르템베르크는 프라이부르크, 칼스루에, 슈투트가르트, 튀빙엔 등 4개의 지방 행정구역(Regierungsbezirke)으로 구분된다. 지방 행정구역에는 우리의 군에 해당하는 란트크라이스(Landkreise)와 자치도시인 슈타트크라이스(Stadtkreise)[16]가 속하는데 바덴 뷔르템베르크 전체에 35개의 란트크라이스와 9개의 슈타트크라이스가 있다.

[그림 4] 바덴 뷔르템베르크 위치

2) 경찰의 발전

2차 대전 이후 영국, 미국의 점령지역에서 질서관청과 경찰의 분리를 통해(제2의 탈경찰화), 치안활동에서의 권력분립을 유지하고 경찰권의 남용을 제한하였으나, 프랑스 주둔지역인 바덴 뷔르템베르크는 통합적 경찰체제를 그대로 유지한 채, 경찰의 조직은 행정경찰관청(Polizeibehörden)과 제복경찰부서(Polizeivollzugsdienst)로 구성되었다.

미국이 2차 대전 승전 후 일본에서 5,000명 이상의 시·정·촌(기초자치단체) 단위로 분권화된 민주적 자치경찰제도를 도입했던 것처럼, 독일에서도 인구 5,000명 이상의 게마인데(기초자치단체)에서 독자적인 집행경찰을 구성하도록 하였다. 그러나 1955년 11월 21일 제정된 바덴 뷔르템베르크 경찰법은 인구 75,000명 이상의 도시에서 자치경찰 조직을 구성하도록 하였다. 이에 따라 칼스루에(Karlsruhe), 만하임(Mannheim), 슈투트가르트(Stuttgart), 포르츠하임(Pforzheim)이 시 단위 경찰조직을 구성하였다. 그러나 자치단체의 경제적 문제로 인해 1960년대에 경찰조직을 다시 주 단위로 편성하려는 노력이 있었다.[17] 1972년에는 만하임이, 1973년에는 슈투트가르트가 도시경찰조직을 주 단위 경찰로 통합시키는 등 주 경찰로의 통합이 진행되었다.

---

16 타 주에서는 통상 kreisfreie Städte라 칭한다.

17 http://www.zeit.de/1966/52/lieb-aber-zu-teuer

3) 경찰의 조직

가) 주 경찰국(Landespollizeipraesidium)

독일 각 주의 경찰조직은 모두 주 내무부 소속하에 편성된다.[18] 따라서 주 내무부장관은 주의 치안에 관한 총괄 책임자다. 바덴 뷔르템베르크 주 내무부에는 5개 국이 소속되어 있는데, 그 중 3국(Abteilung 3)이 주 경찰청(Landespollizeipräsidium)으로서 제복경찰 조직을 지휘하는 최상급 부서이다. 주 경찰청은 직접적으로 구속력 있는 명령을 하부 집행경찰조직에 발할 수 있다. 경찰의 최상위 기관인 주 경찰청이 주 행정부로부터 독립성을 부여받는 외청이 아니라 내무부장관 직속의 하나의 국으로 편성되어 있다는 사실은 특기할 만하다. 바덴 뷔르템베르크 주 경찰의 수장은 주 경찰국장(Landespolizeipräsident)인데, 연방과 유럽차원에서 주 경찰사무에 대하여 내무부장관을 대리하지만, 경찰공무원의 신분을 가지는 것은 아니다.

바덴 뷔르템베르크는 경찰조직이 주 내무부의 하부 행정조직으로 되어 있으므로, 경찰국장은 전통적으로 사법시험을 합격하여 변호사 자격을 가진, 주 행정부 고위 행정관료 중에서 임명된다.

주 경찰청의 부책임자는 경찰관리관(Inspekteur der Polizei)인데 경찰관리관은 주에서 최상위 계급의 경찰공무원이다.

내무부 3국인 주 경찰청의 조직은 주 경찰국장을 정점으로 경찰관리관, 그리고 제31과(Referat 31)부터 제36과(Referat 36)까지 6개의 과로 구성된다. 주 경찰청의 내부조직 및 사무분장은 다음과 같다.

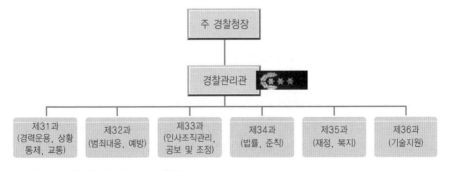

[그림 5] 주 경찰청의 내부조직 및 사무분장

---

18 주 내무부는 경찰 이외에도 헌법보호(Verfassungsschutz: 정보기관의 임무수행), 소방, 재난안전, 선거, 외국인관리 등 위험방지에 관련한 모든 사무를 총괄하고 있다.

주 경찰국의 지휘를 받아 주 관할에서 경찰사무를 집행하는 경찰집행기관으로는 우선 주 수사청(Landeskriminalamt), 기동경찰청(Bereitschaftspolizeipräsidium), 슈투트가르트 경찰청(Polizeipräsidium Stuttgart), 지방행정청(Regierungspräsidien)이 있다. 경찰집행기관은 아니지만 경찰교육기관으로서 경찰관 재교육을 담당하는 경찰아카데미(Akademie der Polizei)[19]와 우리나라의 경찰대학처럼 초급간부교육을 담당하는 주 경찰대학(Hochschule für Polizei)이 있다.[20]

2022년 기준 바덴 뷔르템베르크 산하 경찰관서에는 35,000명의 종사자가 재직중인데, 이중 정규 경찰관은 29,000명이다.

나) 주 수사청(Landeskriminalamt)

연방법으로 제정된 연방수사청법(BKAG) 제3조는 각 주에서 의무적으로 주 수사청을 설치하도록 의무화하고 있다. 바덴 뷔르템베르크의 주 수사청은 주 경찰법 제70조 제1항 제1호에 근거하여 슈투트가르트에 설치되었다. 연방수사청법 제1조 제2항에 따라 주 수사청은 연방의 범죄수사청과 공조를 유지하여야 하고 범죄관련 정보제공의 직무를 수행해야 한다. 주 수사청의 구체적 임무는 주 경찰법 집행규칙(Verordnung des Innenministeriums zur Durchführung des Polizeigesetzes) 제10조에서 정하고 있다. 우선 제10조는 일반적 직무를 부여하는데, 경찰의 범죄대응(Kriminalitätsbekämpfung)에 대한 지휘와 감독이 그것이다. 또한 범죄예방에 있어서 제복경찰부서들과 협력하는 공조활동을 한다. 이는 중앙기구로서의 주 수사청의 지위에서 비롯된다고 하겠다.[21]

주 경찰법 집행규칙 제11조는 주 수사청의 개별직무를 규율한다. 제1호는 범죄에 대한 예방적 대처 및 형사소추를 위한 정보의 수집·분석과 배포, 제2호는 경찰 정보시스템의 운영에 관한 것이고 제17호는 연방수사청에 대한 정보제공이다. 제12조는 주 수사청의 수사권한을 규정한다. 특별히 중한 경우, 기술적 보조장치나 주 전역에 걸친 관할없이는 수사가 불가한 경우가 해당한다. 구체적으로 주 수사청이 고유한 수사권을 가지는 범죄로는 극우주의와 같은 정치적 동기에

---

19 경찰아카데미는 경찰관의 보수교육을 담당하고, 신임경찰의 선발과 교육은 기동경찰서의 경찰학교에서 수행한다.

20 § 70 PolG BW.

21 Würtenberger/Heckamann/Riggert, Polizeirecht in Baden-Württemberg, 5. Aufl. 2002, S. 67.

의한 범죄, 테러범죄, 핵유출범죄, 마약범죄, 돈세탁을 포함한 조직범죄, 조직적 인신매매, 무기거래 등이다.22 이외의 일반 범죄는 모두 관할 경찰관서의 수사부서에서 담당한다. 고유한 수사사무이외에 수사지원업무로서 증인보호, 범죄수익몰수, 위장수사관 투입, 범죄감식 등을 맡고 있다.

다) 기동경찰청(Polizeipraesidium Einsatz)

1950. 10. 27, 연방정부와 주 정부들은 주 기동경찰 설치에 관한 행정협약을 작성했다. 협약에 따라 각 주는 특별임무를 위한 기동경찰조직을 창설해야 한다. 기동경찰의 직무는 경찰임용 후보생들의 교육과 자연재해나 중대한 사고발생시 경찰부서의 지원역할이다. 우리나라의 경찰기동부대와 유사하다고 할 수 있다.

라) 지방경찰청(Regionale Polizeipraesidien)

바덴 뷔르템베르크는 수년 간 준비한 경찰조직 개혁을 2014. 1. 1, 마침내 단행했다. 이에 따라 과거 지역에 따라 경찰청·경찰서 단위로 산재되어 있던 37개의 중간조직들을 12개의 지방경찰청으로 통합·정리했다. 2022년 현재 주 내무부 소속으로 지역별로 13개의 지방경찰청이 설치되어 치안을 담당한다.

개편의 주 목적은 관리조직을 단순화시켜 시민친화적 현장조직을 강화하는 것이었다. 조직개편을 통해 경찰청/경찰서 관리부서에 근무하던 620명의 경찰과 240명의 행정인력이 추가로 현장활동에 투입할 수 있게 되어 치안을 강화할 수 있게 되었다.

경찰청에는 지구대관리부(Direktion Polizeireviere), 수사부(Kriminalpolizeidirektion), 교통부(Verkehrspolizeidirektion)가 편성되어 집행업무를 수행하고 있으며, 지구대 관리부 산하에 150개의 경찰지구대(Polizeireviere)와 360여 개의 파출소(Polizeiposten) 조직이 운영되고 있다.

지금까지 살펴본 바덴 뷔르템베르크 주 경찰의 조직구조를 정리하면 다음과 같다.

---

22 http://www.lka-bw.de/LKA/UeberUns/Seiten/ermittlungen.aspx

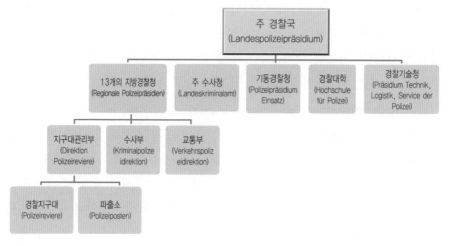

[그림 6] 바덴 뷔르템베르크 주 경찰조직

나. 바이어른 경찰

1) 주 개관

독일 남동쪽에 위치한 바이어른 주는 70,541㎢로서 독일에서 가장 큰 면적을 가진 주다. 인구는 1,318만명으로 노르트라인 베스트팔렌에 이어 두 번째로 많다.

바이어른 주는 7개의 지방행정구역으로 구분되는데, Oberbayern, Niederbayern, Oberpfalz, Oberfranken, Mittelfranken, Unterfranken, Schwaben이 여기에 해당한다. 7개의 지방행정구역은 다시 71개의 란트크라이스와 25개의 도시(kreisfreie Städte)로 구분된다.

2) 경찰의 발전

2차 대전이 끝난 후 바이어른에 주둔한 미 군사정부는 경찰을 비롯한 바이어른의 모든 행정기관을 해산시키고 행정권을 인수했다. 이후 문란한 치안상황으로 인해 경찰력의 새로운 구성이 요구되었고 분권화되고 민주화된 경찰조직의 구성을 계획하였다. 주의 전역을 주 경찰이 담당하도록 하면서도 인구 5,000명 이상의 게마인데에는 자치경찰을 설립할 수 있도록 하였다. 이외에도 바이어른에는 국경경찰, 주 수사청, 경찰학교가 설립되었다. 분권화된 경찰조직으로 인해 1,900여개의 경찰관서와 150개의 게마인데 경찰이 등장했다.

1951년 제정된 주 경찰조직법은 게마인데 경찰을 주경찰에 편입시킬수 있도록 하였고 150개의 게마인데 경찰조직은 1968년까지 33개로 줄어들었다. 1970년대에는 보안, 교통, 수사 등이 경찰서 조직에서 같이 수행될 수 있도록 경찰서 단위로 조직이 편성되었고 1975년 마침내 뮌헨시 경찰이 바이어른 주 경찰로 합병됨에 따라 주 경찰로의 경찰통합이 완성되었다.

[그림 7] 바이어른의 위치

2005년부터는 바이어른 경찰의 새로운 조직개편이 진행되었고 종전의 경찰서 단위 조직을 지방경찰청으로 흡수하여 기존 4단계의 조직계층을 3단계로 줄이는 조직개편을 단행하였다. 현재는 바이어른 주 내무부를 정점으로 10개의 지방경찰청, 주민의 치안사무를 직접 수행하는 지구대(Inspektionen)의 조직체계를 구성하였다.

3) 경찰의 조직

가) 주 내무부 및 산하조직

바이어른 경찰조직법 제1조 제3항 제2문은 경찰의 최상급 기관을 주 내무부로 규정하고 있다.[23] 따라서 경찰조직의 최고위 책임자는 내무부장관이 된다. 내무부 사무는 10개의 국에서 수행하고 있는데 경찰관련 사무는 공공의 안녕과 질서(Öffentliche Sicherheit und Ordnung) 담당부서인 제1－C국(Abteilung Ⅰ C)에서 담당하고 있다.

내무부 직속의 경찰기관으로는 주 수사청(Bayerisches Landeskriminalamt), 기동경찰청(Präsidium der Bayer. Bereitschaftspolizei), 경찰행정청(Polizeiverwaltungsamt) 및 10개의 지방경찰청(Polizeipräsidien der Landespolizei)[24]이 있다. 주 수사청 및 기동경찰청은 앞서 살

---

23 POG § 1, Abs. 3, "Oberste Dienstbehörde und Führungsstelle der Polizei ist das Staatsministerium des Innern."

24 지방경찰청은 Mittelfranken(in Nürnberg), München, Niederbayern(in Straubing), Oberbayern Nord(in Ingolstadt), Oberbayern Süd(in Rosenheim), Oberfranken(in Bayreuth), Oberpfalz(in Regensburg), Schwaben Nord(in Augsburg), Schwaben Süe－West(in Kempten), Unterfranken(in Würzburg)이다.

펴본 바덴 뷔르템베르크의 내용과 유사하므로 자세한 설명은 생략하기로 한다.[25]

주 경찰행정청(Polizeiverwaltungsamt)는 바이어른 주에서 발생한 교통위반사범에 대한 과태료 및 범칙금 부과를 담당한다. 2국(Abteilung Ⅱ: Zentrale VOWi-Stelle)에서는 최고 35유로의 과태료(Verwarnungsgelder) 부과를 담당한다. 40유로 이상의 범칙금(Bußgeld)는 3국(Abteilung Ⅲ: Zentrale Bußgeldstelle)에서 담당한다.[26]

나) 지방경찰청 및 산하조직

앞서 언급한 것처럼 2005년부터 시작된 조직개편으로 기존의 4단계의 경찰조직체계에서 경찰서가 사라지고 지방청이 직접 소속 지구대에 대한 지휘통제를 하는 3단계의 조직구조로 변경하였으며 2009. 10. 1, Oberfranken 지방경찰청이 3단계의 조직구조 변경을 완료함으로써 조직개편작업이 종료되었다. 10개의 지방경찰청 산하에는 현재 238개의 경찰지구대(Polizeiinspektionen)[27]와 19개의 파출소(Polizeistationen), 28개의 수사지구대(Kriminalpolizeiinspektionen) 등이 소속되어 있다.

조직편제의 핵심은 기존의 4단계 계층조직을 축소하고 범죄나 사고신고를 지방경찰청에서 직접 접수하여 지구대에 지시를 하달함으로써 보다 신속하면서도 효율적인 지휘체계를 유지하고자 하였다. 지역의 지구대와 수사지구대 조직은 종전과 그대로 유지된다. 8개의 중앙사무담당 수사지구대는 조직범죄, 국가보안범죄에 대한 수사를 담당하고 있다. 2008. 10. 1.부터는 바이어른 전지역에 상설 형사대응팀(Kriminaldauerdienst)가 편성되어 현장수사에 대한 보안경찰의 부담이 줄어들고 보다 신속한 24시간 즉응 수사체계가 유지되고 있다.

10개의 지방경찰청 중 아우크스부르크 지역을 담당하고 있는 슈바벤 노르트(Schwaben Nord) 경찰청을 살펴보면,[28] 16개의 일반 지구대와 2개의 교통지구대, 1개의 고속도로지구대, 2개의 수사지구대 및 1개의 파출소가 소속되어 있다.

---

25 기동경찰의 법적 근거는 경찰법 제6조에서 찾을 수 있다. 동조에 따라 기동경찰은 주 정부기관의 경비, 타경찰의 지원, 재난구호 등의 임무와 함께 하위직 경찰공무원의 신입교육과 보수교육을 관장한다. 주 수사청의 법적 근거는 경찰법 제7조에 있다.

26 http://www.polizei.bayern.de/verwaltungsamt/wir/organisation/dienststellen/index.html/1334

27 독일에서 경찰기관의 명칭은 주에 따라 상이하다. 바이어른의 Polizeiinspektionen은 바덴 뷔르템베르크의 Polizeirevier에 해당한다.

28 슈바벤 노르트 경찰청은 아우크스부르크 시와 란트크라이스인 아우크스부르크, 아이히아흐 프리드베르크, 딜링엔 및 도나우 리스를 담당하는데, 약 4,000㎢의 관할구역에 상주인구는 91만명이다.

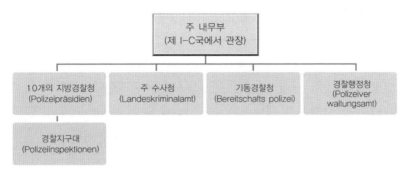

[그림 8] 바이에른 주 경찰 조직모형

다. 베를린 경찰

1) 개 관

베를린은 독일연방공화국의 수도이자 주의 권능을 가진 도시(Stadtstaat)로서 하나의 주를 구성한다. 약 370만명의 인구와 892㎢의 관할구역을 가진다. 유럽연합에서 인구로는 두 번째로 큰 도시이며, 면적으로는 다섯 번째 도시가 된다. 베를린은 12개의 구역(Bezirke)으로 구분된다. 베를린의 행정은 시장과 8명의 정부위원(Senatoren)에 의해 수행된다.

2) 베를린 경찰의 조직

가) 베를린 경찰국

베를린은 집권화된 경찰조직으로서 경찰국장(Polizeipräsident)이 지휘권을 갖는데, 직무감독(Dienstaufsicht)과 전문감독권(Fachaufsicht)[29]은 베를린 내무위원(Senatsverwaltung für Inneres)이 가진다.

나) 산하조직

베를린 경찰국(Der Polizeipräsident in Berlin)[30] 산하에는 5개의 경찰서(Polizeidirektionen)와 주수사청(LKA), 중앙사무경찰서(Direktion Zentrale Aufgaben), 중앙서비스관서(Zentrale Serviceeinheit)가 있다. 약 2만 2천명의 인력이 종사하고 있다. 경찰서 밑에는 평균

---

29 직무감독은 상급자로서 하급자의 직무수행을 감독하는 것이며, 전문감독은 합법성 심사에 대응하는 것으로 감독의 범위가 합법성은 물론 합목적성까지 미친다.

30 Der Polizeipräsident in Berlin은 베를린 주경찰의 공식명칭이다. ASOG Bln 제5조 제1항은 동법에서의 '경찰(Polizei)'이 'Der Polizeipräsident in Berlin'이라고 규정한다.

7개 정도의 파출소(Abschnitte)가 편성되어 지역주민과의 직접적인 접촉과 치안유지 임무를 수행한다.

베를린에는 총 39개의 파출소가 존재한다. 이외에도 올림픽경기장, 경륜장, 야외공연장, 테겔공항 등을 담당하는 경찰초소가 존재한다. 각각의 경찰서에는 크게 수사업무를 담당하는 대범죄과(Referat Verbrechensbekämpfung)와 일반 집행경찰 부서를 관장하는 중앙사무과(Referat Zentrale Aufgaben)로 구분된다.

대부분의 다른 주의 주 수사청이 수사의 중앙통제와 조정을 주 임무로 하고 있는데 반해, 베를린 주 수사청은 직접수사가 중심이 된다는 점에서 차별화된다.[31] 9개의 과로 구분되는데, 1과는 대인범죄로서 살인·납치·강도·방화·폭발·교통방해 등을 담당하고, 2과는 마약·밀수와 같은 초국경범죄, 3과는 지능·경제범죄, 4과는 조직범죄, 5과는 국가안보사범, 6과는 특수부대, 7과는 소매치기, 스포츠행사, 그래피티 등 특수한 유형의 범죄 및 기타 수사지원을 담당한다. 8과는 과학수사부서이고 9과는 동성애, 가정폭력, 소년, 학교, 노인 등을 대상으로 하는 범죄예방사무를 담당한다.

중앙사무경찰서(Direktion Zentrale Aufgaben)에서는 베를린 전역에 대한 특별한 경찰사무를 수행하는데, 이를 테면 수상경찰, 경찰견팀, 기동경찰, 경찰항공대 등이 배속되어 있다.

중앙서비스관서(Zentrale Serviceeinheit)는 중앙행정사무를 담당하는데 정보통신설비의 구축, 소속직원들의 신규교육과 보수교육, 범칙금 징수 등을 수행한다.

---

31 직접 수사를 본연의 업무로 한다는 점에서 'Ermilltungs-LKA'라고 불린다.

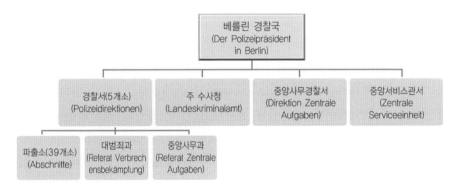

[그림 9] 베를린 경찰조직도

✪ 주 경찰활동의 공조

독일 경찰은 16개의 각 주에 분권화되어 있고, 경찰직무에 관한 법령 제정권도 모두 주 정부의 소관사항이다. 다만 연방차원의 통일적인 경찰사무 수행을 위해 각 주의 경찰을 대표하는 주 내무부장관들은 연방 내무부장관과 함께 내무장관 연석회의를 통해 경찰법제의 표준을 정하고, 각 주에서는 통상 이에 따라 주 법령을 제정하게 된다.

내무장관 연석회의의 치안분과 회의에는 연방과 주의 대표자뿐만 아니라, 연방수사청장, 연방경찰대학장도 당연직 위원으로 참여한다.

1977년 내무장관 연석회의는 '통일경찰법 모범초안(Musterentwurf eines einheitlichen Polizeigesetes)'을 작성했다. 법적인 구속력을 가지지 않는 권고안이지만, 이 초안에 따라 각 주들은 본질적으로 통일성 있는 주 경찰법제를 마련하게 되었다.[32]

[그림 10] 1990년 주 내무장관 연석회의 모습
(출처: Bundesarchiv)

---

32 Knemeyer, Deutsches Polizeirecht, DÖV 1975, 34 ff.; Knemeyer/Müller, Neues Polizeirecht in den jungen Bundesländern, NVwZ 1993, 437 ff.

2. 연방의 경찰조직

기본법에 따라 연방차원의 치안활동을 위해서 연방경찰청(Bundespolizei), 연방수사청(Bundeskriminalamt) 등의 연방경찰조직이 있으며, 연방의회 의장의 지휘에 따라 경찰권을 행사하는 의회경찰(Polizei DBT)도 존재한다. 그러나 의회경찰은 의회라는 제한된 구역에서만 경찰권을 행사하고 있어, 통상의 경찰과는 성격을 달리하므로 이 책에서는 다루지 않는다.

일부 국내문헌에서는 독일 정보기관인 헌법보호청(BfV)을 경찰기관으로 소개하기도 한다. 그러나 이러한 정보기관은 우리나라의 국가정보원과 달리, 시민들에게 직접적인 물리력을 행사할 수 있는 어떤 권한도 가지지 않는다. 따라서 독일 경찰법학계에서는 이를 경찰기관으로 분류하지 않는 견해가 지배적이며,[33] 이 책에서도 헌법보호청을 연방경찰기관으로 분류하지 않는다.[34]

✪ 연방경찰기관의 통합시도와 좌절

2010년, 마이찌레(Thomas de Maizière) 연방 내무부장관 주도로 설치된 연방치안기관 개선위원회는 미국 연방경찰기관인 FBI를 모델로, 5,500명의 인력으로 구성된 연방수사청과 4만여명으로 구성된 연방경찰청을 통합할 것을 제안했다. 내무부장관은 2013년까지 통합작업을 추진할 것을 발표하였으나, 연방수사청장 치르케(Jörg Ziercke)와 주 내무부장관들은 이에 반대했다.

그러나 2011년 내무부장관에 임명된 프리드리히(Hans-Peter Friedrich)는 통합계획을 철회하고, 통신과 교육통합을 통한 협력강화를 추진하게 된다.

---

33 Kugelmann, Polizei- und Ordnungsrecht, 2. Aufl. 52면; Knemeyer, Polizei- und Ordnungsrecht, 11. Aufl. 2007, 34면.

34 관점에 따라서는 감청, 미행 등 정보기관의 개인정보 침해적 권한행사를 근거로 경찰기관으로 볼 여지가 있다. 그러나 이 경우에는 미국의 CIA, 영국의 MI5, MI6, 우리나라의 국가정보원 등도 동일한 관점에서 모두 경찰기관으로 포함시켜야 한다. 대부분의 국내문헌은 이를 고려하지 못하고 있다.

가. 연방경찰청(Bundespolizei)

1) 개 황

연방경찰청의 전신은 1951년 연방국경경비를 위해 창설된 연방국경수비대(Bundesgrenzschutz)이다. 당시 1,393㎢에 이르는 구동독과의 국경, 356㎢에 달하는 구 체코슬로바키아와의 국경경비를 위해 설립되었으며 1961년부터는 국경여권검사 임무까지 맡는다. 처음에는 약 만명으로 시작되었으나 1953년 2만명으로 증원되었다가, 1956년 연방군이 창설되면서 약 절반가량의 국경수비대원이 군대로 소속을 변경하였다. 통일 이후 구동독과의 국경이 사라지게 된 후 대대적인 조직개편이 이루어졌다. 2005년에는 비로소 연방경찰청으로 명칭을 변경한다.

약 5만4천여명의 직원들이 근무하고 있으며(이 중 경찰관은 약 35,000명), 철도·국경·공항·기동경찰 지원 등의 임무를 담당하고 있다.

2) 조 직

연방내무부 소속의 연방경찰청 본부는 포츠담에 위치하고 있다. 우리나라와 달리, 연방경찰을 지휘하는 연방경찰청장은 반드시 경찰조직에서 임명되는 것은 아니다.[35]

연방경찰은 9개의 지역경찰본부를 두고 치안활동을 분담하고 있다. 이외에도 기동경찰을 담당하는 기동경찰본부(Direktion Bundesbereitschaftspolizei)가 있다.

❄ 대테러는 어느 기관이?

상트 어거스틴(Sankt Augustin-Hangelar)에 소재한 연방경찰소속 대테러 특수부대 GSG 9은 1972년 뮌헨 올림픽 이후 창설되었다. 올림픽 당시 팔레스타인 테러단체인 검은 9월단은 이스라엘 대표선수들을 인질로 삼았다. 퓌르스텐펠트부룩(Fürstenfeldbruck) 공항에서의 경찰진압작전은 인질범 5명, 경찰관 1명 그리고 9명의 인질 전원이 사망하는 참사로 끝났다. 이를 계기로 1973년 연방국경수비대에 GSG 9이 창설되고, 주 경찰에는 SEK(Spezialeinsatzkommandos)라는 특수부대가 만들어졌다.

GSG 9은 '국경수비그룹 9(Grenzschutzgruppe 9)'의 약자이다. 설립 당시 국경수비대에는 이미

---

35 2012년부터 연방경찰청장으로 재직중인 디터 로만(Dieter Romann)은 1993년부터 연방내무부에서 치안행정을 담당한 치안분야 전문가이지만 경찰공무원으로 재직한 것은 아니다.

8개의 특수조직이 존재했기 때문에, 신설된 대테러 특수부대는 9번째 국경수비 특수조직이라는 이름을 얻은 것이다. 2005년 국경수비대가 연방경찰로 명칭을 변경한 이후에도 GSG 9의 명칭은 과거의 명성을 이어 그대로 유지되고 있다.

1977년 10월, 스페인에서 독일로 향하던 독일항공사 루프트한자 여객기가 테러집단에 피랍, 소말리아 모가디슈 공항에 착륙하자, GSG 9은 모가디슈 공항까지 추적하여, 국적기 구출작전을 수행, 테러

[그림 11] GSG 9의 훈련장면(출처: Bundesarchiv)

범 4명 중 3명을 사살하고 1명을 체포하면서 80여명의 승객 중 단 3명이 경상을 입는 역사적인 대테러 작전으로 국제적인 명성을 얻게 되었다.

영국의 SAS, 미국의 네이비실, 델타포스 같은 특수부대가 군에 소속된 것과 달리, 문민화된 독일에서는 국내테러뿐만 아니라, 이처럼 국외테러까지도 군이 아닌 경찰에 의해 수행된다. 단 범죄가 아닌 타국과의 교전에는 법률에 따라 참여할 수 없다.

3) 임 무

연방주의와 주에 부여된 경찰권에 따라 연방경찰의 임무는 연방경찰법(Gesetz über die Bundespolizei)에 따른 특수한 영역으로만 제한된다. 경찰권 행사는 원칙적으로 주정부의 권한이며, 연방전부는 연방법에 따른 예외적이고 특수한 경우에만 경찰권을 행사한다.

① 육상, 해상, 영공 상의 연방국경 통제

1985년 유럽연합 회원국들간의 국경개방협약인 쉥겐조약(Schengen agreement)을 통해 국경에서의 검문검색, 여권검사가 면제되었다. 현재 유럽 26개 국이 이 조약에 가입되어 있으며, 이에 따라 독일 국경에서의 전수검문은 실시되지 않는다. 연방경찰은 국경을 통한 조직범죄를 예방, 진압하기 위해서 다양한 방식으로 탄력적인 검문과 안전활동을 수행한다. 법률에 따라 육로국경 30㎞, 해상국경 50㎞ 이내의 국경안전활동은 연방경찰의 관할이다.

② 철도경찰

기차와 역사 등 철도교통 상의 안전활동은 연방경찰의 관할이다. 약 34,000

㎞의 철도와 5,700여개의 기차역, 3,600개의 정류소가 여기에 해당한다. 예방활동뿐만 아니라 관할 내에서의 범죄수사도 연방경찰의 임무이다.

[그림 12] 연방경찰의 입국관리
(출처: www.bundespolizei.de)

③ 항공교통안전

항공안전법에 따른 민간 항공교통의 안전활동도 연방경찰의 임무이다. 항공기테러, 사보타쥬 방지 등의 임무를 14개 공항에서 수행한다. 항공승객에게는 승객과 화물 검색을 위한 항공안전비용이 법률에 따라 부과된다.

④ 범죄수사

연방경찰은 관할구역에서 발생하는 범죄에 대한 수사권을 가진다. 특히 국경을 통해 발생하는 밀수, 인신매매 등의 조직범죄가 주요한 수사대상이 된다. 이외에도 최근에는 다중 교통사고 유발의 위험성이 높은 철도시설물의 절도, 상습 무임승차, 수배자 검거 등의 수사업무를 수행한다.

⑤ 국제협력

연방경찰은 EU 공동체의 국경을 경비하기 위한 국경경찰 지원인력을 매년 1,000명씩 외국으로 파견하고 있으며, 위험지역에 소재한 독일외교기관의 보호임무, EU 입국을 위한 비자관련 자문을 수행한다. 이외에도 연방경찰은 주 경찰인력을 지원받아 외국경찰 지원 및 교육 등 국제적 경찰지원 사무를 수행한다. 현재 약 121명 규모의 경찰인력이 UN 차원의 4개 사업과 EU 단위 11개 사업에 참여하고 있다.[36]

⑥ 해상치안

북해와 동해에 약 700㎞에 달하는 해안이 독일영토와 접하고 있다. 해상에 대한 순찰과 경찰활동도 연방경찰이 담당한다. 효율적인 해상경비 수행을 위해, 세관·해양행정청·수산보호청과 다기관 협력기구를 구성하여 합동임무를 수행한다.

---

36 www.bundespolizei.de

⑦ 헌법기관 및 연방기관의 보호

독일은 주 정부와 협력하여 위해요소가 있는 헌법기관과 독일 연방기관에 대한 경비활동을 담당한다. 정복경찰에 의한 주변순찰과 출입통제가 주 업무이다. 다만, 요인에 대한 근접경호는 연방경찰이 아닌 후술하는 연방수사청에 의해 수행된다.

나. 연방수사청(Bundeskriminalamt)

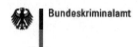

1) 개 황

주 정부에 부여되어 있는 경찰권, 특히 경찰수사에 있어서의 원활한 협조와 조정을 위해 1951년에 창설된 연방수사청은 비스바덴에 본부를 두고 있다.

연방수사청의 관할과 임무는 연방수사청법(BKAG)에 명백히 규정되어 있다. 연방내무부 산하의 외청으로서 내무부장관의 지휘를 받는다. 연방수사청은 독일 범죄수사의 구심점으로서 국내와 국외의 범죄예방과 진압을 총체적으로 조율한다. 주 수사기관들간의 비효율적인 중복수사를 방지하기 위해서 모든 범죄와 범죄자들에 대한 정보가 저장되며 유럽 및 세계각지에 직원들을 파견하여 수사기관들과의 공조체제를 유지한다.

또한 법률에 규정된 일부 범죄 또는 사안의 중요성에 따라 검찰에서 요청하는 경우에 직접 수사를 하기도 한다. 이밖에도 연방 헌법기관인사들에 대한 경호임무를 담당하고 있다.

연방수사청법에 따라 16개의 각 주에는 주 수사청을 별도로 설치하도록 하고 있다. 연방수사청과 주 수사청은 상호협력관계일 뿐 상명하복의 관계를 형성하는 것은 아니다.

2) 조 직

비스바덴 소재 본청 이외에도 멕켄하임과 베를린에 일부부서가 산재되어 있다. 약 7,800여명의 직원이 근무하고 있고, 이 중 약 절반이 수사경찰공무원이다. 경찰관 이외에도 자연과학·법학·경제학·사회과학·정보학·행정학 분야의 전문가들이 배치되어 있다.

여성직원이 전체 직원의 약 38%에 달한다. 연방수사청의 수사경찰은 경위급

(Kriminalkommissar) 이상 간부로만 구성되며, 연방공무원을 양성하는 연방공무원대학 수사학부에서 선발과 교육을 담당한다.

3) 주요 임무

① 수 사

연방수사청의 수사권한은 고유사무와 위임사무로 구분된다. 고유한 수사권한으로서, 국제적 무기·탄약·폭발물·마약거래의 조직범죄수사/위조지폐의 생산과 배포의 국제적 조직범죄수사/국제적 자금세탁조직 수사/국제 테러범죄 수사에 대한 권한을 가진다.

한편 사안의 중대성으로 인해 연방검찰이나 주 검찰, 연방내무부장관이 의뢰하는 사건에 대해서 수사를 진행한다.

② 국제공조

연방수사청은 인터폴의 독일사무국으로서 외국의 경찰, 사법기관과의 국제적인 수사공조업무를 관장하고 있다. 또 다른 연방수사국의 중요한 국제적 파트너는 EU 차원의 수사협력 기구인 유로폴(Europol)로서 네덜란드 헤이그에 총 본부가 위치해 있다.

또한 국제공조의 원활한 수행을 위해 40개 국에 100여명의 연락관이 배치되어 있어 범죄수사정보를 교환하며 조직범죄, 특히 마약범죄의 생산지와 경유지에서의 범죄사전차단을 위해서 현지 경찰의 장비와 교육지원 등의 업무를 수행하고 있다.

③ 중앙지원

연방수사청은 주 경찰의 범죄수사를 지원하는 핵심적 기관으로서 다음과 같은 업무를 담당한다.

범죄첩보와 정보수집/범죄감식과 자료수집/경찰전자정보시스템구축(INPOL)/과학수사 장비 및 시설지원/과학수사 장비 연구 및 개발/독일 경찰통계자료 작성(PKS)/범죄학, 형사정책연구/경찰수사기법 연구개발/수사경찰의 특별교육/감식관련 경찰과 사법기관에 대한 감정서 발부

④ 보호 및 예방임무

연방수사청은 헌법기관의 주요 인사들에 대한 경호임무를 수행하며, 특별한

경우 국민들에 대한 경호도 담당한다. 연방수사청의 임무에서 범죄예방은 범죄수사보다 우선한다.[37] 이에 따라 주 경찰과 협력하여 범죄예방을 보다 강화하기 위한 다양한 전략을 추진하고 있다.

❂ 헌법보호청(BfV): 독일의 정보기관

독일에는 국내정보활동을 담당하는 헌법보호청(BfV) 외에도 해외정보와 방첩활동을 담당하는 연방정보국(BND), 군사보안을 담당하는 군정보국(MAD) 등 3개의 연방정보기관이 존재한다.

이 중 대표적 정보기관이 헌법보호청이다. 연방국가의 특성상 16개의 각 주에서는 독자적인 주 헌법보호기관(Landesamt für Verfassungsschutz)을 설치하거나 헌법보호 직무를 주 내무부의 한 부서에서 담당할 의무를 가진다. 연방과 주 단위 헌법보호기관들은 연방제의 특성상 상명하복 관계에 있는 것이 아니라 기본적인 협력관계이다.

연방헌법보호청의 설립과 활동은 '투쟁적 민주주의'라는 정치적 이념에 근거하고 있다. 독일 바이마르 공화국은 자유민주주의를 표방하여 최초의 민주적인 헌법을 만들었지만, 히틀러의 국가사회주의 정권에 무력하게 굴복되었다. 이러한 뼈아픈 역사적 경험을 바탕으로 카를로 슈미트에 의해 투쟁적(방어적) 민주주의라는 개념이 등장하게 되는데 과거 바이마르 헌법과는 달리 더 이상 민주주의 헌법은 가치중립적이지 않으며 민주헌법국가의 존립을 위태롭게 하는 공격으로부터 범죄발생하기 이전, 예방단계에서부터 민주헌법을 방어하고 투쟁한다는 적극적인 민주주의 개념에 이념적 기반을 가지고 있다.[38]

이러한 헌법이념에 따라 1950년 9월 28일 헌법수호에 관한 연방과 주의 협력에 관한 법률(헌법보호법: BVerfSchG)이 공포되었다. 헌법보호는 영국의 정보기관 MI5의 모델을 따라 경찰강제권이 없는 정보기관에 의해 수행하게 되었는데, 어느 누구도 체포할 수 없고, 어떠한 압수나 수색도 할 수 없으며, 경찰조직과 완전히 분리되어 운영된다.

---

37 Bundeskriminalamt의 정확한 한국어 번역은 '연방수사청'보다는 '연방범죄청'이다. 임무에 있어서도 수사만 담당하는 것이 아니라 범죄에 관련한 예방·진압에 관한 총괄적인 사무를 수행한다. 다만 기존 국내문헌에서 '연방수사청'으로 번역하고 있어, 독자들의 혼란을 줄이기 위해 이 책에서도 연방수사청으로 번역한다.

38 우리나라에서 '국가안보' 내지 '국가보안'은 민주주의의 보호라는 본래의 의미보다는, 시민들의 민주적 권리를 억제하는 국가주의·전체주의적 상징으로 부정적 이미지가 지배적이다. 2014년 경찰청의 직제개선 연구용역을 수행하면서 저자는 경찰청 보안국의 직명을 '헌정보호국'으로 변경할 것을 제안하였다.

IV. 경찰의 인사

독일 경찰의 규모는 약 33만여명이다. 독일 경찰의 입직과정은 직급에 따라 경정급 고급간부, 경위급 초급간부 그리고 순경급 실무경찰의 3단계로 구분된다. 경정급 고급간부는 하위계급에서 내부승진을 통해 충원되거나, 로스쿨 및 사법시험을 통해 변호사 자격을 갖춘 자를 특별채용하는 형식이 일반적이다. 경위급 초급간부는 우리나라와 유사한 방식으로 주 단위 경찰대학(또는 주 행정대학내 경찰학부)에서 우수한 고등학교 졸업생을 선발하거나, 내부승진을 통해 하위계급에서 충원한다. 순경급의 경우 통상 고등학교 졸업자 중에서 선발되며, 주 단위 경찰학교에서 교육과정을 이수하게 된다. 2002년 헤센 주는 순경급 하위경찰직급을 폐지하고, 경위급 이상의 경찰관으로 조직을 구성하고 있다. 연방수사청을 비롯, 일부 주에서는 경찰채용을 경위급 이상으로만 하여, 경찰직급체계를 2단계로 축소시켰다.

즉 순경채용 및 교육과정은 일종의 직업교육의 성격을 가지지만, 경위급 이상의 선발과 교육은 학위과정을 의미한다.

1. 채용요건

순경지원자는 실업고등학교 이상의 학력을 소지해야 하고, 독일 또는 EU 국가의 국적을 가지고 있어야 한다. 주에 따라 상이하지만, 최소연령은 16~17세, 최고연령은 24~36세로 제한된다. 통상 여성은 160㎝, 남성은 165㎝의 신체기준이 있다.

자격요건을 갖춘 지원자들은 2~4주간의 선발과정을 거치게 되는데, 지적 능력이나 기억력, 집중력 등을 측정하는 다양한 테스트와 신체능력측정, 집단면접, 건강검진 등을 통과해야 한다.

물론 경위급 선발과정은 보다 까다롭다. 채용예정자는 교육과정을 수료할 때까지 자비부담으로 운전면허증을 취득해야 한다.

> ❈ 경찰관의 국적과 애국
>
> EU 회원국가의 국민들은 독일 국민과 대등한 자격으로 독일 경찰에 지원할 수 있다. 또한 급박한 직무상의 필요가 있는 경우에는 EU 회원국 국민이 아니더라도 독일 경찰에 지원할 수 있다.[39] 통계에 따르면 1994년부터 2004년까지 10년간 헤센 주에서만 67명의 외국국적자와 23명의 이중국적자, 99명의 과거 외국국적보유자가 주 경찰로 임용되었다. 물론 독일 정부는 경찰공무원으로 임용된 외국인에게 독일인에 대한 충성심, 독일국에 대한 애국심을 요구하거나 독일 국가(國歌) 제창을 요구하지도 않는다. 그들은 특정 국가에 충성하는 집단이 아니라 공동체의 안전, 법질서유지를 수행하는 것이다.[40]

2. 교육과정

가. 순경급(Mieelerer Dienst)

순경급 채용후보자의 직업교육은 주 단위로 설치된 경찰학교에서 실시되며, 교육기간은 주에 따라 상이하지만 통상 2년 반(24~30개월) 정도 소요된다. 독일에서는 4년의 초등학교 과정을 마친 후, 학교성적에 따라 9년제 인문계 고등학교(Gymnasium) 진학자와, 9년 내지 10년제 실업학교 진학자의 진로가 나뉜다. 인문계 고등학교 졸업자의 대부분은 대학에 진학하지만, 실업학교 졸업자들은 직업교육을 받게 된다. 우리나라의 경찰관들이 대부분 대학졸업 이상의 학력자들인 반면, 독일의 하위직 경찰관들은 대부분 대학교육을 이수하지 않은 실업계 고등학교 졸업자들이다. 또한 채용과정도 우리나라와 달리 경찰직에 관한 전문적인 지식을 테스트 하는 것이 아니라, 경찰직의 직업적 적합성을 측정하는 수준이다. 따라서 법학, 경찰실무 등 경찰관으로서의 전문직업교육이 기초부터 시작되는 독일 경찰의 교육기간을, 우리나라와 단순 비교하는 것은 적절하지 않다.

순경급 채용을 폐지하고 경위급으로만 채용하는 일부 주에서는 3년간의 주 경찰대학 학위과정을 통해 이론과 실무를 보다 밀접하게 연결하는 교육과정을 진행한다.

교육프로그램은 형사법, 경찰법, 행정법, 헌법, 교통법, 경찰실무, 범죄학, 수

---

39 이 경우 물론 공무원 객관적 임용요건을 충족하여야 하고, 5년 이상 독일에 체류자격을 보유하고 있어야 하며, 독일어에 능통해야 한다.

40 이성용, 경찰윤리-경찰학의 윤리적 접근-, 박영사, 2014, 139면.

사학, 영어, 사회학 등으로 구성된다.

나. 경위급(Gehobener Dienst)

경위급 채용후보자에 대한 대학교육과정은 통상 3년간(36~45개월) 실시된다. 주에 따라서 독립된 경찰대학으로 운영하거나, 주 공무원대학 내 경찰학부를 설치하고 있다. 독립적 경찰대학을 운영하고 있는 주로는 바덴 뷔르템베르크, 브란덴부르크, 작센, 작센 안할트, 함부르크가 있다. 그 외의 주에서는 공공행정대학(Fachhochschule für öffentliche Verwaltung) 내 경찰학과에서 동일한 교육이 진행된다.[41]

예를 들어 1979년 독일 최초로 설치된 바덴 뷔르템베르크 주의 경찰대학(HfPolBW)은 약 1,300여명의 교육수용 인원을 갖추고 있으며, 58명의 교관들이 4개 학과(경찰학/형사학/법학/사회학)로 나뉘어 교육을 진행하고 있다.

하위계급에서 경위승진후보자로 입교한 현직 교육생과 달리, 고등학교 졸업 후 경찰대학에 곧바로 입학한 교육생은 별도로 9개월의 사전 교육과정을 이수해야 한다. 경찰대학은 3년간의 교육과정을 통해 인문학 학사학위(Bachelor of Arts)를 받는다.[42]

다. 경정급(Höherer Dienst)

사법고시 합격 후 경정급 고급간부로 채용되거나, 하위직급에서 경정급으로 승진하기 위해서는 2년간의 연방경찰대학원(Deutschen Hochschule der Polizei) 과정을 이수해야 하며, '공공행정 – 경찰관리' 석사학위(Master in „Öffentliche Verwaltung – Polizeimanagement)를 받는다. 이 중 1년차 교육은 경찰대학원이 아닌, 주 단위 경찰 대학에서 실시되며, 2년차 교육과정 1년이 연방경찰대학원에서 진행된다.[43]

---

41 http://www.hfpol-vs.de/ge/pdf/Jahresbericht_2010.pdf
42 http://www.hfpol-bw.de/index.php/studium
43 이 대학원은 법적인 의미에서는 '연방'대학원이 아니다. 연방정부 차원에서 설립한 대학원이 아니라, 연방과 16개의 주가 공통의 경찰교육을 위한 고등경찰교육기관 설립을 협약하고, 이에 따라 노르트라인 베스트팔렌 주에서 주 법에 따라 설치한 교육기관일 따름이다. 법적 측면에서는 주 정부에서 설립한 경찰대학원이지만, 연방과 각 주의 경정급 이상 경찰이 모두 함께 교육을 받는다는 의미에서 실질적 연방경찰대학원의 역할을 수행하는 것이다. 2010부터는 별도의 박사학위 과정을 개설하고, 법학/사회학/국가-경제학/행정학 박사학위를 수여하고 있다.

❸ 독일 경찰의 계급장

독일 경찰의 계급은 육각형의 별로 표시된다. 실무 계급은 감색 바탕에 푸른색 별(2~4개), 경위급 초급 간부는 은색 별(1~4개), 경정급 이상 고급간부는 금색 별(2~4개)로 표시된다. 경무관급 이상의 고위직 간부는 월계수잎이 금색별을 감싸는 모습이다.

아래 그림은 함부르크 경찰의 계급장이다. 좌측 상단은 경사이하 경찰관의 계급을, 우측 상단은 초급간부, 좌측 하단은 경정이상 고급간부, 우측 하단은 최고위 간부의 계급장이다.

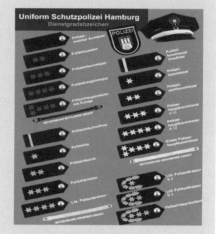

[그림 13] 출처: www.hamburg.de

3. 인사정책의 특징

가. 경찰의 문민화

우리나라에서는 법률에 따라 경찰조직의 수장인 경찰청장은 경찰관의 신분을 가지며, 하위계급(치안정감)의 경찰 중에서 임명된다. 그러나 독일에서 치안에 관한 총괄책임은 연방단위에서는 연방 내무부장관이, 주 단위에서는 주 내무부장관이 가진다. 뿐만 아니라 주에 따라 차이가 있기는 하지만, 내무부장관의 지휘를 받는 경찰수뇌부, 즉 주 경찰청장이나 지방경찰청장, 범죄수사청장 등이 경찰관 중에서 선발되는 것은 아니다. 대륙법계의 대표적 국가로서 법치주의의 강한 전통을 가진 독일에서는 도리어 법률가 출신이 고위경찰관리직으로 임명되는 일이 빈번하다.

나. 수사경과

우리 경찰에서 수사경과가 일반경과와 분리되어 있는 것처럼 대부분의 독일 주에서도 수사경찰(Kriminalpolizei)은 제복을 착용하고 위험방지 임무를 수행하는 제복경찰(Schutzpolizei)과 인사체계가 분리되어 있다. 통상 수사경찰은 일반 제복경찰 중에서 별도의 선발절차와 전문화 교육과정을 통해 임무를 부여받는데, 간부직의 비율이 상대적으로 많아 선호되고 있다.[44]

우리나라와 마찬가지로 수사경찰과 일반경찰의 경과분리는 독일에서도 논란이 되고 있다. 1990년대 초 독일에서는 수사경과를 폐지하는 추세가 나타나기도 했다. 그러나 2004년 이후에는 다시금 수사경찰 전문화의 필요성이 제기되었고, 별도경과를 통한 전문화가 유지되고 있다.

예를 들어 헤센 주 경찰–행정 공무원대학(HfPV)의 경찰학부는 학위과정(Bachelor of Arts)을 일반경찰학위와 수사경찰학위로 구분하고, 별도의 커리큘럼을 운영하고 있다.

V. 경찰의 임무와 권한

1. 위험방지 임무

가. 행정경찰 vs. 사법경찰

독일 경찰은 공공의 안녕·질서유지라는 위험방지의 행정경찰 직무와 형사소추라는 사법경찰의 직무를 엄격히 구분한다. 사법경찰의 직무와 대비되는 이런 행정경찰사무를 경찰법에서는 '실질적 의미의 경찰(Materielle Polizei)'이라고 표현하고 있다. 뒤에서 다시 설명하지만, 독일 경찰의 수사는 사법(司法)사무로서 검사의 지휘와 통제를 받아야 하는 반면, 위험방지의 행정경찰사무는 경찰의 고유한 사무로서 검사가 개입할 수 없는 영역이다.

영국이나 미국처럼 경찰의 독자적인 사법적 수사권이 인정되는 국가들은 행정경찰과 사법경찰의 엄격한 구분이 나타나지 않는다. 그러나 독일처럼 사법경찰사무에 대한 검찰의 지휘와 통제가 가능한 상황에서는, 경찰의 고유한 직무권한을 인정받을 수 있는 위험방지의 행정경찰사무가 엄격하게 분리되고 있다.

---

44 임준태, 독일형사사법론, 21세기사, 2004, 387면.

> ❂ 은행 인질강도 사건
>
> 독일의 대표적 경찰법 학자인 크네마이어(Knemeyer) 교수의 경찰법 교재에는 1971년 뮌헨에서 실제 발생한 은행 인질강도 사례가 실려있다. 검사가 은행 인질강도 사건을 인지하고, 인질범이 도주하지 못하도록 현장에 임장한 경찰에게 총기사용을 명령하는 것은 허용될수 없다.[45] 이 경우 인질구조라는 위험방지의 고유한 행정경찰사무와 범인의 검거라는 사법경찰의 사무가 중첩되지만, 사안의 중점은 당연히 전자에 놓여있다. 따라서 검사가 지휘할 수 있는 수사경찰의 직무가 아니라 위험방지의 고유한 행정경찰사무를 독자적인 재량판단에 따라 경찰이 수행하는 것이다. 현장에 임장한 수사관들은 사법경찰로서 기능하는 것이 아니라 위험방지의 행정경찰사무를 수행하는 것이다.

나. 질서관청 vs. 제복경찰

앞서 독일 경찰의 2단계 탈경찰화 과정에서 설명한 바와 같이, 위험방지의 경찰사무는 다시금 건축·환경·위생 등 일반행정기관에서 수행하는 협의의 행정경찰사무와 제복을 착용한 전통적 경찰조직에 의해서 수행되는 보안경찰사무로 구분된다. 위험방지의 경찰사무를 제복경찰(Vollzugspolizei)[46]조직이 아닌, 일반행정기관(질서관청: Ordnungsbehörde)에서 원칙적으로 담당하도록 하고, 제복경찰조직의 직무는 급박한 경우에서의 위험방지, 범죄와 질서위반행위에 대한 수사, 일반행정관청의 행정집행을 강제력으로 지원하는 집행원조(Vollzugshilfe) 및 그 밖에 법률이 정하는 직무로 제한된다.

질서행정기관의 공무원들은 경찰제복을 착용하지도, 무기를 휴대하지도 않는다. 그러나 공공의 안녕과 질서를 위한 위험방지의 행정목적을 수행한다는 점에서 비록 일상적 의미의 경찰(Polizei)로 불리지는 않더라도 사실상의 경찰기관이라 할 수 있으며 학술적으로는 이를 행정경찰(Verwaltungspolizei)이라고 표현한다.

---

45 Knemeyer, Polizei- und Ordnungsrecht, 11. Aufl. 2007, 241-242면.
46 Vollzugspolizei는 '집행경찰'로 직역될 수 있는데, 경찰제복을 착용하고 무기를 휴대하고 범죄예방, 수사, 공공의 안녕·질서유지 임무를 담당하는 전통적인 경찰조직이다. 여기에서는 이해 편의를 위해 '제복경찰'로 설명하기로 한다.

질서관청 (위험방지사무의 원칙적 수행)	경찰 (급박한 위험방지/범죄와 질서위반 행위에 대한 수사, 집행원조)

[그림 14] 질서관청과 제복경찰의 임무구분

1) 질서관청의 임무

분리형 모델을 채택하고 있는 주에서 질
서관청의 임무는 주마다 조금씩 다르다. 대
부분의 경우 우리나라의 기초자치단체에 해
당하는 게마인데(Gemeinde), 란트 크라이스
(Landkreise), 자치시(kreisfreie Städte)가 질서관청
의 임무를 담당한다. 앞서 설명한 것처럼, 경
찰사무는 주의 고유한 사무이므로 기초자치

[그림 15] Neuburg시의 질서관청 공무원
(출처: http://www.augsburger-allgemeine.de)

단체는 주의 권한을 위임받아 사무를 수행하게 된다. 질서관청은 법규에 따라 행
정경찰사무, 이를테면 주민등록, 외국인등록, 영업규제, 건축, 수질관리, 전염병,
가축위생, 토질이나 쓰레기 관리 등의 사무를 담당한다. 이외에 질서관청의 주된
사무는 질서위반행위[47]에 대한 수사와 범칙금 부과이다.

현장에서 24시간 순찰을 돌며 급박한 위험방지를 담당하는 제복경찰과는
달리, 질서관청의 위험방지 행정사무는 대체로 서면에 의해 책상에서 수행된다
는 특징을 지니고 있다.[48] 그러나 최근에는 질서관청의 공무원들이 제복경찰과
유사한 방식으로 현장에서 보다 적극적으로 활동하고 있다. 제복을 착용한 질서
공무원들이 순찰을 돌며 특히 질서위반행위에 대한 단속과 규제를 하는 모습들
을 심심치 않게 확인할 수 있다. 즉 제복을 착용하고 순찰차로 순찰을 하며 질서
위반행위를 단속하는 질서공무원들의 활동은 경찰과 별반 다르지 않다. 심지어
제복에서도 상당히 유사하게 보이고, 단지 표장을 통해서만 구분되는 경우도
빈번하다.

질서공무원은 KOD(kommunaler Ordnungsdienst)라 불리는데, 실제 그들은 경찰

---

47 우리의 경범죄처벌법처럼 경미한 질서위반 행위에 대해서 범칙금을 부과한다.

48 Kugelmann, Polizei- und Ordnungsrecht, 2011, S. 60.

과 마찬가지로 일정정도의 강제력을 행사할 수 있다. 다만 경찰에게 주어진 총기가 없으며, 불법 주정차 차량이 아닌, 운행 중인 차량에 대해서는 단속권을 가지지 못한다. 보다 본질적인 임무상의 차이는 경찰이 범죄에 대한 수사를 담당하는 반면, 질서공무원은 질서위반행위에 대한 규제와 예방을 임무로 한다는 것이다. 예를 들어 야간소란행위, 개의 목줄을 착용하지 않는 것, 놀이터에서의 음주행위, 쓰레기 무단투기 등이 그 대상이 된다.[49]

2) 경찰조직의 임무

질서관청이 위험방지 사무만을 담당하는 것과 달리, 제복경찰조직은 위험방지 외에도 범죄의 예방과 수사라는 형사사법 업무를 수행하고 있으며, 사실상 범죄관련 업무가 세간의 주목을 받게 되므로, 이 부분에 보다 많은 관심이 집중되는 것이 사실이다.

앞서 설명한 것처럼 질서관청이 위험방지에 관한 원칙적 권한을 가지고 있으므로 명시적으로 제복경찰에게 그 권한이 부여되지 않는 한, 모든 위험방지의 권한은 질서관청이 가진다.[50]

> ❈ 경찰과 질서관청의 사무분장
>
> 예를 들어 경찰관이 순찰도중 어떤 상점에 보행자의 위험을 초래할 수 있는 차양이 설치되어 있는 것을 발견한 경우, 경찰관이 상점 소유주에게 차양제거를 명령할 수 있을까.
>
> 행인의 건강에 대한 위험은 공공의 안녕에 대한 위험으로서 이 경우 경찰은 다른 행정청에 의하여 위험이 방지될 수 없거나 적시에 방지될 수 없다고 판단되는 경우만 경찰권을 발동할 수 있다. 이 경우 일반 질서관청이 특별사용의 허가를 주거나 또는 제거명령의 권한을 가지며, 현장의 경찰관은 질서관청에 통보하고, 비례성의 원칙에 따라 차양의 제거 보다는 경미한 조치로서 차양을 접어두도록 요청하고 위험이 존재하지 않도록 확인하는 것으로 족하다.[51]

경찰은 비상시나 급박한 경우에 있어 긴급한 개입권을 가지며 이 경우에도 질서관청이 스스로 개입할 수 있을 때까지로 제한된다. 이 밖에도 경찰은 집행원

---

49 www.derwesten.de/staedte/bottrop/befugnisse-wie-polizei-id502958.html.
50 Pieroth/Schlink/Kniesel, Polizei- und Ordnungsrecht mit Versammlungsrecht, 5. Aufl. 2008, S. 90.
51 Franz-Ludwig Knemeyer(서정범 역), 경찰법 사례연습, 2006, 12면.

조와 다른 법규에 의해 경찰에게 위임된 직무를 수행한다.[52] 여기에서 말하는 집행원조는 다른 행정청이 행하는 조치의 시행을 위하여 다른 행정청의 요청이 있는 경우 경찰이 행하는 직접강제를 의미하며 행정절차법상의 행정응원(Amtshilfe)과 관련된다. 예를 들어 행정청의 불법건축물의 철거명령을 의무자가 이행하지 않는 경우, 행정청은 대집행의 형식으로 강제철거를 할 수 있고, 철거의무자가 이에 폭력적으로 저항하는 경우, 물리적 직접강제는 대집행 행정청이 아닌 경찰에 의해 수행되어야 한다.

다. 위험방지를 위한 경찰권

독일에서는 사법수사가 아닌 위험방지를 목적으로 하는 경찰강제권의 행사를 광범위하게 인정하고 있다. 예를 들어 우리나라의 「경찰관직무집행법」에 해당하는 독일 각 주의 경찰법에서는 예외없이 위험방지를 위한 강제 퇴거명령, 출입금지, 강제구금, 압류·영치 등을 규정한다. 이러한 위험방지 권한은 사법수사가 아닌 행정경찰작용으로서 검사가 개입하지 않으며, 경찰의 독자적인 판단으로 진행되고, 강제구금의 필요성이 계속되는 경우에는 경찰이 직접 법원에 승인을 받도록 하고 있다.

예를 들어 가정폭력이 발생한 현장에서 경찰은 향후 예견되는 가정폭력의 위험을 방지하기 위한 접근금지, 퇴거명령이라는 행정처분권을 행사한다. 처분대상자가 이에 불응하는 경우 예방목적의 구금도 허용된다.[53]

만일 스토커의 스토킹이 지속될 것이라는 위험이 있다면 경찰은 즉시 스토커에 대한 퇴거나 접근금지 명령, 심지어 스토킹 행위에 사용되는 노트북이나 휴대전화의 압류까지도 가능하다. 집회현장으로 향하는 시위대가 휴대하고 있는 위험성이 있는 물품도 예방목적으로 집회종료시까지 임시영치시킬 수 있다. 분데스

---

[52] 이와 관련 통일경찰법모범초안에서는 경찰의 직무를 '법원에 의한 권리구제가 적시에 행해질 수 없고, 경찰의 개입없이는 사인의 권리의 실현이 불가능하거나 현저히 곤란한 경우에는 이 법률에 따라 경찰은 사권의 보호를 행한다(제1조 제2항). 경찰은 다른 행정청에 대한 집행원조를 행한다(제3항). 경찰은 다른 법규에 의해 경찰에게 위임된 직무를 수행하여야 한다(제4항)'고 정하고 있다.

[53] 최근 우리나라에서도 가정폭력, 아동학대의 경우 특별법에 따라 퇴거명령 및 접근금지라는 긴급임시조치 권한을 경찰에게 부여하고 있으나, 관련 법률에서는 권한자를 '사법경찰관'으로 규정하고 검사를 통해 법원에 임시조치를 신청하도록 하고 있어 전형적인 경찰의 위험방지 임무를 사법경찰 사무로 왜곡시키고 있다. 이성용, 가정폭력 법제에 관한 비판적 고찰-경찰법적 측면에서-, 경찰법연구 제11권 제2호, 2013, 41-63면.

리가 경기가 열리는 일부 축구장에서는 구금시설을 마련해 두고, 축구장의 소란
을 예방하기 위해 과격한 훌리건들을 경기가 종료될 때까지 일시구금하기도 한
다. 범죄예방을 위한 불심검문과 불응자에 대한 강제적 신원확인,[54] 신원확인시
까지 일시적인 구금조치도 허용된다.

이런 광범위한 경찰강제권은 범죄발생과 무관한 예방적 조치로서 사법경찰
작용이 아닌 위험방지작용이다. 우리나라의 「경찰관직무집행법」에는 아직 이런
권한들이 명문화되어 있지 않아, 최근 경찰에서는 독일식 행정경찰권 도입을 검
토하고 있는 상황이다.

2. 사법경찰 임무

여타 다른 국가들의 경찰과 마찬가지로 독일 경찰도 위험방지의 전통적 임
무 이외에 형사소추라는 사법경찰의 직무를 담당하고 있다. 우리나라의 경찰공무
원에게 '일반사법경찰관리'라는 사법경찰로의 지위가 부여되는 것처럼, 독일에서
도 형사소송법(StPO)에 따라 일정 직급이하의 경찰관들(통상 경감 이하)은 수사권을
행사할 수 있도록 사법경찰의 지위를 가지게 된다.

독일에서 검사는 수사주재자의 지위를 가진다. 사법경찰은 법상 검사의 지휘
를 받아 수사직무를 수행하지만, 경찰의 독자적 수사권한에 대해서 오랜 논란이
있었다. 이에 2000년 형사소송법이 개정되고 초동수사에만 한정되었던 경찰의 독
자적 수사범위가 모든 영역으로 확대되었다.

이 개정으로 검사가 수사의 중심이 된다는 법률적 의미는 그대로 살리면서,
경찰이 독자적으로 수사할 수 있는 사안을 검사가 정할 수 있도록 하게 함으로
써, 다소 비중이 낮은 범죄는 수사종결시까지 경찰이 단독으로 처리할 수 있도록
하였다. 그러나 이외의 범죄는 검사가 수사진행 여부를 독자적으로 결정할 수 있
도록 사법경찰은 지체없이 수사사항을 통지하여야 한다.[55]

다만 독일검찰은 우리나라와 달리 자체적인 수사관을 두지 않아, '팔 없는 머
리'로 불리며, 사실상의 수사에 있어서 검·경이 협력이 절대적으로 요구된다. 주

---

54 이 경우 강제적 사진촬영이나 지문채취 등이 허용될 수 있다.
55 박노섭 외, 비교경찰론, 수사연구사, 2006, 238-239면.

요 사건에서는 검·경 합동수사본부가 설치되고 검사는 '무엇을 수사할 것인지'를 결정하고 법률적 통제역할을 맡는다. 반면 사법경찰은 '어떻게 할 것인지'의 사실상의 수사활동을 수행한다.

독일에서 검사나 경찰과 실제 인터뷰를 해보면, 수사상의 상호협력과 지휘관계가 보다 밀접하고 세밀하다. 그럼에도 우리만큼 검·경 관계의 갈등이 불거지지 않는 것은, 서구의 사회문화적 특성상 직무상의 지휘와 통제의 공식적 관계일 뿐 상급자와 하급자의 계층적·인격적·정서적 상하관계가 형성되지 않기 때문이다.

3. 경찰권과 정보권의 분리

나치시대 비밀경찰 게슈타포의 경험과 승전국인 미국·영국 정보기관의 모델을 통해, 독일 정보기관은 어떠한 강제경찰권도 행사하지 않는다는 경찰/정보기관간의 분리의 원칙(Trennungsgebot)이 확립되었다.

반대로 독일 경찰은 우리나라와 달리 위험방지의 영역이외에서는 정보활동을 하지 않는다. 독일의 관점에서 본다면 경찰의 정보활동은 경찰본연의 임무가 아닌 위험방지를 위한 단순한 수단에 불과하다. 즉, 테러나 범죄를 예방하기 위한 다양한 관련 정보활동은 반드시 필요하지만, 정보생산 자체가 목적이 되어서는 안 된다. 반면 과거 우리 경찰은 테러나 범죄와 동떨어진 사회전반의 정보를 무분별하게 수집하는 '정보국'을 설치하고 정보기관으로서의 경찰의 역할을 강조하였다. 우리경찰이 '정책정보'라는 명분으로 사회전반에 걸친 다양한 정보활동을 하다가, 최근에서야 '공공의 안녕'에 관한 정보로 그 활동범위를 축소하고(경찰관 직무집행법 개정), 본연의 경찰영역에 집중하고 있는 것은 이 점에서 시사하는 바가 크다고 하겠다.

물론 테러, 조직범죄 등의 위험방지 영역에서는 독일에서도 경찰과 정보기관의 임무의 상호중첩이 발생할 수 있고 기관간의 정보협력이 인정되고 있으나, 경찰은 별도의 정보부서를 설치하지도 않고, 정책정보나 사회정보같은 경계가 불분명한 정보활동으로 말미암아 과거의 경찰국가로 회귀하지 못하도록 철저히 통제하고 있다.

✪ 우리나라 정보기관의 경찰화

우리나라에서는 비단 경찰의 정보권한 남용만이 문제되는 것은 아니다. 정보기관인 국가정보원은 반대로 광범위한 정보활동뿐만 아니라 사실상 정보와 경찰권한을 포괄하면서 경찰기관과의 경계를 희석시킨다.

(사례 1) 2006년 국가정보원은 독일연방수사청장인 치르케(Zirke)를 초청했다. 치르케는 경찰관 출신으로는 최초로 연방수사청장까지 오른 인물이었다. 국정원에서 마련한 국내일정을 소화하던 치르케 청장은, 자신의 카운터파트인 경찰청장 면담일정이 없는 것을 뒤늦게 깨닫고 국정원에 요청, 급하게 경찰청장 면담이 진행되었다. 필자는 당시 경찰관 신분으로 독일어 통역을 담당했다. 독일 수사경찰 수장의 수일간의 방한일정 중 국내 경찰관계자를 면담한 시간은 불과 채 한 시간도 되지 않았다.

(사례 2) 2006년 독일월드컵 당시, 개최국인 독일은 우리나라 응원단 보호와 지원을 위해 한국 경찰의 파견을 요청했다. 그러나 당시 국정원은 이 업무를 응원단 보호가 아닌 대테러업무라 주장하고 국정원 직원들을 파견시켰으며, 독일에서 요청한 최소 2명의 제복경찰관 지원만을 경찰청에 요청, 필자가 국정원 직원들과 함께 독일에 파견되어 월드컵 행사기간 중 한국응원단 보호와 지원업무를 수행하였다. 당시 함께 파견된 국정원 사복요원들은 독일 경찰에서 지급한 'POLICE' 재킷을 착용하고, 마치 한국경찰관들 인양 활동하는 해프닝이 벌어지기도 했다. 당시 본선 참가국 중 독일에서 요청한 자국민 보호활동에 자국경찰이 아닌 정보요원을 파견한 국가는 우리나라가 유일했다.

VI. 주요 치안현안 및 당면과제

1. 극우주의

2011년 세상에 알려진 극우집단 '나치지하당(NSU)'은 외국인들을 대상으로 하는 연쇄살인, 폭탄테러 등을 수차례 자행했고, 2007년에는 하일브론(Heilbronn) 에서 경찰관 1명을 살해했다. 그들의 목표는 '모든 외국계 거주자들을 살해'하는 것이었다. 주범 2명은 체포직전 자살했고, 다른 1명은 현재 뮌헨지방법원에서 재판이 진행 중이다. 경찰에 주범들이 검거되기 전까지는 독일의 치안기관들은 극우주의 세력의 실체와 조직적 범죄를 인지하지 못했다. 대표적인 공조수사 실패 사례로 국회차원에서 조사위원회가 구성되는 등 사법기관과 경찰, 정보기관들이 국민의 신뢰를 잃게 된 결정적 계기였으며, 이 사건을 계기로 연방헌법보호청장, 튀링엔 주 헌법보호청장, 작센 주 헌법보호청장 등이 사임하였다.[56]

　이후 독일 연방상원(Bundesrat)은 극우주의 정당인 NPD(Nationaldemokratische Partei Deutschlands)의 해산을 연방헌법재판소에 청구하였으나 근거부족으로 기각되었다. NPD, 훌리건 등으로 대표되는 극우적 폭력집단들은 최근 반이슬람운동(PEGIDA)[57] 로 진화하고 있다. PEGIDA는 작센 주 드레스덴 시에서 2014년 12월부터 매주 월 요일 산책집회를 진행하고 있는데, 최대 2만 5천여명의 시위대가 집결된다. 이외 에도 라이프찌히, 쾰른, 뒤셀도르프 등지에서 시위를 하고 있으나 시민들의 호응 은 크지 않으며, 집회시 이에 반대하는 반대집회 참가자가 10배 이상 많은 상황 이다. 이 단체는 외형상 반이슬람 시민운동을 가장하고 있으나, 그 이면에는 극 우주의가 도사리고 있다.

　독일에서 극우파는 '신나치'로 이해된다. 히틀러와 나치를 추종하고 숭배하 는 집단으로서, 유대인과 외국인, 정치적 좌파, 장애인이나 동성애자 등 사회적 소수자들을 모두 혐오와 증오의 대상으로 보고 있으며, 아리안족의 단일 민족국 가라는 케케묵은 나치의 이념을 아직도 공유하고 있다.[58]

　2022년 12월, 독일경찰은 3,000여 명의 경찰을 동원한 대규모 검거작전을 벌 여 이른바 '제국시민(Reichsbuerger) 운동과 관련돼 연방정부를 전복하려 한 이들 25 명을 체포했다. 경찰은 독일 16개주 중 11개주 130여 곳에서 검거작전을 벌였으 며, 두 명은 오스트리아와 이탈리아에서 체포했다. 검거된 이들은 무장한 채 독일 의회를 공격하려는 계획도 세웠으며, 독일 연방정부의 정통성을 인정하지 않고 1차 대전 패전 전까지 존속했던 '제2제국'을 모델로 한 새로운 국가를 세우려 한 것으 로 알려졌다. 독일정부는 '제국시민' 추종자가 2만1천여 명이며 이 중 5%가 극단 주의 성향이 있고 2,100여명 정도는 목적을 달성하기 위해 폭력을 사용할 용의가 있다고 보았다.[59]

---

56 http://www.generalbundesanwalt.de/de/showpress.php?themenid=13&newsid=419
57 조직의 명칭을 직역하면 '서구의 이슬람화를 반대하는 애국유럽'이 된다.
58 정대성, 극우 부활 조짐⋯특히 독일이 심상치 않다, 오마이뉴스, 2020.9.14.
59 '제2제국' 세우려⋯독일 정부 전복 꾀한 극우단체 25명 체포, 2022.12.7., 한겨레신문.

2. 이슬람테러

연방헌법보호청의 자료에 따르면, 2021년 기준, 독일에서 감시의 대상이 되는 잠재적 이슬람테러 관련자들은 28,290명에 이른다.[60] 독일 안보기관들은 이들을 이슬람 테러의 근원지로 간주하고 있는 상황이다. 우리나라 국민이 IS 가입을 위해 출국한 사실이 화제가 된 것처럼, 독일에서도 시리아 또는 이라크 내전지역으로 테러가담을 위해 출국하는 자들이 2011년 이래 1,150여명에 달하고 이 중 다시 귀환한 자들도 3분의 1을 넘는다. 독일정부는 해당지역으로의 출국을 저지하고 귀환자에 대한 감시활동을 강화하기 위해 노력하고 있다. 독일 경찰은 최근까지 예산절감 등을 이유로 인력감소 추세를 보였으나, 테러보안·위험인물 감시·시설경비 등을 위한 인력이 다시 증원되는 추세이다.

3. 대테러 관련입법의 정비 및 연방과 주의 협력 강화

앞서 살펴본 바와 같이 독일에서 테러에 대한 공포와 위험은 지속되고 있는 상황이다. 이에 대테러 관련 법률신설 및 개정으로 실질적으로 필요한 경찰권한을 관계기관에 부여하였다. 개정된 연방수사청법(BKAG)에서는 통신감청, 비밀정보원 및 신분위장 경찰관 투입, 온라인 수색, 테러혐의자 위치추적 등 국제테러 대응을 위한 근거규정을 마련하였다. 또 대테러정보법(ATDG)을 통해 연방수사청, 연방헌법보호청 등 총 38개 대테러 유관기관들 간의 원활한 정보교류를 위한 대테러정보시스템을 구축할 수 있는 근거를 마련하였다.

대테러 업무를 실질적으로 담당하고 있는 경찰기관인 연방수사청(BKA)과 주범죄수사청(LKA)의 국가안보국에서는 테러정보수집, 수사, 테러진압 등 테러대응을 위해 필요한 모든 기능을 갖추고 있다는 점에서 대테러업무가 경비, 외사, 수사 등 각 부서에 산재해 있는 우리나라의 상황과 대비된다.

독일에서는 테러대응을 위해 새로운 기관을 창설하거나 특정기관에 우월적 지위를 부여하기 보다는 경찰과 정보기관의 정보교류를 원활하게 함으로서 테러

---

60 http://www.verfassungsschutz.de/de/arbeitsfelder/af-islamismus-und-islamistischer-terrorismus/was-ist-islamismus/salafistische-bestrebungen

위협을 조기에 파악하는데 주력하고 있다. 독일의 합동대테러센터(GTAZ)의 운영
은 연방수사청에서 담당하고 있으나, 센터에 참여하고 있는 각 기관들은 각자의
임무, 권한 법적 근거 하에 대등하게 정보를 교류하고 있을 뿐이다.61 지속되는
사회적 위험에도 불구하고 막대한 권한을 가진 우월적 기구를 통해 국민의 기본
권이 침해되는 위험을 방지하고, 연방제도와 분권화된 민주적 가치를 지키고자
하는 독일의 노력이라고 볼 수 있다.

---

61 박원규, 독일의 대테러 법제·조직 및 그 시사점, 경찰학연구 제18권 제1호, 2018, 82~84면.

참고문헌

1. 국내문헌

- 박노섭 외, 비교경찰론, 수사연구사, 2006.
- 박병욱, 독일 나찌시대 제국안전청의 긴 그림자, 경찰법연구 제11권 제2호, 2013.
- 박원규, 독일의 대테러 법제·조직 및 그 시사점, 경찰학연구 제18권 제1호, 2018.
- 이성용, 가정폭력 법제에 관한 비판적 고찰-경찰법적 측면에서-, 경찰법연구 제11권 제2호, 2013.
- 이성용, 경찰윤리-경찰학의 윤리적 접근-, 박영사, 2020.
- 임준태, 독일형사사법론, 21세기사, 2004.
- 임준태 외, 비교경찰제도론, 법문사, 2021.

2. 외국문헌

- BDWS, Nachtwachwesen älter als die Polizei, WS Information 1983, Nr. 159.
- Bundeskriminalamt, Polizeiliche Kriminalstatistik 2013.
- Franz-Ludwig Knemeyer(서정범 역), 경찰법 사례연습, 2006.
- Huber, Florian, Wahrnehmung von Aufgaben im Bereich der Gefahrenabwehr durch das Sicherheits- und Bewachungsgewerbe: eine rechtsvergleichende Untersuchung zu Deutschland und den USA, Berlin, 2000.
- Knemeyer, Deutsches Polizeirecht, DÖV 1975.
- Knemeyer, Polizei- und Ordnungsrecht, 11. Aufl. 2007.
- Knemeyer/Müller, Neues Polizeirecht in den jungen Bundesländern, NVwZ 1993.
- Kugelmann, Polizei- und Ordnungsrecht, 2. Aufl.
- Lisken/Denninger, Handbuch des Polizeirechts, 4. Aufl. 2007.
- Mahlberg, Gefahrenabwehr durch gewerbliche Sicherheitsunternehmen, Berlin, 1988.
- Nelken, Das Bewachungsgewerbe, Berlin, 1929.
- Pieroth/Schlink/Kniesel, Polizei- und Ordnungsrecht mit Versammlungsrecht, 5. Aufl., 2008.
- Würtenberger/Heckamann/Riggert, Polizeirecht in Baden-Württemberg, 5. Aufl., 2002.

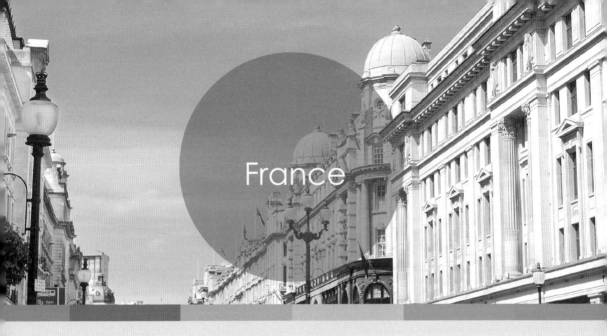

France

프랑스

프랑스 경찰조직은 국가경찰제를 주축으로 자치경찰제가 혼용된 형태이다. 국가경찰은 국립경찰(Police nationale)과 군경찰(Gendarmrie nationale)로 이원화 되어 있고, 자치경찰(Police municipale)은 기초단위(Commune) 자치단체에서 국가경찰과 병존하여 설치된다.

[김 영 식]

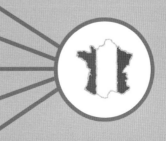

1. 프랑스의 생성과 발전[1]

가. 프랑스 대혁명 이전

기원전 8세기경부터 켈트족이 현재의 프랑스 영토에 이주하여 원주민을 몰아내고 정착했다. 로마인들은 이 지역을 갈리아(Gallia)라 지칭하고, 정착한 켈트족을 갈리아족으로 불렀다. 이후 갈리아(Gallia)는 불어명 골(Gaule)로 변화된다. 이후 골지역은 로마의 지배를 받게 되어 골족의 고유문화에 로마문화가 이식된 갈로로망(Gallo-romain)문화가 형성되고 골족에 보급된 라틴어가 변형되어 불어로 발전한다.

4~5세기에 걸쳐 진행된 게르만 민족의 대이동으로 프랑크(Frank)족은 프랑스 동북부를 점령하고, 부족중 하나인 메로빙가(Mérovingiens)의 클로비스(Clovis)가 프랑크왕국을 건설하고 세력을 확장하여 골지방의 대부분을 차지한다. 이후 소수 지배민족인 프랑크족과 다수 피지배 민족인 골족간의 동화가 서서히 진행된다.

752년 페펭(Pépin)이 프랑크왕국의 왕으로 추대되어 카롤링(Carolingiens) 왕조가 수립되고, 800년 샤를마뉴(Charlemagne)대제가 골지방 전체, 이태리 북부, 라인강 유역 일대에 걸치는 대제국을 건설하고, 이슬람교도의 유럽침입을 막아내어 서로마 황제의 칭호를 얻는다. 843년 샤를마뉴(Charlemagne)대제의 손자 3형제가 베르됭(Verdun)조약으로 프랑크제국 영토를 3분하고, 이중 샤를(Charles)2세가 차지한 서부 프랑크가 오늘날 프랑스의 모체가 된다.

10세기 말 카페(Capet)왕조가 성립되면서 전형적인 중세 봉건제도가 수립되고, 발루아(Valois)왕조 시기인 15세기 말부터 이태리로부터 르네상스문화가 도입되어 16세기에 루아르(Loire)강 유역을 중심으로 프랑스 르네상스의 전성기를 맞이한다.

16세기 앙리(Henri) 4세에 의하여 부르봉(Bourbon)왕조가 수립되고 지방 제후

1 외교부, 프랑스 개황, 2013, 7-22면 프랑스 약사 내용 요약.

들과의 오랜 투쟁을 통해 지배권을 확보함에 따라 루이(Louis)13세, 루이14세 시대에 절대주의 왕권의 절정을 이룬다.

나. 1789년 대혁명~제2차 세계대전 이전

18세기 계몽주의의 영향으로 자유주의, 평등주의 사상이 확산되어 귀족, 승려 등 특권층에 대한 피지배 평민계층의 비판의식이 높아지고, 부패한 왕실에 대한 시민의 불만이 고조된다. 마침내, 1789년 7월 14일 파리 시민군에 의하여 정치범 수용소인 바스티유(Bastille) 감옥이 파괴됨으로써 프랑스혁명이 발발한다.

혁명초기에는 라 파이에트(La Fayette), 미라보(Mirabeau), 바이(Bailly), 시에예스(Sieyès) 등 입헌군주파가 주도권을 장악하여 1791년 10월 1일 헌법을 통해 입헌군주제를 채택하였으나 1792년부터는 공화파들이 혁명의 주도권을 장악하여 왕정 폐지를 선포하고 국민공회(Convention)가 통치하는 공화국을 수립한다. 1793년 1월 21일 루이(Louis)16세를 처형한다.

1795년 수립된 5인 집정관체제(Directoire)는 구심점 없이 혼란을 겪고 재정난에 부딪치게 되어 약화되었다. 왕당파를 비롯한 반혁명 세력의 도전이 강화되자 이러한 분위기를 틈타 나폴레옹이 1799년 쿠데타로 정권을 장악한다. 나폴레옹은 형식상 3인 집정관(Consul)으로 구성되는 집정체제(Consulat)를 수립하였으나 제1집정관으로서 실권을 장악하고, 1804년 제위에 오름으로써 프랑스 대혁명의 물결은 중단된다.

나폴레옹은 근대 민법전 제정, 근대적인 행정, 사법, 교육, 군사제도를 확립하는 한편, 피(被)정복지에 근대적인 제도를 확산하여 프랑스 혁명 정신을 구현하는데 기여하였으나 국내적으로는 1인 독재체제를 구축하고 대외적으로 전 유럽으로 전쟁을 확산하였다. 이후 1848년 2월 혁명이 발발하여 공화국이 선포되었고, 나폴레옹 1세의 조카 루이 나폴레옹(Louis Napoléon)이 대통령에 당선되어 제2공화국이 수립된다. 루이 나폴레옹은 1852년 황제(Napoléon 3세)로 즉위하였으나 1870년 보불전쟁에서 비스마르크(Bismarck)에게 패하여 퇴위함으로써 제2제정이 종료한다. 나폴레옹 3세의 몰락 후 왕당파와 공화파의 팽팽한 대립 속에서 1875년까지 과도체제가 유지되다가 의회우위의 대통령제 형태의 공화정이 수립된다. 제1차 세계대전에서 프랑스는 대독 연합군의 주축이 되어 전세를 역전시키고, 포슈(Foch) 원수가 연합군 총사령관으로서 1918년 11월 11일 대독 휴전협정을 체결하였다.

다. 제2차 세계대전 이후

제2차 세계대전 초기에 독일군에 패주하여 프랑스 본토 내에 나치점령군의 괴뢰정권인 비시(Vichy) 정부(1940~1944)가 수립되었으나, 샤를 드골(Charles de Gaulle) 장군이 영국으로 망명하여 수립한 '자유 프랑스'가 연합국에 의하여 승인됨으로써, 종전 후 프랑스는 전승국의 대열에 가담한다.

1945년 10월 21일 국민투표로 제3공화국 헌법이 공식적으로 폐지되고, 1945년 11월 2일 샤를 드골(Charles de Gaulle) 장군이 임시헌법에 의한 임시정부의 수반으로 취임하였으나, 의회의 절대다수 의석을 점한 좌파와의 대립으로 1946년 1월 사임하였고, 1946년 10월 27일 내각책임제 형태의 제4공화국이 수립된다. 제4공화국은 정당의 난립으로 정국의 혼란이 계속되었고, 1958년 알제리 사태와 관련하여 알제리 주둔 군부의 쿠데타 조짐으로 정국이 위기에 처하자, 정부가 드골 장군에게 사태수습을 위촉하였고, 드골 장군은 대통령의 권한을 강화하는 방향으로 개헌을 추진함으로써 제4공화국이 막을 내린다.

1958년 9월 28일 국민투표를 통하여 제5공화국 헌법이 채택되고, 1958년 10월 4일 헌법이 공포되었으며, 1959년 1월 8일 드골이 대통령에 취임하였다. 제5공화국 헌법에 의해 막강한 권한을 갖게 된 드골 대통령은 1962년 알제리에 독립을 부여하고, 1962년 10월 28일 국민투표에 의해 대통령 직선제로 개헌한 후 1965년 직선대통령에 당선된다.

2. 정치 및 행정체계

가. 정치체계

프랑스는 대혁명이후 제한군주제, 공화제 등의 여러 헌정을 경험한 후, 1870년 제3공화국 수립으로 공화국으로 정착하였으나 약한 정부와 정국 불안이 지속되었다. 1958년 정치 불안과 다수정당의 난립을 피하기 위해 대통령의 권한을 대폭 강화하면서도 의회주의의 전통을 유지하는 절충형 헌법을 채택하고 제5공화국이 출범한다. 제5공화국 헌법 체제에서 프랑스 정부형태는 내각책임제와 대통령제의 혼합형이다.

대통령의 임기는 5년이며 중임이 가능하고, 외교, 국방, 내치에 걸치는 방대한 권한을 가지는 반면 의회의 불신임으로부터 면제되는 초월적 위치에 있다. 대통령은 주로 정치적 권한을 갖고 있고 행정권은 총리가 지휘하는 내각에 속하며 내각은 의회에 대하여 책임을 진다. 의회는 양원제로 임기 6년의 간선제인 상원(348명)과 임기 5년의 직선제인 하원(577명)으로 구성된다. 입법부는 원칙적으로 하원우위의 양원제이나 상원도 개헌문제에 관하여는 하원과 동등한 권한을 가지며, 상원은 대통령의 의회 해산권에서 제외된다.

나. 행정체계

프랑스 영토는 유럽대륙에 위치한 본토(méropole) 및 해외영토(outre-mer)로 구성된다. 해외영토(DOM-TOM)는 자체 행정부를 갖는 해외자치지역(COM)과 구분

〈표 1〉 프랑스 지방행정 제도

행정구역	레지옹(Région)	데파르트망(Département)	꼬뮌(Commune)
단체장	광역의회 의장 (Président du conseil régional)	도의회 의장 (Président du conseil général)	시장 (Maire)
의결기관	광역의회 Conseil régional	도의회 Conseil général	시의회 Conseil municipal
선거	〈광역의회 선거〉 -선출인원: 31~209 -직접·보통선거 -후보명부에 2차 투표 -임기: 6년 -다수 득표 명부 우선 의석 배정+명부별 득표 비례 의석 배정	〈도의회 선거〉 -선출인원: 15~76 -직접·보통선거 -Canton 단위 단일 후보 2차 투표 -임기: 6년(3년마다 1/2 교체) -절대 다수 득표 후부 당선	〈시의회 선거〉 -선출인원:9~163 -직접·보통선거 -Commune 단위 후보 명부에 2차 투표 -임기: 6년 -다수 득표 명부 우선 의석 배정+명부별 득표 비례 의석 배정 -인구수에 따라 제도 상이

출처: Michel Verpeaux·Christine Rimbault·Franck Waserman, *Les collectivités territoriales et la décentralisation*, 2021, La documentation Française, 25-31면; 외교부, 프랑스 개황, 2013, 48-49면 재구성.

된다. 지방 행정 단위는 크게 레지옹(Région), 데파르트망(Département), 꼬뮌(Commune) 단위로 구분되고, 지방의회선거가 매 6년마다 치러져 지방의회(직선), 지방자치단체장(호선)을 구성한다. 그리고 특수지방조직으로 파리, 리용, 마르세이유 등 대도시에는 하위 행정구역으로 구(Arrondissement)을 두고 있다. 파리는 행정상 유일하게 꼬뮌(Commune) 이자 동시에 데파르트망(Département)의 지위를 갖는다.

중앙정부는 정부를 대표하는 행정관(Préfet)을 레지옹(Région) 및 데파르트망(Département)에 파견하고, 재정지원 및 법규제정(지방자치관계법 등)을 통해 지방자치행정의 적법성을 감독한다.

레지옹의 행정관(Préfet de région)은 광역행정구역(Région)의 중심 데파르트망(Département)의 행정관인 도지사(Préfet de département)가 겸임하면서 지역에 분산된 국가행정업무를 지휘한다. 주요 업무는 EU 지역개발 프로그램 또는 여러 지자체

〈표 2〉 프랑스 지방자치단체 현황(2022년 기준)

구 분		2018	2019	2020	2021	2022
총계		47,320	46,310	45,802	45,397	45,205
지방자치단체		35,472	35,085	35,083	35,079	35,069
꼬뮌	계	35,357	34,970	34,968	34,965	34,955
	본토	35,228	34,841	34,839	34,836	34,826
	해외영토	129	129	129	129	129
데파르트망	계	96	96	96	95	95
	본토	94	94	94	93	93
	해외영토	2	2	2	2	2
레지옹	계	14	14	14	14	14
	본토	12	12	12	12	12
	해외영토	2	2	2	2	2
특별자치단체[2]		5	5	5	5	5
기초자치단체 연합[3]	계	11,848	11,225	10,719	10,318	10,136
	조세공동체[4]	1,263	1,258	1,254	1,253	1,254
	연합공동체[5]	10,585	9,967	9,465	9,065	8,882

출처: Direction générale des collectivités locales, *Les collectivités locales en chiffres 2022*, 19p.

와 연관된 사업계획에 대한 중앙정부와 지자체 연계업무, 지자체 행정조치의 예산규정준수 여부 및 적법성 여부 감독, 해당 지역의 경제·사회발전·토지개발 정책 계획수립, 중앙정부와 지자체간 계약 협상 업무 등이다.

데파르트망(Département)의 행정관인 도지사(Préfet de département)는 지방자치활동을 감독하고 중앙정부의 토지정비 및 개발정책을 집행하며 행정소송을 통해 사후적으로 지자체의 행정조치를 통제하는 임무를 담당한다. 특히, 도지사는 경찰력을 바탕으로 관할구역의 공공질서유지의 책임을 갖는다.

한편, 기초단위인 꼬뮌(Commune)에는 행정관이 없으며, 시장이 중앙정부가 위임한 업무를 수행한다.[6]

3. 형사사법체계 및 치안현황

가. 형사사법주체

우리의 심급 구조와 마찬가지로 민·형사 관련 1심 재판에 대한 항소심으로 항소법원(Cour d'appel), 항고심에 대한 최종 법률심으로 최고 재판소인 파기법원(Cour de cassation)이 있다. 1심 법원은 지방법원(Tribunal de grande instance)과 지방법원과는 별도로 1심 재판을 담당하는 법원으로서 소법원(Tribunal d'instance)이 존재한다. 소법원(Tribunal d'instance)은 대체로 경미한 사건의 처리를 담당하기 위해 소규모의 행정단위에 설치된 법원이다. 그 외에 특수한 분야의 재판을 전문적으로 담당하기 위한 특별법원들이 설치되어 있다.[7]

검찰(Parquet)의 경우, 법원과 다른 별개의 기관으로 설치되어 있는 것이 아니라 지방법원급 이상의 각급 법원에 소속된 하나의 부서로서 설치되어 있다. 즉한 법원 내에 판사의 조직과 검사의 조직이 함께 존재하고 있으며, 단지 그 기능이나 업무만을 달리하고 있는 것이다. 판사와 검사는 '사법관(magistrat)'이라는 용

---

2 Collectivité de Corse, Métropole de Lyon, Martinique, Guyane, Département de Mayotte.

3 Groupements de communes.

4 Groupements de communes à fiscalité propre.

5 Syndicats.

6 외교부, 프랑스 개황, 2013, 48-49면.

7 외교부, 프랑스 개황, 2013, 40면.

어로 통칭되는데, 사법관이 되기 위한 선발절차와 연수과정이 동일하고, 사법관으로의 임용 후에도 동일한 지위를 가지고 있다.

사법경찰에는 사법경찰관(officiers de police judiciaire), 사법경찰리(agents de police judiciaire), 보조사법경찰리(agents de police judiciaire adjoints) 등이 있고, 그밖에 법률에 의하여 특정한 분야의 범죄수사에 관하여 사법경찰권을 행사하는 특별사법경찰관이 있다. 사법경찰은 검사의 지휘 하에 사법경찰권을 행사하고, 형벌법규에 정한 범죄를 인지하고 증거를 수집하며 범인을 수사하는 것을 임무로 한다. 다만, 예심수사가 개시된 경우에는 예심수사판사의 수사지휘사항을 집행하고 그 요구에 응하여야 한다.[8]

나. 프랑스 형사사법제도 특징

프랑스의 형사사법제도에서 우리와 확연히 다른 부분은 사인소추(Action civile) 제도와 예심수사판사(Juge d'instruction) 제도, 그리고 범죄의 분류방법 등이다.

우선 프랑스의 형사절차에는 공판을 진행하고 판결을 선고하는 재판법원 외에 그 이전 단계로서 증거를 수집하고 피의자가 유죄판결을 받기에 충분한지 여부를 판단하는 임무를 수행하는 예심수사법원이 존재한다. 즉 형사절차가 소추(poursuite), 예심수사(instruction préparatoire), 판결(jugement)의 3단계로 구분되어 있고, 소추는 검찰이, 예심수사는 예심수사법원이, 판결은 재판법원이 각각 담당한다.

프랑스는 원칙적으로 공소제기의 담당자는 검사이고 기소편의주의를 채택하고 있으나 기소독점주의는 인정되지 않는다. 즉 타인의 범죄행위로 피해를 입은 사람이 수사기관에 고소를 제기하는 방법 외에 일정한 요건 하에 예심수사법원 또는 재판법원에 가해자를 상대로 직접 소추를 제기할 수 있는 사인소추 제도가 인정되고 있다. 이것은 범죄 피해자의 형사소추권과 민사상 손해배상청구권을 결합시킨 제도이다

프랑스 형법(Code Pénal)은 사안의 경중에 따라 범죄를 중죄(crime), 경죄(délit), 위경죄(contravention)로 구분하고 있다. 소추된 사건이 위 세 가지의 범죄 중 어디에 해당하느냐에 따라 재판부가 달라진다. 중죄에 해당하는 사건은 중죄법원(Cour d'assises), 경죄에 해당하는 사건은 경죄법원(Tribunal correctionnel), 위경죄에 해당하

---

8 Code de procédure pénale Art.16~21-2.

는 사건은 경미범죄법원(Tribunal de police)에서 각각 관할한다. 여기서 '법원'이라는 명칭은 별개의 조직과 시설을 갖춘 일반적인 의미의 법원을 말하는 것이 아니라, 각 사건의 재판을 담당하는 '재판부'를 의미한다. 한편 중죄법원은 고등법원에, 경죄법원은 지방법원에, 경미범죄법원은 소법원에 각각 설치되어 있다.[9]

중죄법원은 살인, 강간, 강도 등 중범죄에 해당하는 형사사건을 관할하고 3인의 판사와 9명(1심의 경우) 또는 12명(2심의 경우)의 배심원으로 구성된다. 경죄법원은 절도, 사기 등 10년 이하의 징역 대상이 되는 범죄사건을 관할하고 판사 3명의 합의제이다. 경미범죄법원은 벌금 1,500유로 이하 또는 자격정지 및 자격제한 대상이 되는 경미한 형사사건을 관할하고 판사 1명의 단독심이다.[10]

형사소송법은 3가지 종류의 범죄수사를 예정하고 있다. 검사의 지휘 하에 사법경찰이 진행하는 현행범수사(enquête en cas d'infraction flagrante)와 예비수사(enquête préliminaire), 그리고 예심수사판사가 진행하는 예심수사(instruction préparatoire)로 구분된다.

다. 치안현황

프랑스 국내 치안은 강력한 공권력을 바탕으로 한 엄격한 법집행 결과 전반적으로 안정되어 있다. 그러나 최근 유럽경제 위기에 따른 동유럽 및 아프리카 국가의 이민족들에 의한 파리 등 주요도시에서의 소매치기, 날치기, 강도 등 생계형 범죄가 증가하고 있다.

또한, 파리 근교 및 남부 해안도시인 마르세이유 등지에서는 마약, 불법무기 밀매에 따른 총기살인, 강도 등 범죄조직들에 의한 대형 강력범죄가 빈발하고 있고, 아프리카 및 중동국가의 민주화 바람과 프랑스의 아프간 파병 등에 반발하는 이슬람 과격주의자와 극우파에 의한 테러 위협이 상존하고 있는 실정이다.

프랑스의 치안은 내무부 소속으로 내무부장관의 지휘 아래 중앙집권적 체제를 유지하고 있는 국가경찰(국립경찰과 군경찰)이 대부분 담당하고 있고, 꼬뮌(Commune)에 국가경찰과 별도의 자치경찰을 운용하고 있다. 국립경찰(Police natio-nale)은 주로 인구 1만 이상 도시 지역의 치안을 담당하고 전 국토의 5%, 총 인구

---

9 강기택 외, 비교경찰론, 수사연구사, 2006, 136-138면.
10 외교부, 프랑스 개황, 2013, 40면.

의 51%를 담당하고 있다. 군경찰(Gendarmerie nationale)은 도시 주변 또는 농어촌 시골지역의 치안을 담당하고 전 국토의 95%, 총 인구의 49%를 담당한다.

2019년 기준 프랑스 경찰인력(국립경찰과 군경찰)은 총 224,000명으로 전체 공무원의 약 9%를 차지한다. 경찰인력의 평균 연령은 38.5세이고 여성경찰관의 비율은 약 21%이다. 직급별 비율은 지휘직군 2%, 통솔직군 5%, 집행직군 83%, 치안보조인력 10%로 구성된다. 프랑스 인구 만 명당 담당 경찰인력은 34명이다.[11]

자치경찰(Police municipale)은 기초자치단체인 꼬뮌(Commune)의 시장(Maire)이 자체 예산으로 설치·운영하고 국가경찰의 권한을 침해하지 않는 범위 내에서 관할 구역내 주정차 단속, 순찰 등 공공질서 유지 임무를 담당한다.

2021년 기준 프랑스에는 4,452개 꼬뮌(Commune)에서 자치경찰을 운영하고 있고, 구성인력은 자치경찰공무원 25,466명, 공공도로감시원 8,068명, 산림감시원 679명, 경찰견운용요원 462명이다. 2020년 기준 자치경찰공무원 4명 이하 자치단체가 70.2%, 5명~10명인 자치단체 16.8%, 11명 이상 자치단체가 13%이다. 2012년부터 2020년까지 프랑스 자치경찰공무원(Agent de police municipale) 인력은 지속적으로 증가 추이를 보이고 있다.[12]

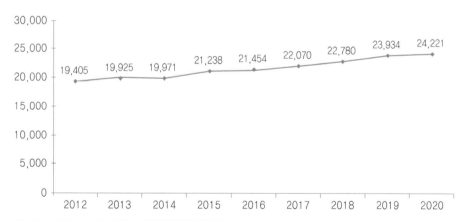

[그림 1] 2012년~2020년 프랑스 자치경찰공무원 인력 추이

---

11 Sécurité et société – Insee Références – Édition 2021, pp. 164－165.

12 Ministère de l'Intérieur, *Mémento policiers municipaux et gardes champêtres*, 2021, 5p.

〈표 3〉 2017년~2022년 프랑스 국립경찰 및 군경찰 범죄유형별 발생 현황

유 형	2022	2021	2020	2019	2018	2017
살인 (상해·폭행치사 포함)	948	879	820	853	828	822
15세 이상에 대한 폭행· 상해	353,600	306,700	274,300	271,900	251,300	233,600
가정폭력	184,100	157,500	137,700	125,700	109,900	100,500
기타 폭행·상해	169,500	149,200	136,600	146,200	141,400	133,000
성폭력	84,500	75,800	57,100	55,500	49,400	41,600
강간(미수)	38,400	34,300	26,000	23,400	19,800	16,900
기타 성폭력범 (성희롱 포함)	46,100	41,500	31,100	32,100	29,700	24,800
무장강도	8,600	8,500	8,700	9,200	9,100	10,200
비무장강도	59,700	62,100	66,100	81,500	83,700	90,300
대인절도	663,700	583,800	553,800	728,600	708,100	719,700
침입절도	211,800	190,300	189,800	237,400	237,600	254,400
차량절도 (자동차 또는 이륜차)	133,800	122,700	122,800	141,200	143,800	156,000
차량침입절도	246,400	225,400	224,000	270,400	269,300	272,400
차량용품절도	100,700	77,300	74,300	90,400	95,400	101,800
손괴·파손	550,600	544,500	536,500	616,000	620,500	631,000
마약류사용	249,800	221,300	160,700	177,300	186,800	188,800
마약류거래	48,300	46,700	41,200	47,000	45,400	43,900
사기	465,000	434,000	380,800	379,200	341,800	337,600

출처: https://www.interieur.gouv.fr/Interstats/Actualites/Insecurite−et−delinquance−en−2022−une−
premiere−photographie−Interstats−Analyse−N−54(2023년 3월 1일 검색)

2022년 내무부에서 발표한 통계를 보면, 2021년 대비 범죄발생 건수가 전반적으로 증가하였다. 코로나19 이전에 증가 추세였던 프랑스 범죄율이 코로나19 이후에도 증가추세라는 것이 재확인 되었다.

2022년 기준 살인 사건은 총 948건으로 전년 대비 8% 증가하였고, 15세 이상 피해자에 대한 폭행 및 상해는 15% 증가했다. 또한, 가정폭력 피해자수도 전

〈표 4〉 2022년 유형별 범죄발생건수 및 증감률

범죄유형	2022년 발생건수	전년대비 증감률
살인(상해 · 폭행치사 포함)	948	+8%
15세 이상에 대한 폭행 · 상해	353,600	+15%
성폭력	84,500	+11%
무장강도	8,600	+2%
비무장강도	59,700	−4%
대인절도	663,700	+14%
침입절도	211,800	+11%
차량절도(자동차 또는 이륜차)	133,800	+9%
차량침입절도	246,400	+9%
차량용품절도	100,700	+30%
손괴 · 파손	550,600	+1%
마약류사용	249,800	+13%
마약류거래	48,300	+4%
사기	465,000	+8%

출처: https://www.vie−publique.fr/en−bref/288058−insecurite−et−delinquance−les−premiers−chiffres
−2022(2023년 3월 1일 검색)

년 대비 17% 증가하였고, 성폭력사건도 11% 증가한 것으로 나타났다. 특히, 2022
년 한 해 동안 130만 도시가구들(전년 대비 8% 증가)이 금융사기 피해를 입었다고 보
고되었다.

Ⅱ. 경찰의 발전과정

1. 구체제하의 경찰제도

1032년 앙리1세는 경찰권과 사법권(재판권)을 행사하는 프레보(Prévot)직을 창

설하여 프랑스 경찰의 기원을 마련하였다. 이후 '공공의 전문화된 직업조직'으로서 현대적 의미의 경찰의 탄생은 1667년 3월 루이14세의 칙령으로 설립된 경찰국장제도(Lieutenant général de police)이다.

1667년 이전의 경찰체제는 봉건주의 전통과 의회권한에 기반한 비효율적이고 복잡한 권한 구조였으나, 1667년 경찰개혁을 통해 비로소 경찰권한은 왕권에 종속된다. 경찰국장은 왕의 대리인이고, 의회로부터 독립된 경찰관청이었다. 새로운 경찰제도는 행정의 중앙집중화와 관계되고 루이14세가 왕국의 재정관할과 일치하는 관할에 설치하였던 사법, 경찰, 재정 총관제도를 완성하는 것이었다. 17세기말 경찰은 지방의 경우 총관(Intendant)을 통하여 그리고 도시의 경우 경찰국장을 통하여 중앙권력의 권한에 종속되었다. 새로운 경찰체제는 1699년 프랑스 전역의 대도시로 확대되었다.

2. 프랑스 대혁명 이후 경찰제도

프랑스 대혁명으로 구체제(앙시앙 레짐, ancien régime)의 경찰제도가 폐지되고 근대적인 자치경찰제(police municipale)가 도입되었다. 1789년 12월 14일 법령은 '경찰권은 시장에게 귀속되며, 자치경찰의 임무는 주민들이 지역에서 보다 나은 보건, 위생, 안전을 누리도록 하는 것'이라고 규정하였다. 프랑스 대혁명 후 선출직 시장은 경찰의 직접적 책임자이고, 시민들로 구성된 국민위병(Garde nationale)의 도움으로 경찰임무를 수행하였다.

그러나 대혁명 이후 5인총재정부(Directoire 1795-1799), 집정정부(Consulat 1799-1804), 제정시대에는 다시 중앙집권적인 경찰체제를 추구하였으나 법적으로는 여전히 자치경찰이 계속 유지되었다. 19세기는 국가경찰과 자치경찰의 경쟁관계가 주요 의제가 된다.

프랑스 자치경찰제는 제3공화국 시기부터 행정구역의 개편과 함께 이전의 지방자치단체 권한으로서의 지위를 상실했다. 1884년 지방자치법은 자치경찰의 권한을 개정하여, 공공질서, 안전 및 공중위생을 확보하는 것을 주임무로 한다고 규정하였다. 시장은 지방자치단체의 공공질서 유지의 책임자이고 경찰권은 시장에게 귀속되었다. 특히, 1884년 법령에서는 정부가 임명하는 서장이 지휘하는 자치경찰서의 법적 근거를 마련하였다. 서장 이하의 경찰관은 지방공무원으로 시장이 임명하였다. 주민 6천명 미만의 지역은 도지사가 자치경찰서장을 임명하고, 6천명 이상 지역은 대통령이 임명권한을 갖는다. 그리고 도경국장이 전체 경찰서를 통솔하는 체계였다.

　이후 도시화, 산업화가 가속되면서 중앙정부에 의한 도시에서의 공공질서 유지의 필요성이 대두되고, 중앙정부는 정치, 사회적 갈등을 통제하기 위해 도심지역의 통제를 강화하고 자치경찰의 부족한 인적·물적 자원을 보충하고자 하였다. 이에 따라 1851년 파리경찰조직을 모델로 리용과 인근 12개 시에 대하여 국가경찰화가 결정되고, 1853년에는 파리경시청장의 권한이 파리인근 전체로 확대된다. 1855년에는 인구 4만명 이상의 모든 도시와 도소재지 경찰조직을 국가경찰화한다. 프랑스 경찰조직의 국가경찰화는 지방정치세력의 저항과 집권세력의 이념에 따라 변화하였으나 20세기 들어서 본격화된다.

　1908년 마르세유에 국가경찰화가 처음 적용이 되었고, 1, 2차 세계대전 사이 니스, 스트라스부르그, 메츠, 툴르즈 등 대도시 자치경찰들이 국가경찰화 되었으나 1941년까지 대부분의 지방자치단체들은 여전히 자치경찰제를 유지하였다. 그러던 중 제2차 세계대전 당시 나치가 수립한 괴뢰정부인 비쉬(Vichy)정부는 1941년 4월 23일 법령으로 인구 1만 명 이상 지역의 경찰을 국가경찰화 한다. 이것이 현재 프랑스의 국립경찰(police nationale)의 기원이다. 한편, 파리는 여전히 자치경찰인 파리경시청으로 운영되었다.

3. 근대 프랑스 경찰

　2차 세계대전 후 1944년 내부부 소속 안보국(Direction générale de la sûreté natio-nale)이 재건되고, 4개의 주요 실무국(수사국, 생활안전국, 정보국, 국토감시국)과 행정지원국(인사행정, 장비·물자, 국제협력)들로 편성되었다. 그리고 생활안전국 산하에 치안경비부국(Sous-direction des compagnies républicaines de sécurité)이 설치되었고, 1947년 전국적인 파업 이후 오늘날의 경찰기동단(Compagnies républicaines de sécurité)과 같은 경비전담부서의 역할을 하게 된다. 안보국 재건 이후에도 인구 1만 명 이상 도시에서는 단일 국가경찰체제 원칙이 유지되었으나 여전히 파리경시청은 안보국 소속이 아닌 자치경찰의 지위를 유지했다. 그리고, 마침내 1966년 7월 9일 법령으로 파리경시청과 내무부 산하 안보국(Sûreté nationale)이 통합되어 현재의 국립경찰(Police nationale)이 창설되었다.[13]

Ⅲ. 경찰의 조직

프랑스 경찰조직은 국가경찰제를 주축으로 자치경찰제가 혼용된 형태이다. 국가경찰은 국립경찰(Police nationale)과 군경찰(Gendarmrie nationale)로 이원화 되어 있고, 자치경찰(Police municipale)은 기초단위(꼬뮌, Commune) 자치단체에서 국가경찰과 병존하여 설치된다.

1. 국립경찰(Police nationale)[14]

국립경찰은 군경찰과 함께 프랑스 양대 국가경찰의 하나로서 내무부장관 지휘아래 인구 2만명 이상의 도시지역 치안을 담당한다. 내무부 소속 중앙조직으로 경찰청(Direction générale de la police nationale: DGPN)이 있고, 지방조직은 각 기능별로 운영된다. 우리나라와 같은 별도의 독립된 '지방경찰청'은 없으며, 중앙조직인 경찰청의 각 기능별 지방분국·분실을 각 도(Département) 또는 광역도(Région)에 설치·운영하고 있다.

중앙조직인 경찰청은 8개 국과 실로 구성되고 2개의 합동 편성 기구로 구성된다. 합동 편성 기구는 정보통신실(SICoP)과 구매·장비·물자지원실(SAELSI)로 국립경찰과 군경찰의 합동 편성 기구로서 국가경찰 지원업무를 담당하는 부서이다. 부속기관 중 고등경찰학교(ENSP)는 국립경찰 교육연구기관으로 총경과 경위급 간부의 신임교육과 재교육을 담당한다.

---

13 http://www.police-nationale.interieur.gouv.fr/Presentation-generale/Histoire
14 http://www.police-nationale.interieur.gouv.fr/Organisation

가. 경찰청 중앙조직(국·실) 및 지방 하부조직

1) 감사국(Inspection générale de la police nationale: IGPN)

- 전국 주요 되시에 7개의 감사분국(Délégations de l'inspection générale de la police nationale)과 1개의 감사실(Bureau de l'inspection générale de la police nationale) 설치
- 감사분국은 보르도(Bordeaux), 릴(Lille), 리용(Lyon), 마르세유(Marseille), 메츠(Metz), 파리(Paris)와 헨느(Rennes)에, 감사실은 니스(Nice)에 소재[15]

2) 경무인사국(Direction des ressources et des compétences de la police nationale: DRCPN)

- 2010년 8월 설치된 조직으로 채용, 교육, 인사, 후생복지 및 재정업무를 담당
- 하위 조직은 인사행정부국(Sous-direction de l'administration des ressources humaines), 교육·역량강화부국(Sous-direction de la formation et du développement des compétences), 후생·복지부국(Sous-direction de l'action sociale et de l'accompagnement du personnel), 성과·재정부국(Sous-direction des finances et de la performance), 장비·물자부국(Sous-direction de l'équipement et de la logistique)으로 구성

3) 수사국(Direction centrale de la police judiciaire: DCPJ)[16]

- 하위 조직은 인력·평가·전략부국(Sous-direction des ressources, de l'evaluation et de la stratégie), 국제협력과(Division des relations internationales), 첨단수사부국(Sous-direction de la police technique et scientifique), 조직·재정범죄부국(Sous-direction de la lutte contre la criminalité organisée et la délinquance financière), 대테러부국(Sous-direction anti-terroriste), 사이버범죄부국(Sous-direction de la lutte contre la cybercriminalité), 도박·경마관리실(Service central des courses et jeux)
- 수사국 지방조직으로 2가지 형태의 광역수사국이 있음, 2개 이상의 광역도(Région)을 관할하는 9개의 광역수사국(DIPJ: Bordeaux, Dijon, Lille, Lyon, Marseille,

---

15 http://www.police-nationale.interieur.gouv.fr/Organisation/Inspection-Generale-de-la-Police-Nationale

16 http://www.police-nationale.interieur.gouv.fr/Organisation/Direction-Centrale-de-la-Police-Judiciaire/L-organisation-et-les-structures

Orléans, Rennes, Strasbourg, Pointe-à-Pitre)과 개별 광역도에 설치된 3개의 수도권 광역수사국(DRPJ: Paris, Versailles, Ajaccio)이 있고, 광역수사국 하위 조직으로 광역수사실(Services régionaux de police judiciaire: SRPJ)과 광역수사분실(Antennes de police judiciaire) 설치

- 각 광역수사국(DIPJ와 DRPJ) 산하에는 분야별 전문 수사부서 설치

4) 생활안전국(Direction centrale de la sécurité publique: DCSP)
- 순찰을 통한 일반범죄예방, 경찰긴급전화(17)운용, 일반범죄 및 교통 단속 업무 담당
- 전국적 지방조직으로 도(Département)소속 생활안전국과 광역경찰서, 경찰서, 파출소 및 치안센터 설치

5) 출입국관리국(Direction centrale de la police aux frontières: DCPAF)
- 출입국관리, 불법체류·이민단속 등

6) 기동단(Direction centrale des compagnies républicaines de sécurité: DCCRS)
- 기동단은 3개 단위의 지방조직으로 편성
- 파리에 소재하는 중앙조직인 경찰청 소속의 기동단을 중심으로 각 방위지역의 중심도에 7개의 지방분국이 있고, 최하위단위 조직들로는 60개 경찰기동부대, 요인경호를 전담하는 1개 경호부대(CRS n° 1), 9개 고속도로순찰대와 6개 싸이카순찰대, 1개 산악구조대(CRS Alpes et des sections montagne) 그리고 경호부대의 부속기구로 1개의 악대(La musique de la police nationale) 설치

7) 경호실(Service de la protection: SDLP)
- 하위조직으로 대통령 관저 안전팀(Groupe de sécurité de la présidence de la République), 신변보호부국(Sous-direction de la protection des personnes), 경호안전부국(Sous-direction de la sûreté), 인력·물자부국(Sous-direction des ressources et des moyens mobiles) 설치

8) 국제협력국(Direction de la coopération internationale: DCI)
- 해외치안정보 수집, 외국경찰과의 교류협력 등 담당

나. 경찰청 직속기관

- 경찰특공대(Recherche, Assistance, Intervention et Dissuasion: RAID)
- 대테러협력팀(Unité de Coordination de la Lutte AntiTerrorisme: UCLAT)
- 작전지휘실(Service de Veille Opérationnelle de la Police nationale: SVOPN)
- 정보통신실(Service d'Information et de Communication de la Police nationale: SICoP)
- 역사사료실(Service Historique de la Police nationale: SHPN)
- 마약퇴치부(Mission de Lutte AntiDrogue: MILAD)
- 피해자지원부(Délégation aux Victimes: DAV)
- 대중교통안전팀(Unité de Coordination de la Sécurité dans les Transports en Commun: UCSTC)
- 대규모행사대비팀(Unité des Grands Evénements: UGE)
- 구매·장비·물자지원실(Service de l'achat, de l'équipement et de la logistique de la sécurité intérieure: SAELSI)

다. 경찰청 부속기관

- 고등경찰학교(École Nationale Supérieure de la Police: ENSP)
- 국립과학수사연구원(Institut National de la Police Scientifique: INPS)

라. 계급체계

〈표 5〉 국립경찰 직군별 계급

집행직군 Corps de máitrise et d'application		Gardien de la paix stagiaire Gardien de la paix Sous-brigadier de police Brigadier Brigadier chef Brigadier major
통솔직군 Corps de commandement et d'encadrement		Elève lieutenant de police Lieutenant stagiaire Lieutenant Capitaine Commandant

| 지휘직군 Corps de conception et de direction | COMMISSAIRE DE POLICE | COMMISSAIRE PRINCIPAL | COMMISSAIRE DIVISIONNAIRE | CONTRÔLEUR GENERAL | INSPECTEUR GENERAL | DIRECTEUR DES SERVICES ACTIFS | Commissaire de police Commissaire principal Commissaire divisionnaire Contrôleur général Inspecteur général Directeur des services actifs |

출처: http://www.devenez-fonctionnaire.fr/Gardien-de-la-paix/grades-et-galons-dans-la-police-nationale.html

마. 파리경시청(La préfecture de police de Paris)

1) 개 요

파리경시청은 특별행정구역으로 별도의 경찰조직체계를 갖고 특수한 지위와 권한을 갖는다. 1800년에 나폴레옹이 1789년 시민혁명의 성공적 완수를 위해 창설한 파리경시청은 정치, 경제, 사회, 문화의 중심지이자 인구밀집지역이고 역사적으로 잦은 폭동이 발생하였던 프랑스 수도로서 중앙권력이 직접 지휘를 하는 특별 경찰기관이었다. 파리경시청장은 국립경찰이면서도 경찰청장의 지휘를 받지 않고 내무부장관의 직접 지휘 아래, 수도 파리와 주변 3개 도(데파르트망)의 치안과 행정을 책임지는 것은 물론 파리와 인근 7개 도(Il-de-Fance)의 국방을 책임지고 있는 도지사(Préfet de la zone de défense et de sécurité)로서의 임무도 수행하는 특수한 지위를 갖는다. 2021년 기준 약 43,000명의 인력이 있고, 이 중에서 경찰관은 27,000명, 소방관 8,500명이다.

2) 조 직[17]

가) 중앙조직

- 경찰실무관련 부서: 파리 및 수도권생활안전국(DSPAP), 사법경찰국(DPJ), 공공질서 및 교통국(DOPC), 정보국(DR), 감사관실(IGS) 등
- 행정 및 지원관련 부서: 기술 및 물자보급국(DOSTL), 인적자원국(DRH), 예산재정국(DFCPP), 부동산관리실(SAI), 법무소송실(SAJC) 등
- 소방관련 부서: 파리소방대(BSPP)

---

17 http://www.prefecturedepolice.interieur.gouv.fr/Nous-connaitre/Presentation/Presentation-de-la-prefecture-de-police/La-prefecture-de-police

- 기타 부서: 홍보실, 법의학 연구소, 과학수사중앙연구소 등

나) 지방조직

- 지역생활안전국(DTSP): 파리(75지역) 및 3개 도(92, 93, 94지역)에 설치, 파리경시청의 '파리 및 수도권생활안전국'의 지휘를 받아 관할구역내 경찰서를 감독하며 일반 치안 담당

- 경찰서(Commissariat): 총 84개(파리 20개, 92지역 25개, 93지역 22개, 94지역 17개) 설치·운영

2. 군경찰(Gendarmrie nationale)

프랑스 군경찰은 준군사조직의 형태를 갖는 경찰조직으로 군 조직체계와 계급을 갖고 있다. 소속 군인들은 신분은 형식적으로 국방부 소속이지만 국립경찰과 함께 행정경찰 및 사법경찰 임무를 수행한다. 2002년 국내치안 강화를 위해 평시 군경찰의 지휘·운영권을 내무부장관에게 이관하였고, 2009년 군경찰 조직 및 예산에 대한 부분적 책임까지 내무부장관에게 부여 되었다. 그러나 군경찰 소속 경찰관은 여전히 군인의 신분을 갖고 국방부장관은 군사·헌병·인사·징계업무 등에 관여하고 있다.

가. 군경찰 중앙조직

군경찰본부는 군경찰총장(Le directeur général de la gendarmerie nationale)을 정점으로 비서실(Cabinet) 1개와 3개의 국(Direction)과 2개의 실(Service)로 구성된다. 군경찰총장은 군 장성 중에서 임명되고 사법경찰관의 법적지위를 가지며 군경찰에 대한 전국적인 지휘·통제권한을 갖는다. 군경찰본부의 중앙조직은 다음과 같다;[18]

1) 직무운영국: La Direction des opérations et de l'emploi(DOE)

- 작전계획 부국(la sous-direction de l'anticipation opérationnelle)

- 공공안전 및 교통안전 부국(la sous-direction de la sécurité publique et de la sé-

---

18 http://www.gendarmerie.interieur.gouv.fr/fre/Notre-Institution/Nos-composantes/Direction-generale

curité routière)

　　－ 사법경찰 부국(la sous-direction de la police judiciaire)

　　－ 집회·시위·경호 부국(la sous-direction de la défense et de l'ordre public et de la protection)

　　－ 조직 및 인력관리 부국(la sous-direction de l'organisation et des effectifs)

2) 군경찰인사국: La Direction des personnels militaires de la gendarmerie nationale(DPMGN)
　　－ 모집, 인사, 후생복지 등 군경찰 인사행정 업무를 담당

3) 지원·재정국: La Direction des soutiens et des finances(DSF)
　　－ 예산·회계 부국(la sous-direction administrative et financière: SDAF)
　　－ 시설·관사 부국(la sous-direction de l'immobilier et du logement: SDIL)

4) 장비·구매·물자지원실: Le Service de l'achat, des équipements et de la logistique de la sécurité intérieure(SAELSI)
　　－ 국립경찰청장, 군경찰총장, 소방방재청장의 공동 지휘하에 임무를 수행하는 3개 기관 합동 편성 기구이다. 주요 임무는 각 기관의 장구, 장비, 의복, 무기 등 공급계획 수립 및 관리업무를 담당
　　－ 장비 부국(la sous-direction de l'équipement)
　　－ 구매 부국(la sous-direction de l'achat)
　　－ 물자보급 부국(la sous-direction de la logistique)

5) 정보·통신실: Le service des technologies et des systèmes d'information de la sécurité intérieure(ST/SI)
　　－ 국립경찰청장, 군경찰총장 공동 지휘하에 임무를 수행하는 2개 기관 합동 편성 기구이다. 내무부 정보통신국(DSIC)의 업무범위내에서 국립경찰과 군경찰의 정보통신관련 업무를 수행한다.

나. 군경찰 지방조직

군경찰의 지방조직은 행정단위별로 구분된다.

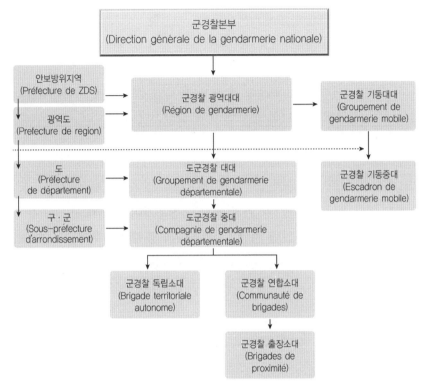

[그림 2] 프랑스 행정구역별 군경찰 조직체계(출처: Gendarmerie nationale, Pr sentation de la Gendarmerie nationale(http://www.lagendarmerierecrute.fr/Documentation/plaquettes-recrutement), 6p.

1) 안보빙위지역(Zone de défense et de sécurité: ZDS) 및 광역(Région)단위

군경찰 광역대대(Région de gendarmerie)가 설치되어 관할 지역 군경찰을 지휘·감독하고, 광역도의 중심도에는 군경찰 기동대대(Groupement de gendarmerie mobile)가 설치되어 있다.

2) 도(Département)단위

도단위에는 일반 군경찰 상급기관은 도군경찰 대대(Groupement de gendarmerie départementale)가 설치되고 군경찰 기동대대의 지역조직으로 군경찰 기동중대(Escadron de gendarmerie mobile)가 설치되어 있다.

3) 구(Arondissement) 및 도의회선거구(Canton)단위

도군경찰 대대 하부조직으로 구단위로 도군경찰 중대(Compagnie de gendarmerie départementale)가 있고, 도의회선거구 단위로 군경찰 독립소대(Brigade territoriale au−tonome)와 군경찰 연합소대(Communauté de brigades)가 설치되어 있다. 연합소대가 설치되어 있는 지역에는 하나의 중심 소대와 출장소대(Brigades de proximité)로 구성된다.

다. 군경찰 기동대(Gendarmerie mobile)

군경찰 기동대는 집회·시위 관리 전담 경찰조직이다. 2002년 치안유지법의 제정으로 군경찰 기동대의 일반 치안유지활동에의 동원이 이루어졌고, 이에 따라 도지사는 일반 치안유지활동을 위해 관할 내 군경찰 기동대의 운용권을 갖게 되었다.[19]

1) 군경찰 기동대대(Groupement de gendarmerie mobile)

기동대대는 영관급 장교(Chef d'escadron, Lieutenant−colonel, Colonel)가 지휘하고 규모에 따라 4~7개 기동중대로 구성된다.

2) 군경찰 기동중대(Escadron de gendarmerie mobile)

기동중대는 군경찰 기동대의 작전 및 훈련에서의 기본 조직단위로서 115명의 장교와 부사관으로 구성된다. 기동중대는 대위(capitaine)가 지휘하고 5개의 소대(peloton)으로 구성된다. 5개 소대는 행정지원소대 1개와 기갑소대, 차량소대, 진압소대 등 4개의 보병소대로 편성된다. 특히, 진압소대(peloton d'intervention)는 폭력적인 시위진압이나 위험한 범인검거 작전에 투입될 수 있도록 훈련되어 있다.

---

19 Loi d'orientation et de programmation pour la sécurité intérieure du 29 août 2002.

라. 군경찰 계급

〈표 6〉 군경찰 직군별 계급

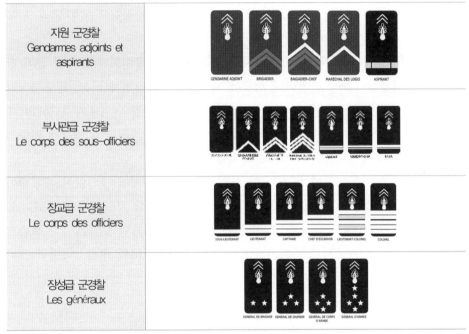

출처: http://www.devenir－gendarme.fr/grades－gendarmerie.php

3. 자치경찰(Police municipale)

가. 법적 근거 및 종류

1) 법적 근거

1965년 9월 22일 법령은 인구 2천명 이상 지역에서 자치경찰을 설치할 수 있는 근거를 마련하였고, 현재의 자치경찰제도는 1977년 1월 27일 꼬뮌법(Code des communes)에서 규정하였고, 1999년 4월 15일 자치경찰법에서 제도를 정비하였다. 1980년대 범죄로 인한 불안감이 커지면서 자치경찰제가 확대되기 시작한다. 다수의 도시들에 시민들의 불안감에 대응하여 자치경찰을 창설하였고, 자치경찰은 주민들에게 접근하기 용이한 근린경찰의 상징이 되었다. 오늘날 프랑스 자치경찰제는 급격히 확산되고 있고, 국립경찰과 군경찰에 이은 제3의 경찰력으로 자리매김하고 있다. 2012년 치안 관련 규정을 통합한 국내치안법이 제정되면서 시장의 경찰권, 자치경찰의 임무, 자치경찰공무원의 인사, 장구·장비, 무기휴대 및 사용, 교육훈련, 조직 및 인력, 국가경찰관의 업무협약, 자치경찰공무원의 권리·의무 등에 관한 사항은 국내치안법에서 규정하고 있다.[20]

자치경찰은 기초자치단위(꼬뮌)에서 시장(Maire)이 지방의회의 동의를 얻어 창설한다. 자치경찰기관이 설립되면 법령에 따른 채용을 거쳐야 하고, 임용예정자들에 대한 검사장의 승인을 받아야 한다. 시장은 자치경찰의 기초자치단체의 대표일 뿐만 아니라 국가의 보통행정기관의 장으로서의 지위를 갖기 때문에 이중적지위에서 중복사무(자치사무+국가사무)를 수행한다.[21]

한편, 파리 자치경찰에 대한 도입 논의는 역대 정부에서 끊임없이 제기되어 왔다. 그러던 중 2020년 11월 19일 「자유를 보장하기 위한 치안유지법(loi pour une sécurité globale préservant les libertés)」이 하원을 통과하고, 2021년 5월 25일 공포됨으로써 파리 자치경찰 창설의 근거가 마련되었다. 2021년 10월 18일 154명의 인력으로 파리 자치경찰이 출범하였고, 2022년 10월 18일 기준 555명으로 인력이 확대되어 운영되고 있다.

2) 자치경찰 종류

가) 일반 자치경찰(Agent de police municipale): 도심지역을 중심으로 기초자치단체 시장의 경찰명령권을 집행하는 지방공무원이다. 주로 주민의 공중위생, 안전, 질서유지 확보 임무를 담당하고 관할구역 내에서 자치조례에 의한 시장의 경찰권을 집행한다.

나) 전원경찰(Garde-Champêtre): 오랜 역사를 갖는 자치경찰로서 농촌지역에서 일반 자치경찰과 동일한 임무를 수행한다.

다) 공공감시인(Agent de surveillance des voies publiques: ASVP): 관할내 주정차 위반, 보험증 미부착, 공공장소 및 노상 청결유지 위반행위, 이웃간 소음발생 행위, 기타 도시환경법 위반 등 경범죄 적발과 이에 대한 통고처분을 주임무로 한다.

20 Livre VI du Code de la sécurité intérieure.
21 안영훈·강기홍, 자치경찰제 확대 및 강화 방안, 한국지방행정연구원, 2008, 21-22면.

〈표 7〉 자치경찰 인력현황(2021년 기준)

구 분	일반자치경찰 Policiers municipaux	공공감시관 Agent de surveillance des voies publiques (ASVP)	전원경찰 Gardes- champêtres	경찰견운용팀 brigades canines
계	25,466	8,068	679	232 (운용요원: 462명, 경찰견: 456마리)

출처: Effectifs des polices municipales par commune-année 2021(https://www.data.gouv.fr/).

나. 권한 및 임무

1) 시장(Maire)의 권한

자치경찰의 최고책임자는 자치정부의 대표자이면서 국가의 보통 지방행정기관장으로 이중적인 지위를 갖는 시장(Maire)이다. 시장은 지역질서와 안전, 시민보호, 공중위생 등을 확보하고 유지할 예방적 수단으로 포괄적인 일반행정경찰권과 도로교통, 관광 등 특별경찰행정권을 갖는다. 시장은 자치경찰권을 행사함에 있어 최종적인 책임자이지만, 권한의 일부를 시의원의 한 사람인 부시장에게 위임하여 경찰권을 행사하게 할 수 있다. 꼬뮌법은 시장의 경찰권 위임 범위와 대상 등을 명확하게 규정할 것을 요구하고 있고,[22] 위임을 받은 부시장 또는 시의원은 경찰권을 담당하는 공무수행 자격을 갖기 때문에 사법경찰권에 대해서도 위임받은 것으로 인정한다.[23] 즉, 시장은 지방자치의 기초단위인 Commune에서 주민을 위한 국가의 위임사무와 자치사무를 동시에 수행하는 최고 행정책임자이면서 기초자치단체 내에서 단독 행정경찰 명령권자이다. 시장은 도시자의 감독 하에 관할 내에서 자치경찰을 조직·운영하고, 형사소송법상 '사법경찰관(Officier de police judiciaire)'의 법적 지위를 보유한다.[24]

---

22 Code des communes L.122-9조.
23 Code des communes L.122-23조와 L.122-24조.
24 안영훈·강기홍, 자치경찰제 확대 및 강화 방안, 한국지방행정연구원, 2008, 31-32면.

2) 임　무

〈표 8〉 자치경찰의 임무

구　분	내　용	법적 근거
행정경찰 임무	- 선량한 공공질서, 공공안녕, 공공안전, 공중위생 확보 - 통행 안전과 편의 확보: 도로상의 위험물·혼잡·냄새 제거, 청소, 복구 등 - 공공평온의 확보: 공공장소에서의 싸움·언쟁·소란 등의 억제 - 공공질서의 유지: 시장, 행사장, 공연장, 경기장, 식당, 교회 등에서의 질서유지 - 위생검사: 식료품점의 상품 계량 정확성 및 진열된 음식물의 위생 검사 - 재해·재난의 예방 및 구호조치: 화재·홍수 등 자연재해, 전염병 등의 사전 예방조치 및 사후 구호조치 - 정신장애자의 보호조치: 공중도덕, 타인의 안전 및 재산상 피해 우려시 조치 강구 - 유해 동물 조치: 방치할 경우 해롭거나 사나운 동물에 대한 사전 및 사후 조치	국내치안법(Titre ler du livre V du code de la sécurité intérieure)
사법경찰 임무	- 자치경찰은 사법경찰리보(Agent de police judiciaire adjoint)의 법적 자격을 보유 - 시장이 발한 법령 위반행위 단속 - 도로교통법 위반행위(주·정차, 음주운전 등)의 단속 - 특별법 위반행위(광고·간판, 소음공해, 위험한 개 등)의 단속	

다. 국가경찰과의 관계

자치경찰은 관할 국가경찰과 업무협약을 맺고 상호 지원협조체제를 구축한다. 주로 국가경찰의 지원을 받고 있지만, 최근에는 국가경찰로부터 CCTV 녹화자료 등 각종 자료 및 정보 입수 관련 지원요청을 받는 사례가 증가하고 있다.

경찰긴급전화(17번)는 국가경찰만이 신고를 접수·처리할 수 있고, 각 자치경찰은 관내 상황실로 일반전화 신고시에만 출동·처리할 수 있다. 절도, 폭행 등 사법경찰의 수사가 필요한 경우 국가경찰에 연락하여 이첩한다. 교통사고 발생시에는 신고접수 후 출동하지만 인명피해 사고시 소방구급대에 우선 연락하고 관할 국가경찰에 통보한다. 교통사고조사는 국가경찰이 담당하고 자치경찰은 주변 교

〈표 9〉 프랑스 자치경찰 계급구분 및 인사관리 방식

공직분류	계급명	인사관리
C군	Agent de surveillance des voies publiques (ASVP)(공공감시인)	공개채용절차 없이 채용
	Gardien Stagiaire(시보 자치순경)	외부공개채용, 1년간(이론교육 6개월+실습 6개월) 교육 후 정규임용
	Gardien Titulaire(정규 자치순경)	4년간의 승진소요근무연수 경과 후 승진 가능
	Brigadier(자치경장)	2년간의 승진소요근무연수 경과 후 승진 가능
	Brigadier Chef Principal(자치경사)	2년간의 승진소요근무연수 경과 후 내부승진 시험을 통해 승진가능
B군	Chef de Service Stagiaire(자치경위)	외부공개채용, 1년간(이론교육 8개월+실습 4개월) 교육 후 정규임용
	Chef de Service(자치경위)	1년간의 승진소요근무연수 경과 후 승진 가능
	Chef de Service Principal de 2ème classe(자치경감)	2년간의 승진소요근무연수 경과 후 승진 가능
	Chef de Service Principal de 1ère classe(자치경정)	승진소요근무연수 제한없이 내부승진시험을 통해 승진가능
A군	Directeur de Police Municipale Stagiaire(시보 자치총경)	외부공개채용, 1년간(이론교육 8개월+실습 4개월) 교육 후 정규임용
	Directeur de Police Municipale(자치총경)	

출처: Système de grade et de galonnage de la Police Municipale(http://policemunicipale.mairie−saint−mande.fr/presentation/presentation/les−differents−grades)

통통제 등 지원 업무를 수행한다.[25]

---

25 외교부, 프랑스 개황, 2013, 83면.

Ⅳ. 경찰의 인사

1. 채용제도

가. 국립경찰(Police nationale) 채용제도

프랑스 국립경찰 경찰공무원은 프랑스 국적, 병역소집 및 시민교육 이수, 양호한 신체조건 및 시력, 도덕성(특히, 범죄경력 2종에서 공직수행에 적합하지 않은 전과가 없어야 함), 시민권(선거 및 피선거권) 유지의 공통 자격요건을 갖추어야 한다. 지원자들은 경찰지정병원에서 의료검진을 받아야 하고, 의무적으로 마약류 복용여부 검사를 받아야 한다. 한편, 3자녀 이상을 부양하고 있거나 부양했던 사람과 운동특기자는 학력제한의 적용을 받지 않는다.

1) 예비치안보조원(Cadet de la République)

가) 개 요

치안보조원 또는 특정직무분야 순경급 치안전문인력 양성 프로그램이다. 선발된 사람들은 1년간 실업고등학교, 경찰교육기관 및 일선경찰기관에서 교육을 받고 특정직무분야 순경채용시험에 지원하거나 치안보조원으로 근무할 수 있다. 교육기간 중 치안보조원에 준하는 처우를 받는다.

나) 지원자격 및 교육과정

교육과정 시작일 기준 18세 이상, 지원서 제출일 기준 30세 미만인 자로, 관할 도지사의 임용적격 승인을 받아야 한다. 학력제한은 없고 주야 치안지원업무에 신체적으로 문제가 없다는 의사소견서와 양호한 교정시력(세분기준이 정해짐) 및 무기휴대에 적합한 사람이어야 한다.

〈표 10〉 예비치안보조원 교육과정

기 관	기 간	교육내용
실업고등학교	12주	프랑스어, 역사 및 지리, 수학, 컴퓨터, 영어
경찰교육기관	28주	치안보조원 직무교육, 순경공채시험 준비교육
일선경찰기관	7주	실습

출처: http://www.lapolicenationalerecrute.fr/Egalite−des−chances/Les−cadets−de−la−Republique.

2) 치안보조원(Adjoint de sécurité)[26]
가) 지원자격

위의 공통 자격요건을 갖춘 18세부터 30세 이하의 사람으로 도지사 또는 관할 안보방위지역 책임자의 임용적격 승인을 받아야 한다. 학력제한은 없고 주야 치안지원업무에 신체적으로 문제가 없다는 의사소견서와 양호한 교정시력(세분기준이 정해짐) 및 무기휴대에 적합한 사람이어야 한다.

나) 선발시험

선발시험은 심리적성검사, 체력시험, 논술시험(일상생활의 장면을 찍은 사진을 보고 글로 설명하는 방식) 그리고 선발위원회의 면접을 통해 선발된다. 체력시험 전에 지원자는 체력시험에 응시할 수 있다는 의사의 확인서를 받아야 한다.

3) 순경(Gardien de la paix)
가) 지원자격

공통자격 요건 이외에 채용시험연도 1월 1일 기준으로 17세 이상 35세 이하인 자로 고졸 이상의 학력을 갖추거나 지원하는 경찰업무분야와 동일한 직군에서 3년 이상의 실무경력이 있는 사람이어야 한다. 지원자는 주야 치안지원업무에 신체적으로 문제가 없다는 의사소견서와 양호한 교정시력(세분기준이 정해짐) 및 무기휴대에 적합한 사람이어야 한다. 그리고 정규임용을 위해서는 관할 도지사의 임용적격 승인을 받아야 하고 정규임용일 현재 운전면허 소지자여야 한다.

연령제한은 군복무기간, 부양자녀 1명 또는 부양 장애인 1명당 1년, 16세 미만 자녀의 양육기간 9년 마다 1년을 37세까지 연장한다. 이외에 전직 스포츠선수

26 Police nationale, Fiche sélections: Adjoint de sécurité, 2015, pp.1−2.

나 장애인 근로자에 대한 연령제한 예외사항이 있다.

나) 공개채용

순경 공개채용시험은 프랑스 본토(전국단위, 파리권역) 그리고 해외영토로 구분하여 시행된다. 선발시험은 총 3단계로 이루어진다.

〈표 11〉 3단계 순경 공채시험

단 계	내 용
1차	• 서술·논술 시험 – 주어진 글에 대한 이해 및 평가를 서술·논술 형태로 평가 – 2시간30분 소요, 30점 만점 중 7점 미만 탈락 • 정신공학시험(Tests psychotechniques) – 2시간 30분 소요, 점수로 평가되지 않고 결과 분석자료는 면접시 참고자료가 됨 • 선택응답형 시험 – 1시간 30분 소요, 두 가지 영역으로 구분(기초수학능력 영역+사회일반상식)
2차	• 체력적합성 시험(순발력시험+지구력시험) – 2종류의 시험 중 하나라도 20점 만점 중 7점 미만일 경우 탈락
3차	• 상호작용시험 – 실무적 또는 윤리적 상황에 대한 인지·평가·판단·주의력 시험 – 주어진 이미지를 보고 15초 이내로 전자기기로 응답, 총20분 소요 • 스트레스 관리능력 시험 – 갑작스런 예측 못한 상황에서의 지원자의 태도, 상황전개 방식, 삶의 가치관 등을 심리학자가 평가 – 10분 소요, 평가결과는 면접관들에게 참고자료로 제공됨 • 면접 – 태도, 적성, 지원동기, 사고력 및 업무관련 지식에 대한 질의응답 – 정신공학시험 결과분석과 스트레스관리 능력 평가 자료를 참고로 함 – 2차시험일 당일 제출된 학력 및 경력이 포함된 이력서를 참조함 – 25분이 소요되고 20점 만점 중 5점 미만은 탈락 • 외국어 회화 – 영어, 독일어, 스페인어, 이탈리아어 택 1, 10분 소요

출처: Police nationale, Fiche concours: premier concours−externe, Gardien de la paix, 2014, pp.2−3.

다) 내부채용

37세 이하의 치안보조원(Adjoint de sécurité)과 예비치안보조원 교육이수자, 군경찰보조원 또는 군대에서 1년 이상 병역을 이수한 군자원자를 대상으로 제한경쟁시험이 실시된다. 내부채용시험도 공개채용과 마찬가지로 3단계로 실시된다.

4) 간부후보(élève officier de police)

가) 공개채용

채용시험 당해 1월 1일 기준 35세 이하로서 고등학교 졸업 후 3년제 이상 학사학위취득자로 병역법상 적법한 상태여야 하고, 소재지 도지사의 임용적격자 승인을 한다.

〈표 12〉 연령제한 예외사유

연장 연령	사 유
37세까지	병역복무기간 부양자녀 1명 또는 부양 장애인 1명당 1년, 16세 미만 자녀의 양육기간 9년 마다 1년 전직 운동선수나 전직 장애인 근로자
45세까지	16세 미만 자녀를 양육중인 사람 또는 자녀가 16세에 이르기 전까지 5년이상 양육했던 사람
제한없음	3자녀 이상의 부모와 혼자서 1자녀 이상을 양육하고 있는 사람 현직 운동선수

출처: Police nationale, Comment devenir: Officier de police concours externe, 2013, 1p.

선발시험은 2단계로 구성되고 1,2단계에서 심리상태와 집단직무능력을 평가하는 정신공학시험(Tests psychotechniaues)를 본다.

〈표 13〉 간부후보 선발시험

단 계	내 용
1차	• 일반문화 논술 시험(4시간) • 시사성 주제글 종합분석(4시간) • 필수과목(형법, 형사소송법) 시험(3시간) • 선택과목(공법개론, 사법개론, 현대사, 정보통신학, 경제·인문지리학, 경제학, 조직사회학과 인사관리, 수리통계학, 심리학 중 택1) 시험(3시간) ※ 20점 만점 기준이고 논술은 2중 채점을 함, 기준점수 이상인 사람만 2차시험 응시 가능
2차	• 면접 －사고력 및 업무관련 지식, 적성, 지원동기평가 －정신공학시험 결과분석 자료를 참고로 함 －30분이 소요되고 20점 만점 중 5점 미만은 탈락 • 구술 시험 －20분이 소요되고, 1차 선택과목 중 본인 선택과목 이외의 과목 대상

- 외국어 회화 평가
  - 15분 소요, 독일어, 영어, 아랍어, 스페인어, 이탈리아어 중 선택
- 체력적합성 시험(순발력시험+지구력시험)
  - 2종류의 시험 중 하나라도 20점 만점 중 7점 미만일 경우 탈락
- 임의선택 외국어 회화 평가
  - 15분 소요, 그리스어, 일본어, 중국어, 네델란드어, 폴란드어, 포루투갈어, 러시아어, 터키어 중 택1

출처: Police nationale, Comment devenir: Officier de police concours externe, 2013, 2p.

간부후보로 선발되어 교육을 이수하게 되면 정규임용 후 5년간의 의무복무를 해야 한다. 후보생이나 후보생이었던 사람이 3개월 이상 교육을 이수하고 중단하거나 의무복무를 이수하지 않는 경우는 내무부장관령에서 정하는 바에 따라 정해진 반환금을 국고에 납부해야 한다.[27]

나) 내부채용

순경의 경우 일반승진 이외에 통솔직군(경위)과 지휘직군(총경) 내부채용시험에 응시할 수 있다. 대상자는 4년 이상 순경 근무경력이 있고, 내부채용 자격요건을 갖춘 사람이다. 또한, 40세 이하 경장, 경사보, 경사로 경장이상 계급에서 4년 이상 근무한 사람과 38세 이상 50세 이하 경사 중에서 경찰근무경력 20년 이상이고 경사계급에서 2년 이상인 사람은 선발승진(sélection professionnelle)대상이 된다.

나. 군경찰(Gendarmerie nationale) 채용제도

1) 자원군경찰(Volontaire)

지원서 제출일 기준 17세 이상 26세 이하인 프랑스 국적자여야 한다. 학력조건은 없으나 특정부서의 자원군경찰 선발은 관련분야 학력을 요구한다. 상시지원이 가능하고 도별 선발이 이루어진다. 자원군경찰 선발유형은 보조 사법경찰리(Agent de police judiciaire adjoint: APJA), 기술 및 조교(Aspirant de gendarmerie issus du volontariat: AGIV), 특별부서(Emploi particulier)로 구분된다. 선발시험은 정신공학평가(Test psychotechnique), 일반상식평가(특정부서 선발은 예외), 독해력시험(특정부서 선발은 예외)으로 구성된다. 보조 사법경찰리와 기술 및 조교 업무로 선발된 자원군경찰은

---

27 Police nationale, Comment devenir: Officier de police concours externe, 2013, 3p.

13주 간의 신임교육을 받고 특별부서 자원군경찰은 6주 간의 교육을 받는다.[28]

2) 군경찰 부사관(Sous-officier)

채용시험연도 1월 1일 기준 18세 이상 35세 이하이고, 1차 시험 전 고등학교 졸업자(BAC), 프랑스 국적자여야 한다. 그리고 병역법상 적법한 상태이며 군부사관으로서 적합한 도덕성과 품행을 갖춘 사람이어야 한다. 한편, 부사관 채용시험은 3회까지 제한된다.

〈표 14〉 군경찰 부사관 공채 선발시험

단 계	내 용
1차	• 일반문화 논술 시험(3시간) − 20점 만점 중 6점 미만 탈락 • 직무적합성 평가(35분) • 외국어 회화 평가(30분) − 독일어, 영어, 아랍어 독해, 스페인어, 이탈리아어 포루투갈어 중 선택
2차	• 정신과의사 면담 • 면접 시험(10분 준비+20분 면담) − 시사성있는 주제 및 지원동기에 대한 면접 • 체력 시험

채용시험에 합격한 사람은 12개월간 부사관학교(Ecole de gendarmerie)에서 군경찰 부사관 신임교육을 받는다. 부사관신임교육은 3단계로 구성되며 군사교육 12주, 기술교육 18주, 치안교육 21주로 편성된다. 교육기간 중에는 4주간의 도 군경찰 소대에서의 실습교육이 포함된다.[29]

3) 군경찰 간부후보(Officier)

채용시험연도 1월 1일 기준 27세 이하이고 1차 시험 전 프랑스 국적자이고 병역법상 적법한 상태인 사람이어야 한다. 그리고 군경찰간부학교 입교전까지 석사학위(Master) 이상 소지자 또는 석사 이상 자격 또는 국가 직업전문자격증 1급을 취득해야 한다.

---

28 http://www.lagendarmerierecrute.fr/index.php/Documentation/plaquettes − recrutement/Triptyque − recrutement

29 http://www.gendarmerie.interieur.gouv.fr/cegn/Formation − initiale/Formation − des − sous − officiers − de − gendarmerie

〈표 15〉 군경찰 간부후보 공채 선발시험

단 계	내 용
1차	• 일반문화 논술 시험(5시간) • 주제글 종합분석(4시간) • 선택과목(형법, 행정법, 재정학, 경제·경영학, 역사·지리 중 택1) 시험(4시간)
2차	• 적성면접 　－50분 소요(20분 준비시간 포함) 　－정신과의사 면담 　－일반주제에 대한 발표 및 질의응답식 면접 • 구술 시험 　－50분 소요(20분 준비시간 포함) 　－국방 및 치안에 관한 질문 • 외국어 회화 평가 　－50분 소요(20분 준비시간 포함) 　－영어, 독일어, 스페인어, 이탈리아어 중 선택 • 체력 시험 　－50m 자유수영, 50m 달리기, 3000m 달리기, 턱걸이 및 윗몸일으키기

다. 자치경찰(Police municipale) 채용제도

1) 자격요건

자치경찰은 고졸 이상 18세 이상인 자로 프랑스 또는 유럽연합 국가의 국적을 가져야 한다. 지원자는 시민권의 제한 및 전과경력 결격사유가 없어야 하고, 병역법상 적법한 상태이어야 한다.

2) 채용시험

가) 필기시험

필기시험은 2가지 종류로 이루어진다. 첫 번째, 공공장소에서 발생되는 사건에 대한 보고서를 작성하는 논술시험으로 1시간 30분이 주어진다. 두 번째, 주어진 글의 내용과 표현에 대한 이해를 묻는 문제로서 1시간이 주어진다. 각 시험은 20점 만점으로 평가하고 5점미만은 탈락한다.

나) 면접 및 체력시험

면접은 20분간 진행되고 국가 및 지방자치단체 공공행정조직의 기능과 역할에 대한 질문과 지원동기에 대하여 면접관들이 평가한다.

체력시험은 100m 달리기를 의무적으로 측정하고, 다른 종목은 높이뛰기, 멀리뛰기, 멀리 던지기(남자 6kg, 여자 4kg), 50m 자유수영 중에서 채용시험지원서 제출시 선택한 종목을 평가한다.

다) 임용절차

모든 평가절차가 끝난 후 평가위원회는 채용예정인원을 고려하여를 합격자 명단을 작성하고, 도(Département)별 공직채용센터(Centre de gestion)에서 적격자에 대한 채용후보자명부를 작성한다. 채용후보자들은 자치경찰 수요가 있는 지방자치단체(Commune)에 임용신청을 하고, 해당 지방자치단체에서 신청자에 대하여 임용할 수 있다.

시장(Maire)은 채용후보자를 1년 임기의 시보 자치순경(Gardienl stagiaire)으로 임명한다. 그리고 최종 임용확정은 도지사와 검사장의 승인을 거쳐야 한다. 시보 자치순경은 6개월의 이론교육과 6개월의 실습 후 정규임용된다.

2. 교육과 승진

가. 국립경찰(Police nationale) 교육 및 승진제도

1) 순경(Gardien de la paix) 교육 및 승진제도

가) 교 육

순경 신임교육기간은 12개월이다. 신임교육은 학교교육과 실습교육이 교대로 이루어지고, 총 3단계의 교육과정과 첫 보직에 대한 적응훈련으로 구성된다.

〈표 16〉 순경 신임교육 과정

구 분	기 간	기 관	내 용
A단계	31주	학교	- 피해자·민원인 응대, 순찰, 교통단속, 불심검문, 피의자신문 등 직무에 필요한 이론 및 실무교육 - 범죄자 진압, 구명·구조, 장비활용, 사격 등 직무과정에서 필요한 육체적·기술적 훈련 - A단계 종료 후 교육평가가 이루어짐
B단계	7주	일선기관	- 학교 교육 후 체득한 지식을 실제 적용할 수 있도록 재직자와 함께 일선기관에서 실습

			- 실습일지를 작성하여 C단계 교육에 활용
C단계	8주	학교	- 실습내용에 대한 평가·분석 - 교통사고, 사회환경, 종교 등 다양한 주제에 대한 심화교육
적응훈련	3주	일선기관	- 학교 졸업 1달 전 3주간 도 생활안전국, 파리경시청, 경찰기동대, 국경경찰대 등 실습기관에서 실무교육 이수

출처: http://www.lapolicenationalerecrute.fr/Personnels/Gardien-de-la-paix/Formation

나) 집행직군 승진제도

집행직군은 순경(Gardien de la paix)계급을 포함 총 4개의 계급(순경: Gardien de la paix, 경장: Brigadier de police, 경사보: Brigadier-chef de police, 경사: Major de police)으로 구성된다.

〈표 17〉 집행직군 일반 승진제도

승진계급	승진대상
순경 (Gardien de la paix) ↓ 경장 (Brigadier de police)	- 근무연수가 4년 이상이고 관련 법령에 의해 사법경찰관자격을 부여 받았거나 직무능력평가를 충족한 사람 - 근무연수 15년 이상인 사람 중 1/9 범위내 - 근무연수 25년 이상, 격무부서 근무 및 53세 이상 - 54세 6개월 이상, 현 계급에서 특별 호봉등급에 2년 이상 해당
경장 (Brigadier de police) ↓ 경사보 (Brigadier-chef de police)	- 해당계급 근무연수가 5년 이상이고 직무능력평가를 충족한 사람 - 해당계급 근무연수 8년 이상인 사람 중 1/12 범위내 - 54세 6개월 이상이고 현 계급에서 최고 호봉등급에 2년 이상 해당
경사보 (Brigadier-chef de police) ↓ 경사 (Major de police)	- 당해계급 4년 포함 경찰 총 근무연수가 17년 이상이고, 직무능력평가를 충족한 사람 - 당해계급 8년 포함 경찰 총 근무연수가 25년 이상인 사람 중 1/12 범위내 - 54세 이상이고 현 계급에서 최고 호봉등급에 2년 이상 해당

출처: http://www.lapolicenationalerecrute.fr/Personnels/Gardien-de-la-paix/Promotion-interne

2) 간부후보 교육 및 승진제도

가) 교 육

신임교육은 18개월이고 경찰간부학교(l'école nationale supérieure de la police: ENSP) 에서의 이론교육과 일선 경찰관서에서의 실습교육이 이루어진다. 후보생은 12개 월은 학교교육을 받고 나머지 6개월은 일선 경찰관서와 행정기관에서 실습교육 을 받는다.

나) 승 진

6개월 교육 후 간부후보생(Elève lieutenant de police)은 1년의 기간 동안 시보경 위(Lieutenant stagiaire)로 임용된다. 시보경위는 1년 경과 후 평가후 정규임용된다. 정규임용 후 5년간 인사이동 지역이 제한되고 발령보직은 2년 이상 근무해야 한 다. 또한, 정규임용 후 5년 근무연한이 경과한 경위(Lieutenant)는 경감(Capitaine) 승 진 대상이 되고, 경위 임용 후 12년(현계급에서 5년 이상 근무 포함)이 경과하고 5등급 이하의 경감은 경정(Commandant) 승진대상이 된다.

〈표 18〉 통솔직군 일반 승진제도

승진계급	승진대상
경위 (Lieutenant) ↓ 경감 (Capitaine)	– 현계급 5년 이상 9년 이하 경위 – 경찰경력 10년 이상 경위 – 승진자는 특정부서 및 특정지역 근무 의무를 이수했거나 이수해야 힘
경감 (Capitaine) ↓ 경정 (Commandant)	– 현계급 5년 이상 포함 경찰경력 12년 이상인 경감 – 승진자는 특정부서 및 특정지역 근무 의무를 이수해야 하고, 직무능력평가를 충족해야 함
책임부서 경정 (l'emploi fonctionnel de commandant)	– 당해계급 3번째 호봉등급에서 1년 이상 근무한 경정은 책임부서 경정으로 승진할 수 있음

출처: http://www.lapolicenationalerecrute.fr/Personnels/Officier‒de‒police/Promotion‒interne

50세 이하 경감, 경정 중 당해계급 2년 이상 근무경력자는 승진가능직위의 10%내에서 직무수행능력 평가를 통해 총경으로 승진할 수 있다. 38세 이상 45세 이하 경정 중에서 현계급 2년 이상 근무자는 승진가능직위의 10%내에서 선발심사를 통해 총경으로 승진할 수 있다. 그리고 4년 이상 근무한 경위는 학력기준에 상관없이 총경 내부채용시험에 응시할 수 있다.

3) 총경(Commissaire de police) 교육 및 승진제도

가) 교육제도

총경 신임교육기간은 22개월이고 학교교육과 실습교육이 교차로 이루어진다. 총경후보생으로 임명된 사람은 정규임용 후 7년간 의무복무기간을 준수해야 한다.[30] 입교 후 1년 과정 수료 후 총경시보(Commissaire de police stagiaire)로 임용되고 2년차는 1년간의 실습과정으로 실습 종료 후 직무적합 판정을 받으면 총경으로 정규임용되고, 불합격자는 퇴교 또는 내부채용의 경우 원대복귀된다. 정규임용 후 최초 보직은 최소 2년으로 정해진다.[31]

나) 승진제도

근무경력 9년 이상 총경 중에서 의무보직을 마치고 경찰간부학교(l'école nationale supérieure de la police: ENSP) 직무교육을 마친 사람은 경무관(Commissaire divisionnaire) 승진대상이 된다. 그리고 현계급 2년 이상 근무경력의 경무관은 치안감(Contrôleur général) 승진대상이 될 수 있다. 그리고 현계급 1년 이상의 치안감은 치안정감(Inspecteur général)이나 경찰청 각 국의 국장(Directeur des services actifs)으로 승진할 수 있다.[32]

나. 군경찰(Gendarmerie nationale) 교육제도

1) 군경찰부사관(Sous-officiers de gendarmerie) 교육

군경찰부사관 교육은 12개월이고 군경찰부사관학교(Ecole de gendarmerie)에서 진행된다. 교육은 총 3단계로 이루어지고 교육내용은 군인과 경찰의 이중적 성격

---

30 총경후보생 교육기관은 리용 북서쪽에 위치한 Saint−Cyr−au−Mont−d'Or에 있는 경찰간부학교(ENSP)이다.

31 Police nationale, Les personnels actifs de la Police nationale, 2013, pp.17−18.

32 http://www.lapolicenationalerecrute.fr/Personnels/Commissaire−de−police/Promotion−interne

〈표 19〉 군경찰부사관 단계별 교육과정

1단계(12주)	군사교육
2단계(18주)	전문기술 및 지식교육
3단계(21주)	일선실무교육

출처: http://www.gendarmerie.interieur.gouv.fr/cegn/Formation−initiale/Formation−des−sous−officiers−
de−gendarmerie

을 갖는 군경찰의 이해와 원활한 직무수행을 위한 실무교육으로 구성된다.

2) 군경찰간부(Officiers de gendarmerie) 교육제도

신임교육은 2년이고 군경찰사관학교(Ecole des officiers de la gendarmerie nationale
external: EOGN)에서 진행된다. 채용유형에 따라 2년차 교육과정으로 편입되는 경우
도 있다(기술사관학교출신, 부사관이나 군 내부채용의 경우).

교육내용은 기초군사교육, 인문교육, 학술 및 언어교육, 실무교육으로 구성
된다. 2년차 교육과정에서는 2주간의 시위진압교육, 4주간의 현장업무교육, 10주
간의 지휘관리교육과 함께 법학과 치안분야의 대학교육이 이루어진다.

Ⅴ. 주요 치안현안 및 당면과제

1. 프랑스 정보경찰 개혁

가. 2008년 프랑스 경찰 정보기관 개혁

2008년 이전 경찰 정보기관은 국토감시국(Direction de la Surveillance du territoire:
DST)과 정보국(Direction centrale des Renseignements généraux: RG)으로 이원화 되어 있었
다. DST는 국가안전관련 정보기구로서 방첩, 대테러, 경제 및 과학 등 국가기반
산업자원 보호의 임무를 수행하였고, RG는 우리나라의 경찰정보국과 마찬가지로
사회, 문화, 경제, 테러리즘, 카지노·경마 산업 등 다양한 분야에 대한 국내일반

정보 수집·분석업무를 담당하였다.

DST와 RG의 통합 논의는 국제테러리즘의 영향으로 국가효율성 차원에서 1994년부터 제기되었으나 해당기관의 구성원들의 반대와 정치적 경쟁관계에 의한 대립으로 실현되지 못했다. 마침내, 2007년 니콜라 사르코지가 대통령으로 취임 후 2년간 준비하였던 RG와 DST 통합 작업을 단행하였고, 2008년 경찰청 산하 국내정보총국(Direction centrale du renseignement intérieur: DCRI)이 창설된다.

DCRI는 대간첩, 대테러, 산업정보, 사회단체에 대한 동향감시를 주된 임무로 수행한다. 한편, 과거 RG에서 담당하였던 경마 및 카지노 산업 감시업무는 중앙수사국의 업무로 이관되었고 파리를 제외한 지방에 있던 RG 소속의 일부 공무원들은 도생활안전국 소속으로 변경되었다.[33] DCRI는 상황본부와 8개의 부국으로 구성되며, 프랑스 전역을 7개의 정보방위지역(Zone de renseignement)으로 구분하여 관리하고, 독자적인 실전 작전팀(Groupe d'appui opérationnel: GAO)을 두고 있다.[34]

나. 2014년 내무부장관 소속 국내정보국 DGSI 신설

현재의 프랑스 국내안전총국(Direction générale de la Sécurité intérieure: DGSI)은 경찰청장 소속이 아닌 내무부장관 소속의 국내 정보총괄 기구이다. 2008년 정보기관 개혁을 통해 기존의 국토감시국(Direction de la Surveillance du territoire: DST)과 정보국(Direction centrale des Renseignements généraux: RG)이 통합되어 신설된 국내정보총국(Direction centrale du renseignement intérieur: DCRI)은 폐지되고 2014년 국내안전총국 DGSI가 대체하게 되었다.[35]

DGSI는 경찰청장 소속에서 내무부장관 소속으로 격상되어 기관의 독자성이 보다 강화되었고, 국방부 소속의 국외정보총국(Direction générale de la Sécurité extérieure: DGSE)과 업무경계가 보다 명확하게 구분되었다. 영국의 정보기관이 국내·국외가 MI-5와 MI-6로 이원화되어 있는 것을 모델로 DGSI와 DGSE라는 명

---

33 Claude Journès, La police française en proie à la réforme, RSC, 2008, 963면 이하.

34 김택수 외, "프랑스 정보경찰의 개혁과 갈등조정 역할에 관한 연구", 경찰법연구 제12권 제1호, 2014, 242면.

35 Décret n° 2014-445 du 30 avril 2014 relatif aux missions et à l'organisation de la direction générale de la sécurité intérieure.

칭을 사용하였다.[36]

DGSI 신설 후 내무부 장관은 정보기관의 달라진 위상과 임무수행을 위해 대폭적인 인력증원 계획을 발표하였다. 향후 5년간 기존 DCRI에 소속된 인력 약 3,200명에 추가로 430명을 증원하고, 추가인력은 주로 정보분석관, 번역가, 언어학자, 연구관 등을 채용하여 테러리즘, 사이버안보, 기술적·언어학적 지원 등 DGSI의 업무현장에서의 분석능력을 강화하는 데 활용될 것이다.[37]

2. 프랑스 대테러 대응 강화

가. 법·제도 개선

최근 발생한 샤를리 에브도 언론사 테러 등 일련의 사건으로 프랑스 정부는 대테러 대응을 강화하고 법제도를 개선할 것을 발표하였다. 2015년 1월 초 발생한 테러사건 직후 프랑스 정부는 약 10,500명의 군 병력을 대테러 경계에 동원하여 유대교 및 이슬람교 사원 등 민간 시설에 배치하였다.

또한, 향후 3년에 걸쳐 대테러 업무 담당 기관의 인적, 물적 보강을 계획하고 인적, 물적 보강에 향후 3년간 7억 3600만 유로를 투입(2015년 2억4600만 유로)하기로 하였다.

– 내무부 내 대테러 부서 인력을 1,400명 보강하고 장비 현대화를 추진하며, 법무부 내 법원/검찰, 교도행정, 청소년 보호부시에 대테러 담당 인력 950명을 보강

– 국방부(350명), 재경부(80명), 세관(70명) 내 대테러 담당 인력을 보강

또한, "정보에 관한 법"(loi sur le renseignement)을 제정 하여 대테러 대응에서의 정보활동의 중요성, 공공 및 개인의 자유 보장과의 관계에서 정보활동의 통제 필요성을 고려, 정보활동에 법적 틀을 제공하는 법률안을 국회에 제출(2015년 3월)하였다.

---

36 Réponse du Ministère de l'intérieur, publiée dans le JO Sénat du 07/11/2013, 3241p.

37 김택수 외, "프랑스 정보경찰의 개혁과 갈등조정 역할에 관한 연구", 경찰법연구 제12권 제1호, 2014, 244 – 247면.

나. 국·내외 대테러 대응대책

〈표 20〉 2015년 프랑스 정부의 국·내외 대테러 강화대책

최근 급진화 현상에 대한 사법당국의 대응 강화	• 성범죄 전과자 데이터베이스와 유사한, 테러 범죄 전과자를 대상으로 한 데이터베이스를 신설(주거지, 해외체류 사실 신고 등 의무부과로 통제 강화) • 법무부, 법원, 검찰 내 급진화 대응 인력을 보강 • 교도소 내 정보활동의 강화 • 급진이슬람 성향 수감자들의 별도 수감 확대시행 • 교도소 내에서 활동하는 공식 이슬람 설교자의 증원
급진화 현상에 대한 사회 내 대응 강화	• 급진화 성향을 보이는 구성원이 있는 가정의 지원 등 각 도(departement)별로 反-급진화 대책 시행 (관련 부처 예산 6천만 유로 배정)
디지털 환경에서의 테러 메시지 퇴치	• 디지털 환경에서의 테러 선동/옹호 문제 대처를 위해 사이버 공간의 순찰을 강화하고 사이버 범죄 수사인력을 보강 • 2014.11.13 법에 규정된 테러 옹호 사이트에 대한 행정폐쇄 조치 시행 및 동 조치의 효율적 시행을 위한 인터넷 운영자와의 협력을 강화
국제적 및 유럽 차원 협력 강화	• 인터넷 및 소셜 네트워크의 효과적인 통제를 위한 국제적 협력 추진 • Shengen 지역 외부국경에서의 통제 강화 및 문제인물 이동에 대한 감시 강화 • EU 차원의 승객정보시스템(PNR) 도입 추진 (프랑스 내 PNR은 금년 9월 시행 예정)
반유대주의 및 이슬람혐오주의 대응 강화	• 인종차별주의나 반유대주의적 성격의 모욕이나 명예훼손을 형법 상 범죄로 규정 (현재 언론법 내 규정)

출처: 2015년 1월 21일 외교부 언론보도 자료.

3. 프랑스의 '노란조끼 운동(mouvement des Gilets jaunes)'과 폭력적 시위에 따른 새로운 집회·시위 관리 대책(Schéma national du maintien de l'ordre) 발표[38]

2018년 발생한 산발적이고 비조직적인 유류세 인상에 대한 저항운동으로 시작된 노란조끼 운동은 이후 중산층 삶의 질 개선, 대통령 사임, 재산세 복원과 시민주도 국민투표제 신설 등 폭넓은 사회적 요구로 확대되었다. 2020년 첫 번째 코로나 봉쇄로 중단되었으나 2020년 말부터 "포괄적 보안법" 반대시위로 재등장

---

38 김영식·김학경(2023), "프랑스 집회·시위관리 패러다임의 전환과 그 시사점에 관한 연구", 「한국 프랑스학논집」 제121호, 291-315면에서 주요 내용을 요약정리 하였음.

하였다. 시위 집압과정에서 경찰의 과도한 폭력 행위가 잇따라 공개되면서 여론이 악화되었고, 폭력시위가 전국적으로 확대되었다.

2018년 12월 1일 파리 폭력시위로 287명이 체포되었고, 전국적으로 283명의 부상자가 발생했다. 시위대는 공공기관 청사에 불을 지르고 개선문을 점거하며, 경찰관·행인·기자들을 위협하기도 했다. 프랑스 수도 파리의 폭력사태는 언론을 통해 전 세계에 전파되었다. 2018년 12월 10일 마크롱 대통령이 대국민 담화를 발표하면서 소강상태를 맞게 되었다. 2019년 초 폭력적인 시위진압을 이유로 내무부 장관을 규탄하는 시위가 계속되었고, 2019년 1월 26일 노란조끼 운동의 상징인 제롬 로드리게스가 시위 도중 부상을 당하면서, 경찰진압에 대한 비난이 정점에 이르렀다.

2019년 3월 16일 파리 샹젤리제에서 대규모 폭력시위가 발생하면서 파리경시청장과 공공안전국 수뇌부가 경질되기에 이르렀다. 이런 배경에서 프랑스 정부는 경찰의 집회시위 관리 전술에 대해 재검토하였고, 특히 노란조끼 폭력시위의 교훈을 바탕으로 2020년 9월 16일 새로운 집회시위 관리대책을 수립하여 발표했다.

그러나 프랑스 국참사원(Le Conseil d'État)은 시위대 포위에 관한 규정과 해산명령이 있는 경우 기자들도 접근하지 못하도록 의무를 부과하거나 현장에서 실시간으로 정보에 접근할 수 있는 취재권을 받도록 하는 조치, 기자들에게 일정한 조건에서 보호장구를 착용하게 하는 조치 등에 대해서는 법률에 위배된다는 판정을 내렸다. 이러한 부분을 반영하여, 최종적으로 2021년 12월 새로운 집회·시위 관리 지침이 확정되었다.

집회·시위 관리대책은 총 3개 영역으로 구성된다. 첫째, '시위의 자유 보장', 둘째, '새로운 시위 환경에서의 참가자 보호', 셋째, '시위를 변질시키는 폭력행위 유발자에 대한 대응'이다.

가. 시위의 자유 보장

프랑스도 우리나라와 마찬가지로 집회·시위의 신고제를 규정하고 있다. 주최자는 개최일 3일 전까지 시장, 파리경시청장 또는 도지사에게 신고해야 한다. 2019년 법률 개정으로 신고과정에서의 절차를 간소화하여 주최자의 신고의무 준수를 장려하고, 행사의 원활한 진행을 위해 주최자와 행정관청이 협력하도록 하고 있다. 시위의 원활한 진행을 위해서는 행정기관과 주최자가 계획단계부터 함께 소통해야 한다. 이러한 소통은 도(département) 소속의 질서지원국장(DSO: Directeur du service d'ordre)의 소관 업무이지만, 민감한 사안이거나 대규모 집회·시위인 경우 도지사가 직접 관여하는 상황도 있다. 이러한 과정은 행정관청과 주최측이 상호 신뢰관계를 구축할 수 있고, 공공질서의 측면에서 처음에 신고된 행진로가 부적합할 경우 새로운 행진로에 대한 합치된 의견을 가질 수 있도록 해준다. 또한, 폭력행위 유발자들이 시위대에 합류하게 될 때 신속하게 이들을 분리시켜야 한다는 필요성을 알릴 수 있도록 도와준다.

한편, 시위가 공공질서에 위험을 초래할 것으로 우려되는 사항들이 있는 경우에는 행정관청은 신고 전 일지라도 이러한 시위를 금지시킬 수 있다. 금지된 시위에 참여하는 사람에 대해서는 벌금형에 처할 수 있다. 또한 경찰관청은 행사 24시간 전부터 해산 시까지 무기로 사용될 수 있는 물건을 정당한 이유 없이 소지하거나 운반하는 것을 금지할 수 있다. 소지 또는 운반의 금지는 시위장소나 인근 장소, 접근로 등이며, 금지범위는 해당 조치의 필요성과 비례의 원칙에 맞는 범위여야 한다.

나. 새로운 시위 환경에서의 참가자 보호

행사 개최 전부터 주최자 및 시위대와 충분한 정보교류가 이루어질 수 있도록 '정보연락기구(Le dispositif de liaison et d'information)' 설치를 규정하고 있다. 이 기구는 도(département)의 질서지원국(DSO, Directeur du service d'ordre) 소속으로 설치되고, 조직적으로는 '정보연락팀(Équipes de liaison et d'information)' 형태로 운영된다. 행사 개최 전부터 진행과정 그리고 최종 해산때까지 주최 측뿐만 아니라 행사에 참여하는 시위군중과도 지속적인 정보교류와 상시 연락체계를 유지한다. 주최자도 경찰 정보연락팀과의 연락 담당자들을 지정하여 시위가 진행되는 과정에서 유용한 정보를 확보한다. 이를 통해 주최자와 시위 참가자들은 행진로의 변경, 해산명령의 임박, 폭력행위 유발자 발생 상황 등 정확하고 구체적인 정보를 인지할 수 있다. 참고로, 정보연락팀들은 다음과 같이 '정보연락(Liasion Information)'이라고 적혀져 있는 표식(암밴드)를 착용하고 공개적으로 활동하고 있다.

[그림 3] 프랑스 정보연락팀 표식(https://www.placegrenet.fr/2021/04/09/travailleurs-sociaux-culturels-etudiants-
pres-de-250-personnes-ont-manifeste-ce-jeudi-8-avril-a-grenoble/534537, 2022년 12월 14일 검색)

새로운 집회·시위관리 지침에서 가장 쟁점이 되었던 부분 중의 하나는 시위
현장에서 기자들에 대한 보호 및 보장내용이었다. 시위현장에서 취재권을 보호하
는 한편 언론인들의 물리적인 안전을 도모하기 위해 별도의 조치를 마련하였다.
기자들(동행하는 기술진들 포함)은 소속 기관이나 협회 등에서 발급하는 언론인 카드
(carte de presse)를 발급받거나 신분 확인서를 제시하면 시위현장에서 자유롭게 취
재할 수 있다. 또한 2022년부터 경찰은 대규모 집회·시위의 경우 언론담당관을
지정하고 있으며, 언론과 상시 소통할 수 있는 무전 채널까지 제공하여 시위관리
상황과 경찰 조치에 대한 정보를 적극적으로 제공하도록 한다.

다. 시위를 변질시키는 폭력행위 유발자에 대한 대응

최근 프랑스에서 벌어진 대규모 폭력시위에서는 일부 폭력행위 유발자들이
의도적으로 평화로운 집회·시위에 침투하여 경찰과의 충돌을 야기하고, 이런 혼
란 상황에서 공공기물을 파손하거나 사유재산을 약탈하는 사례가 빈번하게 발생
했다. 이런 문제를 해결하기 위해 새로운 집회·시위 관리 지침에서는 이들에 대
한 즉응태세를 갖추고 '선별적(차별적)으로' 대응하도록 하고 있다. 폭력행위를 유
발하는 불법 참가자들만을 체포하는 전담 조직을 편성·활용하고 있으며, 현장에
서 체포된 폭력행위 유발자들의 신속한 형사절차 진행을 위해 경찰·검찰·법원

으로 이어지는 형사사법 절차까지 개선하였다. 현장에서 체포되거나 사후에 증거를 통해 체포하는 경우 정보경찰·경비경찰·수사경찰이 유기적인 협력체계를 구축하여 증거 및 목격자를 확보하고, 필요시 검사와 법관이 시위현장에 임장하여 확인할 수 있도록 했다.

한편 2019년 형법 개정으로 인하여, 공공장소에서 개최되는 시위가 공공질서를 침해하거나 침해할 우려가 있는 경우 그 시위 현장 또는 인근에서 정당한 이유없이 "의도적으로 얼굴의 전부 또는 일부를 가리는 행위"에 대해 1년 이하의 징역 또는 1만 5천 유로 이하의 벌금 병과가 가능하게 되었다. 그리고 시위현장에서 "정당한 이유없이 불꽃용품 또는 무기로 사용될 수 있는 물건을 소지 또는 사용하는 행위"에 대해 3년 이하의 징역이나 4만 5천 유로 이하의 벌금에 처한다. 또한, 법원과 검찰은 폭력행위 유발자들에 대해 사법명령으로 시위 참가를 금지시킬 수 있고, 시위관련 범죄로 형을 선고하는 경우 부가형으로 시위 참가 금지를 부과할 수 있다.

참고법률

- Code des communes
- Code de procédure pénale
- Décret n°2000−276 du 24 mars 2000 fixant les modalités d'application de l'article L. 412−51 du code des communes et relatif à l'armement des agents de police municipale
- Décret n° 2014−445 du 30 avril 2014 relatif aux missions et à l'organisation de la direction générale de la sécurité intérieure
- Loi n° 2014−58 du 27 janvier 2014 de modernisation de l'action publique territoriale et d'affirmation des métropoles
- Loi d'orientation et de programmation pour la sécurité intérieure du 29 août 2002

참고문헌

1. 국내문헌

- 강기택 외, 비교경찰론, 수사연구사, 2006.
- 김택수 외, "프랑스 정보경찰의 개혁과 갈등조정 역할에 관한 연구", 경찰법연구 제12권 제1호, 2014, 237−260면.
- 안영훈·강기홍, 자치경찰제 확대 및 강화 빙안, 한국지방행정연구원, 2008.
- 외교부, 프랑스 개황, 2013.

2. 외국문헌

- Claude Journès, La police française en proie à la réforme, RSC, 2008.
- Direction générale des collectivités locales, Les collectivités locales en chiffres, 2014.
- Police nationale, Fiche sélections: Adjoint de sécurité, 2015.
- Police nationale, Fiche concours: premier concours−externe, Gardien de la paix, 2014.
- Police nationale, Comment devenir: Officier de police concours externe, 2013.
- Police nationale, Les personnels actifs de la Police nationale, 2013.
- Réponse du Ministère de l'intérieur, publiée dans le JO Sénat du 07/11/2013.

3. 참고자료

■ Effectifs des polices municipales par commune-année 2013(https://www.data.gouv.fr/)

■ http://policemunicipale.mairie-saint-mande.fr/presentation/presentation/les-differents-grades

■ http://www.devenez-fonctionnaire.fr/Gardien-de-la-paix/grades-et-galons-dans-la-police-nationale.html

■ http://www.devenir-gendarme.fr/grades-gendarmerie.php

■ http://www.gendarmerie.interieur.gouv.fr/cegn/Formation-initiale/Formation-des-sous-officiers-de-gendarmerie

■ http://www.gendarmerie.interieur.gouv.fr/fre/Notre-Institution/Nos-composantes/Direction-generale

■ http://www.gouvernement.fr/action/la-reforme-territoriale

■ http://www.lagendarmerierecrute.fr/Documentation/plaquettes-recrutement

■ http://www.lagendarmerierecrute.fr/index.php/Documentation/plaquettes-recrutement/Triptyque-recrutement

■ http://www.lapolicenationalerecrute.fr/Egalite-des-chances/Les-cadets-de-la-Republique

■ http://www.lapolicenationalerecrute.fr/Personnels/Commissaire-de-police/Promotion-interne

■ http://www.lapolicenationalerecrute.fr/Personnels/Gardien-de-la-paix/Formation

■ http://www.lapolicenationalerecrute.fr/Personnels/Officier-de-police/Promotion-interne

■ http://www.police-nationale.interieur.gouv.fr/Organisation

■ http://www.police-nationale.interieur.gouv.fr/Organisation/Direction-Centrale-de-la-Police-Judiciaire/L-organisation-et-les-structures

■ http://www.police-nationale.interieur.gouv.fr/Organisation/Inspection-Generale-de-la-Police-Nationale

■ http://www.police-nationale.interieur.gouv.fr/Presentation-generale/Histoire

■ http://www.prefecturedepolice.interieur.gouv.fr/Nous-connaitre/Presentation/Presentation-de-la-prefecture-de-police/La-prefecture-de-police

■ www.index.go.kr

■ www.police.go.kr

■ 프랑스 국립범죄처벌관측소(ONDRP, www.inhesj.fr)

England

영 국

영국은 국가권력에 대한 통제라는 측면에서 국가가 중앙 집권화된 경찰조직을 가지는 것에 대해서 계속해서 반대하는 입장을 보이고 있다. 실질적으로 예산이나 지방경찰청장의 임명권 등을 통해 중앙정부는 경찰에 대해 많은 영향력을 행사하지만 경찰의 직접적 운영을 지방자치단체가 담당 하면서 중앙정부와 지방자치단체 사이에 힘의 균형이 이루어 지고 있는 것이다.

[최 대 현]

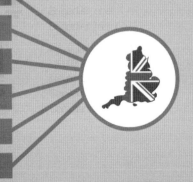

1. 영국 생성과 발전

영국은 프랑스 북쪽에 위치한 섬나라이며 역사적으로 잉글랜드, 그레이트 브리튼(Great Britain), 유나이티드 킹덤(United Kingdom) 등으로 불리어 왔다. 공식적인 국가 이름의 변화는 인접국가들과의 정치적 연합 형성과정의 산물로 볼 수 있다. 1766년 잉글랜드와 웨일즈가 스코트랜드와 합병하면서 국가의 이름을 그레이트 브리튼(Great Britain)으로 사용하게 되었으며 아일랜드 남부의 여러 국가들이 1922년 통일된 국가연합을 형성하면서 북아일랜드와 그레이트 브리튼(Great Britain)이 통합을 이루었고 영국연방인 유나이티드 킹덤(United Kingdom)으로 불리게 되었다.

이번 장에서 소개하는 영국의 경찰제도는 지리적으로 잉글랜드와 웨일즈에 한정하고 있다. 기본적으로 경찰제도를 포함하여 영미법계의 형사사법제도의 시작은 잉글랜드와 웨일즈를 중심으로 하고 있다. 스코트랜드는 16~17세기 프랑스와의 연합과정을 거치면서 대륙법계 형사사법제도의 영향을 받아 형성되어 현재 영미법계와 대륙법계가 혼합되어 있는 형태를 보이고 있고 북아일랜드의 경찰제도는 가톨릭과 신교와의 갈등의 영향으로 영미법계 형사사법제도와는 구별되는 형태로 발전하고 있기 때문에 영미법계를 대표하는 영국의 경찰제도 소개에서는 이들 두 지역을 제외하고 설명을 하였다.

영국의 면적은 약 24만㎢으로 남한의 2.5배 정도 크기이며[1] 2021년 기준으로 인구는 약 6,700만명이고 GDP규모는 3.187조 USD 세계 6위 규모에 해당한다.[2] 영국은 과학, 철학, 문학, 예술 등 분야에서 전 세계적으로 많은 영향을 미쳤으며 특히 영미법체계의 근원으로 평가할 수 있는 보통법(Common Law) 체계의 형성과 발전, 그리고 의회민주주의의 발전에서 주목할 만한 역할을 담당하고 있다.

---

1 잉글랜드와 웨일즈는 93,905㎢의 면적을 가지고 있으며 남한과 비슷한 크기이다.
2 2022년 세계은행 Data Catalog. 참고적으로 인도는 3.173조 USD, 프랑스는 2.937조 USD이다.

2. 행정체계

가. 의 회

영국정부는 분리된 권한이 아닌 하나의 융합된 권력에 의해 국정을 운영한다는 기본적 이념을 가지고 있으며 그 중심에 의회(Parliament)가 있다.3 의회는 크게 입헌군주, 상원(House of Lords), 하원(House of Commons)으로 구성이 된다.

나. 입헌군주

의회에서 군주의 역할은 점점 축소되어 왔으며, 왕권의 약화는 민주주의의 원리에 기초한 영국 정부의 형성 및 발전과 관련을 맺고 있고, 오늘날 군주는 거의 상징적 역할만을 수행하고 있다.

다. 상원(The House of Lords)

군주와 함께 의회를 구성하는 또 하나의 구성요소는 상원으로 영주위원회(이하에서는 '상원'으로 부른다)이다. 군주의 위상과 마찬가지로 상원의 위상 역시 민주주의의 발전과 함께 크게 위축되어 왔다. 상원은 역사적으로 왕의 자문위원회인 대의원회(The Great Council)로부터 시작된다. 자문위원인 대의원들은 귀족들로 구성이 되었으며 국내외 정치적 현안들에 대해 왕에게 자문하는 역할을 수행하였다. 이 대의원회가 상원으로 발전되어 온 것이다.

상원의 주된 역할은 하원에서 제안된 법률안을 검토하고 수정하는 것이다. 이 과정에서 예산안 심의를 제외하고는 법률안의 시행을 연기시키는 권한을 가지고 있다. 예산안은 온전히 하원에서 처리되는 것이 원칙이며 그 밖에 하원에서 처리하는 법률안들은 상원이 시행을 연기할 수 있다는 것이다. 그러난 이 시행의 연기가 무제한적으로 허용되는 것은 아니며 1년이라는 한계를 가지고 있어 상원에 접수된 후 1년이 경과하면 상원의 승인 없이 법률로 시행이 된다.

상원은 영국의 의회정치 발전에 계속해서 기여를 하고 있는 것으로 평가된다. 그러나 상원의 구성은 귀족의 세습에 의한 의원직 승계 비율을 축소하면서

---

3 Terrill, R.J. (2013) World Criminal Justice Systems: A Comparative Survey. anderson publishing.

대의정치라고 하는 민주주의의 기본 이념을 실현하는 방향으로 변화하고 있다. 1999년 시행된 상원위원회법(The House of Lords Act 1999)은 이러한 변화를 보여주는 하나의 예이다.

라. 하원(The House of Commons)

오늘날 영국 의회에서 가장 중요한 역할을 담당하는 것은 하원으로 구분될 수 있는 보통위원회(이하에서는 '하원'으로 부른다)이다. 사람들이 통상 의회라고 부를 때 그 대상이 되는 것이 바로 하원이다. 하원의 역사는 13세기부터 시작이 되지만 사실상 정치적 권한을 행사하기 시작한 것은 17세기 영국내전 이후의 일이다.

현재 하원은 650명의 선출직 의원으로 구성이 되며 대부분 보수당과 노동당에 소속을 두고 있다. 하원은 정부나 의회의 구성원이 제출한 법안에 대해 심의하고 의결하는 것을 주된 임무로 하고 있다. 집권당의 구성원들은 정부의 정책 등을 분명하게 지원하는 역할을 하고 반대당은 집권당의 정책들을 비판하면서 견제하는 역할을 수행한다.

2011년 시행된 '의회 확정임기제법'에 의해 의원들에 대한 총선거는 5년마다 시행이 되며 집권당이 정치적 이유로 의회를 임의로 해산하는 규정이 삭제되어 원칙적으로 5년간 집권당에 의한 정부운영이 보장되어 있다.[4] 그러나 예외적으로 다음의 두 가지 경우에는 의회의 조기해산이 가능하다. 첫 번째, 재적의원의 2/3 이상의 찬성으로 의회의 해산과 총선거를 요구하는 경우이다. 두 번째, 정부에 대한 불신임 투표가 있는 경우 의회는 해산될 수 있고 조기 총선거가 시행되어진다.

마. 국무총리(Prime Minister)

영국에서 국무총리는 의회 민주주의를 지탱하는 버팀목의 역할을 수행한다. 정당의 수장으로써 총선거에서 다수의 의석을 확보한 사람이 국무총리로 선출이 된다. 국무총리는 국가의 지도자이며 군주에 대해서는 자문자의 역할을 수행한다.[5] 또한 정당의 수장으로써 정당에 소속된 의원들을 관리하고 중요한 입법 의

---

4 The Fixed-term Parliaments Act 2011. 선거는 5년에 한번 5월 첫 번째 목요일에 시행하는 것으로 정해져 있음.

5 군주는 국가의 다양한 정책들에 대해 자문을 받을 권리가 있고 자문의 주된 역할을 국무총리가 수행한다.

제들에 대해서 통일된 의견이 나올 수 있도록 독려하는 역할을 담당한다. 마지막으로 국무총리는 자기가 임명한 내각의 수반으로 정부의 정책 목표를 설정하고 정책들을 집행하는 임무를 지고 있다.

바. 내각(The Cabinet)

국회의원 총선거가 끝나면 군주는 승리한 정당의 수장에게 정부를 구성할 것으로 요청할 의무를 부담한다. 영국 정부의 각료들은 집권여당의 의원들로 구성이 되는데 이렇게 구성된 정부를 내각(The Cabinet)이라고 부른다. 결국 내각의 구성은 집권 여당에 의해서 독점적으로 이루어지고 일부 상원의원들이 참여를 하는 것이 보통이다.

대개 국무총리는 정당에서 탁월한 능력을 가진 사람들을 내각의 각료로 임명을 하고 정당의 미래를 위해서 일부 젊은 의원들을 발탁인사를 통해 장관으로 임명하는 경우도 있다. 내각의 각 구성원들은 각 부처의 행정에 대해서 책임을 지며 의회에 활동 등을 보고할 의무를 부담하게 된다. 내각의 임무정부부처에 대한 통제, 각 정부부처의 업무에 대한 협조, 정부정책에 대한 결정과 국회 제출 등 크게 세 가지로 정리할 수 있다.

사. 행 정

영국 행정의 가장 큰 특징은 지방 자치제도이다. 각 지역의 문제들, 예를 들면 하수도, 상수도, 공원관리, 지역주민활동들은 지역단위로 해결하는 것이 적절하다는 것이 기본적 생각이라고 볼 수 있다. 국가가 담당하는 업무는 국방, 외교, 법률, 경제, 사회문제 등으로 구분된다. 특히, 사법시스템은 국가가 직접 관장하는 중요한 부분 중 하나로 인식되고 있다. 2006년까지 국무총리에 의해서 임명된 대법원장은 전국에 있는 모든 판사들을 임명할 수 있는 권한을 가졌었다. 그러나 기본개정법(Constitutional Reform Act 2005)에 의해 사법인사위원회가 설치되고 판사들에 대한 임명권은 대법원장에 의해서 지명된 사법인사위원회가 행사하는 것으로 변경이 되었다.

경찰업무는 국가와 지방자치단체가 공동으로 참여하는 것을 원칙으로 하고 있다. 경찰은 내각의 일원인 내무부 장관의 지휘를 받는다. 내무부 장관은 영국의 모든 경찰기관들이 준수할 업무 규칙을 제정하고 경찰력 유지에 소요되는 전체 경비의 51%를 부담한다. 지방자치단체는 경찰예산의 49%를 담당하며 경찰관들의 채용 등을 관장하며 경찰활동 관리에 참여한다.

3. 치안현황

영국의 범죄발생은 살인사건을 기준으로 아래 〈표 1〉에서 보는 것과 같이 1990년부터 2002년까지 지속적으로 증가하였으나 이후 점차 감소하는 경향을 보이고 있으며, 2016년과 2017년 다소 증가하는 추세를 보였으나 2018년에는 전년 대비 7.25%가 감소하여 인구 10만명당 1.12건이 발생하고 있는 것으로 조사되었다.[6]

〈표 1〉 영국의 인구 10만명당 살인사건 발생건수 추세(1990-2018)[7]

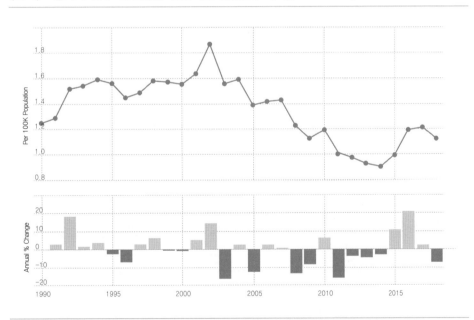

---

6 영국의 범죄통계는 내무부의 통계국에서 관리한다. 일반적으로 두 가지의 종류의 범죄통계가 가장 많이 사용되는데 하나는 경찰청이 각 지역의 지방경찰청으로부터 수집한 범죄통계자료이고 다른 하나는 피해자연구소가 수집하는 영국범죄조사(British Crime Survey)이다. 여기서는 영국 내무부에서 발표하는 경찰청 통계자료를 기준으로 하였다.

7 https://www.macrotrends.net/countries/GBR/united-kingdom/murder-homicide-rate.U.K. Murder/ Homicide Rate 1990-2023. 자료 검색 2023. 1. 3.

연 도	인구 10만명당 발생건수	전년대비 증감율
2018	1.12	−7.25%
2017	1.21	1.87%
2016	1.19	20.21%
2015	0.99	9.96%
…		
2002	1.87	14.21%
…		
1990	1.25	2.63%

주요국가별 인구 10만명당 살인사건의 발생현황은 아래 〈표 2〉와 같다. 영국과 한국의 인구 10만명당 살인사건 발생건수를 비교하면 2018년 기준으로 영국은 1.12건이 발생하였고, 한국에서는 0.6건의 살인사건이 발생하였다. 한국보다

〈표 2〉 인구 10만명당 살인사건의 주요국가별 발생건수 비교(2018년)[8]

국가명	인구 10만명당
우루과이	12.18
아르헨티나	5.38
미국	5.01
칠레	4.40
캐나다	1.78
핀란드	1.56
이스라엘	1.38
프랑스	1.20
영국	1.12
스웨덴	1.08
독일	0.95
홍콩	0.65
스페인	0.62
한국	0.60
일본	0.26
싱가폴	0.16

8 표에 기술된 주요국가는 한국 시민들에게 익숙한 국가들로 저자가 전체 통계자료 중 임의로 선정하여 표로 정리한 것으로 전체 자료는 다음 출처를 참고한다. https://www.macrotrends.net/countries/GBR/united-kingdom/murder-homicide-rate. 자료검색 2023. 1. 3.

영국에서 46.4% 포인트 더 많은 살인사건이 발생하고 있는 것을 알 수 있다. 표에서 제시된 국가들을 살펴보면, 우루과이는 12.18건으로 가장 많은 사건이 발생하였고, 미국은 5.01건, 프랑스는 1.20건, 독일은 0.95건이 발생하여 한국보다 더 많은 사건이 발생하고 있는 것을 알 수 있으며, 비교 대상 중 일본과 싱가폴이 한국보다는 낮은 수준의 살인사건이 발생하는 것으로 나타났다.

Ⅱ. 경찰의 발전과정

영국의 현대 경찰은 1829년 당시 내무부 장관이던 Robert Peel이 산업화와 도시화로 인해 극도로 혼란을 겪고 있던 런던의 치안상황를 개선하기 위하여 의회에 제출한 런던 경찰청 창설 법안이 통과되면서 시작되었다. 이 법안의 핵심적 내용은 세 가지로 요약된다. 첫째, 런던의 치안을 안정화시키기 위하여 경찰기구를 신설한다. 둘째, 경찰관은 보통법체계 하에서 활동하던 컨스터블(Constable)이라는 명칭을 사용하며 그들이 행사하던 모든 권한, 책임, 특권을 가진다. 셋째, 두 명의 경찰청장을 임명하여 관리책임을 부담하며 내무부 장관의 지시를 받는다.[9]

이 법률안은 1829년 의회를 통과하여 시행되었고 로버트 필(Robert Peel)은 찰스 로완(Charles Rowan) 장군과 리차드 메인(Richard Mayne) 변호사를 경찰청장으로 임명하였다. 로완(Rowan)과 메인(Mayne)은 런던 경찰청의 예산, 조직, 임무, 권한 등을 구상하고 새로운 경찰인력을 모집하여 1829년 9월 29일 영국의 현대경찰업무를 시작하였다. 두 명의 경찰청장 체제는 로완(Rowan)이 사망한 이후 메인(Mayne)의 1인 체제로 운영되었으며 현재까지 그 전통이 이어지면서 1인 경찰청장 체제로 경찰기구가 운영되고 있다.

이 모델은 1830년대 영국의 다른 지역에서도 적용되기 시작하였으며 1835년 지방자치단체법이 제정되면서 각각 도시들이 경찰기구를 창설할 수 있는 법적 근

---

9 당시 경찰청장은 "Justice of the Peace" 라고 불리었다.

거를 마련하게 되었다.[10] 이어서 1839년 지방경찰법을 제정하여 도시 이외의 시골지역에서도 런던경찰청과 같은 경찰기구를 만들 수 있게 되었다. 이와 같이 영국은 경찰기구의 현대화 과정을 거치면서 모두 197개의 경찰기구가 창설되어 운영되었다. 그러나 20세기를 지나면서 경찰기구의 수는 큰 폭으로 축소되었고 현재는 43개의 경찰기구에 운영 중에 있다.

영국 경찰기구의 현대화 과정에서 눈여겨 볼 부분은 지방자치와 중앙정부의 통제가 계속해서 균형을 맞추어 발전해오고 있다는 것이다. 약 180년 동안 현대 경찰제도가 발전하면서 경찰은 중앙정부의 기준에 맞추어 운영되고 있지만 동시에 지방 분권화된 시스템을 가지고 있어 지방자치단체가 경찰관의 채용, 해임, 인사이동 등을 책임지고 있는 것이다.[11]

Ⅲ. 경찰의 조직

영국은 국가권력에 대한 통제라는 측면에서 국가가 중앙집권화된 경찰조직을 가지는 것에 대해서 계속해서 반대하는 입장을 보이고 있다. 실질적으로 예산이나 지방경찰청장의 임명권 등을 통해 중앙정부는 경찰에 대해 많은 영향력을 행사하지만 경찰의 직접적 운영을 지방자치단체가 담당하면서 중앙정부와 지방자치단체 사이에 힘에 균형이 이루어지고 있는 것이다.

2011년에는 '경찰개혁과 사회책임법'(Police Reform and Social Responsibility Act 2011)을 제정하여 지방 경찰권 운영의 최고책임자를 시민이 선거에 의해 선출하는 제도로 변경함으로써 주도권을 중앙정부에서 지방정부로 더 많이 이동시켰다. 지방자치정부는 더 많은 권한과 책임을 부담하게 되었으며 지역실정에 맞는 치안대

---

10 Municipal Corporation Act 1935.

11 이에 대한 다른 의견으로 Dammer와 Albanese는 '중앙정부에 의한 경찰교육훈련이나 중앙정부로부터 시작한 지역사회 경찰활동 등을 볼 때 영국의 경찰제도는 점점 중앙집권화 되고 있다'고 설명한다. Dammer, H.R. and Albanese, J.S. (2014) Comparative Criminal Justice Systems, 5th Edn. Wadsworth CENGAGE Learning. p. 103.

책을 수립, 시행하는 등 더 많은 결정권을 행사하게 되었다. 이하에서는 '경찰개혁과 사회책임법'에 의해 변화되어 현재까지 운영되고 있는 영국의 경찰조직에 대해 설명하고자 한다.

1. 내무부(Home Office)

경찰조직의 최고 정점에는 내무부 장관이 위치하고 있다. 내무부 장관은 내각에서 중요한 비중을 차지하고 있으며 의회 구성원 중 한명으로 영국에서 이루어지는 모든 경찰활동에 대해 궁극적인 책임을 부담한다. 의회의 회기 중에 경찰 관련 각종 현안 및 질의들에 대해 답변을 할 의무를 지는 것은 경찰에 대한 내무부 장관의 궁극적 책임을 보여주는 한 예이다.

내무무 장관은 범죄에 의한 국가적 위협이나 지역의 치안 문제들과 관련하여 경찰활동에 대한 중요정책의 수립을 관장한다. 지방경찰의 범죄예방활동이나 범죄수사와 관련하여 세부업무규칙을 제정하여 시행함으로써 국가적으로 통일된 치안활동을 전개하고 있다. 이와 같은 내무부 장관의 경찰활동에 대한 개입은 법률로써 보장이 되는데 그 목적은 경찰활동의 효율성과 효과성을 증대시키는 데 있다.[12]

내무부 장관은 각 지역의 경찰청장 임명에 대해 자문을 할 수 있고 지방치안평의회에 사임 또는 해임을 요청할 수 있으며 지방경찰청장에게 경찰활동에 대한 보고를 요구할 수 있다. 또한 교육훈련, 경찰장비의 사용요건이나 종류, 경찰관의 자격요건, 승진요건, 휴직요건, 근무시간, 급여 수준 등 지방경찰의 조직운영이나 행정업무와 관련하여 다양한 업무규칙을 제정할 수 있다. 이러한 행정규칙 제정 권한은 지방경찰예산의 50%가 넘는 예산 편성권과 함께 경찰에 대한 통제를 위해 내무부 장관이 행사할 수 있는 중요한 권한이다. 또한 경찰 통제기관이 경찰 감찰관, 경찰민원처리위원회 등을 지휘 감독하는 권한을 통해 내무부 장관은 경찰권을 간접적으로 통제할 수 있다.[13] 중앙정부에서 경찰권을 대표하는 사람이

---

12 Terrill, R.J. (2013) World Criminal Justice Systems: A Comparative Survey. anderson publishing. p. 32.

13 경찰감찰관(Office of Inspectorate of Constabulary), 경찰민원처리위원회(Independent Police Complaints Commission)에 대해서는 아래 '6. 경찰권 통제기구'에서 부연 설명한다.

내무부 장관이고 지방자치정부의 경찰 대표자는 지방치안관리관으로 다양한 행
정적 권한을 통해 경찰을 통제하고 있으나 그 권한이 무제한적으로 행사될 수 있
는 것은 아니다. 그 중요한 예가 경찰이 처리하는 구체적인 사건이나 활동에 대
해 내무부 장관이나 지방치안관리관이 지휘 또는 지시할 수 없으며 오직 지방경
찰청장이 지휘권을 갖는다는 것이다.

2. 지방치안관리관(Police and Crime Commissioners)

'경찰개혁과 사회책임법(2011)'이 제정되면서 100년간 유지되던 경찰위원회
(Police Authority)가 폐지되고 그 자리를 지방치안관리관이 대신하게 되었다.[14] 이는
현대경찰 창설 이후 가장 큰 변화라고 여겨지고 있으며 지역의 시민들이 직접 선
거를 통해 선발한다는 것이 이전과는 가장 크게 달라진 제도의 특징이다.[15]

기존 경찰위원회와는 달리 지방치안관리관은 1인체제로 운영되며 선출된 치
안관리관이 개인의 상황과 예산범위에 맞게 치안관리관실 구성원을 선발하여 운
영할 수 있다. 예를 들면, 웨스트미드랜드의 치안관리관인 밥 존스(Bob Jones)는 부
치안관과 세 명의 비서진을 임명하였고 아본과 서머셋의 치안관리관실은 18명의
직원들로 구성이 되었으며 치안관리담당, 경찰복지담당, 소년담당 등으로 구분하
여 사무를 관장하고 있다.[16]

2021년 5월 실시된 치안관리관 선거에서는 총 39명의 치안관리관 중 집권당인
보수당 후보가 30명, 야당인 노동당 후보가 8명, 기타 1명이 당선이 되었다. 2016
년 선거와 비교하여 보수당은 10명 증가되었으며, 노동당은 6명 감소되었다.[17]

---

14 지방치안관리관이라는 용어 대신 'Police and Crime Commissioner'를 "지역치안위원장"으로 번역
하는 저서(신현기 외 8인 (2015) 비교경찰제도론, 제4판, 법문사)가 있다. 그러나 위원회 구성없이
1인 체제로 운영하는 커미셔너(Commissioner)를 위원장으로 해석하는 것보다는 '지방치안관리관'
으로 번역하는 것이 적절할 것이다; 기존 경찰위원회 제도에 대한 설명은 박창호 외 4인 (2004)
비교수사제도론, 박영사, 408-411면 참조.

15 Brain, T. (2014) Police and Crime Commissioners: the First Twelve Months, Safer Communities
vol. 13 no. 1, pp. 40-50.

16 Furness, H. (2012) Fears of Cronyism, The Telegraph, 7 December; Beckford, M. and Delgado,
M. (2013) New Police Chiefs pay cronies thousands, MailOnline, 23 March.

17 지역치안관리관 연합회 웹페이지 참조. https://www.apccs.police.uk/role-of-the-pcc/elections/
자료검색 2023.1.3.

치안관리관의 임기는 4년이며 1회 한해서 재선이 허용된다. 치안관리관은 지역을 대표하는 치안전문가로 범죄와 사회불안요소들에 대해 잘 알고 있기 때문에 지역실정에 맞는 치안활동계획을 수립하고 그에 필요한 예산을 편성하는 역할을 담당한다. 또한 지방경찰청장에 대한 임명권과 해임권을 통해 지방경찰청장이 책임감을 가지고 성실하게 업무수행을 할 수 있도록 견제하고 감독하는 책임을 진다.

각각의 지역 경찰은 치안관리관의 권한을 견제하고 치안현안에 대한 자문을 할 수 있는 '지방치안평의회'를 구성하고 있다.[18] 지방치안평의회는 시민들과 지역 의회 의원들로 구성되고 지방치안관리관을 청문회에 불러 치안문제들에 대해 질의하고 답변을 들을 수 있다. 또한 지방치안관리관의 지방경찰청장 임명과 관련하여 그 임명 자체를 거부할 수는 없으나 인사청문회를 개최하여 자격 검증을 하는 것은 가능하다.

영국 전체 43개 중 39개 지방경찰청에서 위와 같이 변화된 모습으로 새로운 경찰제도가 시행되고 있다. 런던에 위치한 2개의 지방경찰청은 지역적 특수성으로 인해 지방경찰청장의 선출방식이나 지방치안평의회의 구성 및 운영 등 경찰조직 운영에 다소 차이를 보인다.[19] 우선 런던경찰청장들은 내무부 장관의 추천으로 왕이 임명권을 행사한다.[20] 우선 메트로폴리탄 폴리스 서비스(Metropolitan Police Service, 이하 '런던경찰청'으로 칭한다)는 런던 시의회가 지방경찰청장의 업무를 감독하는 책임을 부담하고 별도로 런던 부시장을 책임자로 하는 경찰범죄대책실을 설치하여 치안활동계획을 수립하여 경찰청장을 통해 집행하고 있다.[21] 치안활동계획

---

18 지방치안평의회(Police and Crime Panel).

19 런던을 관할하는 2개의 지방경찰청은 'Metropolitan Police Service'와 'City of London Police'로 구분된다.

20 Police Act 1996. Appointment of Commissioner of Police of the Metropolis. (1)There shall be a Commissioner of Police of the Metropolis. (2)Any appointment of a Commissioner of Police of the Metropolis shall be made by Her Majesty by warrant under Her sign manual. (3)A person appointed as Commissioner of Police of the Metropolis shall hold office at Her Majesty's pleasure. (4)Any appointment of a Commissioner of Police of the Metropolis shall be subject to regulations under section 50. (5)Before recommending to Her Majesty that She appoint a person as the Commissioner of Police of the Metropolis, the Secretary of State shall have regard to— (a)any recommendations made to him by the Metropolitan Police Authority; and (b)any repre— sentations made to him by the Mayor of London.

21 런던 제1경찰청(Metropolitan Police Service)은 런던경시청 또는 런던수도경찰청 등 다양하게 번

을 수립할 때는 경찰청장과 협의를 거치도록 하고 있으며 내무부 장관이 업무편
람을 통해 제시하는 기준들을 고려해야 한다. 시의회는 경찰청장의 활동을 견제
할 수 있는 기능도 있는데 경찰청장의 직무를 정지시킬 수 있으며 사임이나 해임
을 요청할 수 있다. 사임이나 해임을 위해서는 내무부 장관의 승인을 필요로 한
다. 시티 오브 런던 폴리스(City of London Police, 이하 '런던시티경찰청'으로 칭한다)는 위에
서 설명한 것과 같이 경찰청장을 내무부 장관의 추천으로 왕이 임명하며 런던경
찰청과 마찬가지로 지방치안평의회 대신 시의회가 경찰청장의 업무수행에 대한
감독기능을 가지고 있다.

3. 지방경찰청장(Chief Constables)

지방경찰제도를 운영하고 있는 영국에서 최고 집행권자는 지방경찰청장으로
불린다. 런던을 제외하고 39개 지방의 경찰청장들은 지역치안관리관에 의해 지명
되고 일상적인 경찰업무를 실행하고 관리하는 총괄 책임자의 역할을 담당한다.
'경찰개혁과 사회책임법' 시행되기 이전에는 내무부 장관에 의해 임명되는 지방
경찰청장이 지역 치안활동의 최고 책임자이었기 때문에 중앙정부로부터의 독립
성 확보에 한계가 있을 수밖에 없었다. 그러나 선거를 통해 임명된 지역치안관리
관이 지방경찰청장을 임명하기 때문에 중앙정부로부터의 독립성이 확대된다는
장점이 있다. 게다가 본부의 전체 보직들에 대한 인사권을 가지고 있어 정책의
실행력과 독립성을 모두 보장하고 있는 것이다.

런던을 관할하는 두 개의 경찰본부는 영국의 수도라고 하는 지역적 특수성
으로 인해 선거를 통해 선출되는 지역치안관리관제도를 시행하지 않고 지방경찰
청장을 내무부 장관의 제청으로 왕이 직접 임명하고 있다. 런던경찰청(MPS)은 웨
스트민스터, 버킹검궁전 등 런던 구도심의 정치와 행정의 중심지역을 관할한다.
면적은 약 992㎢이며 약 860만명의 시민이 거주하고 있다. 경찰관의 수는 약
32,000명이고 경찰업무를 지원하는 약 15,000명의 일반직 직원들이 소속되어 있
다. 약 1,500명의 경찰관과 일반직 직원이 근무하는 런던시티경찰청과는 규모면
에서 큰 차이를 보인다.

역되고 있다. 강용길 외 3인 (2010) 경찰학개론, 경찰공제회, 373-375면.

런던경찰청의 총책임자는 지방경찰청장으로 불리며 법집행기구 근무경력을 가진 전문가로 임명이 된다. 전체 관할구역을 33개의 지역으로 구분하고 각 지역의 지휘본부를 두어 치안활동을 전개하는 지역책임제 경찰활동을 기본으로 하고 있다. 본부에는 교통지원, 항공지원, 해양지원, 공공질서유지, 경찰견 지원팀 등 전문화된 지원조직을 두고 있으며 범죄정보, 요인경호, 증오 및 테러 등 중대범죄 수사를 위한 특수범죄대응팀을 운영하고 있다. 런던시티경찰청은 관할구역이나 규모면에서 런던경찰청 보다 훨씬 작은 경찰본부이다. 면적은 1.6㎢이며 영국은행, 증권거래소 등 런던의 경제중심지인 시티오브런던(City of London)지역을 관할하고 약 1,000명의 경찰관과 500명의 일반직 직원들로 구성이 되어 있다.

4. 국가범죄청(National Crime Agency)

국가범죄청은 '경찰개혁과 사회개혁법'의 제정으로 신설되었으며 이전의 중대조직범죄청(Serious Organized Crime Agency)이 확대 개편된 것으로 볼 수 있다. 그렇기 때문에 중대조직범죄청이 담당하던 업무들 중 대부분이 국가범죄청의 업무로 전환되었다. 국가범죄청의 설치목적은 조직범죄에 대한 대응력을 강화하고 국토의 안전을 확보하는데 있다. 이를 위하여 기존의 중대조직범죄청이 담당하던 통화위조, 경제범죄, 조직범죄 등에 대한 수사 이외에 국경보안경찰국을 신설하여 이민자에 대한 감시 및 조사, 국제 인신매매 수사, 무기 및 마약거래 등을 담당하게 하였다.[22]

5. 기타 경찰기구

영국은 기본적으로 지방자치경찰에 중점을 두고 있으며 중앙집권식 경찰기구를 만드는데 신중을 기해왔다. 그렇기 때문에 미국과 비교하여 상대적으로 적은 수의 경찰기관을 국가가 직접 운영하는데 대표적으로 3개의 전문분야에서 국

---

22 국가범죄청의 발전과정에 대한 좀 더 자세한 정보는 김학경·이성기 (2012) 영국지방자치경찰의 새로운 패러다임: 2011 경찰개혁과 사회책임법과 국립범죄청을 중심으로, 경찰학연구 제12권 제1호. 147–174면 참조; Goran Nikolic (2020) National Crime Agency, International Journal of Economics and Law, 30호.

가 경찰기관이 활동하고 있다. 우선 국방부의 토지, 자산, 국방부 소속 공무원에 대한 범죄예방과 수사를 위해 국방부 경찰국을 설치하여 경찰활동을 전개하고 있다. 두 번째로 교통경찰국은 전국의 철도와 런던 지하철의 치안을 담당하고 있다. 마지막으로 핵물질의 보호와 원자력 발전소와 관련 시설의 안전을 위하여 원자력 에너지 경찰국이 설치되어 운영 중에 있다.

6. 경찰권 통제기구

가. 경찰감사국(Office of Inspectorate of Constabulary)

경찰감사국은 1856년 지방경찰법(County and Borough Police Act)을 근거로 신설되었으며 효과적인 경찰활동을 보장하고 효율성을 증대하는데 목적을 두고 있다. 경찰감사국 본부는 런던에 있으며 3개의 지방사무소를 운영하고 있다. 범죄 수사 및 예방 경찰활동, 경찰과 시민과의 관계, 경찰의 인사와 교육훈련, 인종차별 문제 등이 주요 관심의 대상이다. 감사관들은 주로 전직 지방경찰청장(Chief Constables) 중에 임명이 되었으며 최근에는 경찰경력이 전혀 없는 사기업이나 공기업 등에서 관리업무를 담당하던 사람들이 경찰업무의 효율성 개선을 위하여 감사관으로 채용되기도 한다.

경찰감사국은 크게 두 가지 업무영역을 가지고 있다. 하나는 경찰기관들의 효율성을 평가하는 것이다. 예산이 낭비되지 않고 치안서비스 제공을 위해 적절히 사용되고 있는지가 주요한 평가의 대상이다. 각 경찰기관들이 가진 자체 연구팀들의 업무성과 분석결과를 종합적으로 연계하여 전국적으로 경찰의 효율성 증대방안을 발굴하고 모든 경찰기관들이 그러한 제도와 정책들을 공유할 수 있도록 제공해주는 역할을 담당한다.

경찰감사국이 내무부장관에게 제출하는 연례보고서는 경찰활동에 대한 연간 종합분석보고서로 이해할 수 있는데 각 경찰기관의 경찰관 채용, 교육훈련과 승진, 범죄와 교통사고 등 통계분석, 경찰과학기술분야의 발전내용, 시민과의 관계 개선, 민원과 징계, 경찰관에 대한 복지정책 등을 분석하여 문제점과 개선방안들을 제시한다.

경찰감사국의 두 번째 업무영역은 지방치안관리관과 지방경찰기관들의 업무 성과를 평가하는 것이다. '경찰개혁과 사회책임법' 시행 이후 더 많은 독립성을 확보하게 된 지방치안관리관에 대한 견제 및 통제장치로써 역할을 수행하고 동시에 지방경찰이 수립한 치안활동계획의 목표가 효과적으로 달성될 수 있도록 최적화된 업무형태를 제시해주는 조언자의 역할도 같이 수행하고 있다.

나. 경찰민원처리위원회(Independent Police Complaints Commission: IPCC)

경찰민원처리위원회(이하에서는 'IPCC'로 칭한다)는 경찰개혁법(2002)에 의해 설립이 되었으며 2004년부터 운영을 시작하였다. 이 위원회는 법률로 독립성이 보장되어 있다. 경찰개혁법(2002) 제9조는 경찰민원처리위원회(IPCC)를 국가기관이 아닌 법인체로 규정하고 있으며 결국 정부로부터 독립된 공공기관으로 볼 수 있다.23 경찰민원처리위원회(IPCC)는 왕이 임명하는 의장과 최소 10명의 위원들로 구성이 된다.24 전현직 경찰관이나 범죄정보국과 국가수사청의 전현직 직원들은 위원으로 활동할 수 없다.

민원제기의 대상은 과거에는 일반 경찰관으로 한정이 되어 있었으나 현재는 그 범위가 더욱 넓어져 일반 경찰관, 경찰권을 행사하는 일반직 직원 예를 들어 지역사회 지원 담당 직원, 기타 일반직 직원도 경찰민원처리위원회(IPCC)의 조사 대상에 포함되어 있다.

경찰민원처리위원회(IPCC) 조사 청구권자의 범위는 피해자, 목격자, 경찰 활동으로 인해 피해를 당한 사람이며 조사청구는 위원회에 직접하거나 지방치안관리관 또는 경찰기관장 등에게 제기할 수 있다.25 제기된 민원은 항상 공식적인 절차에 의해서만 처리될 수 있는 것은 아니며 민원인이 동의하는 경우 비공식적인 방법으로도 민원을 처리할 수 있다.

제기된 민원의 종류에 따라 조사방식은 네 가지로 구분할 수 있다. 우선 경

---

23 Police Reform Act 2002. Article 9 The Independent Police Complaints Commission. (1)There shall be <u>a body corporate</u> to be known as the Independent Police Complaints Commission. (밑줄은 추가된 것임)

24 이 과정에서 내무부장관이 추천권을 행사하며 실질적으로 내무부장관이 임명하는 것으로 볼 수 있다.

25 Police Reform Act 2002. Article 12.

찰기관이 경찰민원처리위원회(IPCC)의 관여 없이 자체 조사를 진행할 수 있다. 두 번째, 시민의 관심 대상이 되는 사안은 경찰기관이 자체적으로 조사를 진행하지만 위원회(IPCC)가 조사과정을 감독한다. 세 번째 관심도와 중요도가 높은 민원에 대한 조사는 원칙적으로 해당 기관에서 행해지지만 조사의 시작부터 끝까지 조사과정에 대한 관리는 위원회(IPCC)가 맡는 경우이다. 마지막으로 관심도와 중요도가 매우 높은 민원의 경우에는 조사가 위원회(IPCC)에 의해서 직접 진행된다.

　조사가 끝나고 사안이 범죄를 구성하지 않는다고 판단되는 경우 두 가지 선택을 할 수 있다. 우선 해당 경찰관이나 직원이 잘못을 인정하는 경우 징계처분을 할 수 있다. 이때 위원회(IPCC)와 민원인은 민원대상자가 받게 될 징계처분에 대해 사전에 통지를 받게 된다. 두 번째는 민원 대상자가 잘못을 인정하지 않는 경우로 징계위원회가 개최된다. 징계위원회를 통해 민원 대상자의 잘못이 확인될 경우 징계처분을 하게 되며 이 과정에서 범죄혐의가 확인되는 경우에는 사안은 검찰로 송치가 되어 재판절차로 진행이 된다.

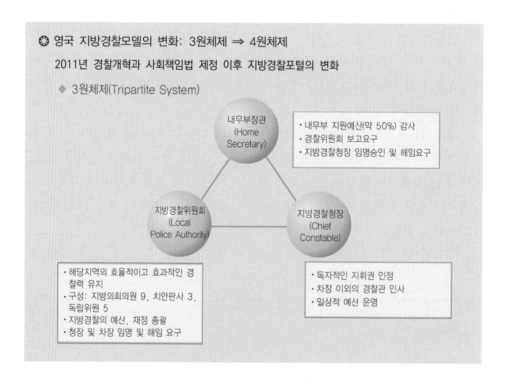

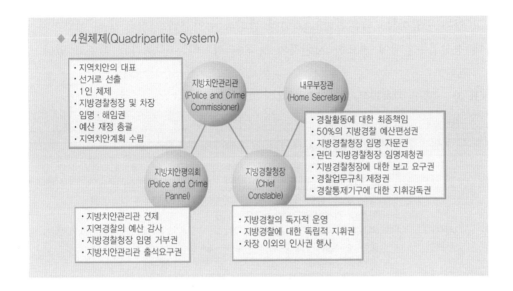

◆ 4원체제(Quadripartite System)

- 지역치안의 대표
- 선거로 선출
- 1인 체제
- 지방경찰청장 및 차장 임명·해임권
- 예산 재정 총괄
- 지역치안계획 수립

지방치안관리관
(Police and Crime Commissioner)

내무부장관
(Home Secretary)

- 경찰활동에 대한 최종책임
- 50%의 지방경찰 예산편성권
- 지방경찰청장 임명 자문권
- 런던 지방경찰청장 임명제청권
- 지방경찰청장에 대한 보고 요구권
- 경찰업무규칙 제정권
- 경찰통제기구에 대한 지휘감독권

지방치안평의회
(Police and Crime Pannel)

지방경찰청장
(Chief Constable)

- 지방치안관리관 견제
- 지역경찰의 예산 감사
- 지방경찰청장 임명 거부권
- 지방치안관리관 출석요구권

- 지방경찰의 독자적 운영
- 지방경찰에 대한 독립적 지휘권
- 차장 이외의 인사권 행사

IV. 경찰의 인사

1. 채용과 기본교육

경찰관의 채용은 한국과 비교하면 순경계급(Rank of Constable)에서 이루어지며 한국이나 유럽의 다른 나라들과는 달리 중간 관리자 계급의 채용을 허용하지 않는다. 예를 들어, 한국에서는 경찰간부후보생, 경찰대학 졸업생들을 초급간부인 '경위'로 채용하는 제도가 있는데 영국은 이러한 채용제도가 없고 모든 경찰관이 최하위 계급부터 시작하게 된다. 그러나 조기승진제도(Fast Track Programme)가 있어서 대학원 졸업자, 특별 경찰관 등이 조기승진프로그램을 이수할 경우 2년 안에 순경에서 경위급으로 고속 승진을 할 수 있다.[26] 경찰관의 채용은 아래에서 설명하

---

26 고속승진에 대한 자세한 정보는
https://www.college.police.uk/career−learning/learning/courses/fast−track−programme−serv−ing−constables 참조.

고 있는 중앙경찰교육훈련국(Centrex)이 관리하는 일련의 시험을 통해 이루어지는
데 경찰업무수행에 필요한 지원자의 능력을 평가하는데 초점을 맞추고 있다.

〈표 3〉 경찰관 채용과정, 요건, 평가내용

단 계	내 용
지원	– 치안학교(College of Policing) 홈페이지를 통해 지원 가능

지원자격
(공통)
	– 연령: 만 18세 이상
	  ※ 지원연령의 상한 제한은 없으나 정년 60세 고려 지원 가능
	– 국적: 영국, 유럽연합 소속 국가, 영연방국가, 기타 영주권 취득자 등
	– 자격증: 각 지방경찰청별 채용요강 참조
	– 범죄경력: 범죄경력자 지원 불가
	– 문신: 상대방에게 불쾌감을 초래할 수 있는 문신 불허
	– 경제상황: 부패를 막기 위한 조치로 채권채무관계 확인
	– 체력검정: 경찰활동에 필요한 체력검사 실시
	  ※ 지방청별 요건 차이
	– 건강상태: 육체적 정신적 건강 검진 진행

채용시험	– 경찰관 채용 평가센터(Recruit Assessment Centre for Police Constables) 주관
	– 평가항목
	  ▶ 4개의 질문으로 구성된 능력평가 면접(20분)
	  ▶ 수리능력평가(23분)
	  ▶ 언어능력평가(30분)
	  ▶ 2개의 서면 실습평가(각 20분)
	  ▶ 4개의 상호작용 실습평가(각 10분)
	– 평가결과는 서면으로 통보
	– 평가결과에 대한 불복은 7일 이내 서면으로 가능

출처: 영국 치안학교 홈페이지(http://recruit.college.police.uk).

채용이 이루어지고 최초 2년간은 시보기간으로 자격검증을 거친다. 채용 후
각 지역별 교육훈련센터에서 신임 경찰관에 대한 기본 교육이 이루어진다. 기본
교육은 이론과 실습으로 구성되며 순찰과정, 법률의 이해, 보고서 작성법, 교통안
전조치, 응급처치방법 등을 교육한다.

최초의 기본 교육을 이수한 후 신임 경찰관은 각자의 근무지로 배치가 되고
각 경찰기관의 교육훈련과를 중심으로 3주간의 교육이 실시되는데 이때는 지역
경찰활동의 절차, 지역 치안활동의 특수성, 치안관련 현안 문제점 등에 대한 교육
이 이루어진다.

기본교육과 3주에 걸친 지역치안활동에 대한 교육이 끝나면 현장학습이 10 주간 이어지는데 각 경찰기관의 '현장교육 경찰관'이 교육을 담당한다. 이후 나머지 시보기간 중 교육훈련은 기관 책임자의 감독아래 현장 활동 중심으로 이루어지며 중간에 이론 수업이 병행된다.

2. 전문화 교육

경찰관에 대한 전문화 교육은 기술능력을 발전시키고 중간 관리자 계급으로 승진을 희망하는 경찰관들을 위해 다양한 전문화 교육과정을 통해 이루어진다. 경찰관에 대한 교육훈련은 '중앙경찰교육훈련국(이하에서는 '경찰교육국(Centrex)'이라고 부른다)'에서 담당한다.[27]

경찰교육국(Centrex)은 2001년 제정된 '형사정의와 경찰법'에 그 근거를 두고 설립되었으며 내무부 장관이 제시하는 치안활동계획에서 강조하는 경찰업무의 개선을 위해 다양한 경찰교육 프로그램을 개발하여 시행하고 있다. 교육은 교육 분야 경력을 가진 일반인들과 경찰기관에서 근무하고 있는 현직 경찰관들이 파견되어 실무능력 향상을 위한 교육프로그램의 개발과 교육을 담당한다.

2007년 '국가 경찰업무 개선청'이[28] 신설되어 다양한 경찰업무를 발전시킬 수 있는 제도적 또는 기술적 방안들을 마련하여 시행하게 되었는데 경찰교육국(Centrex)은 이 개선청에 소속되어 교육훈련을 중심으로 경찰력의 현대화와 전문기술에 대한 발전 등을 교육프로그램을 통해 담당하고 있다.

경찰교육국(Centrex)은 전문화 교육뿐만 아니라 위에 간단하게 언급한 것과 같이 신임 경찰관의 채용과 기본교육도 담당하고 있다. 경찰관에 대한 교육훈련 패러다임이 과거에는 교수 중심에서 최근에는 교육생 중심으로 변화하고 있는 것이 주요한 특징 중 하나라고 볼 수 있다. 과거의 경찰교육은 경찰활동에 대한 일방적 가이드라인을 교수가 소개하는 데 초점을 맞춘 반면 최근에는 개인의 발전을 도모할 수 있는 방법들과 개인간의 차이를 인정하고 맞춤형 교육프로그램들을 개발하여 운영하는 교육생 중심의 교육이 이루어지고 있다. 또한 개인의 업무역

---

27 Central Police Training and Development Authority: 이하에서는 'Centrex'라고 부른다.
28 National Policing Improvement Agency: 이하에서는 'NPIA'로 부른다.

량 강화뿐만 아니라 '팀'활동을 강조하고 있다.

개인 간의 차별성을 인정하는 교육훈련의 변화는 스카맨(Scarman) 보고서에 기인하는데 인종 간 차이와 사회적 소수자를 이해하지 못하는 경찰활동이 사회적 혼란을 부추기는 원인으로 보았다.29 특히 영국과 같이 사회 구성원이 빠르게 다민족화 되고 있는 환경에서 경찰력이 그러한 변화를 제대로 인식해야 사회적 혼란을 방지할 수 있다고 분석하였다.

일반적으로 경찰활동은 다수의 동의를 기반으로 이루어진다는 것이 기본적인 생각이었으나 영국의 다문화 사회에서 다수의 의견, 즉 백인 중심의 경찰활동으로 사회질서를 유지할 경우 사회적 소수자들의 반감을 야기하게 되고 사회적 혼란이 오히려 가중될 수 있다는 것이다. 경찰은 문화간 차이, 인종간 차이, 소수그룹의 고민 등에 대해서 고민할 필요가 있으며 이러한 내용들이 교육을 통해 경찰관들에게 전달되어야 한다. 결국, 현재의 영국의 교육훈련은 지식과 기술을 습득하는 것뿐만 아니라 경찰관의 자세나 태도에 대한 평가를 포함하게 되었다.30

3. 경찰 교육훈련에 대한 평가

전통적으로 경찰교육훈련은 의무적인 성격을 가지고 있고 성과를 측정하는 것이 어렵기 때문에 현장의 업무수행능력평가와 무관한 것처럼 여겨져 왔다. 그러나 최근 영국에서는 경찰교육훈련에 따른 실무에서의 성과 측정이 주요한 관심 대상으로 떠올랐으며 특히, 교육훈련과 업무수행 간 관련성에 평가의 초점이 맞추어졌다. 러브데이(Loveday)는 영국 경찰은 성과관리의 중요성을 인식하게 되었고 향후 일반 시민에 의한 경찰활동평가 조직들도 형성될 것으로 내다보았다.31

---

29 Scarman, Lord J. (1981), The Brixton Disorders, 10-12th April (1981), London: HMSO; Neal, Sarah (2003). The Scarman Report, the Macpherson Report and the Media: how newspapers respond to race—centred social policy interventions. Journal of Social Policy, 32(1), pp. 55-74.

30 Southgate, Peter (Ed.). (1988) New directions in police training. London: H.M.S.O.

31 Loveday (1999) The Impact of Performance Culture on Criminal Justice Agencies in England and Wales. International Journal of the Sociology of Law 27, pp. 351—377.

영국 경찰의 교육훈련평가의 발전과정을 간단하게 살펴보면 다음과 같다. 1991년 내무부는 경찰교육훈련위원회의 설치를 제안하였으며, 경찰교육훈련 실무위원회에서는 교육훈련이 교육목표 달성에 부합하는지와 지식의 전달은 제대로 이루어지고 있는지 등 교육훈련을 단계별로 평가해야 한다고 주장하였다. 이과정에서 1999년 경찰 감독기구의 주제별 감사결과에 기초하여 '경찰교육관리'라고 하는 연구보고서가 출간되었는데 '경찰교육훈련이 국가와 지역의 치안목표들을 달성하는데 기여해야한다.'는 점을 분명히 하면서 경찰의 교육훈련평가를 위한 국가적 전략수립을 제안하였다. 이 제안에 기초하여 이듬해인 2000년 내무부는 '경찰교육: 앞으로 나아갈 방향'이라는 정책보고서를 발간하였다.[32] 이는 경찰교육훈련의 수준을 향상시키기 위한 계획을 제시하면서 효과적인 경찰력 운영을 위한 높은 수준의 교육훈련 필요성을 강조하였다. 그러나 이는 경찰교육훈련에 대한 대대적 변화를 제시한 것에 의의를 두는 한편, 교육훈련의 평가와 관련해서는 기존과 차별화되며 구체적인 모델을 제시하지는 못했다.

국가평가전략과 키르크패트릭(Kirkpatrick)모형에 기반한 교육훈련 평가모형은 2001년 내무부에 의해서 정책으로 실현되었으며, 이것은 경찰교육훈련을 관리 및 평가에 대한 구조화된 가이드라인을 제시한 첫 번째 시도이다. 2002년 지방경찰청장연합(ACPO)과[33] 경찰위원회연합(APA)는[34] '경찰교육훈련 최고가치 실현 프로젝트'에 기반하여 연구보고서를 제시하였는데 경찰기관이 각각의 교육훈련 평가 및 관리에 있어서 기술적이고 절차적인 불균형들이 나타나고 있음을 문제점으로 지적하였다.

경찰교육훈련평가의 필요성이 법률에서 제시된 것은 2002년 경찰개혁법(Police Reform Act)의 제정과 함께이다. 경찰개혁법은 내무부장관이 매년 경찰의 활동계획을 수립할 수 있는 법적 기반을 마련해주었는데 핵심적인 내용은 경찰활동의 우선과제 선정, 기대효과, 치안목표 설정, 경찰발전방안 수립 등이다. 또한 범죄를 감소시키고 범죄에 대한 대응역량을 강화시키기 위해 경찰의 직무능력을 향상시킬 필요가 있음을 제시하였다. 이 법률은 경찰교육훈련 평가의 필요성을 제

---

32 Home Office (2000) Police Training: The Way Forward.

33 Association of Chief Police Officers.

34 Association of Police Authorities.

시한 점에서 경찰교육훈련 평가체계 수립에 있어 중요한 의미를 가진다.

더 나아가 2003년 '경찰의 발전과 교육을 위한 모형'은 교육훈련에 대한 새로운 방식과 교육과정에 대한 개편방향을 제시하였다.[35] 이러한 발전과정에 기초하여 2005년 내무부는 종합적인 경찰교육훈련 평가모형을 설정하였으며 경찰의 교육훈련 전략과 계획, 그리고 비용에 대한 가이드라인을 제시하고 있다.[36] 특히, 내무부는 교육훈련 전략수립, 계획, 비용, 평가의 제시와 구체적 접근방법의 통일을 기하기 위한 단일평가체계를 승인함으로써 각 교육훈련기관에서 통일된 평가방법을 활용하기 시작하였다.

현재 영국 경찰의 경찰교육훈련 평가모델은 업무성과 기준 설정, 평가방법 개발, 평가계획 수립, 평가시행: 데이터 수집 및 기록, 데이터 분석 및 해석, 평가결과 제시 등 총 6단계로 구성된다.[37] 교육훈련에 대한 평가도구와 평가방법을 개발하기 위해서는 평가계획을 활용하며 연구자는 가장 적절한 평가자료 수집방법을 선택하고 평가방법은 평가목표의 확인, 이해당사자 특정, 평가범위 설정, 일반적인 평가방법 및 자료수집방법 선정, 자료수집 시기 선정 등을 통해 결정하게 된다. 가장 핵심적인 교육평가계획은 현재 교육프로그램 운영자들에게 가장 친숙한 키르크패트릭(Kirkpatrick)모형을 확장시켜 적용하며 다음의 3단계로 구성한다.

▷ 1단계: 학습내용과 구조(교육내용의 전달과 효용성)
▷ 2단계: 교육대상자들의 변화(지식, 태도, 행동양식, 현장에서의 학습의 전파)
▷ 3단계: 조직의 변화(영향과 결과)

---

35 Home Office (2003) Models for Learning and Development in the Police Service.
36 Home Office (2005) Evaluation of Police Training and Learning and the Impact on Operational Performance and Return on Investment; Home Office (2005) Improving the Quality, Efficiency, Effectiveness and Economy of Police Learning and Training.
37 National Policing Improvement Agency (2007) Models for Learning and Development in the Police Service: Evaluation Guide, NPIA.

V. 경찰의 임무와 권한

1. 범죄예방

영국 경찰이 오랜 시간 동안 관심을 가지고 지속적으로 활동해 온 분야 중 하나가 범죄예방이며 범죄의 예방역량 강화를 위해 다양한 실험적 정책들을 시행해오고 있다. 각 경찰기관에는 범죄예방 경찰관이 별도로 존재하며 경찰활동에 시민들의 적극적인 참여를 유도하고 범죄수사 등 다른 분야의 경찰관들도 범죄예방활동이 모든 경찰관의 기본적인 임무임을 주지시키기 위한 노력들을 병행하고 있다. 모든 경찰관이 범죄예방을 중요한 임무로 인식하도록 하기 위하여 '현장 교육담당 경찰관'을 범죄예방분야에 배치하고 교육훈련과정에 '범죄예방론' 프로그램을 개설하여 범죄예방의 효과성을 홍보하고 있다.[38]

범죄예방을 위하여 영국에서는 범죄예방 집중경찰활동, 지역공동체 감시 프로그램, 경찰활동 우선순위 선택제도, 시민 중심적 치안활동, 공동체 지원 행정관 제도 등 다양한 정책들을 시행하고 있다. 우선 일부 지역에서 '범죄예방 집중경찰활동'을 시행하고 있는데 범죄신고 등 특별한 치안수요가 없을 때 지역사회가 특별히 관심을 가지고 있는 범죄의 예방에 초점을 맞추어 지역을 순찰하는 근무방식이다. 예를 들어 청소년 범죄가 심각한 지역에서는 범죄 신고가 없는 시간 동안에 경찰관들은 청소년범죄 취약지점을 파악하고 그 지역을 중심으로 순찰활동을 함으로써 청소년범죄의 예방에 집중하는 제도이다.

범죄예방을 위하여 '지역공동체 감시 프로그램'을 시행하는 지역들도 있다. 이 프로그램은 기본적으로 네 가지 요소를 바탕으로 운영이 된다. 첫째, 지역 주민들 스스로 그들의 이웃을 살펴보고 범죄나 범죄와 관련된 문제점을 경찰에 신고하도록 유도하는 것이다. 둘째, 주민들의 집 밖에 경찰에서 제공하는 '주민 자율 감시지역' 안내 표지를 부착하여 잠재적 범인들의 범죄심리를 위축시키고 지

38 Harvey, L., Grimshaw, P. and Pease, K. (1989) Crime prevention delivery: the work of crime prevention officers. In Morgan and Smith (eds) Coming to Terms with Policing. London: Routledge.

역 주민들의 경각심을 제고한다. 셋째, 각 가정에 대한 안전 점검을 실시하여 범죄 취약개소에 대한 개선방안 등을 조언한다. 넷째, 지역 주민이 참여하는 자율범죄예방 시스템을 구축하고 다양한 홍보프로그램을 시행한다.[39]

위와 같은 범죄예방정책들은 일상적인 경찰활동에 추가적인 예산을 필요로 하기 때문에 예산이 충분하지 않은 일부 지역에서는 한정된 예산을 활용하는 방법들을 사용하고 있다. 그 중 하나가 '경찰활동 우선순위 선택제도'이다. 경찰관이 범죄 등에 대한 신고전화를 받는 경우 현장에 출동하거나 그 신고내용을 다른 기관에 전파하여 대신 처리 하게 할 수 있고 경미한 신고에 대해서는 무시를 해버리는 경우도 있다. 이것이 바로 우선순위에 대한 선택의 문제이다. 영국에서는 이 제도를 시행하기 이전에는 모든 신고전화에 똑같이 대응을 해야 하는 것으로 인식하고 출동을 해왔었다.

그러나 시민들의 생각은 달랐다. 시민들은 더 많은 경찰관들이 도보순찰에 투입되어야 한다고 생각하고 청소년범죄, 소란행위, 공공기물에 대한 파손행위 등에 우선순위를 두고 경찰이 활동해주기를 희망하는 것으로 나타난 것이다. '경찰과 치안법원법'의 시행으로 경찰은 본격적으로 업무처리에 우선순위를 결정하기 시작하였다.[40] 지방치안관리관은 지역 공동체의 의견을 수렴하여 지역의 치안 활동계획을 수립하고 활용 가능한 예산의 범위를 고려하여 내무부 장관이나 치안 자문단이 제시하는 치안활동 목표들을 결정해야 한다.

내무부는 시민중심의 경찰활동을 제안하고 있다. 이것의 목적은 경찰의 범죄예방활동에 대한 시민의 참여를 확대함으로써 경찰활동에 대한 시민들의 신뢰도를 높이는데 있다. 시민들의 참여를 통해 법집행기관, 공공의 질서유지, 기타 치안서비스에 대한 시민들의 요구사항을 정확하게 파악하여 만족도를 높이는 것이다.[41]

이런 맥락에서 볼 때 '공동체 지원 행정관 제도'는 지역의 치안수요를 파악하고 시민들이 필요로 하는 치안서비스를 제공할 수 있다는 측면에서 적절한 범죄

---

39 Fielding, N., Kemp, C. and Norris, C. (1989) Constraints on the practice of community policing. In Morgan and Smith (eds) Coming to Terms with Policing. London: Routledge.

40 Police and Magistrates' Courts Act 1994.

41 지역 경찰의 범죄예방활동의 목표는 범죄의 감소, 중요범죄에 대한 효과적 수사, 공공의 안전도 향상, 치안서비스의 제공 등으로 사실상 그렇게 어려운 것으로 여기지지는 않고 있다.

예방활동이 수단이 될 수 있다.[42] 공동체 지원 행정관은 경찰관서에 근무하는 일반직 직원으로 제한된 경찰권한을 행사할 수 있다. 공동체 지원 행정관은 지역 순찰활동을 통해 공동체의 안전문제나 공공질서 파괴행위 등 치안현황을 파악하고 문제점에 대하여 적절한 해결방안을 찾는 것을 주된 역할로 하고 있다. 범죄예방활동 및 지역 주민들에게 필요한 맞춤형 치안서비스를 제공할 수 있다는 장점 때문에 '공동체 지원 행정관'의 숫자가 전국적으로 계속 증가하고 있다.[43]

2. 범죄수사

영국에서 범죄수사절차는 경찰의 권한과 역할, 보석, 사전 심문제도 등 재판 이전 단계와 재판단계로 구분할 수 있다. 여기서는 경찰제도에 초점을 맞추어 범죄수사 중 경찰의 역할과 권한을 중점적으로 살펴보고자 한다.

경찰의 권한과 역할은 1984년 '경찰과 형사증거법'에 의해 하나의 법률체계로 정리가 되었으며 범죄수사와 관련된 원론적인 경찰의 권한을 거의 모두 포함하고 있다. 또한 더 세부적인 업무처리절차는 경찰사건 사무규칙(Codes of Practice)을 제정하여 규제하고 있다. 범죄수사절차에서 경찰의 역할과 권한은 '경찰과 형사증거법'과 '경찰사건사무규칙'에서 대부분의 내용을 다루고 있으며 테러와 반사회적 범죄 등이 사회문제화 되면서 추가적 입법을 통해 경찰의 역할이 보완되어 가고 있다. 추가적 입법의 예로는 테러법(Terrorism Act 2000), 테러대응 범죄 보안법(Anti-Terrorism, Crime and Security Act 2001), 반사회적 행위법(Anti-Social Behaviour Act 2003), 형사정의법(Criminal Justice Act 2003) 등이 있다. 이 책에서는 경찰과 형사증거법, 경찰사건사무규칙을 중심으로 범죄수사과정에서 경찰의 역할과 권한을 살펴보고자 한다.

가. 불심검문과 수색

경찰과 형사증거법에 근거하여 경찰은 공공장소에서 누구든지 정지시키고

---

42 Community Support Officer Scheme.

43 경찰개혁법 (Police Reform Act 2002)에 의해 일반직 직원들도 일정한 경찰권을 부여받아 경찰활동을 할 수 있게 되었는데 공동체 지원 행정관, 구금담당 행정관, 경호 행정관, 수사기술 행정관 등이 경찰기관에 근무하는 일반직 직원들의 예이다.

간단하게 질문을 할 수 있는 권한을 가진다. 이때 수색할 수 있는 단서가 있는지 여부를 결정하게 된다. 시민을 정지시키고 질문을 하기 위해서는 다시 말해 불심검문을 하기 위해서는 '합리적 의심'이 필요하다. 예를 들어 훔친 물건이나 마약과 같이 소지가 금지된 물품이나 흉기 등과 같은 범행도구을 소지하고 있거나 차에 보관하고 있을 가능성이 있어야 한다.

수색을 위해서 우선 수색 대상자에게 경찰관의 성명이나 소속을 알려주어야 하며 수색대상 물건과 수색의 법적 근거에 대해 설명을 해주어야 한다. 또한 수색이 이루어졌다는 사실을 확인해 줄 서류를 통보받을 권리가 있음을 알려주고 수색기록을 일정기간 보관하여야 한다.

경찰과 형사증거법은 사람에 대한 불심검문뿐만 아니라 도로에서 자동차에 대한 불심검문 규정을 포함하고 있다. 경찰관은 자동차를 불심검문할 수 있으며 이 경우에도 '합리적 의심'이 있어야 한다. 합리적인 의심의 예는 위에서 살펴 본 것처럼 사람에 대한 불심검문과 비슷하다. 주차해 놓은 자동차에 대한 수색도 합리적 의심이 있는 경우에는 가능하다.

교통통제와 검문검색은 목적을 고려하여 경찰서 과장급 이상의 사전 승인이 있어야 하며 일반적으로 검문검색을 위한 교통통제는 다음과 같은 경우에 가능하다.

▷ 중요범죄의 범인 검거
▷ 중요범죄의 목격자 확보
▷ 중요범죄의 실행 예비자 검거 및 범행 차단
▷ 도주 수형자의 검거

나. 주거 등에 대한 수색과 압수

주거 등에 대한 진입과 압수·수색을 위해서는 영장이 필요하다는 것이 기본원칙이다. 그러나 예외가 있다. 예를 들어 거주자가 압수·수색에 동의하는 경우에는 영장 없이도 주거 등에 대한 진입과 압수수색이 가능하다. 거주자가 압수수색에 동의하는 경우 동의는 반드시 서면으로 이루어져야 하고 수색 후 압수되는 물건이 증거로 사용될 수 있다는 사실을 동의자에게 알려주어야 한다.

영장 없는 수색은 또한 범죄의 발생을 예방하거나 실행 중인 범행을 막는데 이용할 수 있으며 위험에 처한 사람을 구출하거나 물건에 대한 파손을 예방하기 위해서도 이용될 수 있다. 현행범 체포나 영장에 의해 피의자를 체포하는 경우에도 영장 없이 주거 등을 압수수색할 수 있다. 이때 현장에 증거로 사용될 수 있는 압수할 물건이 있음을 의심할만한 합리적 근거를 필요로 한다. 영장 없는 수색은 또한 피의자가 체포되기 직전에 있던 장소에서 가능하고 도주한 죄수의 검거를 위하여 그가 체류했던 장소에 대한 수색도 가능하다.

영장에 의한 압수수색의 법적 근거는 '경찰과 형사증거법'에 두고 있다. 영장의 발부는 치안판사의 권한이며 경찰관의 청구를 바탕으로 범죄에 대한 혐의와 압수수색을 통해 범죄에 대한 증거를 발견할 수 있다는 합리적 심증을 근거로 영장을 발부한다. 영장에 의한 압수수색에도 두 가지 한계가 존재한다. 하나는 법률적 특권으로 변호를 위한 조언 내용이다. 즉, 변호사와 피의자 또는 피고인간의 대화내용 등은 압수수색의 대상이 되지 않는다. 둘째는 의사가 보관하는 개인의 진료기록, 성직자의 상담기록 등 개인의 사적기록이나 언론인의 보도 관련 서류, 인체의 조직 추출물 등은 원칙적으로 압수수색의 대상이 되지 않는다. 그러나 이러한 압수수색 제외 대상물들도 관련 법률이나 특수한 사정을 고려하여 압수수색의 대상이 될 수 있다.[44] 예를 들어 금융기록과 같은 개인의 비밀기록 등은 순회판사가 발부하는 영장에 의해 압수수색의 대상에 포함된다.

압수수색영장의 집행과 관련하여 일반적인 절차들은 '경찰과 형사증거법'과 '경찰사건사무규칙'이 그 내용을 상세하게 규정하고 있다. 우선 영장의 청구권은 경찰관에게 있으며 청구는 반드시 서면에 의한다. 치안판사는 영장을 발부하기 전 영장청구권자인 경찰관에게 관련되는 질문을 할 수 있다. 이때 영장 청구 경찰관은 답변 의무를 부담한다.

영장은 발부일로부터 1개월 이내에 집행할 수 있고 유효기간이 남았다고 하더라도 재집행은 불가능하다. 영장을 집행할 때 경찰관은 자신의 신분을 밝혀야 하며 거주자나 책임자 등에게 영장의 사본을 제출해야 한다. 영장은 적절한 시간에 집행되어야 하며 영장의 범위 내에서 경찰은 모든 물건들을 수색하고 압수할 수 있다. 그러나 영장의 범위에 포함되어 있지 않더라도 다른 범죄의 증거로 합

---

44 관련 법률의 예로는 '형사정의와 공공질서법'(Criminal Justice and Public Order Act 1994)이 있다.

리적 의심이 인정될 수 있는 물건에 대해서는 압수가 가능하다. 경찰의 압수수색
에 대한 규정은 대부분 '경찰과 형사증거법'에 근거를 두고 있으나 개별적인 법률
들이 경찰의 압수수색 관련된 규정을 포함하고 있는 경우들도 있다.[45]

다. 체포와 구금

경찰은 범죄수사와 관련하여 피의자를 체포할 권한을 가진다. 경찰의 체포권
한은 영장에 의한 체포와 영장 없는 체포로 구분하여 살펴볼 수 있다. 영장에 의
한 체포가 기본 원칙이며 다양한 법률에 근거를 두고 있다. 구체적 법률 근거를
가지고 있기 때문에 논란의 여지가 거의 없으나 영장 없이 행해지는 경찰의 체포
는 그 범위와 근거에 대해 세밀한 검토가 필요하다.

'경찰과 형사증거법'은 경찰의 영장 없는 체포가 허용되는 범위를 가능한 특
정하려고 노력하였다. 경찰은 피의자가 체포 대상이 되는 범죄를 저질렀거나 저
지르려고 한다는 믿을 만한 합리적 근거가 있는 경우에 영장 없이 피의자를 체포
할 수 있다. 또한 5년 이상의 징역형에 처해질 수 있는 보통법의 범죄행위나 '경
찰과 형사증거법' 제24조에 기재된 범죄행위를 하는 경우에 영장 없이 피의자를
체포할 수 있다.[46]

---

45 절도법(Theft Act 1968), 약물남용법(Misuse of Drugs Act 1971), 항공안전법(Aviation Security Act 1982), 도로교통법(Road Traffic Act 1988), 공격용무기법(Offensive Weapons Act 1996), 테러법 (Terrorism Act 2000) 등에 경찰의 압수수색과 관련된 규정들이 포함되어 있다.

46 PACE s.24 (1) A constable may arrest without a warrant— (a) anyone who is about to commit an offence;(b) anyone who is in the act of committing an offence;(C) anyone whom he has reasonable grounds for suspecting to be about to commit an offence;(d) anyone whom he has reasonable grounds for suspecting to be committing an offence. (2) If a constable has reasonable grounds for suspecting that an offence has been committed, he may arrest without a warrant anyone whom he has reasonable grounds to suspect of being guilty of it. (3) If an offence has been committed, a constable may arrest without a warrant— (a) anyone who is guilty of the offence; (b) anyone whom he has reasonable grounds for suspecting to be guilty of it. (4) But the power of summary arrest conferred by subsection (1), (2) or (3) is exercisable only if the constable has reasonable grounds for believing that for any of the reasons mentioned in sub-section (5) it is necessary to arrest the person in question.
(5) The reasons are—(a) to enable the name of the person in question to be ascertained (in the case where the constable does not know, and cannot readily ascertain, the person's name, or has reasonable grounds for doubting whether a name given by the person as his name is his real name); (b) correspondingly as regards the person's address; (c) to prevent the person in question— (i) causing physical injury to himself or any other person; (ii) suffering physical in-jury; (iii) causing loss of or damage to property; (iv) committing an offence against public de-

경찰은 피체포자에게 체포사실과 체포이유에 대하여 고지를 해주어야 한다. 체포를 할 때 피의자에 대한 수색이 가능하며 피의자가 증거를 가지고 있거나 도주를 위해 사용할 수 있는 물건 등을 소지하고 있어 수색이 필요하다는 합리적 근거가 있어야 한다. 또한 자해를 하거나 타인에게 위해를 가할 가능성이 있다는 사실도 수색에 대한 근거가 될 수 있다.

체포에 이어 경찰은 체포한 피의자를 구금할 수 있는 권한을 가진다. '경찰과 형사증거법' 및 '경찰사건사무규칙'에 근거하여 구금을 시설을 갖춘 경찰서들은 체포된 피의자를 구금할 수 있다.47 이 경찰서에는 '구금담당 경찰관'(Custody Officer)이 근무하며 체포 피의자의 구금 및 사건의 송치와 관련된 업무를 담당한다. 체포된 피의자가 경찰서에 도착하면 구금 담당 경찰관은 해당 사건의 증거가 충분한지 여부를 검토하여 기소 또는 불기소 등 송치의견을 결정하고 사건을 검찰로 송치한다.48

체포·구금 피의자에 대한 감독업무는 '구금 담당 경찰관'(Custody Officer)뿐만 아니라 '구금 점검 경찰관'(Review Officer)이 주된 역할을 담당한다. '구금 점검 경찰관'은 최소 중간 간부인 경위 계급이 되어야 하고 사건 수사와는 무관한 경찰관이어야 한다. '경찰과 형사증거법'은 체포 후 시간을 정해 감독업무를 진행하도록 규정하고 있다. 체포 후 6시간 이내 첫 번째 점검이 이루어져야 하며 이후 추가 점검은 9시간 간격으로 이루어진다.

경찰은 체포된 피의자를 24시간 이내에 기소의견으로 송치할지 여부를 판단해야 한다. 추가 증거수집 등을 위해 24시간을 초과하는 경우에는 경찰서 과장급 간부(Superintendent)의 승인을 받아야 하며 36시간 이상 피의자를 구금하기 위해서는 치안판사의 승인을 받아야 한다. 치안판사의 승인을 받아 피의자를 구금할 수

---

cency (subject to subsection (6)); or (v) causing an unlawful obstruction of the highway; (d) to protect a child or other vulnerable person from the person in question; (e) to allow the prompt and effective investigation of the offence or of the conduct of the person in question; (f) to prevent any prosecution for the offence from being hindered by the disappearance of the person in question.

47 예산의 효율적 이용을 위하여 모든 경찰서가 구금시설을 갖추고 있는 것은 아니며 권역별로 대표 경찰서를 지정하여 구금시설을 설치하고 운영 중이다.

48 구금담당경찰관의 역할과 영국 형사절차에서 기소권한 변천과정에 대한 자세한 설명은 최대현(2012) 수사과 기소 기능분리의 원칙과 한계: 영국 검찰제도의 발전과정과 시사점. 경찰학연구 제12권 제4호. 53–80면 참조.

있는 시간은 최대 96시간으로 이 시간을 초과하는 구금을 승인하는 것은 불가능하다. 다시 말해 체포된 피의자에 대한 최대 구금시간은 96시간이며 기한 내에 기소가 이루어져야 한다.

구금기간의 연장과 관련하여 경찰은 피의자에게 연장 내용을 알려주어야 하며 피의자는 구술 또는 서면으로 의견을 진술할 수 있다. 법원이 담당하는 구금 연장 심사는 두 명의 치안판사와 법원서기가 참석해야 하며 피의자에게 서면으로 연장 신청내용과 변호인의 조력을 받을 권리가 있음을 알려주어야 한다. 구금 연장이 가능한 사유는 다음과 같다.

> ▷ 증거의 수집과 보전의 필요성
> ▷ 체포대상 범죄의 중대성과 혐의의 상당성
> ▷ 수사의 상당성과 적절성

이러한 조건은 경찰서 과장급 간부가 24시간을 초과하여 구금 연장을 허가하는 경우에도 심사의 기준으로 이용이 된다.

경찰이 사건을 기소 의견으로 송치하고 검찰이 피의자를 기소하게 되면 구금의 사유도 변경이 된다. '경찰과 형사증거법'은 기소에 의해 변경되는 구금 사유를 다음과 같이 적시하고 있다.

> ▷ 피고인의 확정
> ▷ 피고인에 대한 보호
> ▷ 피고인의 범행 예방
> ▷ 재판을 위한 피고인의 출석 보장
> ▷ 형사절차의 정상적 진행 보장

소년사건의 경우에는 위에서 살펴본 조건들 이외에 구금이 소년에게 이익이 되는지 여부를 판단해야 하는 특수성이 있다.

라. 피의자 신문권

경찰은 누구에게나 질문을 할 수 있는 권리를 가진다. 반면에 질문을 받은 사람은 진술을 거부할 수 있는 절대적 권리를 가지고 있는 것도 사실이다. 이렇게 배치되는 권리로 인해 경찰의 피의자 신문과정에는 여러 가지 주의가 요구되고 있으며 '경찰사건사무규칙 제3편'(Code of Practice C) 제10장은 경찰의 피의자 신문과 관련된 절차들을 자세하게 규정하고 있다.[49]

우선 범죄행위와 관련된 질문을 할 때 경찰관은 질문에 대한 답변이 재판과정에서 진술자에게 불리하게 사용될 수 있다는 사실을 알려주어야 한다. 그러나 인적사항, 소유차량에 대한 정보 등 기초 정보들에 대해서는 진술거부권을 행사할 수 없으며 진술거부권에 대한 고지도 필요하지 않다. 두 번째, 피의자가 체포되지 않은 경우에는 그가 체포되지 않았다는 사실을 알려주고 언제든지 신문의 중단을 요청할 수 있다는 사실과 변호인의 조력을 받을 수 있다는 사실을 알려주어야 한다. 세 번째, 피의자를 체포하는 경우에는 진술거부권, 변호인의 조력권 등 기본적 권리에 대해 체포 즉시 알려 주어야 하며 특별한 사정이 있어 즉시 고지를 할 수 없는 경우에는 그 사정이 해소된 후 즉시 고지를 해주어야 한다. 네 번째, 피의자에게 고지해 줄 내용은 다음과 같다. "당신은 진술거부권을 행사할 수 있다. 그러나 법정에서 쟁점이 될 수 있는 부분에 대한 진술거부권 행사는 당신에게 불리하게 작용할 수 있다. 당신이 말한 내용은 증거로 사용될 수 있다."[50] 다섯 번째, 신문과정에 휴식을 취하는 경우 휴식 이후에 다시 신문을 시작하게 되면 위에서 살펴본 주의 내용이 그대로 적용되고 만약 진술거부권 등에 대해 의문의 여지가 있다면 신문을 다시 시작하기 전 경찰관은 피의자에게 기본적 권리 내용을 다시 알려 주어야 한다. 마지막으로 진술거부권 등 기본적 권리가 고지되었다는 사실은 경찰관의 수첩이나 피의자의 진술서 등에 적절하게 기재가 되어야 한다.

과거에는 진술거부권이 두 가지 측면에서 피의자를 보호해주는 것으로 인식되었다. 피의자가 구금되어 있는 동안에 범행에 대한 자백이 강요되지 않고 진술

---

49 한국과 영국의 피의자 신문절차 및 요건 등에 대한 비교 내용은 Choe, D.H. (2013) The Prosecutor's Interview with Suspects in South Korea, International Journal of Law, Crime and Justice no. 41, pp. 322-342. 참조.

50 Code of Practice C paragraph 10.5. "You do not have to say anything. But it may harm your defence if you do not mention when questioned something which you later rely on in Court. Anything you do say may be given in evidence."

을 거부한 것이 재판에서 불리하게 작용되지 않는다는 것이다. 그러나 '형사정의와 공공질서법'(Criminal Justice and Public Order Act 1994) 제정 이후에 두 번째 원칙을 포기하여 진술거부권을 행사하는 경우에 유죄를 추정할 수 있게 함으로써 진술거부권의 행사가 피의자에게 불리하게 작용할 수 있게 되었으며 '경찰사건사무규칙'에도 변화된 내용이 반영되어 시행되고 있다. 이러한 변화는 경찰이 피의자를 신문하는 과정에 피의자가 진술거부권을 행사하는 것을 포기하도록 유도하는 경향을 만들고 있다.[51]

피의자가 체포되어 경찰서에 도착하면 도착 즉시 피의자의 기본적 권리 등을 알려주어야 한다. 고지의 대상에는 다음과 같은 내용들이 포함된다.

▷ 구금의 이유
▷ 구금사실을 보호자 등에게 통보할 수 있는 권리
▷ 관련 법령의 사본을 요청하여 직접 검토할 수 있는 권리
▷ 변호사를 접견하여 법적 조력을 받을 권리

이러한 피의자의 기본적 권리는 구두로 통지해 주어야 하며 피의자가 요청할 때 구금기록의 사본을 제공해주어야 한다. 피의자가 자발적으로 경찰서를 방문한 경우에는 법령에 대한 자료 제공 및 변호사의 조력을 받을 권리에 대해 설명해 주고 피의자가 원하는 경우 언제든지 피의자 신문을 중단하고 귀가할 수 있다는 사실 역시 고지를 해주어야 한다.

'경찰과 형사증거법'과 '경찰사건사무규칙'은 진술거부권 및 기본적 권리에 대한 내용 이외에 신문절차 및 제한에 대한 내용들도 자세히 규정하고 있다. 피의자를 체포하여 24시간 동안 신문하는 경우 야간에 최소 8시간의 휴식시간을 보장해야 한다. 또한 신문 도중에는 2시간 마다 1회씩 휴식시간을 주어야 하는데 다음과 같은 경우에는 휴식 없이 계속해서 신문이 가능하다.

▷ 피의자가 자해를 할 우려가 있을 때

---

51 Dennis, I. (1995) The Criminal Justice and Public Oder Act 1994: The Evidence Provisions. Criminal Law Review. pp. 4-18; Pattenden, R. (1995) Inferences from Silence. Criminal Law Review. pp. 602-611.

▷ 수사에 방해를 초래할 염려가 있을 때

▷ 휴식시간으로 인해 피의자의 구금이 연장될 가능성이 있을 때

24시간 신문기간 중 식사는 3번 제공해야 하며 강압적인 신문은 엄격히 금지된다.

피의자를 신문하는 과정에 신문을 담당하는 경찰관은 질문내용과 답변을 상세하게 기록해야 한다. 이를 위해서 경찰관은 질문을 하고 답변내용을 기록한 후 다음 질문으로 넘어가야하는 절차를 거쳐야 하는데 이러한 과정이 신문의 연속성을 떨어뜨린다는 비판이 있었다. 그러나 신문과정에 대한 녹음이 시행되면서 이와 같은 문제점은 보완이 되었으며 현재는 모든 피의자 신문내용이 녹음을 통해 기록되고 있다.

피의자 신문과정에 또 하나 중요하게 살펴보아야 할 것은 변호인의 참여와 경찰과의 관계이다. 피의자는 원칙적으로 변호인으로부터 조력을 받을 권리를 가진다. 다만 경찰은 범죄의 중대성 등 여러 가지 상황을 고려하여 변호인과의 접견을 연기 시기시키는 등 제한을 가할 수 있다. 피의자가 신문 과정에 변호인의 참여를 요구하여 변호인이 도착하기 전이라도 경찰은 피의자 신문을 시작할 수 있다. '경찰과 형사증거법'은 이러한 예외적 상황을 다음과 같이 설명하고 있다. 피의자 신문의 지연으로 인해 다른 사람이나 물건 등에 위해가 가해질 가능성이 있거나 수사에 불합리한 지연을 초래할 가능성이 있다고 판단되는 경우에 경찰은 피의자 신문을 변호인의 참여 없이 시작할 수 있다. 또한 피의자가 서면이나 구두로 동의하는 경우에 변호인 없이 피의자 신문이 가능하다.

중대범죄 혐의로 체포된 피의자에게도 변호인을 접견할 수 있는 권리는 보장된다. 다만 중대사건의 경우 변호인 접견은 36시간 동안 제한할 수 있으며 테러범죄의 경우에는 48시간까지 변호인과의 접견을 제한하고 피의자에 대한 신문이 가능하다. 변호인 접견을 제한할 수 있는 사유는 다음과 같다.[52]

▷ 증거의 수집과 보전을 방해할 염려가 있을 때

▷ 다른 사람에게 위해를 가할 우려가 있을 때

---

52 경찰과 형사증거법 (Police and Criminal Evidence Act 1984). s. 58.

▷ 공범에 대한 검거를 방해할 우려가 있을 때

▷ 피해품에 대한 회수를 방해할 우려가 있을 때

▷ 범죄행위로 인해 계속해서 이익을 얻고 있다고 판단될 때

변호인의 접견 제한은 피의자의 범죄행위가 기소가능범죄에 해당하고 경찰서 과장급 이상의 직위에 해당하는 경찰관의 승인이 있어야 한다.[53] 변호인 접견 제한 사유에 변호인이 진술거부권 행사를 종용할 것이 우려된다는 것은 포함되지 않는다.

피의자는 변호인을 지정할 수 있으며 특별히 지정할 변호사가 없는 경우에 경찰은 변호사 목록을 제공해준다. 일반적으로 당직 변호사 제도가 거의 모든 지역에서 운영되고 있어 피의자는 24시간 변호인의 조력을 받을 수 있으며 국선 변호인은 무료로 이용할 수 있다. 피의자가 변호인의 참여를 요구하는 경우 변호인이 도착하기 전까지 원칙적으로 피의자 신문을 시작할 수 없으며 예외적으로 피의자 신문이 허용된다. 변호인은 경찰의 피의자 신문과정에 참여할 수 있으나 비정상적인 행동으로 수사에 방해를 초래하는 경우 변호인의 참여를 제한할 수 있다.

마. 보석(Bail) 허가권

영국 경찰이 행사하는 또 하나의 중요한 권한은 체포 피의자에 대한 보석 허가권이다. 보석은 원칙적으로 지방법원이나 왕립형사법원의 권한이다. 그러나 여기에 예외가 있는데 그것이 바로 경찰에 의한 보석으로 경위 계급 이상의 경찰관이 영장 없이 체포된 피의자를 보석으로 석방할 수 있다.[54]

이때 경찰은 법원과 같이 일정한 조건을 부과할 수도 있다. 경찰에 의한 조건부 보석은 1994년 제정된 '형사정의와 공공질서법'(Criminal Justice and Public Order Act)에 의해 새롭게 추가된 권한으로 절차의 효율성을 높이기 위하여 도입되었다. 그러나 구금담당경찰관(Custody Officer)의 재량으로 조건부 보석을 결정하게 되면

---

53 위 같은 법 s. 58 (6)Delay in compliance with a request is only permitted— (a)in the case of a person who is in police detention for [F1an indictable offence]F1 ; and (b)if an officer of at least the rank of superintendent authorises it. (7)An officer may give an authorisation under subsection (6) above orally or in writing but, if he gives it orally, he shall confirm it in writing as soon as is practicable.

54 대부분은 구금담당경찰관(Police Custody Officer)이 보석여부를 결정한다.

서 권한 남용에 대한 우려를 제기하는 학자들도 있다.[55]

바. 수사의 종결과 기소권한

범죄에 대한 수사를 종결하고 경찰은 기소가 가능한 사건을 선별하여 검찰로 사건을 송치하고 검찰은 기소여부를 최종적으로 결정한다. 2003년 이전에는 기소여부에 대한 결정도 경찰의 권한이었다. 1986년 국가기소청(Crown Prosecution Service)이 설치되고 2003년 형사정의법(Criminal Justice Act)에 의해 경찰의 기소개시 권한이 검찰로 모두 이양되었으며 이후 기소개시결정(Charging), 기소유예(Caution), 징계(Reprimand), 경고(Warning) 등의 처분을 검사의 권한으로 결정하게 되었다.[56]

과거 기소여부를 결정하던 구금담당경찰관(Custody Officer)은 현재는 기소절차로 나아가는 통로의 '수문장'(Gate Keeper)의 역할을 맡고 있다. 체포·구금된 피의자의 혐의를 인정할 충분한 증거가 있는지 여부를 판단하는 즉 증거의 충분성 여부를 판단하는 것이 구금담당경찰관(Custody Officer)의 역할이다. 기소하기에 증거가 부족하다고 판단할 경우 위에서 살펴본 바와 같이 독자적 결정에 따라 보석 등으로 피의자를 석방하며 충분한 증거가 있다고 판단하는 경우에는 기소의견으로 사건을 검찰로 송치하고 검사는 증거의 충분성 조사와 기소의 공익성 여부를 판단하여 기소를 결정하게 된다.

구금담당경찰관(Custody Officer)은 증거의 충분성 이외에도 기소의 적절성 여부도 판단할 수 있는 재량을 가진다. 일부 중대한 사건을 제외하고는 기소의 적절성 여부를 판단하여 증거가 충분한 경우에도 기소의견으로 사건을 검찰로 송치하는 것이 아니라 기소유예(Caution), 징계(Reprimand), 경고(Warning) 등의 처분을 직접 할 수 있다. 즉, 증거의 충분성과 기소의 적절성 여부를 1차적으로 경찰이 판단하고 독자적으로 사건을 종결할 수 있는 재량권을 행사하고 있다. 이와 같은 이유로 유글로(Uglow) 교수는 영국의 수사종결과 기소절차에는 1차 필터인 경찰과 2차 필터인 검찰 등 두 개의 필터가 존재한다고 설명한다.[57]

55 Raine, J.W. and Willson, M.J. (1995) Just Bail at the Police Station? Journal of Law and Society 22, pp. 571–585.
56 최대현 (2012) 수사와 기소 기능분리의 원칙과 한계: 영국 검찰제도의 발전과정과 시사점, 경찰학연구 제12권 제4호, 53–80면.
57 Uglow, S. (2002) Criminal Justice, 2nd edn., Sweet & Maxwell: London.

결과적으로 영국에서는 아래 표에서 보는 것과 같이 전체 사건의 약 90%가 경찰 수사단계에서 자체적으로 종결되고 있다. 이와는 반대로 한국에서는 약 2% 가 경찰의 결정을 종결되고 약 92%의 사건은 검찰로 송치된 후 검사의 결정으로 종결이 이루어져 왔다.[58] 2021년 한국의 형사소송법 개정으로 경찰에 1차적 수사 종결권이 부여되면서 경찰재량권이 증대될 것으로 기대하는 부분이 있었으나 1차적 수사종결이 최종적 결정이 아니라 잠정적 결정에 불과하여 실질적으로 재량권에 큰 차이는 없다고 보는 것이 적절하다.[59] 경찰이 증거불충분 등을 이유로 사건을 종결하고자 하는 경우에 그 이유를 명시한 서면과 관련 서류, 증거물 등을 검찰로 송부해야 하고 검사가 기록을 검토한 후에야 최종적으로 사건이 종결된다는 사실과 경찰의 불송치 결정에 대하여 고소인 등이 이의를 제기하면 검사에게 사건을 다시 송치해야 한다는 사실을 고려하면 수사의 종결은 실질적으로 검사의 재량권 범위에 포함된다고 볼 수 있다.[60]

〈표 4〉 주요국가의 경찰재량권 비교[61]

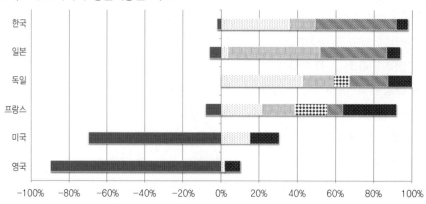

■ 경찰 ▨ 검사(증거불충분) ▥ 검사(기소유예) ▦ 검사(조건부기소유예) ▧ 검사(약식기소) ■ 검사(정식기소)

---

58 한국에서 경찰의 결정으로 종결되는 2%의 사건은 즉결심판청구사건에 해당한다.
59 김대근 (2022) 수사권 조정에 따른 수사종결의 쟁점과 대안 – 법해석학적 의미와 입법적 대안을 중심으로, 형사정책연구 제33권 제3호, pp. 55–81.
60 김현철(2021) 개정 형사소송법상 경찰의 불송치결정의 법적 성격, 통제방법 및 통제방법의 문제점과 개선방안에 대한 고찰, 법학논고 제73집, 경북대학교, pp. 404–405.
61 구체적인 통계자료와 비교분석내용은 Choe, D.H. (2014) Discretion at the Pre–Trial Stage: A

주체 내용 국가	경 찰 경찰종결	검 사 소계	 증거 불충분	 기소유예	 조건부 기소유예	 약식기소	법 원 재 판
영 국	4,371,522 89.6%	101,578 2.1%		100,000 2.1%	1,578 0.03%	n/a	404,855 8.3%
미 국	372,408 69.5%	82,343 15.4%			82,343 15.4%	n/a	81,088 15.1%
프랑스	151,000 8.0%	1,209,543 63.9%	407,451 21.5%	325,192 17.2%	317,720 16.8%	159,180 8.4%	532,279 28.1%
독 일	n/a	2,693,276 87.6%	1,312,495 42.7%	505,125 16.4%	252,635 8.2%	623,021 20.3%	382,286 12.4%
일 본	121,265 5.9%	177,617 86.9%	73,028 3.6%	988,473 48.3%	n/a	716,116 35.0%	146,352 7.2%
한 국	49,967 2.0%	2,286,533 91.7%	893,491 35.9%	331,456 13.3%	n/a*	1,061,586 42.6%	155,704 6.2%

* 위 통계자료는 2004－2007년 사이의 통계를 기준으로 했으며 한국에서 조건부 기소유예는 2008년부터 시행되면서 이번 통계자료에서는 제외가 되었음.

위 통계자료에서 보는 것과 같이 대륙법계 법체계의 영향을 많이 받은 나라들, 예를 들어 프랑스, 독일, 일본, 한국에서 검사의 결정으로 많은 사건들이 형사절차에서 종결되고 있다. 예를 들면 프랑스 63.9%, 독일 87.6%, 일본 86.9%, 한국 91.7%가 검사의 결정으로 사건이 종결되는 비율이다. 그러나 프랑스, 독일에서는 한국, 일본과는 달리 검사의 결정이 법원을 통해 견제가 되고 있으나 한국과 일본에서는 별도의 통제장치 없이 검사의 독자적 판단에 의해 결정이 이루어지고 있어 권한 남용의 소지가 있다. 프랑스와 독일에서는 대부분의 검사의 결정이 법원의 심의를 거치도록 요구하고 있다. 증거불충분으로 사건을 종결하는 것을 제외하고 검사의 기소유예, 약식기소, 정식기소 결정 등은 법원의 심의를 거친 후에야 최종적으로 결정이 이루어지는 것이다.[62]

Comparative Study, European Journal on Criminal Policy and Research, March 2014, Volume 20, Issue 1, pp. 101－119. 참조.

62 이에 대한 구체적인 논의는 Choe, D.H. (2014) Discretion at the Pre－Trial Stage: A Comparative Study, European Journal on Criminal Policy and Research, March 2014, Volume 20, Issue 1, pp. 101－119. 참조

3. 검찰과의 관계

영국에서 경찰과 검찰의 관계는 기소권을 중심으로 지난 30년간 활발하게 논의가 전개된 분야 중 하나이다. 영국의 전통적인 기소절차는 1986년 국가기소청(CPS)의 탄생과 함께 중대한 변화를 맞이하게 된다. 가장 큰 특징은 영국 기소절차의 근간이었던 사인소추 대신에 공적소추제도가 형사절차 전면에 등장하게 된 것이다.[63] 이러한 변화의 핵심적 사상은 수사를 담당하는 경찰이 기소기능까지 수행하게 되면 공소권자에게 요구되는 공정성과 독립성을 해칠 수 있고, 경찰은 수사의 전문가이기 때문에 공소업무를 수행하는 것보다 수사에 초점을 맞추어야 한다는 것이다.[64] 1986년 국가기소청(CPS) 신설 이후 수사와 기소의 기능분리 원칙과 예외와 관련된 다양한 논의들이 진행되고 있다. 특히 이러한 논의들은 기본원칙을 중심으로 경찰과 검찰의 관계를 어떻게 설정할 것인가에 초점을 맞추고 있다.

가. 경찰수사에 대한 검사의 지휘

국가기소청(CPS) 설치로 형사절차에서 수사와 기소가 분리되면서 수사결과에 대한 객관적 평가가 가능해졌음에도 불구하고 '버밍엄 식스(Birmingham Six)',[65] '길드포드 포(Guildford Four)', 그리고 '맥과이어 세븐(Maguire Seven)'[66]과 같이 수사기관의 부적절한 방법에 의해 얻어진 자백과 불충분한 증거에 기초한 기소와 유죄판결이 항소재판에서 무죄판결을 받으면서 영국의 형사절차에 대한 제도개선의 목소리는 다시 한 번 높아졌으며,[67] 이러한 불신을 해소하기 위하여 1991년 형사절

---

63 CPS에 의해 공적 소추제도가 본격적으로 도입되었다고 하더라도 사인소추제도가 소멸된 것은 아니며, 현재에도 형사소추를 사인이 진행할 수 있는 가능성이 여전히 남아있다. S. Uglow, 앞의 책, 2002, 189면.

64 Ashworth, A. and Redmayne, M. (2005) The Criminal Process, 3rd edn. Oxford University Press, Oxford England; New York, p. 175.

65 R. v Richard McIlkenny, Patrick Hill, William Power, John Walker, Robert Gerard Hunter, and Hugh Callaghan (1991) 93 Cr App R 287 (Court of Appeal).

66 R. v Anne Rita Maguire, Patrick Joseph Maguire, William John Smyth, Vincent John Patrick Maguire, Patrick Joseph Paul Maguire, Patrick Joseph O'Neill, and Patrick Joseph Conlon (1992) 94 Cr App R 133 (Court of Appeal).

67 Walker, C. and Starmer, K. (1999) Miscarriages of Justice: A Review of Justice in Error, Blackstone Press, pp. 46-48.

차 개선을 위한 왕립위원회(의장: Runciman)가 설치되었다. 그리고 연구결과는 1993
년 런시맨(Runciman) 보고서로 발표되었으며 형사절차에 대한 다양한 개혁방안들
이 제시되었다. 특히, 기소절차와 관련하여 국가기소청(CPS)의 효율성과 경찰과의
관계는 많은 관심을 받았다.

　　수사와 기소의 기능분리원칙과 관련, 런시맨(Runciman) 위원회는 경찰과 검찰
의 관계에서 가장 핵심적인 부분은 독립된 기소권한을 보장하기 위한 수사관과 검
사의 명백한 역할분리라는 것을 재차 강조하였다.[68] 경찰은 범죄혐의를 입증하기
위한 사실 발견에 초점을 맞추어야 하고 반면에 검찰은 경찰에 의해 기소가 이루
어져 재판의 대상이 되는 사건을 재평가하는데 중점을 두어야 한다는 것이다.

　　또 한 가지 주목해야 할 것은 경찰수사에 대한 검사의 지휘를 반대하고 있는
점이다. 국가기소청(CPS)은 수사결과를 보완해달라는 검사의 요청이 경찰에 의해
무시되고 거부되는 것을 막기 위해 수사지휘의 필요성을 제기하였다.[69] 그러나
위원회는 수사는 경찰의 책임이라는 것을 강조하며 이를 받아들이지 않았다. 법
률적 지식에 기초하여 채용되고 승진하는 검사들이 범죄수사, 수사지휘, 그리고
수사에 대한 감독에 있어서 수사를 위해 훈련된 경찰보다 더 능력이 있다고 여기
지 않았다. 또한, 검사의 수사지휘가 수사에 대한 평가자로서의 검사의 역할에 혼
동을 초래할 수 있다고 판단했다. 검사의 역할은 재판정에서 범죄혐의의 효과적
입증을 위하여 수사결과를 평가하는 것인데, 만약 검사가 직접적으로 수사지휘를
하게 되면 그러한 검사의 역할을 오히려 방해한다는 것이다. 그리고 무엇보다 중
요한 것은 검사의 수사지휘가 수사를 직접 담당하고 있는 경찰의 책임감을 떨어
뜨린다는 것이다. 결국 검사는 재판진행을 위한 증거수집에 대해서 경찰관에게
조언(Advice)을 할 수 있을 뿐이며, 증거를 수집하는 과정에 대해 지휘(Supervise)를
해서는 안된다는 결론을 내렸다.[70]

　　기능분리원칙의 한계로 지적된 경찰의 기소개시권한(Charging)과 관련, 검사

---

68 Runciman, W.G. (1993) The Royal Commission on Criminal Justice: Report' HMSO (Cm 2263, London), 5장 2절.

69 위의 글, 5장 24-25절. 이러한 CPS의 주장에 대하여 경찰 대표자들은 보강수사에 대하여 CPS의 합리적인 요구에 대한 경찰의 거부는 드문 경우라고 반박했다. 또한 보강수사에 대해 이견이 있는 경우에는 경찰의 기소가 이루어진 경우라 하더라도 CPS가 가진 공소중지권 (Discontinuance)을 통해 충분히 문제해결이 가능하다는 입장을 밝혔다. 위 같은 문단 참조.

70 위의 글, 2장 67절.

에 의한 기소개시결정이 수사와 기소의 명확한 분리를 위해 바람직하다는 입장을 가지고 있었다. 그러나 위원회는 추가적인 행정절차의 도입으로 인한 절차의 지연이라는 현실적인 어려움을 근거로 하여 이론적 장점들을 포기하고 기존의 경찰에 의한 기소방식을 고수하기로 결정하였다.[71]

나. 경찰과 검찰의 협력: 검사의 경찰서 상주제도

1997년 내무부(Home Office)는 형사절차의 절차적 지연문제를 중점적으로 조사하고 분석한 형사제도 연구보고서(이하 'Narey 보고서'로 한다)를 발간한다.[72] 앞에서 본 런시맨(Runciman) 왕립위원회 보고서와는 달리 나리(Narey) 보고서는 정부의 연구보고서로서 규모가 작고 연구기간도 짧으며 핵심적인 내용만을 실무적인 접근방식으로 다루고 있다.

이 연구는 우선 형사절차가 지연되는 주된 원인으로 경찰과 검찰의 단절과 원활하지 못한 업무협조를 지적하였다. 또한 업무단절은 두 부분으로 나누어지는 기소절차에서 비롯되고 있다고 보았다. 경찰의 '사건준비 및 기소'와 검찰의 '사건검토 및 공소유지'로 구분되는 기소절차는 항상 이견이 발생하고 소모적인 경향을 보인다는 것이다. 결과적으로 이러한 문제점을 해결하기 위한 방안으로 '검사의 경찰서 상주제도'를 제안하였다. 검사들이 경찰행정지원단(Administrative Support Units)의 일원으로 경찰서에 상주하면서 기소 전에 조언을 하는 시스템을 도입한 것이다. 이러한 '검사의 경찰서 상주제도'에 의해 경찰과 검찰의 긴밀한 협조체제를 구축할 수 있으며 경찰에 의한 '사건준비 및 기소개시'와 '검사의 사건검토 및 공소유지' 절차를 하나로 통합하여 사건처리에 소모되는 시간을 획기적으로 감소시킬 것으로 예상했다.

그러나 이러한 제안은 기능분리원칙을 포기하고 과거 수사에 종속된 기소절차로 회귀하는 것처럼 보이기도 한다. 이러한 비판을 의식한 듯 나리(Narey) 보고서는 명백하게 독립되어 있는 검찰이 재판사건의 신속한 준비를 위하여 경찰과 같이 근무를 하는 것이라는 점을 분명히 하였다.

---

71 Runciman, W.G. (1993: 5장 21절).
72 Narey, M. (1997) Review of Delay in the Criminal Justice System: A Report, London.

다. 경찰과 검찰의 갈등

경찰과 검찰의 갈등관계에 대해서는 글라이드웰(Glidewell) 보고서가 그 내용을 상세히 다루고 있다.[73] 이 연구는 법무부 장관이 국회에 제출한 내용으로 앞에서 살펴본 런시맨(Runciman)이나 나리(Narey) 보고서와는 달리 형사절차의 전반적인 문제점을 다루기보다는 국가기소청(CPS)의 개혁에 초점을 맞추고 있다. 특히, 검찰의 공소유지활동에 대한 통계자료를 분석하여 검찰이 효과성이나 효율성 측면에서 충분한 성과를 나타내지 못하고 있음을 밝혀내고 원인으로 경찰과 검찰 사이의 갈등 관계를 지목했다.[74]

국가기소청(CPS) 신설 초기에 경찰과 검찰은 많은 적대감을 가지고 있었다. 물론 검찰이 자리를 잡아 가면서 그러한 적대감이 다소 수그러들기는 하였으나 여전히 사건 처리 중 발생하는 문제들에 대해서 서로를 비난하는 경향을 보이는 등 불편한 관계는 지속되었다. 공동의 목표나 모두가 공감하는 역할 및 책임의 부재가 원활한 업무협조를 저해하는 주된 요인 중 하나로 보인다. 예를 들면, 약식재판이 소집될 때 경찰이나 법원 중 어느 누구도 검찰에 재판에 대한 공지를 하지 않았고 검찰은 재판 직전 사건이 경찰로부터 넘어온 뒤에야 자신들이 공소유지를 담당해야 하는 사건에 대해 인지하였으며 결과적으로 공소유지를 위한 준비가 소홀해 질 수 밖에 없었다. 또한 경찰에 의해 기소절차가 시작된 후 14일이 지나는 동안, 심지어 이 보다 더 긴 시간 동안 검찰이 사건의 존재조차 모르는 사례도 있었다. 이러한 예는 형사절차에서 검찰이 소외되고 고립(Isolation)되어 있는 상황을 단적으로 보여주었다.[75]

경찰과 검찰의 갈등관계는 크게 두 가지 이유에서 더 이상 발전하지 못하고 교착상태에 빠진 것으로 보인다. 우선 경찰 중심의 경찰행정지원단(ASU)이 경찰

---

73 Glidewell, I. (1998) The Review of the Crown Prosecution Service' The Stationery Office (Cm 3960, London).

74 Glidewell (1998: 4-5장). 글라이드웰(Glidewell)은 공소유지활동을 계량화하는 것이 쉽지 않다고 인정한다. 그러나 검찰에 의해 공소중지(discontinued)된 사건, 적용 혐의가 낮추어지는 사건, 그리고 판사에 의해 무죄가 선고되는 사건들이 지나치게 많다는 사실은 분명하다. 그러나 이런 것들이 모두 검찰의 잘못에서 비롯된 것은 아니라는 것을 분명히 하고 있다.

75 Glidewell(1998: 요약 para 22절, 5장 4-5절). 글라이드웰(Glidewell)은 1986년 CPS 탄생 이후 많은 검사들이 대화의 단절로 인해 형사절차에서 고립되어 있다고 지적했다.

과 검찰의 업무단절을 이어주는 중요한 매개체임에도 불구하고 그 역할을 다하지 못했다. 원인은 경찰이 수사에 초점을 맞추면서 기소활동을 상대적으로 덜 중요한 영역으로 간주했기 때문이다. 검사와 공동으로 행하는 기소준비 업무를 소홀이 다루면서 경찰행정지원단(ASU) 업무의 질적 저하를 초래했고, 결국 경찰뿐만 아니라 검찰의 관점에서도 이점들이 퇴색하였다.

두 번째 원인은 1986년 이후 수사와 기소의 기능분리원칙에 충실하기 위하여 검찰의 독립성을 강조하면서 오히려 검찰의 고립이 초래되었다는 것이다. 일부 국가기소청(CPS) 지부가 독립성을 지나치게 강조한 나머지 소속 검사들에게 기소개시 전이나 사건 기록이 검찰로 송부되기 전에는 어떠한 조언도 하지 못하도록 했고, 결국 경찰과 검찰의 관계가 악화되었을 뿐만 아니라 기소개시과정의 잘못된 오류들을 미연에 방지할 수 없었다. 비록 검찰이 공소중지권한을 통해 독립된 의사결정을 할 수 있는 길이 있다 하더라도 아직 많은 부분에서 경찰과 검찰의 관계는 '변호사와 고객'의 관계를 벗어나지 못했으며 그렇기 때문에 형사절차를 구성하고 있는 주요 기관의 역할과 목적에 대하여 명확한 설명이 필요하였다.

글라이드웰(Glidewell) 위원회가 제시한 경찰, 검찰, 그리고 법원의 역할은 다음과 같다. 우선 경찰은 범죄를 수사하고 밝혀진 사실에 근거하여 기소여부 및 적용혐의를 결정한다. 그리고 검찰은 사건에 대한 검토를 담당하며 경찰에 의해 개시된 기소사건을 계속 진행할지 여부를 결정하고 공소유지 업무를 담당한다. 마지막으로 법원은 법과 절차에 따라 피고인에게 범죄혐의가 있는지 판단하고 그에 따른 형벌 수준을 결정한다. 물론 진행절차는 현실적으로 중복될 가능성이 있다. 예를 들어, 기소를 한 이후에도 보강증거를 확보하기 위하여 경찰이 수사를 계속 진행하는 경우들이 생길 수 있다. 하지만 중요한 것은 경찰, 검찰, 법원이 기본적 역할이 무엇인지를 명확히 해야 하며 절차적으로 시작과 끝이라는 한계는 분명히 구분할 필요가 있다.

그러나 명확한 역할 정의 및 구분과는 달리 경찰, 검찰, 법원의 상호관계를 엄격하게 구분하여 정의하지는 않았으며, 이러한 구분 대신 검찰기능과 경찰의 행정지원기능(ASU)을 통합하여 운영하는 형사정책단(Criminal Justice Units, 이하 'CJU'로 한다)의 설치를 제안하였다. 형사정책단(CJU)은 검사가 일원으로 참여하는 경찰행정지원단(ASU)과는 달리 국가기소청(CPS)에 소속된 협의체라는데 차이점이 있다.

검찰의 한 기관으로 검사와 경찰간부들이 협의체로서 경찰의 수사상황을 협의하도록 한 것이다.

라. 기소개시권한(Charging)의 이양

국가기소청(CPS) 신설 이후 경찰에게 부여되어 있던 기소개시권한은 2001년 올드(Auld) 보고서에 의해 검찰로 이양이 된다. 이 연구는 대법원장, 내무장관, 그리고 법무장관에 의해 지명된 올드(Auld) 대법관이 1999년부터 2년 동안 진행하였으며 형사법정의 목적, 구조, 그리고 업무수행 전반을 다루고 형사법정의 조직구조 개선, 형사절차의 효율성 증대를 위한 효과적인 관리와 감독체계 구축, 불필요한 단계 및 업무 축소, 재판준비절차 개선 및 형사 증거법 개정, 그리고 항소절차 단순화 등을 주요 연구대상으로 하였다.[76] 형사절차 전반을 연구대상으로 삼았기 때문에 경찰과 검찰의 관계, 검찰의 역할과 관련된 내용은 상대적으로 적게 다루고 있지만 기존의 입장과는 달리 150년 넘게 유지되던 경찰의 기소개시권한 (Charging)을 검찰로 이양해야 한다는 다소 혁신적 내용을 담고 있는 중요한 연구이다.

이 연구는 형사절차의 많은 부분이 재판을 위한 준비절차로 이루어져 있으며 이 준비절차가 효율성을 저해할 수밖에 없는 구조적 한계를 가지고 있다고 분석했다. 형사절차를 담당하는 부서들이 여러 곳으로 나누어져 있고 검사와 피고인이라는 상대적인 대결구도가 형성되면서 형사절차는 기본적으로 효율성을 기대하기 어려운 구조로 이루어져 있으며, 특히 시스템의 결함이 형사 준비절차의 구조적 한계로 생겨나는 비효율을 악화시키고 있다고 보았다.

올드(Auld) 위원회가 분석한 시스템 결함 중 하나는 경찰에 의한 과도한 기소개시로 재판의 쟁점들이 조기에 특정되지 못하고 있다는 사실이다.[77] 경찰이 실제보다 과도한 혐의를 적용하여 많은 사건들의 기소를 개시하고 검찰이 이를 제대로 검토하지 않고 공소유지 함으로써 피고인이 기술적으로 무죄를 항변할 수밖

76 Auld, R. (2001) The Review of the Criminal Courts of England and Wales: A Report (Stationery Office, London).
77 위의 글, 10장 4-9절. 이밖에 예비심문절차에서의 당사자들의 준비 소홀이나 역할 강화, 피고인이나 피고인 측 변호인의 비협조, 그리고 형사법정에서의 정보기술의 부족 문제 등이 거론되고 있다. 자세한 내용은 앞의 글 참조

에 없는 상황으로 이어지고 있었다.[78] 결과적으로 재판정에서 모든 사실들을 다투게 되면서 상대적으로 많은 시간과 노력들이 소모되었다. 위원회는 이러한 기소절차의 문제점이 검사가 아닌 경찰이 기소여부를 결정하는 과정에서 생겨난다고 보았다.

국가기소청 신설 초기에 경찰과 검찰은 공동의 목적을 가진 단일체로 여겨졌다. 그렇기 때문에 경찰이 기소를 개시한 사건을 검찰이 접수하여 검토하고 검사를 지정하여 공소를 유지하게 되면 공동의 목적은 성취될 수 있다고 보았다. 그러나 위원회는 경찰과 검찰은 제도적, 재정적, 문화적으로 분리가 되어 있는 조직체로 단일체가 될 수 없다고 강조했다. 나리(Narey)와 글라이드웰(Glidewell) 보고서의 제안에 기초한 '검사의 경찰서 상주제도'를 운영하여 일정 부분 효과를 거둘수 있지만 근본적으로 기소의 질을 향상시키지 못했고 경찰관들이 검사들에게 기소 전 조언을 구하는 경우도 드물었다.

결론적으로 위원회는 경미범죄나 특수한 경우를 제외하고 국가기소청(CPS)이 모든 범죄에 대해 기소여부를 결정할 것을 제안하였다. 경미범죄의 경우에는 형사소송규칙 등에 구체적으로 그 범위를 특정하고 경찰이 검사직무규칙(Code for Crown Prosecutors)에 규정된 증거심사기준에 따라 기소여부를 결정하도록 하였다. 그리고 경미범죄가 아닌 사건 중 특수한 상황으로 인하여 경찰의 기소여부 결정이 필요한 경우에도 검사의 사건 검토가 필요하다고 보았다. 이러한 제안은 구조적으로 어려운 것이 아니며 오히려 수사와 기소의 기능분리원칙에 부합하는 선택으로 볼 수 있다.

경찰의 기소절차에 대한 관여는 1986년 5월 국가기소청(CPS)이 신설된 이후에도 기소개시권한의 형태로 계속 유지 되었으며 형사정의법(Criminal Justice Act 2003)에 의해서 대부분이 역사 속으로 사라지게 되었다.[79] 법무장관과 공소국장(DPP)은 기소개시권한의 이양과 관련하여 '국가기소청(CPS) 설립 이후 영국 기소

---

78 검찰 감독기구인 'The Crown Prosecution Service Inspectorate'는 1999－2000년 통계를 인용하여 모든 기소사건의 23%가 재판 전에 조정이 되었어야 했다고 지적했다.

79 CJA 2003 제28조와 부칙 제2조: Brownlee, I. D. (2004) The Statutory Charging Scheme in England and Wales: Towards a Unified Prosecution System?, Crim L R, 896면. Brownlee 교수는 '전통적으로 형사절차를 시작하는 권한은 경찰에 의해서 행사되어져 왔으나, CJA 2003에 의한 개혁으로 기소절차가 바뀌고 있다'고 설명한다.

절차의 가장 중요한 발전이라고 평가'하기도 했다.[80] 검사의 기소개시결정은 권고 적인 것 아니라 강제적인 성격을 띠고 있으며, 특히 기소에 대한 대체방법으로 기소유예(Caution), 징계(Reprimand), 또는 경고(Warning) 등을 선택할 때 경찰에 대해 조언이 아닌 의무를 부과할 수 있게 규정하고 있다.[81]

Ⅵ.	주요 치안현안 및 당면과제

1. 음주소란 등 반사회적 행위와 경찰의 해산명령권(Dispersal Powers)

영국에서는 공동체의 안전이나 안녕을 깨뜨리는 반사회적 행위를 효과적으 로 통제하고 피해자와 공동체에 더 확실한 안전대책을 마련해주기 위하여 2014 년 '반사회적 행위, 범죄 그리고 경찰활동법'(Anti-Social Behaviour, Crime and Policing Act)을 제정하였다. 경찰은 이 법률에 근거하여 반사회적 행위를 하는 개인을 해 산시키고 지역 공동체의 안녕을 확보하는 긴급조치를 할 수 있게 되었다. 예를 들면, 어떤 사람이 큰 소음을 내는 오토바이를 주택가 공원에서 타고 있을 때 경 찰은 그 사람에 대해 이동명령을 내릴 수 있으며 오토바이에 대한 압수가 가능 하다.

경찰은 공공장소에서 반사회적 행위를 야기하거나 야기할 우려가 있는 개인 이나 단체에 대해 해산을 명령할 수 있다. 해산명령권을 행사할 수 있는 경찰관 은 일반 경찰관과 지방경찰청장으로부터 권한의 행사를 승인 받은 '공동체 지원 행정관'(Police Community Support Officer)이며 소란을 야기하는 사람에게 일정 지역 밖으로 이동하고 48시간 이내에 같은 지역으로 돌아올 수 없도록 명령을 할 수 있다. 이러한 조치는 반사회적 행위를 즉각적으로 차단하고 범죄로 발전할 수 있

---

80 Brownlee, I. D. (2004: 905).

81 Police and Criminal Evidence Act 1984 (c. 60) (이하 PACE로 한다) 37조B(3)(b); 경찰도 검찰에 의한 기소나 기소유예 사건을 제외하고 기타 모든 사건에 대하여 독자적으로 기소유예(Caution) 처분을 할 수 있다.

는 초기단계에 적극적으로 개입함으로써 범죄예방적 측면을 강화하는 것으로 이해할 수 있다. 경찰은 이 해산명령권을 통해 문제가 발생할 수 있는 지역에 적극적인 치안활동을 펼 수 있고 소란 등 불안요소를 즉각적으로 제거하여 지역사회의 안녕을 빠른 시기에 확보할 수 있게 된 것이다.[82]

경찰이 해산명령권을 행사하기 위해서는 두 가지 조건을 필요로 한다. 첫 번째, 어떤 사람의 행동이 주민들을 불안하게 하거나 불안하게 만들 우려가 있다는 합리적 의심이 있어야 한다. 이때 주민들이 불안감을 느끼지 않았다고 하더라도 그 행위가 범죄화될 가능성이 있는 경우에는 해산명령권을 행사할 수 있는 첫 번째 요건을 갖추게 된다. 두 번째, 행산명령권의 효과성을 검토해야 한다. 즉 해산명령을 통해 반사회적 행위로 인한 불안요소를 제거할 수 있거나 범죄예방에 도움이 되는지 여부를 고려해서 권한을 행사할 수 있다.

절차적으로 권한행사의 적절성을 확보하기 위하여 현장경찰관은 해산명령에 대해 경위급(Inspector) 이상의 승인을 받아야 한다. 행산명령은 지역사회에 다양한 영향을 미칠 수 있으며 이러한 관계를 고려하여 적절한 조치들이 이루어져야 한다는 절차적 요구사항을 반영한 요건으로 볼 수 있다. 해산명령권에 대한 승인은 동일 지역을 대상으로 48시간 동안 유효하다. 예를 들어, 주말에 음주소란이 자주 일어나는 지역에 대해서 해당 경찰서의 경위급 간부는 이전의 사례들을 분석하여 48시간 동안 유효한 행산명령권을 사전에 승인해 줄 수 있으며 사전승인된 명령권을 통해 경찰관은 현장에서 즉각적인 조치가 가능하다. 만약 전혀 예상하지 못했던 지역에서 반사회적 행위가 발생하는 경우에는 승인을 담당하는 경위급 경찰관에게 즉시 연락을 하고 승인을 받은 후 필요한 조치를 취할 수 있다.

행산명령은 원칙적으로 서면으로 하는 것이 원칙이나 즉각적인 조치가 필요한 긴급상황의 경우에는 구두로도 가능하다. 행산명령 통지서에는 발생지역을 명시하고 이동명령을 받은 시간, 다른 지역으로 이동시 사용할 경로 등 추가적 요구사항을 구체적으로 기재하여 반사회적 행위자에게 제공한다. 해산명령을 이행하지 않을 경우 범죄행위로 처벌을 받을 수 있다는 사실에 대한 고지도 필요하다. 대부분의 지역에서 경찰은 해산명령과 관련된 상세 내용이 인쇄된 유인물, 행

---

82 이하 내용은 '반사회적 행위, 범죄 그리고 경찰활동법'(Anti-Social Behaviour, Crime and Policing Act 2014)의 주요 내용을 정리 요약한 것이다.

산명령 불응시 받게 될 조치내용, 압수된 물품의 환부장소, 해산명령이 미치는 지역의 지도 등을 사전에 준비하여 해산명령권 행사시 활용하고 있다. 해산명령은 10세 이상의 사람에게 행사할 수 있다.[83] 반사회적 행위를 하는 16세 미만의 청소년은 집이나 기타 안전한 장소로 귀가시킬 수 있다.[84]

경찰은 반사회적 행위에 이용될 수 있는 물건, 예를 들면 술, 폭죽, 스프레이 페인트 등에 대해 행위자에게 제출을 요구하여 압수할 수 있다. 압수된 물품은 경찰서에 보관이 되며 최대 48시간의 해산명령기간이 종료된 후 환부를 받을 수 있다. 16세 미만의 청소년의 경우에는 압수된 물건의 환부를 위해서 반드시 보호자가 동행하여야 하며 보호자의 책임을 강화하기 위한 조치로 이해된다.

경찰의 해산명령에 불응하는 것은 범죄행위로 규정되며 최고 2,500파운드(약 500만원)의 벌금과 3개월의 징역형에 처할 수 있다. 반사회적 행위에 이용될 수 있는 물건에 대한 제출명령의 위반 역시 범죄행위로 규정되어 있으며 위반시 최대 100만원의 벌금이 부과된다.

해산명령권 행사 실태에 대한 정보는 국민의 기본권 보장을 위하여 지역별로 발표를 해야 하며 지방치안관리관(Police and Crime Commissioner)은 해산명령권 행사가 적절하게 이루어지고 있는지 감독책임을 부담한다. 해산명령권 행사에 대한 지역별 정보는 범죄위험지역인 핫스팟(Hotspot)을 구분하는 데 도움이 되며 장기적으로 범죄예방과 지역발전을 위해 다양한 형사정책들을 마련하여 시행할 수 있는 기초 자료로 활용할 수 있다. 예를 들면, 소년범죄 다이버젼이나 CCTV 카메라의 설치 및 관리지역을 선정하는 등 범죄나 반사회적 예방을 위한 치안지도를 설계하고 활용하는데 도움을 줄 것으로 기대하고 있다.

⊗ 영국경찰의 해산명령권 적용사례

토요일 새벽 40대 남자(B)가 시내 중심가의 길거리 벤치에 앉아 맥주를 먹으면서 지나가는 사람들에게 욕을 하고 있었다. 경찰관 A는 인근 지역을 순찰하던 중 B를 발견하였고 B의 행위가 다른 사

---

[83] 영국은 형사미성년자의 나이가 10세 미만으로 규정되어 있으며 이를 근거로 해산명령의 대상이 되는 연령도 10세로 규정하고 있다.

[84] 소년에 대한 세부적인 안전 규정은 '범죄와 무질서법'(Crime and Disorder Act 1998)에 규정되어 있으며 소년범 처리절차에 대한 자세한 내용은 최대현·장응혁(2013) 경찰의 소년범 처리절차에 대한 비교법적 연구, 경찰법연구 제11권 제1호, 3-32면 참조.

람들에게 불안감을 조성하며 공공의 안녕을 해치고 있다고 판단하였다.

　이 지역은 유흥가가 밀집된 지역으로 매주 주말이면 술에 취해 소란을 피우는 사람들이 많이 나타나고 있었으며 경찰서의 상황팀장(Inspector)은 근무 경찰관이 금요일 18:00부터 일요일 18:00까지 해산명령권을 행사할 수 있도록 사전에 승인을 해두었다.

　순찰 경찰관 A는 B에게 반경 5Km 정도의 시내 중심가 지역에서 벗어나도록 해산명령통지서를 발부하였다. 경찰관 A는 B의 신분을 확인하고 해산명령의 이유, 장소 등을 고지하고 B의 상황을 고려하여 48시간 동안 시내 중심가 지역으로 돌아 올 수 없다는 것을 함께 고지하였다. 그리고 이 명령을 준수하지 않으면 현행범으로 체포되어 처벌될 수 있음을 알려 주었다.

　경찰관 A는 현장에서 B가 마시고 있던 맥주 세 캔을 확인하였으며 그 중 아직 열지 않은 두 개의 맥주캔을 B의 임의제출로 압수하고 반쯤 마신 맥주 한 캔은 압수보관에 어려움이 있어 근처 하수구에 쏟아 부었다. 경찰관은 B가 48시간 이후 경찰서에서 맥주 두 캔을 환부 받을 수 있음을 알려주었다.

2. 영국 경찰의 비밀수사제도

　한국형 비밀수사제도는 2021년 '아동청소년의 성보호에 관한 법률'(약칭 청소년성보호법)에 신분위장수사와 관련된 절차적 근거를 마련함으로써 본격적으로 도입되었다. 사법경찰관리는 디지털성범죄와 관련하여 신분을 비공개하고 수사를 진행할 수 있으며, 수사를 위해서 위장신분을 사용하여 디지털성범죄물의 소지, 광고, 판매 등 거래행위를 공식적으로 할 수 있게 된 것이다.[85]

　영국에서는 수사권한규제법(Regulation of Investigatory Powers Act 2000)에 절차적 근거를 두고 비밀수사를 일반적 수사방법으로 이용하고 있으며, 최근에는 신분위장수사 중 발생할 수 있는 범죄행위에 대한 제도적 보완을 위해서 '비밀수사중 범죄행위에 관한 법률'(Cover Human Intelligence Sources Criminal Conduct Act 2021)을 제정하여 신분위장수사에 필요한 범죄행위의 승인절차, 승인기관, 범죄행위로 발생하는 피해에 대한 보상방법, 사법감독관에 대한 통보, 수사권한감독관에 의한 감사 등을 추가적으로 규정하게 되었다. 영국에서는 비밀수사방법이 특별한 범죄수사방법으로 인식되는 것이 아니라 광범위하게 이용되는 일반적인 수사방법으로 인정되고 있다.[86]

85 청소년성보호법 제25조의2(아동 · 청소년대상 디지털 성범죄의 수사 특례).
86 Loftus, B. (2019). Normalizing covert surveillance: The Subterranean World of Policing. British

한국형 비밀수사는 신분비공개수사와 신분위장수사의 두 영역으로 구분하고 아동과 청소년 대상 디지털 성범죄에 대한 수사에서만 제한적으로 적용되고 있는데, 영국의 경우에는 신분비공개와 신분위장수사 이외에 신분비공개잠입수사의 영역이 별도로 존재하며 모든 범죄에 대한 수사뿐만 아니라 범죄예방을 위해서도 비밀수사가 이용되고 있으며 신분위장수사 중 발생할 수 있는 범죄행위에 대한 대응을 위해 다양한 제도적 장치를 두고 있다는 특징을 가진다.

영국의 수사권한규제법상 비밀수사는 신분비공개일반수사, 신분비공개잠입수사, 신분위장수사 등 세 그룹으로 나눌 수 있다.[87] 첫 번째로 신분비공개일반수사는 잠복이나 미행과 같이 공공장소에서 범죄수사에 필요한 정보를 수집하는 활동으로 특별한 제한없이 진행이 가능한 임의수사방법으로 분류된다.[88] 두 번째 신분비공개잠입수사는 개인의 자동차나 주거지 등 공공장소가 아닌 곳에서 GPS 등 위치추적장치를 이용하여 수사대상자 등의 위치정보를 수집하는 수사방법을 의미한다. 이는 감청수사와는 구분되는 방법으로 신분을 숨기고 타인간의 대화내용을 수집하는 활동이 감청수사라고 한다면 신분비공개잠입수사는 타인간의 대화내용 보다는 사생활의 보호수준이 상대적으로 낮은 위치정보 등을 기계장치를 통해 수집하는 활동으로 이해가 가능하다. 마지막으로 신분위장수사는 경찰관이 피의자 등 범죄 관련자와 위장신분을 이용하여 특별한 관계를 설정하고 범죄수사에 필요한 정보를 수집하는 수사활동을 의미한다.

사생활에 대한 침해적 성격을 가지는 신분비공개잠입수사와 신분위장수사의 경우에는 승인절차와 실행절차 등 모든 과정에 법적 근거와 감독 등이 철저하게 이루어질 수 있도록 관리체계를 마련하고 있으나 신분비공개일반수사는 별도의 규제없이 수사기관이 임의적 판단에 따라 수사가 진행된다.[89] 정리하면 신분비공개잠입수사와 신분위장수사는 강제수사방법이며, 신분비공개일반수사는 임의수사방법으로 구분이 가능하다.

Journal of Sociology, 70(5), pp. 2070-2091.

87 수사권한규제법의 표현을 그대로 기술하면 Directed Surveillance, Intrusive Surveillance, Covert Human Intelligence Sources 등 지정감시, 침입감시, 위장정보원수사 등으로 나타낼 수 있는데 한국의 신분위장수사제도와의 비교를 위해서 본문과 같이 용어를 다시 정리한 것이다.

88 수사권한규제법 제26조.

89 Directed Surveillance인 신분비공개일반수사는 기본적 개념만이 법률상 존재하며 승인이나 실행절차에 대해서는 별도의 규정을 두고 있지 않다.

강제수사의 성격을 가지는 신분위장수사를 실행하는 방법은 범죄행위를 수반하는지 여부에 따라 요건을 달리하는데, 우선 범죄행위를 수반하지 않는 신분위장수사의 경우에는 경찰 내부의 승인과 외부기관인 사법감독관에 의한 허가 등 절차적 요건을 갖추어야 한다. 수사기간을 기준으로 12개월 미만의 신분위장수사는 지역경찰청 국장(Assistant Chief Constable)의 승인을 받고 사법감독관(Judicial Commissioner)에게 보고한 후 진행이 가능하고 12개월 이상의 경우에는 지역경찰청장(Chief Constable)의 승인과 함께 사법감독관의 허가를 필요로 한다.[90] 신분위장수사가 가능한 범죄의 종류에는 제한을 두고 있지 않으며 범죄수사 이외에도 범죄예방과 세금부과 등 여러 공공분야에서 활용되고 있다.[91]

범죄행위가 수반되는 신분위장수사의 경우에는 위장수사에 대한 승인 이외에 범죄행위에 대한 승인절차가 별도로 진행되는데, 범죄행위를 위해서는 국가안보, 범죄예방, 범죄수사, 공공질서유지, 경제안보 등의 목적이 있어야 하며, 목적달성을 위한 필요 최소한도의 범위에서만 수사가 가능하다. 필요 최소한도의 범위는 범죄의 중대성과 비밀수사의 범위 사이의 균형, 비밀수사의 방법과 침해되는 인권 사이의 균형, 비밀수사에 따른 제3자의 사생활 침해 정도, 실행범위의 합리성, 다른 수사방법의 활용 가능성 등 다양한 요소들이 검토된다.[92]

영국의 비밀수사제도는 한국과 비교할 때 몇 가지 제도적 개선의 시사점을 주고 있다. 우선 비밀수사제도상 적용 가능한 수사의 방법을 신분비공개일반수사, 신분비공개잠입수사, 신분위장수사 등 사생활 침해의 수준과 수사의 효율성을 기준으로 구분하고 사생활 침해가 우려되는 활동에 대해서 단계적으로 강화된 승인 등 관리절차를 규정하는 것이 적절하다.

한국의 경우에 신분비공개수사에 대해서 신분비공개잠입수사와의 구분없이 모두 사전에 승인을 받도록 규정하고 있으며 수사기간도 3개월로 한정하고 있는데 신분비공개수사와 신분비공개잠입수사를 구분하고, 수사의 효율성과 인권보호가치와의 균형을 고려할 때 사생활침해의 정도가 상대적으로 적은 신분비공개

---

90 수사권한규제법 제29조, 제32조A.

91 최대현·장응혁 (2022) 신분위장수사제도의 개선방향에 대한 비교법적 연구, 한국경찰연구 21(1), 301 – 326면.

92 Home Office (2022) Covert Human Intelligence Sources code of practice, Published 13 December 2022.

일반수사의 경우에는 별도의 승인절차 없이 수사가 진행될 수 있도록 하는 것이 타당할 것으로 판단된다. 일반적인 신분비공개수사는 범죄의 단서 확보, 잠복수사, 미행 등을 위해서 일정 지역을 돌아다니며 범죄정보나 관련 증거 등을 수집하는 수사방법으로 사생활 침해의 정도가 크지 않다는 사실을 고려할 때 영국과 같이 임의수사의 영역에 포함해서 수사의 효율성을 도모하는 것이 적절하다.

다음으로 비밀수사 중 신분비공개잠입수사와 신분위장수사가 적용될 수 있는 범죄의 유형을 영국과 같이 모든 범죄수사로 확대하고 형사소송법에 그 근거를 마련할 필요가 있다. 현재와 같이 판례가 인정하는 함정수사의 형태로 운영을 하는 것은 승인절차, 수사기간, 함정수사 중 수반되는 범죄행위에 대한 면책근거, 함정수사로 인한 사생활침해의 구제방법 등 세부적인 법적 근거가 없어 수사기관의 자의적 결정에 따라 무분별하게 수사가 진행되어 인권침해의 우려가 있다. 또한 수사기관의 입장에서는 함정수사의 적법성에 대한 문제제기가 재판이 진행되는 과정에서 계속되고 비밀수사에 수반되는 범죄행위에 대한 면책규정도 없어 적극적인 수사활동을 할 수 없는 한계에 봉착하게 된다.

참고법률

- 경찰개혁과사회책임법(Police Reform and Social Responsibility Act 2011)
- 경찰개혁법(Police Reform Act 2002)
- 경찰과형사증거법(Police and Criminal Evidence Act 1984)
- 기본개정법(Constitutional Reform Act 2005)
- 반사회적 행위법(Anti-Social Behaviour Act 2003)
- 비밀수사중 범죄행위에 관한 법률(Cover Human Intelligence Sources Criminal Conduct Act 2021)
- 상원위원회법(The House of Lords Act 1999)
- 수사권한규제법(Regulation of Investigatory Powers Act 2000)
- 지방경찰법(County and Borough Police Act 1856)
- 테러대응범죄보안법(Anti-Terrorism, Crime and Security Act 2001)
- 테러법(Terrorism Act 2000)
- 형사정의법(Criminal Justice Act 2003)
- 형사정의와공공질서법(Criminal Justice and Public Order Act 1994)

참고문헌

1. 국내문헌

- 강용길 외 3인 (2010) 경찰학개론, 경찰공제회.
- 김대근 (2022) 수사권 조정에 따른 수사종결의 쟁점과 대안－법해석학적 의미와 입법적 대안을 중심으로, 형사정책연구 제33권 제3호, 55-81면.
- 김학경·이성기 (2012) 영국지방자치경찰의 새로운 패러다임: 2011 경찰개혁과 사회책임법과 국립범죄청을 중심으로, 경찰학연구 제12권 제1호. 147-174면.
- 김현철 (2021) 개정 형사소송법상 경찰의 불송치결정의 법적 성격, 통제방법 및 통제방법의 문제점과 개선방안에 대한 고찰, 법학논고 제73집, 경북대학교, 404-405면.
- 박창호 외 4인 (2004) 비교수사제도론, 박영사
- 신현기 외 8인 (2015) 비교경찰제도론, 제4판, 법문사.
- 최대현 (2012) 수사과 기소 기능분리의 원칙과 한계: 영국 검찰제도의 발전과정과 시사

점. 경찰학연구 제12권 제4호. 53−80면
- 최대현·장응혁 (2013) 경찰의 소년범 처리절차에 대한 비교법적 연구, 경찰법연구 제11
  권 제1호
- 최대현·장응혁 (2022) 신분위장수사제도의 개선방향에 대한 비교법적 연구, 한국경찰연
  구 21(1), 301−326면.
- 허경미 (2014) 경찰학개론, 제3판, 박영사.

2. 해외문헌

- Ashworth, A. and Redmayne, M. (2005) The Criminal Process, 3rd edn. Oxford
  University Press, Oxford England; New York.
- Auld, R. (2001) The Review of the Criminal Courts of England and Wales: A Report
  (Stationery Office, London).
- Beckford, M. and Delgado, M. (2013) New Police Chiefs pay cronies thousands,
  MailOnline, 23 March.
- Brain, T. (2014) Police and Crime Commissioners: the First Twelve Months, Safer
  Communities vol. 13 no. 1, pp. 40−50.
- Brownlee, I. D. (2004) The Statutory Charging Scheme in England and Wales: Towards
  a Unified Prosecution System?, Crim L R,
- Choe, D.H. (2013) The Prosecutor's Interview with Suspects in South Korea,
  International Journal of Law, Crime and Justice no. 41, pp. 322−342.
- Choe, D.H. (2014) Discretion at the Pre−Trial Stage: A Comparative Study, European
  Journal on Criminal Policy and Research, March 2014, Volume 20, Issue 1, pp 101−119.
- Cowen, N. and Williams, N. (2012) Comparisons of Crime in OECD Countrics, CIVITAS
  Institute for the Study of Civil Society 2010−12.
- Dammer, H.R. and Albanese, J.S. (2014) Comparative Criminal Justice Systems, 5th Edn.
  Wadsworth CENGAGE Learning.
- Dennis, I. (1995) The Criminal Justice and Public Oder Act 1994: The Evidence
  Provisions. Criminal Law Review. pp. 4−18
- Fielding, N., Kemp, C. and Norris, C. (1989) Constraints on the practice of community
  policing. In Morgan and Smith (eds) Coming to Terms with Policing. London: Routledge.
- Furness, H. (2012) Fears of Cronyism, The Telegraph, 7 DecemberHome Office (2012)
  Crime in England and Wales 2011−12. London: Home Office, Research and Statistics
  Department.
- Glidewell, I. (1998) The Review of the Crown Prosecution Service' The Stationery Office

(Cm 3960, London).

■ Harvey, L., Grimshaw, P. and Pease, K. (1989) Crime prevention delivery: the work of crime prevention officers. In Morgan and Smith (eds) Coming to Terms with Policing. London: Routledge

■ Home Office (2000) Police Training: The Way Forward.

■ Home Office (2003) Models for Learning and Development in the Police Service

■ Home Office (2005) Evaluation of Police Training and Learning and the Impact on Operational Performance and Return on Investment

■ Home Office (2005) Improving the Quality, Efficiency, Effectiveness and Economy of Police Learning and Training.

■ Home Office (2022) Covert Human Intelligence Sources code of practice, Published 13 December 2022.

■ Loftus, B. (2019) Normalizing covert surveillance: The Subterranean World of Policing. British Journal of Sociology, 70(5), pp 2070－2091.

■ Loveday (1999) The Impact of Performance Culture on Criminal Justice Agencies in England and Wales. International Journal of the Sociology of Law 27, pp. 351－377.

■ Narey, M. (1997) Review of Delay in the Criminal Justice System: A Report, London.

■ Neal, Sarah (2003). The Scarman Report, the Macpherson Report and the Media: how newspapers respond to race－centred social policy interventions. Journal of Social Policy, 32(1), pp. 55-74.

■ National Policing Improvement Agency (2007) Models for Learning and Development in the Police Service: Evaluation Guide, NPIA

■ Pattenden, R. (1995) Inferences from Silence. Criminal Law Review. pp. 602－611.

■ Raine, J.W. and Willson, M.J. (1995) Just Bail at the Police Station? Journal of Law and Society 22, pp. 571－585.

■ Runciman, W.G. (1993) The Royal Commission on Criminal Justice: Report' HMSO (Cm 2263, London).

■ Scarman, Lord J. (1981), The Brixton Disorders, 10-12th April (1981), London: HMSO

■ Southgate, Peter (Ed.). (1988) New directions in police training. London: HMSO.

■ Terrill, R.J. (2013) World Criminal Justice Systems: A Comparative Survey. anderson publishing.

■ Uglow, S. (2002) Criminal Justice, 2nd edn., Sweet & Maxwell: London.

■ Walker, C. and Starmer, K. (1999) Miscarriages of Justice: A Review of Justice in Error, Blackstone Press.

United States
of
America

미 국

미국 경찰은 지역 관할 및 인적 대상이 서로 다른 연방법(federal
law), 주법(state law) 그리고 지방자치 단체의 자체 법률 및 엄격한
지방자치로 인해 여타 사법기관인 검찰, 법원, 교정기관보다 더욱
다양한 방식으로 운영되고 있다. 미국 경찰은 일반적으로 연방법
집행기관(federal law enforcement agency), 주 경찰(state police)
그리고 지역 경찰(local police)로 구분된다.

[이 훈]

I. 국가 개황

II. 경찰의 발전과정

III. 경찰의 조직

IV. 경찰의 인사

V. 경찰의 역할

VI. 기타 논점

Ⅰ. 국가 개황

1776년 영국 식민지로부터 독립한 13개의 주로 구성된 연방국가로 탄생한 미국은 1787년에 최초 제정되어 현재에도 유효한 미합중국 헌법에 의거 1789년 미국 독립전쟁의 영웅 조지 워싱턴(George Washington)을 초대 대통령으로 선출하였다. 1959년 8월 21일 하와이(Hawaii)주가 마지막으로 미국 연방에 가입함에 따라 50개 주와 1개 연방 자치구역(Washington, District of Columbia)으로 현재의 국가 형태를 완성하게 되었다.

미국의 면적은 약 980만 평방킬로미터로 우리나라 면적의 약 100배 크기에 달하며 러시아, 캐나다 다음으로 세계에서 세 번째로 큰 국가이다. 미국의 GDP(국내총생산) 규모는 약 17조 5천만 달러로 세계 1위, 1인당 GDP는 약 5만 5천 달러로 세계 11에 해당하는 경제력을 보유하고 있다. 그러나 소득 분위 상위 10%가 전체 미국 소득의 72%를 차지하는 반면, 하위 50%는 전체 소득의 불과 2%만을 차지하는 등 심각한 빈부격차의 문제를 안고 있다(Piketty, 2014). 미국 전체 인구는 약 3억 3천만 명에 달하며 중국, 인도 다음으로 세 번째로 많은 국가이다(U.S. Census Bureau, 2020). 미국 50개 주 가운데 캘리포니아(California)주에 가장 많은 약 3,960만 명이 거주하고 있으며 다음으로 텍사스(Texas, 약 2,970만 명)주, 플로리다(Florida, 약 2,190만 명)주, 뉴욕(New York, 약 1,930만 명) 순이며 와이오밍(Wyoming)주에는 불과 58만 명이 거주하고 있다. 미국 국민의 대부분은 백인(57.8%)이나 흑인(12.1%), 히스패닉(18.7%) 및 아시아(5.9%) 등 소수인종이 차지하는 비율이 지속적으로 증가하는 추세이다(U.S. Census Bureau, 2020).

1. 행정, 입법, 사법 체계

미국은 연방제 국가이지만 소속된 모든 주는 연방정부로부터 어느 정도의 자체 통치권을 보장받고 있기 때문에 행정, 입법, 사법 전 분야에 걸쳐 연방 기관과 주 기관이 공존하는 이중 구조를 갖고 있다.

가. 행정부

미국 연방의 대통령(president)은 두 번을 초과하여 당선될 수 없다는 미국 연방 수정헌법 제22조 규정에 의거 1회 4년의 임기로 최대 8년까지 재임할 수 있다. 수정헌법 제22조 발효 이전에는 이러한 제한이 없었기 때문에 제32대 루즈벨트(Franklin D. Roosevelt) 대통령의 경우 4차례나 당선된 사례도 있다. 미국은 또한 부통령제를 운영하고 있으며 별도의 부통령 선거 없이 대통령 입후보자의 하위입후보자로 동반 출마하여 대통령과 부통령을 동시에 선출한다. 미국 대통령 선거 투표에는 만18세 이상의 시민권자면 누구나 참여할 수 있으나 전체 투표의 다수 득표자가 당선되는 것이 아니라 각 주별 다수 득표자가 해당 주에 배당된 대통령 선거인단(electoral college) 전부를 차지하고 이후 미국 전체 선거인단의 다수를 차지한 후보가 최종 당선되는 일종의 간접선거가 활용된다. 따라서 미국 전체 득표수에서는 뒤지더라도 다수의 대통령 선거인단을 확보하여 대통령으로 당선되는 경우도 있다. 가장 최근의 경우로 2000년에 실시된 대통령 선거에서 공화당 후보 조지 부시(George W. Bush)는 당시 민주당 후보였던 앨 고어(Al Gore)에 전국 득표수에서는 약 50만 표 뒤졌으나 플로리다(Florida) 주의 선거인단을 확보함으로써 선거인단 투표에서 승리하여 결국 대통령에 당선되었다. 주정부의 대통령에 해당하는 주지사(governor)는 선거를 통해 선출하며 임기 및 선출 횟수에 대한 제한은 각 주별로 상이하다. 미국 연방정부 및 주정부에도 우리나라 행정부처와 같은 내각(cabinet)이 각각 설치되어 있으며 연방 법집행기관을 소개하면서 다시 다루기로 한다.

나. 입법부

미국 입법부 역시 이중적 구조로 미국 연방 및 모든 주에 의회가 설치되어 있다. 우선 연방 의회는 상원(U.S. Senate)과 하원(U.S. House of Representatives)으로 구성된 양원제로 운영되며 법률이 제정되기 위해서는 양원 모두의 동의를 필요로 한다. 연방 상원은 각 주마다 2명씩 6년 임기로 선출된 총 100명의 상원의원으로 구성되며 상원의장(ex officio President of the Senate)은 부통령이 맡는다. 이에 반하여 임기 2년의 연방 하원의 정원은 435명이며 매 10년마다 실시되는 인구조사

(census)를 바탕으로 각 주별 하원의석수를 인구에 비례하여 새로이 배당한다. 2020년 인구조사 결과 인구가 가장 많은 주인 캘리포니아에는 52석의 하원의원이 배정되어 있으며 인구가 적은 알래스카, 델라웨어, 노스다코타, 사우스다코타, 버몬트, 와이오밍 등 6개 주에는 각 1석씩의 하원의원이 배정되어 있다. 하원의장 (Speaker of the House of Representatives)은 헌법상 특별한 선출 규정은 없으나 관례적으로 하원의원의 투표에 의해 결정되므로 주로 다수당 의원 중에서 선출된다. 미국 내 모든 주에도 연방 의회와 비슷한 형태의 입법부가 설치되어 있으며, 단원제를 운영하는 네브라스카(Nebraska) 주를 제외한 49개 주에서는 양원제를 운영하고 있다.

다. 사법부

마지막으로 미국 사법부도 연방 사건 및 수 개의 주에 걸친 사건을 관할하는 연방법원과 해당 주의 사건만을 관할하는 주 법원으로 구성되어 있다. 주에 따라 법원의 명칭은 상이할 수 있으나 연방법원과 주 법원 모두 기본적으로 3심제를 채택하고 있다. 미국의 연방법원은 최고법원인 연방대법원(U.S. Supreme Court), 항소심 법원인 13개의 연방항소법원(U.S. Courts of Appeals) 그리고 하급심 법원인 94개의 연방지방법원(U.S. District Courts)으로 구성되어 있다. 연방법원의 모든 판사는 연방 상원의 승인을 받아 미국 대통령이 임명한다.

우리나라 형사소송절차와 미국의 형사소송절차의 가장 큰 차이점은 일사부재리(一事不再理, double jeopardy), 즉 확정판결의 효력에 대한 해석이라고 할 수 있다. 우리나라의 경우 1심 재판에서 피고인이 무죄 판결을 받는 경우 검사는 판결에 불복하여 항소할 수 있고, 2심에서도 피고인이 무죄를 받는 경우에도 검사는 다시 대법원에 항소할 수 있다. 그러나 미국에서는 1심 재판에서 피고인이 무죄 판결을 받는 경우 검사는 항소할 수 없으며, 1심에서 유죄 판결을 받은 피고인은 항소할 수 있다. 다만 피고인이 1심에서 유죄 판결을 받은 후 2심에서 무죄 판결을 받은 경우에는 검사도 대법원에 항소할 수 있다. 1991년 로스앤젤레스 경찰관들의 운전자 로드니 킹(Rodney King) 구타 사건과 1994년 미식축구선수 심슨(O. J. Simpson)의 아내 살인사건의 1심 재판 결과 각각 무죄 판결을 받은 심슨 및 로스앤젤레스 경찰관들에 대해 캘리포니아 주 검사들이 할 수 있는 것은 아무것도 없었다. 이후 심슨은 언론과의 인터뷰에서 아내를 살해하였다는 자백을 하였지만 미국의 일사부재리의 원칙에 의거 더 이상의 형사소추는 불가능하였기 때문이다.

그러나 하나의 행위가 주법과 연방법을 동시에 위반하는 경우에는 더욱 복잡한 상황이 발생할 수 있다. 하나의 행위에 대해 해당 주에서 무죄판결을 받은 피고인에 대해서 연방 검사는 해당 피고인을 연방법위반 혐의로 형사소추를 할 수 있다. 이 경우 하나의 행위에 대해 형사처벌을 두 번 하는 것이 아니라 서로 관할이 다른 법을 적용하는 것이기 때문에 일사부재의 원칙이 적용되지 않는다고 해석한다. 실제로 로드니 킹 구타 혐의로 캘리포니아 형사법원에서 무죄 판결을 받고 방면된 로스앤젤레스 경찰관 2명은 연방법인 1866년 민권법(Title 18 1866 U.S. Code Section 242)위반 혐의로 연방지방법원에 기소되어 종국적으로 유죄판결을 받은 경우도 있다. 따라서 미국 형사소송절차와 관련하여 1심 재판의 중요성 및 연방법과 주법의 차이에 대한 명확한 이해가 필요하다고 할 수 있다.

연방대법원은 9명의 대법관으로 구성되어 있으며 연방항소법원, 연방지방법원 또는 각 주의 대법원으로부터 접수된 사건을 무조건적으로 심리할 의무는 없으며 대법관 4인 이상이 본안 심리에 동의한 사건에 대해서만 전체 대법관이 종국적 판결을 내리게 된다. 이에 따라 연방대법원에 접수되는 연간 7,000−8,000건 이상의 사건 중 실제 대법관들이 심리하는 사건은 80여 건에 불과한 실정이다. 연방대법원 결정이 기판력을 갖기 위해서는 최소 대법관 5명 이상의 일치된 의견을 필요로 하며 그렇지 못한 경우에는 연방항소법원, 연방지방법원 또는 주 대법원의 판결이 자동적으로 확정된다. 연방항소법원은 순회법원(circuit court)으로도 불리며 하나의 연방항소법원의 관할에는 수 개의 주에 위치한 연방지방법원이 있다. 예를 들어 캘리포니아, 애리조나, 네바다, 오레곤, 아이다호, 몬태나, 워싱턴 주에 위치한 연방지방법원의 판결에 불복하여 항소하는 경우에는 이들 주를 관할하는 9번 순회법원(U.S. Court of Appeals for the Ninth Circuit)에서 판결을 하게 되고, 이에 다시 불복하는 경우 연방대법원에 재차 항소하는 절차를 따른다.

이미 언급한 바와 같이 주 법원도 최소 3심 절차를 보장하고 있다. 각 주에는 하나의 대법원이 있는 것이 일반적이나 텍사스의 경우 민사사건 및 청소년 사건의 최고법원은 '대법원'(Supreme Court)이지만 형사사건의 최고법원은 '형사항소법원'(Court of Criminal Appeals)으로 따로 분리되어 있다. 우리나라의 고등법원에 해당하는 텍사스 법원은 '항소법원'(Court of Appeal)으로 사건의 종류와 상관없이 모든 항소사건을 관할한다.

2. 치안현황

미국은 수정헌법 제2조에 의해 보장된 자유로운 총기소유의 권리, 세계 최강의 경제대국이라는 명성과는 다른 극심한 빈부의 격차, 그리고 건국 초기부터 시작된 뿌리 깊은 인종 갈등 및 이념 충돌 등으로 인하여 유럽의 많은 선진 국가들에 비해 범죄률이 상당히 높은 편이다. 2019년 기준 미국의 강력범죄(violent crimes) 발생률은 인구 10만 명당 366.7건 정도이며 범죄 종류별로는 살인 5.0, 강간 29.9, 강도 81.6 폭행 250.2건의 발생률을 보이고 있다(Federal Bureau of Investigation, 2019a). 1994년의 전체 강력범죄 발생률은 713.6, 살인사건의 경우 9.0이었던 것에 비하면 강력범죄 발생률은 점차 감소하는 추세에 있으나 전통적으로 미국 사회와 가장 유사한 국가인 캐나다에 비하면 여전히 3배 이상 많은 강력범죄가 발생하고 있다. 이러한 높은 강력범죄 발생률로 인해 공무수행 도중 피살되거나 부상당하는 미국 경찰관 역시 캐나다와 비교했을 때 인구대비 3배 정도 많다. 실제 2010년부터 2019년까지 10년간 공무수행 중 피살당한 미국 경찰관은 총 511명으로 연평균 약 50여 명에 이른다(Federal Bureau of Investigation, 2019c). 또한 경찰관에 의해 사살되는 미국 시민 역시 연평균 약 400명에 달하는 등 높은 강력범죄 발생률로 인하여 미국의 치안환경은 상당히 위험하다고 할 수 있다(Federal Bureau of Investigation, 2019b).

II. 경찰의 발전과정

1. 식민지시대 및 독립초기

미국 경찰의 기원은 영국 식민지시대에 당시 영국의 경찰 제도를 도입 후 미국의 특성에 맞도록 수정된 보안관(sheriff), 치안관(constable), 야경꾼(watchman) 및 자경대(vigilance committee) 등의 제도에서 찾을 수 있다. 보안관은 식민지 주지사에 의해 임명된 일종의 공무원으로 형사법집행뿐만 아니라 세금징수, 선거관리, 도로 및 교량 건설 등을 담당한 특정 지역의 총책임자였다(Boyd, 1928). 치안관 역시 법집행 및 질서유지의 업무를 담당하던 지역 책임자로서 초창기에는 선거로 선출되다 서서히 임명직으로 전환되었다. 이 시기의 보안관과 치안관은 적극적인 범죄예방 대신 주로 사건이 발생한 후 피해자의 신고를 한 경우에만 대처하는 등 극히 수동적이었으며 특히 인력이 절대적으로 부족하고 심각한 부정부패에 관여함으로써 효과적인 치안활동이 불가능하였다(Greenberg, 1976). 결과적으로 식민지시대 및 독립초기의 치안유지 및 심지어 수사 활동조차 경찰보다는 주로 민간인 당사자들에 의해 이루어지는 것이 보편적이었다.

　야경꾼제도는 화재, 범죄 및 무질서 예방을 위해 자발적으로 주거지역 야간 순찰에 지원한 사람들로 구성되었다. 1636년 보스턴(Boston), 1658년 뉴욕(New York) 그리고 1700년 필라델피아(Philadelphia)에 각각 설치되어 주로 야간에만 순찰을 실시하였으며 보스턴의 경우 처음에는 모든 성인 남성에게 야경꾼 의무를 부과하였으나 차츰 유급 전문직 야경꾼제도로 변모하기 시작하였다(Walker & Katz, 2008). 1800년대 초부터 범죄율이 급증하면서 야경꾼제도를 주간으로까지 확대 실시할 필요성이 제기되었으며 실제 1833년 필라델피아 야경꾼제도가 미국 최초로 주간 및 야간 순찰을 도입하였으며 이후 1844년 뉴욕시에서는 야경꾼제도가 공식적인 경찰조직의 일부로 편입되면서 전면적인 주간 순찰이 시작하게 되었다(Gaines & Kappeler, 2011).

　마지막으로 자경대는 우리나라의 자율방범대와 아주 유사한 개념으로 미국 내 일부 주민들 스스로가 범죄 및 잠재적인 위협으로부터 자신들을 보호하기 위해 자발적으로 결성한 범죄예방 단체를 말한다. 1800년대 말 버지니아(Virginia)주 자경대장 린치 대령(Colonel Lynch)이 공공장소에서 가한 매질 때문에 린치라는 용어가 탄생할 정도로 자경대를 빙자한 폭력단체들이 주로 흑인 노예를 상대로 린치(lynch)를 가하는 경우도 빈번히 발생하였다. 그러나 합법적인 자경대는 자신들의 생명과 재산 그리고 법질서를 수호할 목적으로 지역사회의 엘리트들로 구성되는 경우가 일반적이었으며 실제 미국 제7대 앤드류 잭슨(Andrew Jackson) 대통령과 제26대 시어도어 루스벨트(Theodore Roosevelt) 대통령도 자경대에서 활동한 경력이 있다(Brown, 1991). 이러한 자경대는 현재에도 일부 명맥이 이어져 오고 있다. 1970

년대 뉴욕시에서 등장하여 이후 60여개 도시로 확산된 수호천사대(Guardian Angels)
는 주로 10대 청소년, 청년 그리고 대학생이 가입하여 범죄다발지역에서 순찰활
동을 실시하고 있다(Roberg, Novak, Cordner, & Smith, 2012).

2. 근대 경찰의 창설

19세기 초반 영국에서 발생하기 시작한 도시화, 산업화 및 이민자 유입 현상
으로 인하여 범죄가 폭발적으로 증가하게 되었다. 그러나 기존의 보안관, 치안관
및 야경꾼제도로는 증가하는 범죄에 대해 적절히 대처할 수 없게 되자 1829년 로
버트 필 경(Sir Robert Peel)의 제안에 따라 세계 최초의 근대 경찰인 런던경시청
(London Metropolitan Police)이 탄생하게 되었다. 1830년대 미국에서도 영국과 유사한
사회현상의 결과로 인해 극심한 빈부격차, 인종 갈등 및 범죄율 증가를 겪게 되
었다. 특히 보스톤(Boston), 필라델피아(Philadelphia), 뉴욕(New York), 신시내티
(Cincinnati), 디트로이트(Detroit) 등 대도시를 중심으로 시민폭동이 빈발하는 등 법
질서가 붕괴되는 상황을 맞게 되었다. 이에 따라 1838년에 보스턴(Boston)에서
미국 최초의 근대 경찰을 창설하였고 이를 필두로 1845년 뉴욕시경찰국(New
York City Police Department), 1846년 세인트루이스경찰국(St. Louis Metropolitan Police
Department), 1854년 시카고경찰국(Chicago Police Department), 1869년 로스앤젤레스경
찰국(Los Angeles Police Department)이 연이어 창설되는 등 1880년까지 거의 모든 미
국 대도시마다 런던경시청 모델을 기반으로 한 지역경찰관서가 설치되었다
(Archbold, 2013; Peak, 2012; Walker & Katz, 2008).

3. 정치적 시대

미국 경찰 창설이후부터 1920년대까지 많은 지역 정치인들이 경찰조직 내
의사결정과정에 깊숙이 개입하면서 경찰관 인사, 경찰서장의 임명, 주요 임무의
선정 등 경찰관서 운영 전반에 걸쳐 막강한 영향력을 행사하였다. 당시 경찰은
피의자 체포 관행 및 업무의 우선순위까지 지역 정치인의 결정에 따르는 등 정치
인의 주된 관심사에 경찰력을 집중할 수밖에 없었기 때문에 이 시대를 정치적 시

대(political era)라고 지칭한다(Kelling & Moore, 1988). 당시 미국 경찰은 지역적으로 분권화된 조직 운영을 통해 범죄예방과 진압 그리고 지역주민에 대한 서비스 제공 등의 역할도 수행하였으며 자동차가 본격적으로 보급되기 전이기 때문에 주로 도보순찰에 의존하였다(Roberg et al., 2012). 물론 이 시대에도 청렴하고 책임감 있는 경찰관들이 많았지만 경찰관서에서의 매관매직과 부정부패는 미국 전역에 걸쳐 흔히 목격할 수 있었다. 경찰이 지역사회의 정치적 실력자가 참가한 선거에서의 당선 또는 재선을 위해 반대 지지자들의 투표참여를 방해하거나 경찰이 지지하는 정치인의 지인의 경우에는 수차례 투표할 수 있도록 묵인하는 등 정치적 실력자의 정권 유지를 위한 하수인 역할을 담당하기도 하였다(Gaines & Kappeler, 2011). 이에 따라 종교지도자, 시민운동가, 중산층 자영업자 및 전문직 종사자를 중심으로 경찰과 정치인 사이의 결탁 및 부정부패에 대한 강력한 비판이 제기되었으며 결국 경찰활동 전반에 대한 개혁을 맞이하게 되었다(Roberg et al., 2012).

4. 경찰 개혁 시대

정치적 시대를 거치면서 꾸준히 제기되어온 경찰 개혁 요구가 1920년대에 들어 정점에 도달하면서 경찰관 윤리강령 도입, 경찰관 선발 및 교육훈련제도 개선 등 경찰조직 관리체계 재정비를 통한 경찰의 정치적 중립 확보 및 전문화가 추진되었다(Roberg et al., 2012). 1960년대까지 경찰조직 운영 전반에 걸친 변화의 노력이 계속된 개혁 시대(reform era)에는 정치적 시대와는 달리 경찰의 의사결정 과정에 정치뿐만 아니라 어떠한 사적인 영향도 배제되어야 한다는 신념아래 경찰은 지역사회와 어느 정도의 거리를 두게 되었다. 이와 동시에 경찰관은 전문적으로 범죄와 맞서 싸우는 전사의 이미지를 부각시키면서 지역사회에 대한 서비스 제공보다는 범죄 통제에 보다 집중하게 되었다. 따라서 경찰조직의 형태 역시 정치적 시대의 분권화된 조직을 지양하면서 경찰 행정의 일관성 및 공평성 제고를 위해 중앙집권적으로 변화하였다.

경찰 개혁에 대한 목소리는 일반 시민들만의 것은 아니었다. 미국 경찰의 창시자라고 불리는 캘리포니아주 버클리(Berkeley) 경찰국장 오거스트 볼머(August Vollmer), 볼머의 부하직원이었던 올란도 윌슨(Orlando W. Wilson), 그리고 연방수사국(Federal Bureau of Investigation) 국장 에드가 후버(Edgar E. Hoover) 등 경찰기관장의 경찰의 역할에 대한 고민과 조직관리 노력도 경찰 개혁에 크게 이바지하였다 (Roberg et al., 2012). 또한 경찰 실태에 대한 강력한 비판 및 개선방안을 제시한 위 커셤 위원회(Wickersham Commission), 법집행과 사법행정에 관한 대통령 위원회 (President's Commission on Law Enforcement and Administration of Justice), 시민 무질서에 관 한 국가자문위원회(National Advisory Commission on Civil Disorders) 등 경찰 전문가들의 역할도 경찰 개혁에 일조하였다고 평가된다(Walker & Katz, 2008).

정치적 시대의 부패하고 비효율적이었던 경찰활동이 개혁 시대에 들어 어느 정도 개선된 것은 사실이지만 개혁 시대 역시 비판을 받게 되었다. 경찰 전문화 만을 앞세운 개혁정책과 발맞춘 범죄 통제 일변도의 정책으로 인해 경찰이 지역 사회의 주요 관심사를 외면하면서 경찰 역시 지역사회로부터 소외당하는 현상이 발생하였다(Walker & Katz, 2008). 또한 경찰의 노력에 불구하고 1960년대 들어 급증 한 범죄율, 미국 연방대법원의 미란다 판결(*Miranda v. Arizona*, 1966) 등 경찰의 권한 을 제한하는 적정절차 혁명(due process revolution), 그리고 경찰의 범죄예방능력을 의심케 하는 연구 특히 캔사스시 예방적 순찰 실험 연구(Kansas City preventive patrol experiment) 등으로 인해 개혁 시대의 종말 및 새로운 경찰활동 시대를 맞게 되었 다(Roberg et al., 2012; Walker & Katz, 2008).

5. 지역사회 경찰활동 시대

1970년대에 들어서면서 범죄와의 전쟁 중심 경찰활동을 탈피하여 지역사회 중심 경찰활동으로 전환하려는 움직임이 시작되었다(Lyman, 2010). 이전 개혁 시대 의 관료제에 입각한 엄격한 법집행 중심 경찰활동으로 인한 경찰과 지역주민과의 단절, 이로 인한 범죄 이외의 지역사회의 문제에 대한 경찰의 인식 부족, 경찰인 력 증가 및 신속한 신고대응 시간의 범죄율 감소에 대한 불확실한 효과는 경찰활 동 전반에 대한 근본적인 반성으로 이어졌다. 이러한 상황에서 지역사회 중심 경 찰활동(community-oriented policing), 문제 지향적 경찰활동(problem-oriented policing) 등 혁신적인 경찰활동이 기존의 경찰 전문화 중심 경찰활동의 대안으로 등장하여 현재에도 미국 전역의 많은 경찰관서에서 채택, 활용하고 있다(Lyman, 2010). 특히 문제 지향적 경찰활동을 활용하는 경찰관서는 관내 범죄뿐만 아니라 여타 문제를 파악하고 이러한 현상을 초래하는 근본적인 원인에 경찰력을 집중하고 있다 (Roberg et al., 2012). 이러한 지역사회 경찰활동 시대(community policing era)에는 경찰과 지역주민과의 원활한 소통을 위해 도보순찰을 강화하고 일선 하위직 경찰관에게 보다 많은 권한을 부여하는 등 분권화된 경찰조직으로 탈바꿈하고 있다(Gaines & Kappeler, 2011).

Ⅲ. 경찰의 조직

미국 형사사법행정기관 조직구성은 세계적으로 유례없이 복잡하고 다양하다. 지역적인 관할 및 인적 대상을 서로 달리하는 연방법(federal law), 주법(state law) 그리고 지방자치단체의 자체 법률 및 엄격한 지방자치로 인해 미국 경찰은 여타 사법기관인 검찰, 법원, 교정기관보다 더욱 다양한 방식으로 운영되고 있다. 미국 내에는 약 18,000여 개 상당의 서로 독립된 경찰관서가 존재하지만 이를 지휘, 통제하는 국가경찰제도는 마련되어 있지 않다. 따라서 미국 경찰기관 각각의 명칭, 권한, 기능 등에 있어 통일성을 찾아보기 어려우나, 미국 경찰은 일반적으로 연방 법집행기관(federal law enforcement agency), 주 경찰(state police) 그리고 지역경찰(local police)로 구분된다.

1. 연방 법집행기관(federal law enforcement agency)

미국 연방 법집행기관은 주로 연방법관련 범죄 및 수 개의 주에 걸쳐 발생하는 범죄의 예방과 수사를 목적으로 창설되었다. 미국 연방 법집행기관에는 표 1에서와 같이 14개 연방정부부처에 소속된 35개 법집행기관과 연방정부부처와는 별도로 설치된 9개 법집행기관 등 최소 44개의 서로 다른 기관이 활동하고 있다 (Schmalleger, 2013). 특히 체포 및 총기사용 권한이 있는 연방 법집행기관 중 가장 먼저 설립된 기관은 1789년에 창설된 연방보안국(U.S. Marshals Service)이며, 인적 규모면에서는 세관국경보호국(U.S. Customs and Border Protection)에 가장 많은 36,863명의 직원이 소속되어 있다(표 2 참조). 2020년 9월 기준 전체 미국 연방 법집행기관에 약 133,073명이 소속되어 있으며, 이 중 약 31%에 해당하는 41,465명은 미국 법무부(Department of Justice)에, 약 50%에 해당하는 66,215명은 미국 국토안보부(Department of Homeland Security)에 소속되어 있다(Bureau of Justice Statistics, 2022b). 이 책에서는 규모뿐만 아니라 임무 측면에서 일반적인 경찰과 가장 유사하면서도 중요한 역할을 담당하고 있는 미국 법무부 및 국토안보부 산하 연방 법집행기관에 대해서 살펴보기로 한다.

〈표 1〉 미국 주요 연방법집행기관 목록

농무부(Department of Agriculture) 산하 연방 산림청(U.S. Forest Service)	내무부(Department of the Interior) 산하 북미인디언국(Bureau of Indian Affairs)
상무부(Department of Commerce) 산하 수출집행국(Bureau of Export Enforcement) 국립수산국(National Marine Fisheries 　Administration)	국토관리청(Bureau of Land Management) 어류및야생동식물보호국(Fish and Wildlife Service) 국립공원관리청(National Park Service) 국립공원경찰(U.S. Park Police)
국방부(Department of Defense) 산하 국방범죄수사대(Defense Criminal Investigation 　Service) 공군특수조사대(Air Force Office of Special 　Administration) 육군범죄수사대(Army Criminal Investigation Division) 해군범죄수사대(Naval Investigative Service)	법무부(Department of Justice) 산하 무기단속국(Bureau of Alcohol, Tobacco, Firearms 　and Explosives) 연방교정국(Bureau of Prisons) 마약단속국(Drug Enforcement Administration) 연방수사국(Federal Bureau of Investigation) 연방보안국(U.S. Marshals Service)
에너지부(Department of Energy) 산하 국가핵안전국(National Nuclear Safety Administration) 임무수행국(Office of Mission Operations) 핵안전수송국(Office of Secure Transportation)	노동부(Department of Labor) 산하 노동착취단속국(Office of Labor Racketeering)
보건복지부(Department of Health and Human Services) 산하 식품의약품국(Food and Drug Administration) 범죄수사국(Office of Criminal Investigations)	국무부(Department of State) 산하 외교보안국(Diplomatic Security Service)
	운수부(Department of Transportation) 산하 연방항공보안관(Federal Air Marshals Program)
국토안보부(Department of Homeland Security) 산하 연방법집행훈련센터(Federal Law Enforcement 　Training Center) 연방신변보호경찰대(Federal Protective Service) 교통안전청(Transportation Security Administration)	재무부(Department of the Treasury) 산하 국세청범죄수사반(Internal Revenue Service, Criminal Investigation Division) 세금관리재무감찰부(Treasury Inspector General for 　Tax Enforcement)

해안경비대(U.S. Coast Guard)
세관국경보호국(U.S. Customs and Border Protection)
이민통관집행국(U.S. Immigration and Customs
  Enforcement)
비밀경호국(U.S. Secret Service)
	보훈부(Department of Veterans Affairs) 산하
	경비법집행국(Office of Security and Law
	  Enforcement)

	우편부(U.S. Postal Service) 산하 우편조사국(Postal Inspection Service)

기타 연방 법집행기관(Other Offices with Enforcement Personnel)
연방법원행정국(Administrative Office of the U.S. Courts), 철도경찰(AMTRAK Police), 인쇄경찰국(Bureau of Engraving and Printing Police), 환경보호청 범죄수사대(Environmental Protection Agency, Criminal Investigations Division), 연방준비제도이사회(Federal Reserve Board), 테네시강유역개발공사(Tennessee Valley Authority), 연방국회경찰(U.S. Capitol Police), 조폐경찰(U.S. Mint), 연방대법원경찰(U.S. Supreme Court Police), 미국수도경찰(Washington, DC, Metropolitan Police Department)

출처: Schmalleger, F. (2013). Criminal Justice: A Brief Introduction (10th Ed.). Upper Saddle River, New Jersey: Pearson.

가. 미국 법무부(Department of Justice) 소속 법집행기관

미국 연방법집행의 가장 중추적 역할은 미국 법무부가 담당하고 있다. 다른 연방정부부처의 수장을 장관(Secretary)이라고 명명하는 것과는 달리 미국 법무부의 수장에 대해서만 특별히 법무장관(Attorney General)이라는 별도의 호칭을 부여하고 있다. 이는 미국 법무부의 엄정하고 중립적인 연방법집행을 요구하고 미국 전역에 대한 범죄예방 및 수사에 대한 성실한 임무수행에 대한 기대에서 비롯된다고 알려져 있다. 미국 법무부 산하의 대표적인 법집행기관에는 연방수사국(Federal Bureau of Investigation, FBI), 마약단속국(Drug Enforcement Administration, DEA), 무기단속국(Bureau of Alcohol, Tobacco, Firearms, and Explosives, ATF) 그리고 연방보안국(U.S. Marshals Service) 등이 있다.

1) 연방수사국(FBI)

연방수사국은 미국 국내뿐만 아니라 전 세계적으로도 가장 잘 알려진 미국의 대표적 연방 법집행기관으로 "충성(Fidelity), 용맹(Bravery), 청렴(Integrity)"이라는 신조 하에 근무하는 소속 특별요원들의 우수성 및 자부심은 미국 내 다른 법집행기관뿐만 아니라 다른 나라의 정예 수사기관의 추종도 불허한다 할 수 있다. 최초 1908년 미국 법무부 산하 수사국(Bureau of Investigation)으로 창설되어 연방법위반 범죄자 기소 업무만을 주로 담당하던 중 1935년 현재의 연방수사국으로 개편되면서 연방법위반 등 전국적 범죄자에 대한 수사 및 미국 연방과 관련된 주요 정보수집이라는 두 가지 주요 임무를 수행하고 있다. 연방수사국의 본부는 미국의 수도 워싱턴(Washington, D.C.) 시내 펜실베니아 거리(Pennsylvania Avenue) 에드가 후버(J. Edgar Hoover) 건물에 위치해 있으며, 미국 내 주요 도시에는 56개의 현장사무소(field office), 보다 소규모 지역에는 약 350개의 지역사무소(satellite office 또는 resident office)를 설치, 운영하고 있으며, 전 세계 약 60개 주요 도시에 있는 미국대사관에 연방수사국 사법연락관(legal attachés)을 파견하여 당사국과의 긴밀한 국제 범죄수사 협조체제를 구축하고 있다. 현재 우리나라 수도 서울을 비롯한 중국 베이징, 홍콩, 일본 도쿄, 태국 방콕 등 아시아 지역 11개 도시에서도 미국 연방수사국 특별요원들이 활동하고 있다. 또한 연방수사국 산하에는 국가범죄정보센터(National Crime Information Center), 통합유전자색인시스템(Combined DNA Index System), 국가컴퓨터범죄수사대(National Computer Crime Squad) 등이 설치되어 수사와 관련된 최신 기술을 도입하여 국가적인 과학수사 발전에도 크게 기여하고 있다.

2021년 기준 연방수사국의 연간 예산은 약 97억 달러이며 전체 35,000여 명의 소속 직원 중 15,000여 명이 연방수사국 특별요원(Special Agent)이며 나머지 20,000여명의 정보 분석관, 과학수사관, 외국어 전문통역관, 정보기술전문가 등 지원요원으로 구성되어 있다. 연방수사국의 10대 주요 임무에는 (1) 테러로부터 미국 보호, (2) 간첩활동 등으로부터 미국 수호, (3) 사이버 기반 공격과 첨단 기술 범죄로부터 미국 수호, (4) 반부패 활동, (5) 인권 보호, (6) 조직범죄 퇴치, (7) 화이트칼라 범죄 퇴치, (8) 주요 폭력범죄 퇴치, (9) 연방, 주, 지역경찰 지원 및 국제협력, (10) 성공적인 연방수사국 임무수행을 위한 과학기술 향상이 포함되어 있다. 이에 따라 연방수사국은 다른 연방 법집행기관, 주 경찰 또는 지역경찰관서를 지휘, 통제하는 국가경찰의 역할을 수행하는 것이 아니라 범죄수사와 관련된 중요 정보의 제공, 범죄자 지문대조, 과학수사지원 및 연방수사국 자체 시설과 인력을 통한 여타 경찰조직 소속 경찰관에 대한 훈련 등 수사와 관련된 서비스를 제공하고 있다. 물론 필요시에는 연방수사국이 직접 수사를 하거나 여타 경찰기관과의 합동수사를 통한 사건의 해결도 도모하고 있다. 또한 연방수사국은 연방 예산보조프로그램을 통해 미국 전역 대부분의 경찰관서로부터 각 지역의 범죄통계를 수집, 매년 범죄백서(Uniform Crime Reports)를 발간하고 있으며, 공무수행 중

부상당하거나 사망한 경찰관의 전국적 현황(Law Enforcement Officers Killed and Assaulted)
또한 연방수사국 통계자료를 통해 배포하고 있다.

2) 마약단속국(DEA)

마약단속국은 미국 제37대 닉슨 대통령이 1971년에 선포한 '마약과의 전쟁
(War on Drugs)'의 후속조치에 해당하는 대통령 행정명령에 의거 1973년에 소속 요
원 숫자는 약 1,470명의 규모로 최초 창설된 이후 현재 한해 예산 약 31억 달러,
소속 요원 5,000여 명의 규모로 성장해 왔다. 마약단속국의 본부는 미국 수도 워
싱턴과 지척의 거리에 있는 국방부본부(Pentagon) 부근 버지니아 주 알링턴
(Arlington)에 위치해 있으며, 전국 23개에 달하는 자체 관할에 239개의 국내 사무
소, 해외 69개 국가에 92개의 사무소를 설치, 운영 중에 있다. 마약단속국의 주요
임무는 최초 창설 때와 마찬가지로 금지약물 통제와 관련된 연방법 및 규정의 집

〈표 2〉 체포권 및 무기사용권이 부여된 1,000명 이상 규모의 연방 법집행기관

기관 명칭	상근 직원 숫자
세관국경보호국(U.S. Customs and Border Protection)	46,993
연방교정국(Federal Bureau of Prisons)	17,110
연방수사국(Federal Bureau of Investigation)	13,575
이민세관집행국(U.S. Immigration and Customs Enforcement)	12,989
연방법원행정국(Administrative Office of the U.S. Courts)	4,696
마약단속국(Drug Enforcement Administration)	4,380
연방보안국(U.S. Marshals Service)	3,747
예비군보건국(Department of Veteran Affairs, Office of Security and Law Enforcement)	3,929
무기단속국(Bureau of Alcohol, Tobacco, Firearms and Explosives)	2,653
국세청범죄수사반(Internal Revenue Service, Criminal Investigation)	2,030
우편감사국(U.S. Postal Inspection Service)	2,288
연방국회경찰(U.S. Capitol Police)	1,879
국립공원관리청(National Park Service-Rangers)	1,346
외교보안국(Bureau of Diplomatic Security)	1,238

출처: Bureau of Justice Statistics(2022c).

행이며, 국내외를 막론한 금지약물의 제조, 판매, 사용자의 체포, 수사 및 기소 준비 업무를 담당하고 있다.

3) 무기단속국(ATF)

무기단속국은 1886년 미국 재무부 소속으로 최초 창설되어 1930년 법무부로 이관되었으며 1933년 재무부로 복귀되었다 2001년 발생한 9·11 테러사건 이후 탄생한 국토안보법(Homeland Security Act)의 발효로 2003년 다시 법무부로 이관되어 현재까지 이르고 있다. 무기단속국의 본부는 미국 수도 워싱턴에 위치해 있으며 미국 전역에 걸쳐 20개의 지역본부(field division)와 215개의 현장 사무소(field office)를 설치, 운영하고 있으며 2020년 기준 약 14억 달러의 연간 예산과 2,653명의 특수요원을 포함 약 5,082명의 인력으로 운영되고 있다. 총기 및 폭발물 산업 규제 관련 연방법 집행, 총기와 폭발물 관련 범죄, 방화범죄, 주류 및 담배 제품의 불법적인 밀거래 범죄 예방 및 수사를 주요 임무로 하고 있다.

4) 연방보안국(U.S. Marshals)

마지막으로 1789년에 창설된 연방보안국은 연방법 위반 수배자의 검거, 연방법원 판사의 신변보호, 증인보호 프로그램 운영, 연방 재소자 관리 및 이송, 범죄행위로 인한 불법취득 재산의 환수 등의 임무를 수행하고 있다(Masters et al., 2009). 총 94개의 연방하급심 법원과 각 관할소속의 약 440개 지역에 3,747여 명의 요원들을 배치하여 운영하고 있으며 본부는 미국 수도 워싱턴의 포토맥강(Potomac River) 건너편에 위치해 있다.

나. 미국 국토안보부(Department of Homeland Security) 소속 법집행기관

2001년 9월 11일 미국 뉴욕시 소재 세계무역센터 쌍둥이 건물과 버지니아주 알링턴 소재 국방부 본부에 대한 이슬람 테러단체의 공격에 대한 대책의 일환으로 미국 의회와 정부는 2002년 11월 25일 국토안보법을 통과시켰다. 이 법에 의거 미국 영토의 안보와 관련된 일련의 활동을 관장하는 국토안보부가 창설되게 되었으며 국토안보법 통과 이전의 22개 관련 부서 약 170,000명의 연방정부 공무원의 소속이 신설된 국토안보부로 변경되었다(Walker & Katz, 2008). 국토안보부 소속의 대표적인 연방 법집행기관으로는 세관국경보호국(U.S. Customs and Border

Protection, CBP), 이민통관집행국(U.S. Immigration and Customs Enforcement, ICE), 교통안전청(Transportation Security Administration, TSA), 해안경비대(U.S. Coast Guard) 및 비밀경호국(U.S. Secret Service) 등이 있다.

1) 세관국경보호국(CBP)

2001년 국토안보부가 신설되기 이전에 각기 다른 기관에 소속되어 있던 세관(Customs Service), 검문소(Inspection Service), 국경수비대(Border Patrol) 및 농산물검역소(Agricultural Quarantine Inspection Program)의 기능을 통폐합한 후 국토안보부 소속으로 일원화하여 탄생한 세관국경보호국은 미국에 입국하는 모든 여객 및 항만물류의 안전을 책임지는 역할을 수행한다. 세관국경보호국은 11,200킬로미터에 달하는 육지 국경과 3,200킬로미터에 달하는 해상 국경에 배치되어 불법이민자 단속, 금지물품의 밀수 방지, 대량살상무기 유입 방지, 불법 또는 유해 농산물 및 동물 유입 단속 임무를 담당하고 있다.

2) 이민세관집행국(ICE)

세관국경보호국은 예방 및 순찰에 집중하는 반면 이민세관집행국은 출입국 및 물류와 관련된 수사를 담당하는 기관이다. 따라서 세관국경보호국은 이민 및 관세와 관련된 연방법의 집행 및 연방법 위반자에 대한 수사 업무를 담당하고 있다. 한해 약 80억 달러의 예산으로 국내 및 해외 48국에 설치된 약 400여개의 사무실에 20,000여명 이상의 요원들이 배치되어 있다. 이민세관집행국의 주요 임무는 (1) 불법이민자, 금지약물, 무기 등의 유입 및 유통 수사, (2) 불법이민자 추방, (3) 8,800여개 이상의 연방정부 건물 및 시설 순찰, (4) 주요 임무와 관련된 정보의 수집 및 전파이다.

3) 교통안전청(TSA)

교통안전청은 2001년 9월 11일 뉴욕 세계자유무역센터 및 국방부 본부 건물에 대한 테러가 발생한 당일 즉각적으로 탄생된 조직으로 국가 전체의 교통의 안전을 책임지는 기관이다. 한해 약 80억 달러의 예산 및 50,000여 명의 직원 규모의 교통안전청은 국내 440여 개의 공항뿐만 아니라 도로, 철로, 부두, 교량 및 관로(pipeline)의 안전 유지 업무를 수행한다.

4) 해안경비대(U.S. Coast Guard)

해안경비대는 엄격히 구분하면 미국의 5개 군대 조직의 하나이나 육군, 해군, 공군, 해병대와는 달리 국토보안부에 유일하게 소속되어 있다. 1790년에 최초 창설된 해안경비대는 여러 연방정부부처에 소속되다 2003년부터 국토안보부로 편입되어 현재에 이르고 있으며 조직의 특수성으로 인해 국방부 또는 대통령의 지휘를 받아 군사작전을 수행할 수도 있다. 현재 약 50,000여 명의 인력으로 미국에 있는 부두, 수로, 연안에서 금지약물 유입 차단, 불법이민자 입국 차단 및 해안경비 등 보안관련 업무와 선박의 안전, 수색과 구조, 해양환경보호 등의 서비스 관련 업무를 동시에 수행, 군대와 경찰의 두 가지 역할을 하고 있다.

5) 비밀경호국(U.S. Secret Service)

마지막으로 비밀경호국은 1865년 미국 화폐 위조사범 수사를 목적으로 창설되어 1894년부터 대통령 경호업무를 시작, 현재는 전·현직 대통령 및 현직 부통령과 그 가족, 백악관, 부통령 관저, 외국 귀빈, 국가 중요행사의 경호 및 위조통화와 특정 경제범죄 수사를 담당하고 있다. 비밀경호국의 본부는 미국의 수도 워싱턴에 위치해 있으며 국내 및 해외에 150여 개 이상의 지역 사무소(field office)를 두고 있으며 3,200여 명의 특수요원, 1,300여 명의 정복 경찰관 및 2,000여 명의 행정요원으로 구성되어 있다.

2. 주 경찰(state police)

1823년 스테펜 F. 오스틴(Stephen F. Austin)이 인디언 원주민으로부터 텍사스 내 독립 식민지를 보호하기 위해 창설한 텍사스 레인저스(Texas Rangers)를 기원으로 하여 하와이 주를 제외한 49개의 주에 명칭, 임무, 권한 등은 서로 상이한 주 경찰이 설치되어 있다(Kelley, 1976). 하와이 주에는 공공안전부(Department of Public Safety) 산하에 보안관과(Sheriff's Division)가 설치되어 있으나 재소자의 이송과 하와이 주 청사 및 호놀룰루 공항 경비만을 전담하고 있어 진정한 의미의 주립 법집행기관은 없다고 평가된다.

미국의 주 경찰은 크게 두 가지 방식으로 나뉘며 (1) 주 전역에 걸친 교통단속 및 일반범죄 수사권을 가진 중앙집권식 주 경찰(state police)과 (2) 주 전역에 걸친 교통단속권과 일부 지역에서의 수사권만 가진 분권형 고속도로순찰대(highway patrol)가 있다(Roberg et al., 2012). 최초의 중앙집권식 주 경찰제도는 펜실베니아 주에서 도입한 펜실베니아 경찰대(Pennsylvania Constabulary)로 고속도로 순찰 및 교통단속, 지역경찰과의 공동 또는 단독 범죄수사, 과학수사지원(criminal laboratory service), 주립 경찰학교 운영 등을 맡고 있으며 이후 미시간, 뉴저지, 뉴욕, 버몬트, 델라웨어 주에서도 유사한 형태의 주 경찰 제도를 도입하였다.

두 번째 형태인 분권형 주 경찰 제도의 경우는 고속도로순찰대와 주 단위의 수사를 담당하는 부서를 별도로 운영한다. 캘리포니아 주의 고속도로순찰대(California Highway Patrol)와 법집행과(California Division of Law Enforcement), 오하이오 주의 고속도로순찰대(Ohio Highway Patrol)와 범죄확인수사국(Ohio Bureau of Criminal Identification and Investigation), 플로리다 주의 고속도로순찰대(Florida Highway Patrol)와 법집행부(Florida Department of Law Enforcement), 노스캐롤라이나 주의 고속도로순찰대(North Carolina Highway Patrol)와 주 수사국(State Bureau of Investigation)이 대표적이라 할 수 있다(신현기 외, 2012; Schmalleger, 2013; Walker & Katz, 2008). 뉴저지 주의 경우에는 공공안전부(Department of Public Safety) 산하에 법제과(Division of Law), 주 경찰(State Police), 차량운송과(Division of Motor Vehicles), 주류단속과(Division of Alcoholic Beverage Control), 형사정책과(Division of Criminal Justice), 소비자분쟁과(Division of Consumer

〈표 3〉 2018년 기준 기관 유형에 따른 주 경찰 및 지역경찰관서 경찰관 채용 현황

유형	기관 수	상근(full-time)			비상근(part-time)		
		전체	경찰관	일반직	전체	경찰관	일반직
전체	17,541(100%)	1,214,260	787,565	426,695	118,824	50,134	68,690
지역경찰	11,824(67.4%)	601,011	465,891	135,121	66,222	31,414	34,807
보안관실	3,051(17.4%)	377,682	192,380	185,302	29,948	12,864	17,083
주 경찰	49(0.3%)	92,756	60,451	32,305	690	139	551
특별 경찰	1,753(9.9%)	132,030	60,833	71,198	21,055	5,040	16,015
기타 경찰	864(4.9%)	10,780	8,010	2,769	910	676	234

출처: Bureau of Justice Statistics(2022a).

Affairs), 경찰교육위원회(Police Training Commission), 체육위원회(State Athletic Commissioner) 등을 두고 있는 경우도 있다(Walker & Katz, 2008).

3. 지역경찰(local police)

미국의 지역경찰은 수직적 경찰 조직구조에 있어서는 제일 마지막 단계에 위치해 있으나 법집행의 중추적인 역할을 수행하는 가장 핵심적인 기관이라고 할 수 있다. 형사사법통계국(Bureau of Justice Statistics)의 최근 자료에 의하면 2018년 기준 미국 내에는 11,824개의 지역경찰서(local police department), 3,051개의 보안관실 (sheriff's office), 49개의 주 경찰관서(하와이 제외), 1,753개의 특별 경찰관서, 텍사스의 치안관(Constable), 마샬(Marshal) 등 기타 경찰관서 864곳 등 총 17,541개의 경찰관서에 787,565명의 상근 제복경찰관이 근무하고 있다(Bureau of Justice Statistics, 2022a). 미국 지역경찰관서 중 최대 규모 기관은 뉴욕시경찰국(New York City Police Department)으로 2018년 기준 36,023명의 상근 제복경찰관이 근무하고 있다. 전체

〈표 4〉 2018년 기준 상근 경찰관 및 민간 고용인 숫자에 따른 경찰관서 현황

경찰관서 크기	경찰관서 수	상근 직원		
		전체	제복경찰	민간인
전체	17,541(100%)	1,214,260	787,565	426,695
1,000명 이상	80(0.5%)	332,299	227,884	104,415
500-999	107(0.6%)	110,482	72,178	38,304
250-449	243(1.4%)	140,474	83,514	56,960
100-249	838(4.8%)	193,252	122,939	70,314
50-99	1,395(8.0%)	150,644	93,196	57,448
25-49	2,719(15.5%)	136,152	90,132	46,020
10-24	5,104(29.1%)	113,410	71,569	41,842
5-9	3,869(22.1%)	28,916	20,383	8,533
2-4	2,391(13.6%)	6,496	5,002	1,494
1	795(4.5%)	2,133	768	1,365

출처: Bureau of Justice Statistics(2022a).

지역경찰관서의 약 40.2%는 상근 제복경찰관 숫자가 10명 미만인 소규모 조직으로 전체의 92.6%가 상근 제복경찰관 숫자가 100명 미만일 정도의 소규모 경찰서가 미국 지역 경찰관서의 주류를 이룬다(Bureau of Justice Statistics, 2022a). 그러나 중대 범죄의 대부분이 대도시 지역에서 발생하므로 소수에 불과한 대규모 경찰서가 미국 경찰활동에서 차지하는 역할을 간과할 수 없다. 실제 미국 6대 대규모 도시 경찰국인 뉴욕, 로스앤젤레스, 시카고, 휴스턴, 필라델피아, 디트로이트 경찰국은 미국 전체 인구의 불과 7.5%만을 담당하고 있으나 미국 전체 폭력 범죄의 23%, 특히 강도 범죄의 34%가 이들 경찰관서 관할 내에서 발생하고 있는 실정이다(Pate & Hamilton, 1991).

미국 행정단위의 기초는 카운티(county)이다. 예를 들어 일리노이 주는 총 102개의 카운티로 구성되어 있으며, 카운티 내에 시(city)가 포함되어 있는 것이 일반

〈표 5〉 미국 15대 지역 경찰관서

순 위	기관 명칭	상근 경찰관
1	뉴욕시 경찰국(New York City Police)	36,563
2	시카고시 경찰국(Chicago Police)	13,160
3	로스앤젤레스시 경찰국(Los Angeles Police)	10,002
4	로스앤젤레스 카운티 보안관실(Los Angeles County Sheriff)	9,565
5	필라델피아시 경찰국(Philadelphia Police Department)	6,584
6	휴스턴시 경찰국(Houston Police)	5,264
7	워싱턴시 경찰(Washington Metropolitan Police)	3,809
8	라스베가스시 경찰국(Las Vegas Metropolitan Police)	3,115
9	달라스시 경찰국(Dallas Police)	3,075
10	마이애미-데이드 경찰국(Miami-Dade Police)	3,029
11	피닉스시 경찰국(Phoenix Police)	2,928
12	셔포크카운티 경찰(Suffolk County Police)	2,518
13	디트로이트 경찰국(Detroit Police)	2,517
14	볼티모어시 경찰국(Baltimore Police)	2,465
15	낫소카운티 경찰(Nassau County Police)	2,357

출처: Federal Bureau of Investigation(2019).

적이다. 그러나 이 책은 지역경찰관서에 관하여 도시 경찰(city police), 카운티 보안관실(county sheriff), 기타 경찰관서 순으로 구분하여 살펴보기로 한다.

가. 시 경찰(municipal or city police)

표 3에 나타난 바와 같이 미국의 시 경찰은 전체 지역경찰관서 중 양적으로 가장 큰 부분을 차지하며 전체 카운티 보안관실의 숫자에 비교하면 약 4배에 달한다. 카운티 보안관실은 시 경찰보다 더 넓은 지역을 관할하지만 관할 내 주민의 수는 상대적으로 적은 반면, 시 경찰은 카운티 보안관실에 비해 상대적으로 관할 구역의 면적이 작지만 더 많은 수의 관할 주민의 치안을 책임지고 있다(Masters et al., 2009). 주로 도시 지역을 관할하는 시 경찰은 소속 주의 형사법뿐만 아니라 소속 자치단체 고유의 벌률도 집행하며, 피의자를 체포한 경우에는 피의자가 판사로부터 체포의 적정성 심사를 받을 때까지 감금할 수 있는 일시적 구금시설도 갖추고 있다. 우리나라 경찰서가 시 정부와는 독립된 기관인 것과 달리 미국 대부분의 시 경찰관서는 소속 시 정부의 하나의 부서(department)로 편성되는 것이 일반적이기 때문에 미국 시 단위 경찰관서를 경찰국(police department)으로 지칭한다. 이에 따라 거의 모든 시 지역의 경찰국장(police chief)은 시장(mayor)이 임명하는 것이 일반적이다.

미국 일부 도시 지역에서는 시 경찰이 아닌 카운티 경찰(county police)을 운영하고 있으며, 카운티 경찰이 설치된 경우에는 지역적으로는 카운티 전체를 관할하지만 실제 담당 업무 및 운영 방식은 시 경찰국과 매우 흡사하다 할 수 있다(Walker & Katz, 2008). 카운티 경찰은 규모면에 있어서는 미국 전체 지역경찰관서의 1% 미만에 불과하지만 뉴욕(New York) 주의 낫소카운티 경찰국과 셔포크카운티 경찰국처럼 규모면에서 있어서는 미국 내 20위권에 해당하는 경우도 있다.

나. 카운티 보안관실(county sheriff's office)

2018년 기준 미국 48개 주에서 운영 중인 3,051개의 카운티 보안관실은 미국 경찰관서 중 가장 독특한 법적 위치와 역할을 갖고 있다(Walker & Katz, 2008). 알래스카(Alaska) 주에는 행정조직상 카운티가 설치되어 있지 않기 때문에 필연적으로 카운티 보안관실이 설치될 수 없는 경우이며, 커넥티컷(Connecticut) 주의 경우는 행정조직으로 카운티는 설치되어 있지만 카운티 보안관실 대신 주 보안관실(state marshal)을 운영하고 있다(Lyman, 2010). 미국 37개 주에서는 카운티 보안관실의 설치 근거와 역할을 각 주의 헌법에 규정하고 있어 카운티 보안관실은 해당 주 내에서는 헌법적 기관이라고 할 수 있다(Walker & Katz, 2008). 카운티 보안관실의 수장(county sheriff)을 주지사가 임명하는 로드아일랜드(Rhode Island) 주와 주 대법관이 임명하는 하와이(Hawaii) 주를 제외한 46개 주에서는 주민의 직접 선거로 카운티 보안관을 선출하며 선출직 카운티 보안관의 임기는 일반적으로 2~4년으로 규정되어 있다(Walker & Katz, 2008). 이와 같이 대부분 주민의 직접선거로 선출되는 카운티 보안관은 시 경찰국장과는 달리 정치적 성향을 많이 띠며, 특히 농촌지역 카운티 보안관은 미국 역사적으로도 가장 영향력 있는 지역 정치인으로 분류되어 왔다(National Sheriff's Association, 1976). 또한 카운티 보안관이 자신의 당선에 기여한 지인 또는 부하 보안관(deputy sheriff)을 카운티 보안관실 내 요직으로 발탁하거나 승진시키는 정치적 은사를 베푸는 경우가 많다. 이와는 반대로 선거 이후 새로 당선된 카운티 보안관이 자신이 아닌 다른 후보자를 지지한 보안관실 직원을 해고하는 등 정치적 선거로 인해 발생하는 심각한 직업 불안정성 및 높은 이직률은 카운티 보안관 제도의 심각한 문제점 중의 하나로 평가받고 있다(Foley, 1980).

카운티 보안관실의 업무는 관할지역 순찰, 범죄수사, 교통단속 등 전형적인 시 경찰관서의 업무를 수행할 뿐만 아니라 법원이 발부한 범죄인 또는 증인 소환장의 집행, 법원청사경비 등 법원행정과 관련된 사무를 담당하는 경우가 일반적이다(Cox, McCamey, & Scaramella, 2014). 특히 미국 전체 카운티 보안관실의 75% 이상은 카운티 구치소(jail) 운영을 담당하고 있기 때문에 구치소 재소자의 수용, 구치소 수용자의 법원 출정 및 여타 구금시설로의 이송 등 일반 교정기관의 역할도 병행하고 있다(Bureau of Justice Statistics, 2022d).

다. 기타 지역 경찰관서

미국에는 시 경찰관서 및 카운티 보안관실 이외에도 법집행 권한이 부여된 여러 지역경찰조직이 있다. 대표적으로 미국 식민시대에 창설된 치안관(constable) 제도는 현재 미국 내 많은 주에서 유지되고 있으나, 도시화 및 이로 인한 시 경찰조직의 확대로 인해 미국 경찰행정에 미치는 영향력은 갈수록 미미해져 간다 할 수 있다(Walker & Katz, 2008). 치안관은 해당 주의 규정에 따라 선거직 또는 임명직으로 선발될 수 있으며 치안관의 임무는 소속 주의 규정에 따라 조금씩 다르지만 일반적으로 지역경찰관서의 전통적인 업무 이외에도 카운티 관할 법원행정과 관련한 영장 또는 소환장의 집행, 수감자의 이송 또는 관할 법원의 판사 신변보호 등의 임무를 수행하기도 한다(National Constables Association, 2015).

미국 내에서는 시 경찰, 카운티 보안관실과 달리 시 또는 카운티 내의 일부 제한된 지역에서만 경찰권을 행사하는 특별구역경찰(special jurisdiction law enforce- ment agency)도 다수 존재하며, 그 대표적인 예로 대학 경찰(college or university cam- pus police)을 들 수 있다. 2018년 기준으로 미국 전역에 걸쳐 4년제 대학 510 곳에 13,161명, 2년제 대학 267 곳에 3,490여 명의 경찰관이 고용되어 있으며, 미국 최대 규모의 대학 캠퍼스 경찰인 텍사스주립대시스템 경찰(University of Texas System Police)에는 617명의 상근 제복 경찰관이 복무 중에 있다(Bureau of Justice Statistics, 2022a). 이들 대학 캠퍼스 경찰서의 대부분은 주 정부의 인가를 받아 운영되고 있으며, 소속 경찰관은 일반적 체포권을 행사할 수 있어 관할 캠퍼스 내에서는 여타 시 경찰관 또는 카운티 보안관들과 동등한 역할을 수행하고 있다(Walker & Katz, 2008). 자체 캠퍼스 경찰 시스템이 없는 대학의 경우에는 주로 민간 경비업체에 경비를 의뢰하거나 민간 경비원을 직접 고용하여 캠퍼스 질서 유지를 한다(Walker & Katz, 2008). 대학 캠퍼스 이외에도 초, 중, 고등학교 지역을 관할하는 250개의 학교 경찰(public school district police)에도 약 5,000여 명의 경찰관이 근무하고 있으며, 로스앤젤레스 학교경찰(Los Angeles School Police Department)에는 미국 최대 규모인 394명의 상근 제복 경찰관이 고용되어 있다(Bureau of Justice Statistics, 2022a).

이 밖에도 주립공원, 유원지 또는 야생 생태계의 보호 및 치안유지를 위해 미국 전역에 걸쳐 245개의 특별지구경찰관서에 약 13,390명의 정복경찰관이 고용되어 있으며, 대중교통시스템, 공항, 교량, 터널, 항만 등의 안전 확보를 전담하는 정복경찰관들도 145개의 경찰관서에 약 11,486명이 근무하고 있다(Bureau of Justice Statistics, 2022a). 마지막으로 미국 인디언 원주민들의 주거지역 또는 인디언보호구역(Indian reservation) 내를 관할하는 일종의 자치경찰인 부족경찰(tribal police)이 있다. 인디언 부족들의 주거지역 또는 인디언보호구역은 미국 연방정부와의 조약 체결을 통해 상당한 수준의 자치권을 행사하는 '미국 내의 또 다른 국가'이기 때문에 연방법 또는 관할 주의 법 효력이 미치지 않는 경우가 많아 인디언 원주민

자신들만의 부족경찰이 탄생하게 되었다(Walker & Katz, 2008). 미국 내에 있는 약 300여 개의 인디언보호구역 중 약 200여 보호구역에는 자체 부족 경찰이 운영 중에 있으며 부족경찰이 없는 인디언보호구역에는 미국 내부무 산하 북미인디언국 (Bureau of Indian Affairs)에서 경찰서비스를 직접 제공하거나 특별 협정을 통해 연방 예산으로 경찰관서 유지비용을 지원받는 경우도 있다(Wakeling, Jorgensen, Michaelson, & Begay, 2001).

라. 지역경찰관서의 조직구조

미국 지역경찰관서의 규모가 기관별로 큰 편차가 있기 때문에 지역경찰관서의 조직구성을 일반화하는 것은 현실적으로 거의 불가능하다. 이 책에서는 우리나라 대도시 소재 경찰서와 비슷한 규모의 미국 지역경찰관서 및 소규모 지역경찰관서의 조직구조에 대해서 살펴보도록 한다. 대부분의 미국 지역경찰관서의 조직구조 역시 우리나라 경찰서처럼 군대조직과 유사한 수직적 조직체계를 갖고 있다.

[그림 1] 샌디에고 경찰국(San Diego Police Department) 조직도

　　그림 1은 전체 경찰관 약 2,100명으로 구성된 비교적 대규모 경찰관서인 캘리포니아주 샌디에고경찰국의 조직도를 나타낸다. 샌디에고경찰국 산하에는 우리나라 경찰서 또는 대규모 순찰지구대에 해당하는 9개 순찰지구를 관할하는 순찰본부, 중앙수사부, 지역사회경찰부, 특별부 등 4부와 국장비서실, 기획예산실, 감사실 등 3실 그리고 범죄정보반 및 자문위원회로 구성되어 있다.

　　그림 2는 전체 경찰관 63명으로 구성된 비교적 소규모 지역경찰관서에 해당하는 미국 뉴저지(New Jersey) 주 소재 마운트 로렐(Mount Laurel)시 소속 경찰국의 조직도를 나타낸다. 이러한 소규모 경찰서에서는 순찰 및 교통단속 부서인 집행과와 형사 및 지원계로 구성된 행정과, 그리고 평가반 등으로 단순한 조직체계를 보이고 있다.

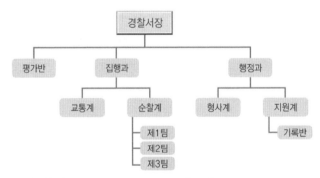

[그림 2] 마운트 로렐 경찰국(Mount Laurel Police Department) 조직도

4. 경찰 조직 다양성(fragmentation) 문제

　　미국 건국 초기부터 정립되어 온 자치정부의 독립성으로 인해 미국 경찰, 특히 지역경찰조직은 극도로 다양하고 그 구성 및 임무가 복잡하여 경찰조직 간의 관할 및 업무가 서로 중복되는 경우가 많다. 예를 들어, 한 대학생이 저지른 마약관련 범죄에 대해 대학캠퍼스경찰, 시 경찰국, 카운티 보안관실, 주 경찰 그리고 수 개의 연방 법집행기관이 동시에 출동, 관할권을 주장하는 경우가 발생할 수가 있게 됨으로써 국가 전체적으로 볼 때 상당히 비효율적인 경찰행정이라는 비판이 제기되어 왔다. 1967년 미국 대통령 직속 범죄대책위원회(President's

Crime Commission)에서도 경찰관서 사이의 원활하지 못한 협력 문제를 지적하면서 경찰관서 간 일부 범죄에 대한 처리 방법의 차이, 즉 법집행의 일관성 결여로 인해 상대적으로 특정 범죄에 관대한 지역으로 범죄의 전이(displacement)가 발생할 수 있다는 우려를 표명하였다(신현기 외, 2012). 또한 특정 지역을 복수의 경찰관서가 중복 관할하는 경우 중복된 치안서비스 제공으로 인해 정부 예산의 불필요한 낭비로 이어지는 폐단이 있을 수밖에 없다. 국가경찰제도를 채택한 국가에서는 통일된 경찰관 채용기준, 교육훈련 프로그램 및 경찰관 보수기준이 마련되어 있는 반면 미국의 경우에는 각 경찰관서마다 그 기준이 달라 지역 간 차별적 치안서비스 제공 우려가 있는 실정이다(Lyman, 2010; Walker & Katz, 2008).

이러한 문제에 대응하여 소규모 경찰관서, 특히 정복 경찰관 숫자가 10명 이하인 경찰관서 간의 합병과 경찰관서의 일부 시설을 공동사용계약을 통해 이용함으로써 예산을 절감할 수 있는 대책이 등장하였다(National Advisory Commission on Criminal Justice Standards and Goals, 1973). 실제 1990년대 초반 노스캐롤라이나(North Carolina) 주 샬럿시경찰국(Charlotte Police Department)과 멕클렌버그 카운티 보안관실 (Mecklenburg County Sheriff's Department)이 합병을 통해 하나의 경찰기관(Charlotte-Mecklenburg Police Department)으로 재탄생되기도 하였고, 일부 지역에서는 소방서와 경찰서의 통합도 시도되었다(International City Management Association, 1984). 특히, 로스앤젤레스 카운티 보안관실(Los Angeles County Sheriff's Department)은 주변 41개의 작은 도시에 치안서비스 일체를 제공하는 연간 4억 달러 규모의 계약을 체결하기도 하여 치안서비스의 중복이라는 문제를 해결하였다(Walker & Katz, 2008). 그러나 경찰서간의 통합 또는 계약을 통한 치안서비스의 효율적인 이용은 자치주의 선호이념에 밀려 큰 진전을 보지는 못하고 있는 실정이다.

위에서 설명한 미국 내 경찰관서의 다양성으로 인한 우려에도 불구하고 미국 치안현장에서는 경찰관서 간의 비공식적인 업무협조 및 상호이해를 통해 치안서비스 중복 문제가 심각하게 대두되는 상황을 피하고 있다. 예를 들어 경찰순찰의 경우, 관할이 중복되는 경찰관서 간 비공식적인 합의를 통해 관할구역을 서로 배분하여 동일 지역을 복수의 경찰관서가 순찰을 하거나 그와는 반대로 순찰이 배제되는 지역이 발생하는 등의 문제를 어느 정도 미리 해결하고 있다. 또한 자체 과학수사반, 교육훈련 시설, 무선통신설비를 갖추지 못한 소규모 경찰관서의

경우에는 주변 대규모 경찰관서의 원조도 받고 있다(Walker & Katz, 2008). 또한 소규
모 경찰관서가 운영상 무조건 비효율적인 것은 아니라는 주장도 제기되고 있다.
소규모 경찰관서의 경우 소속 경찰관 대부분을 현장에 투입할 수 있으므로 대규
모 경찰관서에 비해 보다 양질의 직접적 치안서비스를 주민들에게 제공할 수 있
게 된다는 것이다(Walker & Katz, 2008). 경찰 치안서비스의 효율성 제고에 결정적 영
향을 미치는 요소가 경찰관서의 규모가 아니라 해당 지역 및 지역주민 구성의 다
양성, 복잡성 때문이라는 주장도 제기되고 있다(Cordner, 1989). 마지막으로 지역경
찰활동(community policing)이 중시되는 현대 치안환경에서는 오히려 소규모 경찰관
서가 대단위 경찰조직보다 선호되는 경향도 있어 경찰조직의 다양성 문제는 겉으
로 보이는 것보다 심각하지 않다고 할 수 있다.

Ⅳ. 경찰 인사

  앞서 살펴본 바와 같이 경찰조직 구성의 복잡성으로 인해 미국 경찰의 인사
제도 역시 경찰관서간 통일성을 찾아보기 어려우며 경찰관서의 숫자만큼 다양한
인사제도가 운영되고 있다고 할 수 있다. 그러나 인종 및 성별에 의한 차별을 엄
격히 금지하는 미국 연방헌법 및 연방법원의 판례에 따라 경찰관 선발과정부터
우리나라와는 많은 차이점을 보이고 있다. 미국 건국 초기부터 1960년대 초반까
지는 민간 영역, 공적 영역을 막론하고 피고용인의 선발 및 승진절차에 대한 규
제는 거의 없었으나, 1964년 연방 민권법(Civil Rights Act of 1964), 특히 1964년 민권
법 제7장(Title VII)의 통과로 인해 인종, 종교, 성별 또는 국적에 근거한 일체의 차
별이 금지되었다. 이에 더해 채용 시 특정 인종과 관련된 피부색깔, 모발 또는 얼
굴 형태 등 불변의 신체적 특징을 근거로 한 차별 역시 1964년 민권법 제7장 위
반에 해당하게 되었다. 따라서 해당 업무를 수행하기 위해 반드시 필요한 최소한
의 요건, 즉 '진정직업자격'(bona fide occupational qualification) 이외의 사유로 특정인
의 채용을 고의적으로 배제하는 것은 엄격히 법으로 금지된다. 또한 채용을 주관

하는 정부기관의 정책 또는 관례가 표면상으로는 특정인 또는 특정 집단을 차별하지는 않으나 현실에서는 특정인 또는 특정 집단의 채용에 악영향을 주는 소위 '불평등 효과'(disparate impact)가 발생하는 경우에도 그 정책 또는 관례가 1964년 민권법을 위반하는 것으로 해석된다. 이러한 고용 시의 차별문제를 해결하기 위한 대안으로 '차별철폐조처'(affirmative action)가 등장, 여러 정부부처 및 대학교에서는 소수 인종 또는 여성을 우선적으로 고용하거나 입학 기회를 부여하는 특혜정책을 펴게 되었다. 이러한 미국의 역사적, 법률적 배경을 바탕으로 경찰조직 역시 미국만의 독특한 임용 및 승진제도를 발전시켜 왔다. 이 책에서는 미국 경찰활동의 중추를 이루고 있는 지역경찰관서(local police)를 중심으로 신임경찰관의 선발, 교육훈련, 승진제도와 최근 급부상하고 있는 대학 및 대학원 교육과 관련된 경찰 인사문제에 대해 살펴보도록 한다.

1. 경찰관 선발

신임경찰관 선발은 채용공고로부터 시작한다. 신임 경찰관 채용 정보는 대학교 캠퍼스 안에서의 경찰관 채용 박람회(career fair), 지역 신문을 통한 광고를 통해 주로 전파되나, 해당 경찰관서에 근무 중인 경찰관 및 지인을 통한 입소문이 가장 효과적이라고 알려져 있다(Slater & Reiser, 1988). 보통의 경우 지원자는 자신의 기본 정보(성명, 주소, 학력 및 경력 사항), 범죄경력조회, 3인의 추천자 인적사항 등이 담긴 지원서를 제출하는 것으로 평균 8개월 이상이 소요되는 신임경찰관 선발과정이 시작된다(Lyman, 2010; Walker & Katz, 2008). 앞서 설명한 바와 같이 전국적으로 통일된 경찰관 선발절차가 마련된 것은 아니므로 경찰관서 마다 다소 상이할 수 있으나 대개 다음의 다섯 가지 절차를 통해 신임경찰관을 선발한다(Cox et al., 2014).

가. 서류전형(status test)

서류전형은 주로 지원자의 국적, 운전면허증 취득 여부, 주거지, 병적사항, 최종 학력 및 나이에 관하여 해당 경찰관서가 지정한 최소한의 '진정직업자격' 요건을 충족하는지에 대한 확인 절차를 말한다. 미국 시민권자 또는 영주권자로 제한하는 경우가 많으며, 경찰차량 운전과 관련하여 적합한 운전면허증의 취득 여부, 지원 경찰관서의 관할 또는 관할 부근 지역에 거주하고 있는지 또는 임용 후 경찰관서와 가까운 곳으로 이주할 의사가 있는지 여부를 확인하기도 한다. 일부 경찰서의 경우에는 군대 복무경력이 있는 지원자에게는 가점을 부여하기도 하며 (Cox et al., 2014), 최소 학력인 고등학교 졸업 또는 동등 학력에 대한 증명서를 제출해야 하고, 대부분의 경찰관서는 지원자의 나이를 21세 이상으로 제한하고 있다(Lyman, 2010).

나. 신체검사(physical test)

신체검사는 주로 민첩성검사(physical agility test), 신장−체중 균형 검사(height−weight proportionate test), 시력 검사(vision requirement) 및 건강진단(medical exam)으로 구성된다(Cox et al., 2014). 민첩성 검사는 일정 시간동안의 팔굽혀 펴기, 윗몸일으키기, 턱걸이 횟수를 측정하는 것이 아니라 실제 업무 환경과 유사한 가상 상황에서 경찰관의 기본 업무를 성공적으로 수행할 수 있는지 여부와 관련된 방법으로 국한된다(Landy & Conte, 2009). 따라서 대부분의 민첩성검사는 시동이 꺼진 경찰 순찰차를 일정구간 뒤에서 밀기, 빈 권총 장전 후 사격, 가상 범죄현장 수색, 범죄인을 구보로 추격하는 상황에서 담장 뛰어넘기, 일정구간 제한시간 내 달리기 등으로 구성되어 있으며 평균적인 체력을 가진 여성 지원자라면 충분히 통과할 수 있는 최소한의 기준을 적용한다(Cox et al., 2014). 체격제한과 관련하여 지원자의 신장에 제한을 두게 되면 많은 여성 지원자 또는 히스패닉계 지원자를 배제하는 결과를 초래할 수 있어(Dothard v. Rawlinson, 1977) 그 대안으로 신장−체중 균형 검사가 도입되었다. 이는 신장 및 체중의 조합을 구성하여 지원자가 적정 체격을 갖추고 있는지를 검사함으로써 단신의 지원자가 무조건적으로 배제되는 결과를 예방하기 위함이다(Archbold, 2013). 지원자의 시력에 대해서는 무조건적으로 교정 시력 1.0 이상(미국 기준 20/20)을 요구하지 않으며 다만 지원자가 피의자의 손에 어떠한 무기가 들려 있는지 식별하거나 안경이 벗겨진 경우 다시 찾아 착용할 수 있는 정도의 최소한의 시력은 기본적으로 요구하고 있다(Good, Maisel, & Kriska, 1998). 마지막으로 전체적인 건강검진 결과 청력, 시력, 호흡, 심폐기능 등에서 양호한 건강상태를 보여야만 하는 것은 우리나라와 유사하다(Archbold, 2013; Cox et al., 2014).

다. 지적능력 및 심리검사(mental and psychological test)

미국에서도 필기시험을 통해 지원자의 지적능력을 검증하지만 우리나라에서처럼 법률지식, 경찰학, 역사 등에 관한 지원자의 지식을 측정하는 시험은 사용되지 않는다. 난이도 높은 필기시험은 상대적으로 교육 혜택을 받지 못한 소수인종 지원자를 대거 탈락시킬 수 있기 때문에 대체적으로 기본적인 읽기능력, 이해능력, 어휘능력, 추리능력, 기초상식 및 적성검사를 실시하고 있는 실정이다(Archbold, 2013). 또한 1967년 대통령 직속 위원회에서 경찰관의 정서적 안정의 중요성을 제기한 이후 미국 내 대부분의 경찰관서에서는 경찰관 지원자에 대해 심리검사를 실시하고 있다(Meier, Farmer, & Maxwell, 1987). 가장 빈번하게 사용되는 심리검사 도구로는 '미네소타 다면인격검사'(Minnesota Multiphasic Personality Inventory), '캘리포니아 인성검사'(California Psychological Inventory), '16성격요인검사'(Sixteen Personality Factor), '인발트 인성검사'(Inwald Personality Inventory) 등이 있다(Cochrane, Teft, & Vandecreek, 2003).

라. 도덕성 검사(moraility test)

도덕성 검사는 크게 신원조사(background investigation), 약물검사 및 거짓말탐지기검사로 구성되어 있다. 신원조사는 최초 지원서에 기재된 내용과 일치하는지 확인하는 방법으로 지원자의 정직성 검사를 목적으로 하며, 지원자의 학교기록, 운전기록, 전과기록, 재무상태, 경력사항 등에 대한 조사와 추천자와의 인터뷰를 통한 지원자의 자질검증 등이 포함되어 있다(Cox et al., 2014). 증가하는 마약 등 금지약물 남용을 단속하여야 하는 경찰관이기 때문에 금지약물 사용자를 배제하기 위해 약물검사를 요구하는 경우도 있으며 신임경찰관 채용절차동안 지원자의 솔직한 답변을 담보하기 위해 결과의 신빙성에 대한 불신이 있음에도 불구하고 많은 경찰관서에서 거짓말탐지기검사도 실시하고 있다(Archbold, 2013).

마. 면접(oral interview)

거의 대부분의 미국 경찰관서에서 지원서 및 필기시험으로는 알 수 없는 지원자의 외모, 의사소통능력, 태도 및 몸가짐을 판단하기 위해 구두면접을 실시하고 있다(Eisenberg, Kent, & Wall, 1973). 정형화된 면접 질문은 없으나 특정 경찰서 지원동기, 경찰관을 직업으로 선택한 이유, 가상 상황에서의 도덕적 딜레마 해결능력 및 방법, 형사법 전반에 관한 지식 확인 등으로 면접을 실시하고 있다(Archbold, 2013).

2. 경찰교육

미국 대부분의 경찰관서의 교육과정은 신임경찰관 기초교육을 위한 경찰학교 기본교육과정(police academy training), 신임경찰관의 임용과 더불어 실시되는 현장훈련과정(field training) 그리고 재직자를 상대로 한 재교육과정(in-service training)으로 구성되어 있다(Archbold, 2013).

가. 경찰학교 기본교육과정

경찰임용후보자로 선발된 훈련생의 기본교육을 위해 미국 전역에는 약 650여개의 경찰학교(police academy)가 설치, 운영 중에 있다(Hickman, 2009). 신임경찰관의 기본교육 시간은 소속 주의 법률 및 해당 교육기관의 사정에 따라 상이하나, 평균 약 19주 또는 761시간에 이른다(Hickman, 2009). 교육과정은 주로 헌법, 형법, 특별법, 수사실무, 사격, 호신술, 윤리, 다문화이해 등으로 구성되어 있으며 경찰조직에 대한 이해도를 높이고 일부 경찰하위문화도 학습하게 계기가 된다(Walker & Katz, 2008). 경찰학교 기본교육과정을 통해 약 10% 정도의 훈련생이 탈락되는 등 경찰관 부적격자들이 임용 전에 걸러지기도 한다(Langworthy, Hughes, & Sanders, 1995).

나. 현장실습

1) 현장훈련지도관 과정(field training officer program)

경찰학교에서 책으로 배운 이론 및 실무가 실제현장에 활용될 수 있는 기초가 된다 하더라도 신임경찰관을 실제 치안현장에서 일어나는 상황에 완벽히 준비시킬 수 없으며 교육내용과 실무 간 다소 차이가 있을 수밖에 없다. 따라서 대부분의 신임경찰관은 임용 이후 첫 1~2년 동안의 견습기간(probationary period)을 거치면서 현장훈련지도관(field training officer, FTO)의 밀착 지도를 통해 경찰학교에서 배운 내용을 실제 치안현장에 적용할 수 있도록 근무 요령, 순찰 방법 등 실무지식을 습득하게 된다(Alpert, Dunham, & Stroshine, 2006; Lee, Jang, Yun, Lim, & Tushaus, 2010). 현장훈련지도관(FTO)은 신임경찰관의 지도, 교정, 평가를 위해 소속 기관 내에서 실무경험이 풍부하고 업무능력이 탁월한 경찰관 중에서 선발되어 현장훈련과정 전문교육을 별도로 이수한 자로서, 신임경찰관의 현장훈련과정 종료 시에는 담당 신임경찰관의 업무수행능력에 대한 최종보고서를 작성한다. 현장훈련지도관의 최종보고서는 신임경찰관의 정식 임용결정 시 가장 중요한 자료로써 활용되는 등 현장훈련과정은 신임경찰관의 실무능력 배양이라는 중요한 역할을 수행하고 있다(신현기 외, 2012). 실제 약 7%의 신임경찰관이 현장훈련과정 중 사직을 하거나 능력미달, 부적합의 이유로 해임당하기도 하는 등 신임경찰관 현장훈련과정이 형식에 그치지는 않는다(Fyfe, 1987).

2) 지역사회훈련지도관 과정(police training officer program)

전반적인 경찰행정 철학이 지역사회 경찰활동(community policing) 중심으로 변화하면서 전통적 법집행중심의 현장훈련지도관 과정에도 변화가 시작되었다. 2000년 대 초반 미국 법무부 산하 '지역사회중심 경찰활동과'(Office of Community Oriented Policing)의 재정지원을 받아 지역사회훈련지도관(police training officer, PTO) 과정이 탄생하였다(Pitts, Glensor, & Peak, 2007). 이후 네바다(Nevada) 주 르노(Reno)시 경찰국에서 최초 적용된 이 새로운 형태의 현장실습 훈련과정은 지역사회 경찰활동의 가장 중요한 두 가지 요소인 지역사회와의 협력체제(community partnership)와 지역사회 문제해결(problem solving)과 관련하여 신임경찰관의 적응능력향상을 위한 훈련 목적으로 기획되었다(Roberg et al, 2012). 지역사회훈련지도관 과정을 통해 신임경찰관은 지역사회의 문제를 직면, 해당 문제의 발생원인 분석, 경찰활동을 통한 문제의 해결책 도출, 지역주민과의 협력체제 구축 방법 등 지역사회 경찰활동 전반에 대해 지역사회훈련지도관의 지도, 감독 하에 교육을 받게 된다. 전통적인 현장훈련지도관(FTO)가 신임경찰관의 훈육관이면서 평가자라는 두 가지 역할을 동시에 수행한 반면, 지역사회훈련지도관 과정에서는 한명의 지역사회훈련지도관은 신임경찰관의 현장교육을 전담하고, 또 다른 한명의 지역사회훈련지도관은 신임경찰관의 현장교육 성적 평가만을 전담하고 담당 신임경찰관에 대한 지역사회현장훈련 평가보고서를 작성, 평가위원회(Board of Evaluators)에 제출한다. 평가위원회의 최종 심사를 통해 부적격자를 제외한 신임경찰관들은 정복 경찰관으로서의 신분보장을 받게 된다. 새롭게 등장한 지역사회훈련지도관 과정은 지역사회 경찰활동 중심으로 전환하는 많은 경찰관서로부터 주목을 받고 있다(Roberg et al, 2012).

다. 현직 경찰관 재교육과정

재직 중인 현직경찰관도 주요 치안과제, 신설 또는 수정된 법률 지식, 경찰무기 사용능력 유지 등 위해 정기적 재교육이 필요하다. 현직경찰관을 위한 대부분의 재교육 프로그램이 올바른 경찰물리력의 사용, 고속추격전과 관련된 기술, 시민과의 대처상황 처리요령 등에 관한 능력 및 기술의 향상에 중점을 두는 관계로 미국 내 많은 주에서 일정시간의 재교육을 강제하고 있다(Alpert et al., 2006). 실제 미국의 92%에 달하는 지역경찰관서에서는 소속 경찰관들에게 특정 종류의 재교육과정을 매년 이수하도록 하고 있으며, 재교육과정 시간은 연평균 약 35시간에 달한다(Hickman, 2009).

3. 승진 및 기타 인사제도

가. 승진제도

경찰관 선발, 임용, 교육에서와 마찬가지로 미국경찰의 승진제도 역시 일관된 절차가 마련되어 있지는 않으나, 일반적으로 다음 다섯 가지 방법으로 승진대상자를 결정한다(Kurz, 2006). 우선 기본적으로 각각의 승진후보자가 갖고 있는 경찰업무 전반에 관한 지식 정도를 측정하기 위한 필기시험(written test)을 실시한다. 둘째, 승진후보자가 승진 시 맡게 될 지위 또는 직책을 성공적으로 수행할 수 있는 능력을 갖추고 있는지 그 여부를 판단하는 실무능력검증(practical exercise)을 실시한다. 실무능력검증의 한 가지 방법으로는 승진대상후보자에게 소속 경찰관서 업무 능률성 제고를 위한 현재의 치안정책 및 내부규정에 대한 문제점 및 대책을 경찰관서장에게 제출하게 하고 이를 평가하는 있을 수 있다. 셋째, 미국 대다수 경찰관서에서는 우리나라 경찰에는 잘 알려지지 않은 인바스켓 훈련(in-basket exercise)이라는 제도를 승진심사제도에 도입, 운영 중에 있다. 인바스켓 훈련은 승진후보자에게 경찰 주요업무와 관련된 수 개의 지시를 전화 메시지, 이메일, 공문서 등으로 하달한 후 이를 승진후보자가 제한된 시간 내에 얼마나 신속하고 효과적으로 완수해 내는지를 평가하고 그 결과를 승진결정에 반영한다. 넷째, 경찰서장, 경찰서 간부직원, 지역대표자, 시 또는 카운티 정부의 인사담당자 등으로 구성된 승진심사면접위원회에서는 승진후보자 구두면접(oral interview)을 통해 승진후보자 각각의 리더십, 판단능력, 인성 등에 대한 심층 평가를 실시한다. 다섯째, 현 계급에서의 업무실적평가(review of performance evaluations)에 대한 면밀한 분석을 통해 승진후보자의 승진 이후의 업무실적을 예측, 승진후보자의 승진 적격 여부를 평가하는 것을 마지막으로 최종 승진대상자 순위를 결정하게 된다(Archbold, 2013).

승진제도와 관련된 여타 특징으로 미국 대부분의 경찰관서의 공무원복무규정(civil service procedure)에 우리나라 승진제도에서 활용하고 있는 현 계급에서의 최소근무연수를 규정, 일정기간동안의 근무경력(주로 2~5년)이 있는 경찰관에게만 승진심사를 위한 필기시험에 응시할 수 있는 자격을 부여하고 있다(Police Executive Research Forum, 1981). 그러나 우리나라 경찰이 매년 일정한 시기에 승진을 실시하는 정기승진제도를 주로 활용하고 있는 반면, 미국 내 대부분의 지역경찰관서, 특히 소규모 지역경찰관서에서는 주로 부정기승진제도가 활용되고 있다. 부정기승진제도 관행은 경찰관 승진결정이 시 또는 카운티 경찰국의 승진 필요보다는 경찰관 승진에 소요되는 필요한 예산확보가 우선시될 수밖에 없는 대부분의 지방자치단체 현실에서 비롯되며, 예산이 부족한 시기에는 경찰관 승진인사를 수년간 연기할 수밖에 없는 경우가 불가피하게 발생한다(Walker & Katz, 2008). 또한 대부분의 미국 내 지역경찰관서에는 우리나라 경찰의 근속승진제도를 채택하지 않고 있어 대다수 미국 경찰관들에게 승진 장벽은 상당히 높고, 승진 기회 역시 매우 제한적이라고 할 수 있다.

나. 기타 인사제도

이상 설명한 승진의 어려움으로 인해 미국 내 많은 경찰관들은 비록 승진은 아니더라도 특별부서(special unit) 또는 선호부서(coveted assignment)로 발령 시에는 승진에 버금가는 자부심과 명예를 갖는 것으로 알려져 왔다. 이러한 경향은 경찰관 채용 당시부터 맡아 온 기본적이고 지루한 순찰업무보다는 특별부서업무가 훨씬 더 도전적이고 흥미로우며 특히, 특별부서 근무경험이 향후 승진심사에 절대적으로 유리하다고 믿기 때문이다(Walker & Katz, 2008). 이러한 선호부서에는 특별수사대, 마약반, 강력반 등 수사관련 부서가 주류를 이루며, 일부의 경우 신임경찰관 채용과 관련이 있는 교육부서 및 현장훈련지도관도 선호하는 부서로 알려져 있다(Walker & Katz, 2008).

마지막으로 미국 내 대부분의 경찰관서는 서장을 제외한 새로 임용되는 모든 경찰관을 신입직원으로 간주하면서 다른 경찰관서에서의 경력 및 계급을 일체 인정하지 않기 때문에 미국 경찰관이 다른 경찰관서로 수평 이동(lateral entry)할 수 있는 기회는 극히 제한적이었다(Walker & Katz, 2008). 이직 시에는 그동안의 경력, 계급, 포상 등의 포기는 물론, 대부분의 지방정부 연금이 다른 지방정부 연금과 서로 연계가 되지 않음으로 발생하는 다소간의 연금손실도 감내해야했기 때문이다. 그러나 최근 들어 변화의 기류가 감지되고 있다. 수평 이동 시 무조건적으로 강제되었던 경찰학교 교육 및 현장훈련과정의 기간을 대폭 축소하고 이전 경찰경력 및 보수수준을 인정해주는 경찰관서가 점차적으로 늘어나고 있다(Walker & Katz, 2008). 경찰관서 간 수평 이동이 검증된 훌륭한 경력직 경찰관을 채용함을 통해 경찰 조직에 신선한 피의 공급과 새로운 치안활동에 대한 참신한 아이디어 유입을 도모할 수 있는 소중한 기회가 된다는 의식이 미국 지역경찰관서에 확대되고 있는 추세이다.

4. 미국 경찰 인사제도와 대학교육

현재 미국의 대부분 연방 법집행기관과 주 경찰관서에서는 신임직원 선발 시 일정 수준의 대학교육을 지원요건으로 규정하고 있으나, 절대 다수의 지역경찰관서는 고등학교 졸업 이상의 학력 소지자에게 그 문호를 개방하고 있다 (Hickman & Reaves, 2006). 그러나 1960년대 이후부터 대학교육이 보편화되면서 공식적인 경찰관 학력 요건과는 상관없이 점점 더 많은 수의 대학 졸업자들이 경찰에 지원하고 있으며, 실제 미국 내 전체 지역경찰관의 3분의 1 이상이 전문대학 졸업 이상의 대학교육을 이수한 것으로 나타났다(Baro & Burlingame, 1996; Talyor, Kubu, Friedell, Rees, Jordan, & Cheney, 2005). 최종학력이 고등학교 졸업인 경찰관과 비교하여 대학교육을 이수한 경찰관들의 사회 전반에 대한 이해도, 작문 및 대화 실력, 경찰 외부의 사람들과의 원만한 관계 형성 능력, 특히 다문화 이해도 등 여러 가지 면에서 우수하다는 점에서 신임경찰관 학력요건을 대학교육이수로 상향시켜야 한다는 주장이 점진적으로 제기되고 있다(Alpert et al., 2006; Robert & Bonn). 또한 고학력 지원자들을 채용하기 위해 대학 졸업자에게는 보다 높은 연봉을 지급하거나 현직 경찰관들의 대학교육을 지원하기 위한 학비보조 프로그램을 도입하는 경찰관서도 차츰 증가하는 추세에 있다.

대학교육 이수자들이 경찰조직에 점차적으로 유입되면서 지역경찰관서 수장들의 학력 또한 높아져 현재 지역경찰서장 대부분이 4년제 대학졸업 이상의 학력을 소지하고 있으며, 그 중 절반 정도는 석사 학위, 약 7퍼센트 정도는 박사 학위를 소지하고 있는 것으로 알려져 있다(Roberg et al., 2012). 이러한 배경으로 인해 고위직 경찰관 중심으로 대학원 교육에 대한 열의가 고조되고 나아가 경찰문화의 일부분으로 형성되면서 대학 및 대학원 교육이 경찰관 채용 및 승진 인사에도 영향을 주기 시작하였다. 실제로 텍사스 주 소재 알링턴(Arlington)시 경찰국은 1986년부터 대학교육 이수를 자체 인사제도에 단계적으로 도입하기 시작하여 1999년부터는 전체 신임경찰관은 최소한 대학졸업 이상, 부국장(assistant chief)의 경우는 석사학위 이상, 2000년부터는 기존의 경찰관들도 학사학위를 소지해야 승진대상이 될 수 있도록 소속 경찰관의 학력요건을 강화하였다(Roberg et al., 2012). 고학력 경찰관들의 업무수행능력에 관한 연구 결과(Cohen & Chaiken, 1972; LaGrange, 2003; Worden, 1990)도 긍정적이다. 대학교육이 경찰관의 업무, 특히 경찰관 비위행위 감소, 정신이상자의 원만한 처리, 합법적 경찰 물리력 사용, 정확한 상황 판단능력, 공무수행 중 부상예방 등에 바람직한 영향을 주는 것으로 나타남에 따라 경찰관의 대학 및 대학원 교육이 향후 미국 경찰조직의 인사관리에서 중요한 변수로 작용할 것으로 예상된다.

V.   경찰의 역할

일반적으로 미국 지역경찰의 역할은 우리나라 경찰의 그것과 크게 다르지 않다. 관할구역 순찰을 통한 범죄예방, 발생한 범죄의 수사, 교통 단속, 불법 집회 및 시위 진압, 범죄관련 주요 정보의 수집, 여타 시민 편의 서비스 제공 등 대부분의 미국 경찰활동이 우리나라와 매우 유사하다 평가할 수 있다. 이 책에서는 미국 지역경찰관서의 활동 중 가장 중심이 되는 순찰 및 수사 활동에 국한하여 미국 경찰만의 특성 및 발전과정 중심으로 살펴보기로 한다.

1. 순찰(patrol)

미국 지역경찰관서에서 수행하는 가장 중요한 역할은 순찰(patrol)이다. 인원 측면에서도 가장 많은 수의 경찰관 즉, 지역경찰관서 소속 60% 이상의 경찰관이 순찰활동에 투입되어 범죄 예방, 지역주민의 체감 안전도 향상 그리고 지역주민에게 치안서비스를 제공할 수 있는 통로로 활용하고 있다(Bureau of Justice Statistics, 2022d). 미국의 모든 지역경찰관서에서의 인사발령은 예외 없이 연장자 또는 근속 연수 기준으로 시행하기 때문에 주로 신임경찰관을 관할 내 가장 범죄율이 높은 지역의 순찰요원으로 우선적으로 배치하고 있다(Walker & Katz, 2008). 전통적으로 순찰이 경찰활동 중 가장 중요한 부분임에도 불구하고 경찰관들 사이에서 가장 기피되는 업무가 바로 순찰이다(National Advisory Commission on Criminal Justice Standards and Goals, 1973).

가. 미국 경찰순찰의 종류

미국 내에서 시행되고 있는 순찰은 크게 자동차순찰(motorized patrol), 도보순찰(foot patrol), 그 외의 자전거 또는 말을 이용한 순찰로 구분된다. 캘리포니아 주 버클리(Berkeley) 경찰국이 미국 최초로 도입한 자동차순찰은 이후 급속도로 도보 순찰을 대체하기 시작하여 현재 미국 대부분의 지역경찰관서의 대표적인 순찰방 법으로 사용되고 있다(Douthit, 1975). 자동차순찰의 운영방식과 관련하여 1인 1순 찰차 방식과 2인 1순찰차 방식에 관하여 상당한 논란이 있었으나, 현재 대부분의 지역경찰관서는 예산상의 이유로 1인 1순찰차 방식을 채택 활용하고 있다 (Archbold, 2013).

미국 경찰 창설 때부터 채택된 가장 오래된 순찰 방법인 도보순찰은 자동차 순찰의 보편화로 인해 활용 빈도수가 급감하였다. 그러나 1980년대 이후 등장한 지역사회경찰활동(community policing)을 채택하는 경찰관서가 서서히 증가하기 시 작하면서 현재는 약 55%의 지역경찰관서에서 도보순찰을 부분적으로 활용하고 있으며, 미국 내 전체 지역경찰관의 약 4% 정도가 도보순찰을 담당하고 있다 (Bureau of Justice Statistics, 2010). 도보순찰이 비록 범죄율을 감소시키는 영향은 극히 제한적이지만 자동차순찰에 비해 지역주민과의 접촉 시간을 극대화할 수 있으며 이로 인해 지역주민과의 관계 개선, 관할 주민이 겪는 애로사항 청취를 통해 범 죄에 대한 두려움(fear of crime) 감소에는 상당한 기여를 하고 있다.

자동차순찰과 도보순찰 이외에 자전거순찰(bike patrol)도 경찰순찰의 방법으 로 일부 활용되고 있다. 1800년대 후반 미국 경찰에 최초로 도입된 자전거순찰은 자동차순찰에 밀려 활용되지 않다가 도보순찰과 마찬가지로 1980년대 지역사회 경찰활동에 대한 관심 증가에 따라 다시 경찰의 순찰활동에 이용되기 시작하였 다. 현재 미국 내 약 32%의 지역경찰관서에서 자전거를 이용한 순찰을 실시하고 있으며(Bureau of Justice Statistics, 2010), 일부 지역경찰관서에는 전략적 순찰대(tactical patrol force)를 창설하고 순찰방법으로 자전거순찰과 도보순찰의 병행을 채택, 주로 도심지역과 해수욕장을 중심으로 이 두 가지 순찰방법을 동시에 적용하기는 경우 도 있다(Walker & Katz, 2008). 마지막으로 미국 내 약 1%의 지역경찰관서에는 말을 활용한 기마순찰(mounted patrol 또는 horse patrol)도 활용하고 있다. 기마순찰은 도보 순찰이나 자전거순찰에 비해 상당히 높은 유지비용을 필요로 하지만 시민 특히 어린이들의 호기심을 자극하고 친근하게 다가갈 수 있는 장점으로 인해 경찰과 지역사회의 관계 개선에는 아주 긍정적인 효과가 있다.

나. 미국 경찰의 순찰 전략

1) 일상적 예방순찰(routine preventive patrol)

경찰순찰차가 도입된 이후 거의 미국 내 대부분의 지역경찰관서에서는 미리 정해진 구역 및 노선을 따라 순찰하는 방식인 정선순찰이나 순찰 지역을 지역경찰관의 경험 또는 판단에 맡겨 결정하는 방식인 무작위순찰 등 크게 두 가지 방법을 통해 관할 지역주민에게 경찰의 존재를 알리고 잠재적인 범죄자의 범행의지를 감소시킬 목적으로 일상적 예방순찰을 도입하였다. 일상적 예방순찰은 경찰순찰을 통해 증가된 범죄인 체포의 가능성을 잠재적 범죄자가 인식하게 되면 결국 범죄의 감소로 이어질 것이라는 범죄학의 고전이론(classical criminology) 및 현대 경찰의 창시자 로버트 필 경(Sir Robert Peel)의 경찰운영원칙을 근거로 기획되었다. 그러나 증가된 경찰관 숫자가 범죄율 감소로 반드시 이어지지 않으면서 1970년대 초반을 기점으로 이러한 일상적 예방순찰의 효과에 대한 의문이 제기되기 시작하였다.

1972년 미국 캔사스(Kansas) 주 캔사스시(Kansas City)경찰국장 클레런스 켈리(Clarence M. Kelley)는 관할 내의 순찰경찰관 숫자를 조정하여 경찰순찰의 실제적인 효과성을 검증한다는 일생일대의 도박을 감행하였다. 물론 실험기간동안 캔사스시 일부 지역에서는 순찰경찰관이 전혀 순찰을 하지 않아 범죄가 증가할 수도 있고 이로 인해 해당 지역주민이 극렬하게 반발할 수도 있는 정치적 우려도 있었지만 켈리 경찰국장 특유의 강한 리더십으로 이 실험을 추진하였다(Walker & Katz, 2008). 결국 1972년 10월부터 약 1년간 사설 연구재단인 '경찰 재단'(Police Foundation)의 지원을 받아 경찰순찰의 정도가 범죄발생률에 미치는 영향에 관한 '캔사스시 예방순찰 실험'(Kansas City Preventive Patrol Experiment)을 실시하였다. 캔사스시경찰국 남부순찰지구(South Patrol Division) 내 15개 순찰구역을 선택한 뒤, 각 5개 순찰구역씩 세 개의 권역으로 나누고 각 순찰 권역에 대한 경찰순찰의 정도를 (1) 평상시 순찰 전면 철폐하고 다만 신고 및 경찰관 출동 요청이 있을 시에는 현지 진출하고 사건처리 후에는 즉시 철수, (2) 실험 전 순찰 수준과 동등한 순찰 수준 유지, (3) 실험 전보다 2~3배 증가된 순찰경찰관 투입 등 세 가지 수준으로 임의로 조정한 뒤 차후 실제 범죄발생율의 변화, 시민의 경찰에 대한 태도 및 시민이 체감하는 범죄에 대한 두려움(fear of crime)에 미치는 영향을 조사하였다(Kelling, Pate, Dieckman, & Brown, 1974). 실험 종료 후인 1973년 연말 텔레비전 방송을 통해 캔사스시 예방순찰 실험의 예상치 못한 결과가 미국 전역에 전파되면서 향후 큰 반향을 초래하게 되었다.

애초 경찰순찰이 감소하는 지역에서는 실제 범죄 및 시민의 범죄에 대한 두려움이 증가하고 이와는 반대로 경찰순찰이 증가한 지역에서는 정 반대의 결과를 기대했던 연구가설과는 달리 변화된 경찰 순찰 정도가 실제 범죄율 및 시민이 느끼는 범죄에 대한 두려움에 미치는 영향이 통계학적으로 무의미한 것으로 드러났다(Kelling et al., 1974). 심지어 설문에 응한 시민들은 일종의 잔상효과(residual effect)로 인해 자신들의 주거지역 내 경찰의 순찰 정도가 1년에 걸친 실험기간 동안 급격히 변화하였다는 것조차 인식하지 못하였으며 그 결과 경찰에 대한 시민의 태도에도 아무런 변화가 없었다(Kelling et al., 1974). 이와 같은 깜짝 놀랄만한 실험 결과로 인해 당시 경찰이 가장 많이 사용하던 일상적 예방순찰의 진정한 효과에 대한 의문이 전국적으로 확산되었으며 결국 일상적 예방순찰을 대체할 수 있는 새로운 순찰방법을 모색하게 되었다.

2) 지정순찰(directed patrol)

캔사스시 예방순찰 실험 이후 일상적 예방순찰의 미미한 범죄예방효과에 대한 다양한 해석이 시도되었다(Walker & Katz, 2008). 우선 기존의 경찰순찰 규모가 갖고 있던 범죄억제능력 자체가 너무 미약하고, 범죄가 발생하지 않는 지역까지 경찰력이 얇게 퍼져 있기 때문에 캔사스시 실험에서처럼 순찰의 강도 또는 순찰경찰관의 숫자를 기존 대비 2~3배 증가시킨다 하더라도 범죄가 감소할 수 없다는 것이다(Sherman & Weisburd, 1995). 또한 많은 종류의 범죄가 경찰순찰의 영향력이 미치지 않는 실내에서 발생하거나 충동적으로 발생하고 있기 때문에 경찰이 순찰의 양을 증가시키더라도 범죄율의 감소로 이어질 수 없다는 해석도 있다(Walker & Katz, 2008). 따라서 제한된 경찰의 인력을 목적의식 없이 범죄발생 현황을 고려하지 않고 무작위로 순찰에 사용하면 범죄예방을 기대할 수 없다는 결론에 이르게 되었다.

이에 따라 기존의 일상적 예방순찰의 대응책으로 '지정순찰'이라는 새로운 방식의 순찰 전략이 개발되었다. 일상적 예방순찰의 경우 순찰경찰관에게 순찰시간 및 순찰구역만을 할당한 후 그 지역의 신고사건을 처리하라는 대략적인 임무만을 부여하였던 반면 지정순찰의 경우 각 순찰경찰관이 수행하여야 할 구체적인 임무를 사전에 지정하여 신고사건을 처리하는 않는 비교적 자유로운 시간에 부여된 임무를 수행하도록 한다. 예를 들어 순찰팀장이 부하 경찰관에게 특정 범죄용의자의 신상정보와 그 용의자의 주거 예상지 또는 활동 장소를 특정한 이후 집중적인 수색 및 순찰을 통해 해당 용의자의 검거를 지시할 수 있다(Archbold, 2013). 따라서 지정순찰의 효과를 극대화하기 위해서는 반드시 감독자의 관할 범죄현황에 관한 철저한 분석이 필요하고, 이러한 데이터 분석을 통해 지정순찰의 대상이 되는 범죄 발생장소, 용의자 정보 그리고 주목하여야 할 범죄의 종류 등을 사전에 파악하여야 한다(Warren, Forst, & Estrella, 1979). 지정순찰의 효과적인 범죄예방 효과는 미국 내에서도 이미 검증되어 미국 전역뿐만 아니라 전 세계로 경찰순찰의 새로운 패러다임으로 전파되고 있다(Walker & Katz, 2008).

3) 특정지역중심순찰(location-oriented patrol)

지리정보시스템(Geographic Information System, GIS) 등 통계적 분석기법을 동원하지 않더라도 경찰관서 관할 내에 상대적으로 범죄가 많이 발생하는 지역을 쉽게 특정할 수 있다. 범죄가 집중적으로 발생하는 지역, 시간 및 그 종류에 대한 사전 분석을 통해 발견한 범죄중점발생지역에 제한된 경찰력을 집중 투입하는 것이 보다 효과적인 순찰방법이라고 할 수 있다. 경찰관서 내 범죄추이 분석을 통해 최소 1년 이상에 걸쳐 범죄가 집중적으로 발생하고 있는 지역, 즉 범죄밀집지역(crime hot spot)을 우선 선별하고 이 지역에 경찰력을 집중 투입하는 경우 범죄전이 현상 없이 어느 정도 범죄예방이 가능하다고 알려져 있다(Sherman, 1995). 이러한 특정지역중심순찰은 지정순찰의 업그레이드된 순찰방법이지만 관리감독자의 정확한 데이터 분석 및 구체적인 임무부여는 여전히 필수적이다.

2. 수 사

미국 영화 및 드라마에 등장하는 경찰 수사관의 이미지가 미국 수사경찰의 현실을 제대로 반영하는 것은 아니다. 오히려 현실성 없이 화려하기만 한 감식기법, 프로파일링기법, 범인추적기술을 통해 미국 국민에게 경찰 수사관은 모든 범죄를 해결할 수 있다는 잘못된 인식을 갖게 하고 또한 순찰경찰관이 수행하는 업무의 가치를 떨어뜨리고 있다는 부정적인 평가가 지배적이다(Walker & Katz, 2008). 비록 미국 내 많은 경찰관들이 수사관련 부서 근무를 선호하는 것은 사실이지만, 실제 대부분의 경찰 수사는 수사관들이 아닌 순찰경찰관에 의해 이루어지고 있으며 이에 따라 미국 수사경찰에 대한 연구 및 관심도는 순찰경찰관에 비해 상대적으로 낮은 현실이다. 이 책에서는 미국 경찰의 수사 활동과 관련하여 우리나라 경찰과의 차이점을 중심으로 살펴보도록 한다.

가. 미국 수사경찰 조직

일반적으로 극히 소규모 경찰관서를 제외한 미국 내 대부분의 경찰관서에는 수사전담부서(detective units)가 별도로 설치, 운영 중에 있으며, 미국 전체 경찰관의 약 15%정도가 현재 수사관련 부서에서 근무하고 있다(Bayley, 1994). 보편적으로 대규모 경찰관서는 수사부서 내에 특정 종류의 범죄만을 수사하는 여러 개의 전담반(살인, 강도, 강간, 절도 등 재산범죄전담반 등)을 운영하고 있다. 이 경우에는 형사 또는 수사관들이 사전에 지정된 범죄만을 수사할 수 있게 되므로 특정 범죄에 대한 수사 전문성 제고가 상당히 용이하다. 또한 사건 종류별 전담반을 설치한 대규모 경찰관서에서는 살인사건 전담반에 경찰관서 내 가장 유능하고 오래 근무한 형사 또는 수사관을 배치하는 등 담당 사건의 중요도에 따라 수사과 내의 인사 서열을 유지하고 있다. 살인사건 전담반은 담당 사건의 특성상 발생건수는 가장 적은 반면 사건 해결율(clearance rate)은 가장 높으며 이와는 상대적으로 빈번히 발생하는 절도사건을 전담하는 부서의 경우에는 담당 사건에 비해 가장 낮은 해결율을 보이기 때문에 승진 등 인사관리 측면에 있어서는 상당히 불리한 위치에 있다고 할 수 있다(Sanders, 1977). 또한 마약사건 전담반의 경우에는 담당 형사 또는 수사관이 실제 마약 판매자 및 구매자와의 직접 거래를 통해 증거를 수집하는 기법이 점점 보편화되면서 수사과정에서 발생할 수 있는 경찰관 부상 및 피살의 위험성이 높아지고 마약사범들과의 유착으로 인해 불법행위에 연관되는 수사관이 늘어나면서 일부 경찰관들 사이에서는 마약전담을 기피하는 경향을 보이고 있다(Walker &

Katz, 2008). 미국 내 대규모 경찰관서에는 주로 사건별 전담반이 설치된 것과는 달리 중간 규모의 경찰관서는 사건별 전담반 대신 수사과를 설치하여 소속 형사 또는 수사관으로 하여금 범죄 종류와 상관없이 거의 모든 사건을 일괄적으로 처리하도록 하고 있다. 마지막으로 소규모 경찰관서의 경우에는 수사 부서를 별로도 설치할 인력이 없기 때문에 발생하는 대부분의 사건 수사를 순찰경찰관이 담당하도록 하고 있다(Walker & Katz, 2008).

나. 경찰수사 절차

미국 경찰의 수사는 일반적으로 다음의 두 단계를 거쳐 진행된다(Palmiotto, 2004; Walker & Katz, 2008).

1) 예비수사(preliminary investigation)

예비수사는 우리나라 경찰의 초동수사와 유사한 개념으로 범죄신고 접수 후 즉시 실시하는 기초적인 수사 활동인 1차적 수사단계를 말한다. 예비수사 단계에서 미국 경찰관은 범죄용의자 식별 및 체포, 의료지원이 필요한 범죄피해자 지원, 범죄증거 유실 방지를 위한 범죄현장 보존, 증거 수집 및 예비수사보고서 작성 등의 활동을 한다. 대부분의 경우 순찰경찰관이 범죄발생시 즉각 범죄현장에 출동하여 범죄현장 부근에서 용의자를 검거하거나 범죄피해자 또는 목격자의 도움을 받아 용의자의 신상을 파악한 후 비교적 단시간 내에 용의자를 검거하는 등 예비수사 단계에서 전체 검거의 80%정도기 이루어진다(Reiss, 1974).

2) 후속수사(follow-up investigation)

예비수사가 종결된 이후 용의자 검거여부와 상관없이 모든 사건은 관련 수사부서로 이관된다. 이후 미제사건을 해결할 수 있는 가능성, 즉 수사 단서가 발견된 경우에 실시하는 수사뿐만 아니라 예비수사단계에서 발견하지 못한 단서를 찾기 위한 수사경찰관의 활동이 후속수사에 해당한다.

다. 비밀수사(undercover investigation)

일반적으로 경찰 수사는 이미 발생한 범죄에 대하여 취하는 수동적인 조치의 성격이 강하지만 범죄가 발생할 것을 미리 예측하여 선제적으로 범죄정보를 수집하거나 피의자를 검거하기 위해 적극적으로 수행하는 경우도 있다. 실제 미국 내 많은 경찰관서에서는 범죄관련 정보수집 및 피의자 검거를 위해 경찰관 신분을 숨긴 상태에서 정보원, 용의자 및 범죄조직에 접근, 범죄혐의 입증에 필요한 증거를 수집하는 등 비밀수사를 활용하고 있다. 대부분의 비밀수사는 특성상 마약, 도박, 성매매 및 장물 수사에 집중적으로 이용하고 있으나, 공무원 또는 정치인의 뇌물수수, 보험사기, 노동착취 등의 사건에도 활용하는 경우도 있다(Lyman, 2010). 비밀수사가 가장 많이 활용되는 마약사범 수사 시, 다음의 세 가지 비밀수사 방법이 주로 사용된다. 마약 제조자 또는 마약 판매총책 검거 시에는 경찰이 대량의 마약을 반복적으로 구입하여 마약조직의 상부에 접근하는 방법, 마약거래 장소로 알려진 곳에 대한 장기간의 감시를 통한 마약 판매자 및 구입자의 신상파악 후 검거하는 방법, 그리고 사복경찰관이 실제 마약판매자 또는 마약 구입자에게 접근하여 마약을 구입하거나 판매한 후 즉시 체포하거나 이를 증거로 사용하는 방법이 이용된다(Dempsey & Forst, 2008).

라. 함정수사(entrapment)

미국 시민들 역시 경찰의 비밀수사 또는 잠복수사에 대해 위법적인 함정수사라고 비판하는 경우가 많다. 미국 내에서 함정수사는 경찰이 특정인의 형사적 처벌을 받게 할 목적으로 범행 계획이 전혀 없는 사람으로 하여금 범죄를 저지르도록 적극적으로 유도하는 행위를 말하며, 만약 경찰의 함정수사 결과로 기소된 피고인은 재판과정에서 경찰의 함정수사를 위법성 조각사유로 사용하여 자신의 무죄를 항변할 수 있다. 그러나 경찰이 이미 범행을 계획하고 있던 사람에게 단순히 범죄의 기회를 제공하는 경우에는 합법적인 수사기법으로 간주되기 때문에 많은 미국 경찰관서에서는 범죄의 기회를 제공하는 방식의 함정수사가 자주 사용된다. 예를 들어 매춘부로 위장한 여자 경찰관이 남성에게 접근하여 성매매를 제안하고 해당 남성이 수락하는 경우, 취객으로 위장한 경찰관이 돈을 손에 쥔 상태로 길가에 앉아 누군가가 그 돈을 가져갈 때까지 기다리는 경우, 지하철 내에 고가의 휴대전화기 등을 누군가가 가져가도록 일부러 방치하는 경우 등은 경찰이 적극적으로 범행을 유도하는 것이 아닌 단순히 범행의 기회만을 제공하는 것으로 인정된다(Dempsey & Forst, 2008). 같은 맥락으로 미국 경찰관이 도로변의 장애물 뒤에서 운전자 몰래 과속단속을 실시하는 경우에도 해당 경찰관이 운전자로 하여금 과속운전을 하도록 유도한 것이 아니기 때문에 적법한 교통단속이라고 할 수 있다. 그러나 경찰이 지속적으로 위계의 방법을 동원하면서까지 전혀 범행 계획이 없었던 사람에게 범죄를 저지르도록 유도하는 경우는 비윤리적일 뿐만 아니라 위법한 수사 방법이기 때문에 미국 내에서도 금지된다(*Jacobson v. United States*, 1992).

마. 검시관제도(coroner system)

미국에도 사망 원인이 불문명하거나 특히 타살로 추정되는 시신을 대상으로 사망 원인 규명을 주 임무로 하는 법의관실(medical examiner office) 또는 검시관실(coroner office)이 설치되어 있으며 사인규명 및 조사에 관여하는 법의관실 또는 검시관실의 특성상 미국 내에서는 법집행기관의 일부로 분류되고 있다. 2018년 기준 미국 내에는 2,036개의 법의관실(medical examiner office) 또는 검시관실(coroner office)이 운영 중에 있으며, 16개 주와 워싱턴 D.C.에서는 주립 법의관실, 13개 주에서는 카운티 검시관실, 5개 주에서는 카운티 법의관실, 나머지 14개 주에서는 카운티 법의관실 및 카운티 검시관실을 혼용하여 운영하고 있다(Bureau of Justice Statistics, 2021). 이들 법의관실 또는 검시관실에 약 11,000여명의 전임 직원들이 근무하고 있으며, 한해 평균 60만 건에 달하는 변사 사건을 처리하고 있다(Bureau of Justice Statistics, 2021). 대부분의 미국 내 지역경찰관서가 경찰관 수 100명 미만의 소규모인 것과 마찬가지로 약 46%에 달하는 법의관실 및 검시관실 역시 인구 2만 5천명 미만의 소규모 지역에 설치되어 있다(Bureau of Justice Statistics, 2011). 미국 대부분의 법의관(medical examiner)은 법의학자이거나 법의학을 전공하지 않은 의사, 특히 외과의사 중에서 선발한다. 법의학자가 아닌 일반 의사의 경우에는 법의관 선발 전후로 법의학과 관련된 전문교육을 이수해야 하는 등 부검의로서 최소한의 자격요건을 갖추고 있다.

이에 반해 검시관(coroner)은 법학 또는 의학 관련 교육을 받지 못하여도 누구나 지역주민의 선거로 선출될 수 있으며 심지어 미국 역사상 앞을 보지 못하는 맹인도 검시관으로 선출된 적이 있는 등 법의관제도와는 상당한 차이점을 보이고 있다(Felder, 2009). 미국 일부 주에서 검시관의 자격요건을 법률로 규정하면서부터 법의관의 자격수준으로 강화한 지역도 있지만 일부 주에서는 여전히 선거로 검시관을 선출하고 있다. 예를 들어 조지아(Georgia) 주의 경우에는 고등학교 졸업 이상의 학력을 소지한 25세 이상의 성인이면 중요범죄 전과기록이 없고 최소 1주일 동안 사망사건 수사와 관련된 기초교육을 이수한 경우에는 검시관이 될 수 있다(PBS, 2015). 따라서 사망사건 수사와 관련된 전문적 의학지식이 없음에도 불구하고 주민선거로 선출된 검시관은 단독으로 사체를 검시할 능력이 없어 사건 발생시에는 관련 전문가에게 부검을 의뢰하는 현실이다. 따라서 일부 카운티에서는 예산부족 등의 이유로 부검의를 선임할 수 없는 경우에는 부검 자체가 불가능하여 사망사건의 범죄관련 여부에 대한 판단이 불가능한 경우도 발생할 수 있다. 따라서 검시관의 자격 요건을 법의관 수준으로 강화하거나 아예 검시관제도를 폐지하고 전면적인 법의관제도로 전환하여야 한다는 주장이 점차 제기되고 있다.

VI. 기타 논점

1. 인종차별 관행(racial profiling)

미국 건국 초기부터 시작된 백인과 소수인종간의 갈등은 백인이 대다수를 차지하는 경찰조직과 유색인 지역주민의 관계 속에서도 쉽게 찾아 볼 수 있다. 1991년 로스앤젤레스 경찰의 흑인 운전자 로드니 킹 구타사건, 1997년 뉴욕시 경찰관의 아이티 출신 흑인 애브너 루이마(Abner Louima) 성고문 사건, 1999년 뉴욕시 경찰관의 아프리카 기니 출신 흑인 아마두 디알로(Amadou Diallo) 41차례 총격 사망사건, 2006년 뉴욕시 경찰관의 흑인 숀 벨(Sean Bell) 50차례 총격 사망사건, 2020년 미네아폴리스에서 발생한 조지 플로이드(George Floyd) 사망사건 등 소수인종 특히, 흑인에 대한 경찰의 무분별한 무력 사용 및 차별적 대우로 인해 끊임없는 갈등이 시민들의 시위, 폭동으로 표출되고 있다. 1990년대에 접어들면서 소수인종에 대한 경찰의 '인종차별 관행'(racial profiling) 문제가 새로운 사회문제로 대두되기 시작하였다. 특히 마약사범 검거와 관련하여 일부 경찰관들이 흑인 운전자

의 사소한 교통법규 위반을 중점적으로 단속한 후 이를 기회로 운전자 및 차량에
대한 수색을 실시하는 소위 '흑인운전'(driving while black) 개념도 등장하였다
(Lundman & Kaufman, 2003).

2009년 7월 연구차 중국을 방문하고 귀국한 하버드대학교 흑인 교수 헨리
게이츠(Henry L. Gates)는 자신의 집 현관문이 열쇠로 쉽게 열리지 않자 강제로 문
을 열려고 하던 중 이를 절도범으로 오인한 주민의 신고를 받고 출동한 크라울리
경사(Sgt. James Crowley)에 의해 체포되는 사건이 발생하였다. 며칠 후 게이츠 교수
는 혐의를 벗어 기소되는 일은 면하였지만 버락 오바마 대통령까지 가세한 경찰
의 인종차별적 법집행을 비판하는 여론과 경찰관의 정당한 공무집행을 옹호하는
여론이 서로 충돌하였고 결국 오바마 대통령, 조 바이든 부통령, 게이츠 교수, 크
라울리 경사가 서로의 오해를 푸는 백악관 '맥주 회담'(beer summit)이 성사되기도
하였다. 이와 같이 흑인은 잠재적 범죄자라는 선입관에서 비롯된 경찰의 인종차
별적 법집행은 대다수 선량한 소수인종 시민들의 인권을 침해할 우려가 상당히
높다. 비록 대부분의 미국 경찰관은 '인종차별 관행'에 근거한 법집행을 하지 않
는다고 부인하지만 미국 내 40% 이상의 흑인들은 이미 경찰의 인종차별을 경험
한 적이 있으며 심지어 백인들 역시 소수인종에 대한 경찰의 차별이 광범위하게
퍼져 있다고 믿고 있다(Gallup Organization, 1999).

실제 관련 경찰 데이터 분석 결과, 인구 대비 훨씬 많은 수의 소수인종 운전
자가 경찰의 정지 명령 및 수색을 받고 있으며(Durose, Smith, & Langan, 2007), 보행자
역시 백인에 비해 흑인 또는 히스패닉 시민들이 보다 자주 경찰의 불심검문을 받
고 있다(Roberg et al., 2012). 물론 많은 수의 소수인종 시민들이 저소득층 밀집지역
및 우범지대에 거주하고 있는 상황에서 경찰이 이들 지역에 대해 경찰력을 집중
하고 있기 때문에 소수인종 시민이 백인보다 자주 경찰과 접촉하는 개연성도 충
분히 있을 수 있다. 따라서 이 문제에 대해 경찰, 시민단체, 그리고 학계의 면밀
한 협조를 통한 연구가 절실한 상황이다.

2. 과잉물리력 사용

소수인종에 대한 차별적 법집행 문제와 더불어 미국 경찰의 과잉물리력 사

용도 심각한 사회문제로 부각되어 왔다. 앞서 살펴본 바와 같이 높은 강력범죄 발생률 및 자유로운 총기 소지로 인해 상당히 많은 숫자의 경찰관이 근무 중 죽거나 다치는 등 위험한 치안환경으로 인해 시민과 대치하는 경찰관의 입장에서는 필요 이상의 대응을 할 수 있는 개연성이 극히 높은 실정이다. 또한 모든 경찰관은 본인 또는 무고한 시민의 생명 보호, 범죄 예방 및 법집행을 위해 물리력을 사용할 권한이 있기 때문에 과잉물리력 사용과 정당한 물리력 사용은 반드시 구별되어야 한다.

1985년 미국 연방대법원은 테네시 대 가너(*Tennessee v. Garner*, 1985) 사건에서 피의자가 경찰 또는 다른 시민의 생명에 대한 위협 없이 단순히 도주하는 경우에는 총기를 사용할 수 없다고 판시하였으며 1989년 미국 연방대법원은 캔턴시 대 해리스(*City of Canton v. Harris*, 1989) 사건에서 경찰의 물리력 사용은 시민의 저항 수준에 맞게 객관적으로 합리적이어야 한다고 판결하였다. 이와 같이 법적인 측면에서 볼 때 경찰관의 물리력은 시민의 저항이 있는 경우로 그 사용이 제한된다. 실제 경찰의 물리력 사용에 관한 연구 역시 시민의 인종과 상관없이 시민의 저항 수준이 미국 경찰의 물리력 사용에 가장 큰 영향을 미친다는 일관된 결과에 도달해 있다(Lee et al., 2010). 그럼에도 불구하고 경찰에 저항하지 않는 시민 특히, 소수인종 시민에게 총격을 가하거나 필요 이상의 물리력을 사용하는 사례가 종종 발생하고 있어 전체 미국 경찰의 정당성을 심히 훼손하고 있는 실정이다. 따라서 물리력 사용 한계에 대한 지속적인 경찰관 교육 및 훈련, 폭력 성향이 높은 경찰관에 대한 상담, 징계 및 배제 조치, 물리력 사용 검토위원회 운영 등으로 통한 경찰 물리력 사용에 대한 통제가 필요하다.

참고문헌

- 신현기, 김학경, 김형만, 양문승, 이영남, 이종화, 이진권, 임준태, 전돈수 (2012). 비교경찰제도론(제3판). 법문사.
- Alpert, G. P., Dunham, R. G., & Stronshine, M. S. (2006). *Policing: Continuity and change*. Long Grove, IL: Waveland.
- Archbold, C. A. (2013). *Policing: A test/reader*. Thousand Oak, CA: Sage.
- Baro, A. L., & Burlingame, D. (1999). *Law enforcement and higher education: Is there an impasse? Journal of Criminal Justice Education, 10*(1), 57−73.
- Bayley, D. H. (1994). *Police for the future*. New York: Oxford.
- Boyd, J. P. (1928). The sheriff in colonial North Carolina. *North Carolina Historical Review, 5*, 151−181.
- Brown, R. M. (1991). Vigilante policing. In C. B. Klockars & S. D. Mastrofski (eds.), *Thinking about police: Contemporary readings* (2nd ed., pp. 58−73). New York: McGraw−Hill.
- Bureau of Justice Statistics. (2021). *Medical examiners and coroners' offices, 2018*. Washington, DC: Office of Justice Programs, U.S. Department of Justice.
- Bureau of Justice Statistics. (2022a). *Census of state and local law enforcement agencies, 2018*. Washington, DC: Office of Justice Programs, U.S. Department of Justice.
- Bureau of Justice Statistics. (2022b). *Federal law enforcement officers, 2020*. Washington, DC: Office of Justice Programs, U.S. Department of Justice.
- Bureau of Justice Statistics. (2022c). *Full−time federal law enforcement officers in agen−cies other than Offices of Inspectors General employing 50 or more officers, by demo−graphic characteristics, FY 2020*. Washington, DC: Office of Justice Programs, U.S. Department of Justice.
- Bureau of Justice Statistics, (2022d). *Local police departments personnel, 2020*. Washington, DC: Office of Justice Programs, U.S. Department of Justice.
- *City of Canton v. Harris*, 489 U.S. 378 (1989).
- Cochrane, R. E., Teft, R. P., & Vandecreek, L. (2003). Psychological testing and the se−lection of police officers. *Criminal Justice and Behavior, 30*, 511−537.
- Cohen, B., & Chaiken, J. M. (1972). *Police background characteristics and performance*. New York: Rand Institute.

■ Cordner, G. W. (1989). Police agency size and investigative effectiveness. *Journal of Criminal Justice, 17*(3), 145−155.

■ Cox, S. M., McCamey, W. P., & Scaramella, G. L. (2014). *Introduction to policing* (2nd Ed.). Thousand Oaks, CA: Sage.

■ Dempsey, J. S., & Forst, L. S. (2008). *An introduction to policing* (4th ed.). Belmont, CA: Thomson Wadsworth.

■ *Dothard v. Rawlinson,* 433 U.S. 321 (1977).

■ Douthit, N. (1975). August Vollmer: Berkeley's first chief of police and the emergence of police professionalism. *California Historical Quarterly, 54,* 101−124.

■ Durose, M. R., Smith, E. L., & Langan, P. A. (2007). *Contacts between police and the public, 2005.* Washington, DC: Bureau of Justice Statistics.

■ Eisenberg, T., Kent, D. A., & Wall, C. R. (1973). *Police personnel practices in state and local government.* Gaithersburg, MD: International Association of Chiefs of Police.

■ Federal Bureau of Investigation. (2019a). *Crime in the United States by volume and rate per 100,000 inhabitants, 2020−2019.* Available at https://ucr.fbi.gov/crime−in−the−u.s/2019/crime−in−the−u.s.−2019/topic−pages/tables/table−1. Retrieved January 31, 2023.

■ Federal Bureau of Investigation. (2019b). Justifiable homicide *by weapon, law enforce−ment, 2015−2019.* Available at https://ucr.fbi.gov/crime−in−the−u.s/2019/crime−in−the−u.s.−2019/tables/expanded−homicide−data−table−14.xls. Retrieved January 27, 2023.

■ Federal Bureau of Investigation. (2019c). *About law enforcement officers killed and as−saulted, 2019.* Available at https://ucr.fbi.gov/leoka/2019/home. Retrieved January 31, 2023.

■ Felder, R. D. (2009). A coroner system in crisis: The scandals and struggles plaguing Louisiana death investigation. *Louisiana Law Review, 69*(3), 627−659.

■ Foley, V. L. (1980). *American law enforcement.* Boston: Allyn and Bacon.

■ Fyfe, J. J. (1987). *Police personnel practices, 1986.* Washington, DC: International City Management Association.

■ Gaines, L. K, & Kappeler, V. E. (2011). *Policing in America* (7th ed.). Waltham, MA: Anderson Publishing.

■ Gallop Organization. (1999). *Racial profiling is seen as widesread, particularly among young black men.* Princeton, NJ: Gallop Organization.

■ Good, G. W., Maisel, S. C., & Kriska, S. D. (1998). Setting an uncorrected visual acuity standard for police officer applicants. *Journal of Applied Psychology, 83*, 817−824.

■ Greenberg, D. (1976). *Crime and law enforcement in the colony of New York, 1691−1776.* Ithaca, NY: Cornell University Press.

■ Hickman, M. J. (2009). *State and local law enforcement training academies, 2006.* Washington, DC: Bureau of Justice Statistics.

■ Hickman, M. J., & Reaves, B. A. (2006). *Local police departments, 2003.* Washington, DC: Bureau of Justice Statistics.

■ International City Management Association. (1984, June). Intergovernmental service ar−rangements and the transfer of functions. *Baseline Data Report, 16.*

■ *Jacobson v. United States,* 530 U.S. 540 (1992).

■ Kelley, D. (1976). Ranger hall of fame. *FBI Law Enforcement Bulletin, 45*(5), 18.

■ Kelling, G. L., & Moore, M. H. (1988). *The evolving strategy of policing: Perspectives on policing.* Washington, DC: National Institute of Justice.

■ Kelling, G. L., Pate, T., Dieckman, D., & Brown, C. E. (1974). *Kansas City preventive patrol experiment: A technical report.* Washington, DC: Police Foundation.

■ Kurz, D. (2006). A promotional process for the smaller police agency. *The Police Chief, 73*(10), 38−49.

■ LaGrange, T. C. (2003). The role of police education in handling cases of mental disorder. *Criminal Justice Review, 28*, 88−113.

■ Landy, F., & Conte, J. M. (2009). *Work in the 21st century: An introduction to industrial and organizational psychology* (3rd ed.). Hoboken, NJ: Wiley−Blackwell.

■ Langworthy, R., Hughes, T., & Sanders, B. (1995). *Law enforcement recruitment, se−lection, and training: A survey of major police departments in the US.* Highland Heights, KY: Academy of Criminal Justice Sciences.

■ Lee, H., Jang, H., Yun, I., Lim, H., & Tushaus, D. W. (2010). An examination of police use of force utilizing police training and neighborhood contextual factors: A multilevel analysis. *Policing: An International Journal of Police Strategies & Management, 33*(4), 681−702.

■ Lundman, R. J., & Kaufman, R. L. (2003). Driving while black: Effects of race, ethnicity, and gender on citizen self−reports of traffic stops and police actions. *Criminology, 41*, 195−220.

■ Lyman, M. D. (2010). *The police: An introduction* (4th Ed.). Upper Saddle River, NJ: Prentice Hall.

■ Masters, R. E., Way, L. B., Gerstenfeld, P. B., Muscat, B. T., Hooper, M., Dussich, J. P.

J., Pincu, L., & Skrapec, C. A. (2009). *CJ: Realities and challenges.* New York: McGraw—Hill.

■ Meier, R. D., Farmer, R. E., & Maxwell, D. (1987). Psychological screening of police candidates: Current perspectives. *Journal of Police Science and Administration, 15,* 210—215.

■ *Miranda v. Arizona,* 384 U.S. 436 (1966).

■ National Advisory Commission on Criminal Justice Standards and Goals. (1973). *Police.* Washington, DC: Government Printing Office.

■ National Constables Association. (2015). *Duties and responsibilities.* Available at http://www.angelfire.com/la/nationalconstable/duties.htm. Retrieved March 23, 2015.

■ National Sheriff's Association. (1976). *County law enforcement: Assessment of capabilities and needs.* Washington, DC: National Sheriff's Association.

■ Palmiotto, M. (2004). *Criminal investigation.* Lanham, MD: University Press of America.

■ Pate, A., & Hamilton, E. E. (1991). *The big six: Policing America's largest cities.* Washington, DC: The Police Foundation.

■ PBS. (2015). *Post mortem: Death investigation in America.* Available at http://www.pbs.org/wgbh/pages/frontline/post—mortem/things—to—know/how—qualified—is—your—coroner.html. Retrieved March 30, 2015.

■ Peak, K. J. (2012). *Policing America: Challenges and best practices* (7th ed.). Upper Saddle River, NJ: Prentice Hall.

■ Piketty, T. (2014). *Capital in the twenty—first century.* Cambridge, MA: Belknap Press.

■ Pitts, S., Glensor, R., & Peak, K. J. (2007). The police training officer (PTO) program: A contemporary approach to post—academy recruit training. *The Police Chief, 74*(8), 34—40.

■ Police Executive Research Forum. (1981). *Survey of police operational and admin—istrative practices—1981.* Washington, DC: Police Executive Research Forum.

■ Reiss, A. J. (1974). *The police and the public.* New Haven, CT: Yale University Press.

■ Roberg, R. & Bonn, S. (2004). Higher education and policing: Where are we now? *Policing: An International Journal of Police Strategies & Management, 27,* 469—486.

■ Roberg, R., Novak, K., Cordner, G., & Smith, B. (2012). *Police & society* (5th ed.). New York: Oxford University Press.

■ Sanders, W. B. (1977). *Detective work: A study of criminal investigations.* New York: Free Press.

■ Schmalleger, F. (2013). *Criminal Justice: A Brief Introduction* (10th Ed.). Upper Saddle

River, New Jersey: Pearson.

- Sherman, L. W. (1995). Hot spots of crime and criminal careers of place. In J. E. Eck & D. Weisburd (Eds.), *Crime and place: Crime prevention studies (Vol. 1)*. (pp. 35−52). Monsey, NY: Criminal Justice Press.

- Sherman, L. W., & Weisburd, D. (1995). General deterrent effects of police patrol in crime "hot spots": A randomized controlled trial. *Justice Quarterly, 12*(4), 625−648.

- Slater, H. R., & Reiser, M. (1988). A comparative study of factors influencing police recruitment. *Journal of Police Science and Administration, 16*(3), 168−176.

- Talyor, B., Kubu, B., Friedell, L, Rees, C., Jordan, T. & Cheney, J. (2005). *The cop crunch: Identifying strategies for dealing with the recruiting and hiring crisis in law enforcement.* Washington, DC: Police Executive Research Forum.

- *Tennessee v. Garner*, 471 U.S. 1 (1985).

- U.S. Census Bureau (2020). Quick facts. Available at https://www.census.gov/quick−facts/fact/table/US/PST045222 Retrieved January, 20 2023.

- Wakeling, S., Jorgensen, M., Michaelson, S., & Begay, M. (2001). *Policing on American Indian Reservations.* Washington, DC: National Institute of Justice.

- Walker, S., & Katz, C. M. (2008). *The police in America: An introduction* (6th Ed.). New York: McGraw−Hill.

- Warren, J., Forst, M., & Estrella, M. (1979, July). Directed patrol: An experiment that worked. *The Police Chief,* pp. 48−49, 78.

- Worden, R. E. (1990). A badge and a baccalaureate: Policies, hypothesis, and further evidence. *Justice Quarterly, 7,* 565−592.

Japan

일 본

일본경찰은 "능률적 임무수행과 민주적 관리운영"이라는 두 가지 목표를 균형 있게 추구하는 경찰로 평가된다. 우선 '광역'자치경찰로서 임무를 능률적으로 수행하고 있고 공안위원회제도를 통해 민주적 관리운영을 확보하고 있다. 공안위원회제도는 경찰의 민주적 관리와 정치적 중립성을 확보하는 핵심적 제도이다.

[장 응 혁]

I. 일본의 개황

일본은 혼슈, 홋카이도, 규슈, 시코쿠의 4대 섬을 포함하여 총 6,800여개의 섬으로 이루어진 섬나라로 국토의 총면적은 약 37만 8,000㎢이고 인구는 1억 2,000여만명이다.

1. 일본의 정치·행정제도와 역사

일본은 상징적이기는 하나 천황제도를 두고 있으며 천황은 총리대신과 최고 재판소장을 임명하며, 헌법·법률·내각명령·조약을 공포하며 국회를 소집하고 중의원을 해산하는 등 헌법이 정한 국사에 관한 행위만을 한다.[1]

헌법[2]상 의회제 민주주의를 채택하여 입법 조직인 국회가 4년 임기의 중의원 512명과 6년 임기의 참의원 252명으로 구성되며 국권의 최고 기관이다.

행정 조직은 총리대신과 행정기관인 성(省)의 장인 국무대신이 내각을 구성하여 행정권을 행사하고[3] 사법 조직은 우리나라와 달리 헌법재판소는 없고 최고 재판소 이하 고등재판소, 지방재판소, 가정재판소, 간이재판소로 이루어져 있다.

지방자치가 활성화되어 광역지방자치단체인 도도부현(1都(도쿄), 1道(홋카이도), 2府(교토·오사카), 43県)과 시구정촌(市区町村)[4]으로 이루어져 있고 현 등은 지사가, 시구정촌은 시장 등이 행정을 담당하며 지방의회가 설치되어 지역 조례의 제정 및 지방의 예산 결정 및 지출 승인 등을 하고 있다.

---

1 645년에 다이카(大化)라는 원호를 사용한 이래 지금까지도 공식적인 경우에 원호를 사용하며 현재 2019년을 원년으로 하여 레이와(令和)라는 원호가 사용되고 있다.

2 2차 세계대전에서 패한 일본이 1946년 11월에 공포한 헌법은 제9조에서 무력을 행사하지 않을 것과 군사력을 갖지 않을 것을 규정하여 평화헌법이라고 불리고 있다.

3 내각책임제(합의제 행정부)의 정부형태를 운영하면서도 기본적으로 행정기관 나름의 독립성을 인정하여 대통령중심제의 정부형태에 비해 권력집중이 어려운 구조로 평가되고 있다.

4 도쿄도에만 특별 '구'가 23개 있으며 2022년 1월 현재 772의 시와 743의 정, 189의 촌이 있다. 아울러 20만 이상의 인구가 사는 도시들을 인구수에 따라 '지정도시(指定都市)', '중핵도시(中核都市)', '특례시(特例市)'로 하여 독립적인 권한들을 해당도시의 의회와 행정조직에 인정하고 있다.

이러한 정치제도 이전을 살펴보면 과거부터 천황제가 있었으나 사실상 지방별로 영주가 있었고 근대화 이전에는 막부가 중심이 되어 지배하는 정치제도였다. 이것이 오늘날의 규슈에 해당하는 지방을 중심으로 1867년 왕정복고를 단행하고 이어 1868년부터 명치유신을 진행하여 중앙집권적인 왕정체제를 확립하였다. 이후 2차 세계대전에 참가하였다가 패전으로 연합국 특히 미국의 영향을 크게 받아 현재의 모든 제도가 성립되었다.

2. 일본의 치안현황

일본은 세계적으로 치안이 양호한 나라로 각종 범죄통계상 주요 범죄발생률이 압도적으로 적다.[5]

그러나 일본도 범죄 특히 형법상의 범죄가 계속 증가하여 왔고 특히 1996년부터 급격히 증가하여 2002년 2차 세계대전 이후 가장 많은 범죄가 발생하여 큰 사회문제가 되었다. 2차 세계대전 이후의 범죄발생 및 검거의 추이는 [그림 1]과 같다.

이러한 치안악화에 대응하여 경찰뿐만 아니라 국가 주도로 다양한 대책을 추진하였고 현재는 상당 부분 개선되었다. 다만 수치상의 개선에도 불구하고 2012년 8월 실시한 치안에 대한 특별여론조사에서 일본이 안전하고 안심할 수 있는 나라인가라는 질문에 그렇다는 답변(59.7%)을 하면서도 최근의 치안이 "나쁘게 되었다"는 답변이 압도적으로 많아(81.1%) 체감치안이 큰 문제로 제기되고 있다.

---

5 2009년 인구 10만명당 범죄율을 비교한 결과 OECD 38개국 중 일본은 살인 37위, 강도 38위, 강간 38위, 폭행 35위로 모두 낮았다. 참고로 우리나라의 경우 강도는 36위, 폭행은 23위였으나 강간은 15위, 살인은 7위였다.

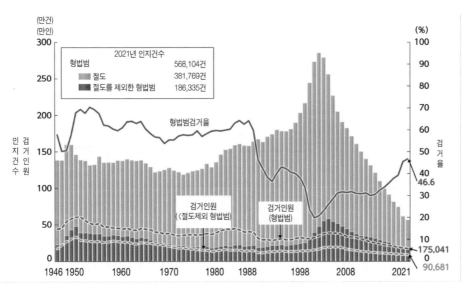

[그림 1] 일본의 형법범 인지[6]건수 · 검거인원 · 검거율의 추이
출처: 법무성, 레이와 4년(2022) 범죄백서, 2022, 3면

3. 일본의 형사사법제도

일본의 형사사법제도는 처음에는 프랑스와 독일의 제도를 기본적인 모델로 삼았으나 2차 세계대전 이후 미국의 당사자주의적 요소를 많이 받아들여 절충한 독특한 모델로 이해하기가 쉽지 않고 우리나라와도 상당한 차이가 있다. 우선 체포와 구속절차, 경찰과 검찰의 관계, 검사의 소추권한의 형태 등이 크게 차이났고 이후 제1 · 2차 사법개혁 등을 거치면서 더 많은 차이가 발생했다. 범죄의 발생부터 판결 확정까지의 형사절차 흐름은 다음과 같다.

---

6 경찰이 처리한 범죄를 '발생'범죄와 동일시하는 우리나라에 비해 일본은 파악되지 않는 암수범죄 등을 감안하여 '인지'범죄라는 개념을 사용한다.

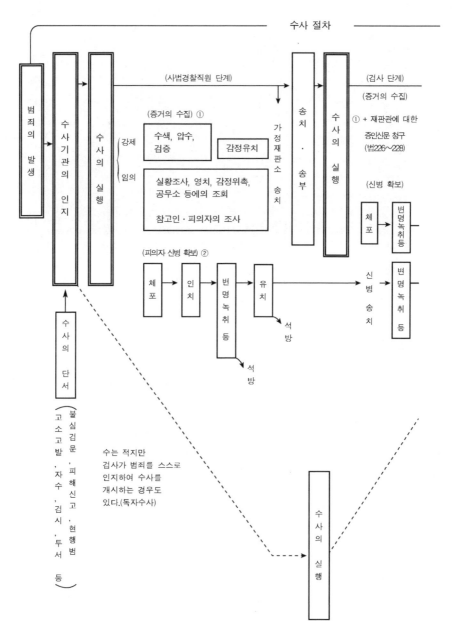

[그림 2] 일본의 형사절차 흐름

출처: 幕田英雄, 實例中心 搜查法解說 第3版 東京法令出版, 2012, 16-17면

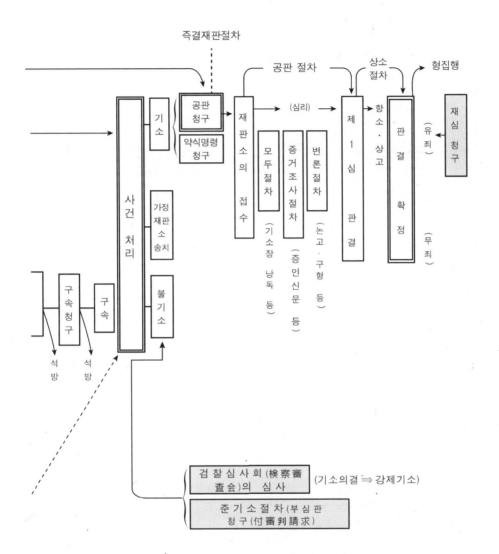

Ⅱ. 경찰의 발전과정

1. 근대경찰의 시작과 발전

명치유신(1868년)으로 중앙집권적인 왕정체제가 이루어지기 전까지 지방은 각자 번(蕃)을 중심으로 번주와 사무라이(武士)들이 나름대로의 조직과 방식으로 치안을 담당하였다. 그중에서도 근대 일본 경찰과 밀접한 관련을 갖는 것이 18세기에 에도(江戸 : 현재의 도쿄)의 치안을 담당하였던 정봉행소(町奉行所)[7]로 볼 수 있다. 정봉행소는 행정·사법·경찰을 담당하였으며 여기서 경찰기능을 담당했던 것은 정봉행의 밑에서 일을 하던 동심(同心)으로 약 30명에 불과하였는데 동심이 자비로 사람들을 고용하여 수사를 담당하게 하였다.[8]

이러한 조직은 명치유신 이후에 들어선 신정부도 그대로 계승하여 도쿄의 일상적 범죄는 봉행소가 담당하고 막부세력의 반항을 진압하기 위해 지방에서 온 번병(蕃兵)이 순찰을 돌았다. 이후 신정부는 봉행소를 폐지하고 반란 진압을 목적으로 한 치안부대만 두었으나 이후 국가경찰 창설을 염두에 두고 우선 신수도가 된 도쿄에 1871년 나졸 3,000명을 설치하고 1874년 정식으로 경시청을 설치하였다. 2차 세계대전 이후 '구'경찰법 제정 이전까지 경찰 관련 중요한 변화는 〈표 1〉과 같다.

〈표 1〉 '구'경찰법 제정 이전 경찰의 주요 변화

1871	10. 23.	도쿄부에 나졸 3,000명을 설치
1872	9. 14.	카와지 토시요시(川路 利良 : 이후 카와지라 함), 사법제도조사단의 일원으로 요코하마를 출항
1873	9. 6.	카와지 귀국(서구시찰에 근거하여 경찰제도 개혁을 건의)[9]
1874	1. 9.	사법성 경보료[10]를 신설하는 내무성으로 이관,[11] 1. 15. 도쿄에 경시청을 설치
1875	3. 7.	행정경찰규칙을 제정하고 전국적인 경찰조직의 기준을 규정
1876	10. 25.	도쿄부의 각종 행정경찰사무를 경시청에 이관
1877	1. 19.	경시청을 폐지하고 내무성 경사국의 직할로 함. 2. 10. 서남전쟁으로 도쿄의 순사 600여명을 규슈로 파견(9. 5.까지 합계 9,500명)

7 거슬러 올라가면 9세기경 교토에 설치되어 도적 등의 범인검거와 풍속 및 불법을 단속하고 소송과 재판도 담당했던 検非違使가 있다.

8 菊地良生, 警察の誕生, 集英社, 2010, 10-12면.

1879	2. 12.	카와지 서구로 출발(카와지는 병으로 10. 8. 귀국하여 사망)
1881	1. 14.	내무성 경시국을 경보국으로 개칭하고 도쿄에 경시청을 재설치
1885	3. 6.	프로이센의 경찰대위 방일(4. 15. 개설한 경찰훈련소에서 강의하는 한편 1890. 3.까지 일본 전역을 순회하면서 시찰하고 보고서를 제출)
1886	7. 20.	지방관관제를 제정(경찰본서를 경찰본부로 개칭, 각 군구에 경찰서를 둠)
1888	10. 31.	경찰관리배치 및 근무개칙을 공포하고 주재소제도를 규정(전국에 주재소 설치)[12]
1900	3. 10.	치안경찰법 공포
1905	9. 9.	도쿄에서 경시청 폐지운동이 전개됨
1906	4. 18.	경시청, 관제를 전면개정
1910	5. 25.	대역사건의 검거가 시작됨
1911	8. 21.	경시청, 특별고등과를 설치(1912. 10. 1. 오사카부도 설치)
1917		1. 부터 경찰관료의 해외파견이 계속됨
1918		7. 미국에 대한 소동이 전국으로 확대되어 경찰과 군대가 출동(~9.)
1919		전국 각지에서 경찰에 의한 주민 조직화가 추진됨
1921		경찰의 민중화, 민중의 경찰화, 자경활동이 강조됨
1925	4. 22.	치안유지법 공포
1928	7. 3.	모든 현에 특별고등과 설치
1932	6. 29.	특별고등경찰을 대확충

출처: 大日方純夫, 近代日本警察のなかのヨーロッパ, 林田敏子·大日方純夫 編, 近代ヨーロッパの探求 13 警察, ミネルヴァ書房, 2012, 324면의 표를 재편집함.

이러한 과정을 거쳐 형성된 일본 근대경찰은 중앙집권적 국가경찰로 볼 수 있고 구체적 특성은 다음과 같다. 우선 ① 중앙에 내무성이 있고 여기에 부현단위로 경찰본부, 경찰서 및 주재소·파출소가 설치되어 있는 중앙집권적 기구라는 점, ② 행정경찰이 중심 기능이라는 점,[13] ③ 사무라이 계층을 흡수히여 성립한 점이다. 이러한 일본의 근대경찰은 법률에 의하지 않고도 천황의 대권과 독립

9 경시청 초대 대경시(大警視: 후의 경시총감)을 역임하는 등 일본 경찰의 아버지로 불리는 카와지는 프랑스 경찰을 참고로 하여 건의를 제출하였고 실현된 주요내용으로는 관으로 일체화된 경찰조직의 구축, 수도경찰과 전국경찰의 프랑스식 통일화, 나아가 사법경찰과 행정경찰의 개념구분이 있다. 菊地良生, 警察の誕生, 集英社, 2010, 197면.

10 Police의 번역어로「警察(경찰)」이외에도 단속을 의미하는「取締(취제)」가 있었고 독일어인 polizei를「警保(경보)」로 번역하기도 하였다. 金山泰介, 警察行政概論, 立花書房, 2013, 5면.

11 나졸(邏卒)이 이관되면서 순사(巡査)로 개칭되었다.

12 이전에는 경찰서 소재지에 순사가 집중되어 있었고 이를 프로이센처럼 지방자치체에 경찰권한을 주자는 주장도 있었으나 당시 일본 내무성의 반대로 주재소를 전국에 설치하게 되었다.

13 위생, 건축, 사회(공장 감독 등의 노동자 보호 및 노동조합 등의 노동운동에 관한 사무, 노동쟁의 조정사무), 자동차교통, 소방까지 광범위했다. 吉田英法, 戦前期における内政と警察, 講座 警察法 第一卷, 立花書房, 2014, 101-104면.

명령권에 의해 다양한 권한[14]을 가졌으며 노동운동 및 공산주의자 탄압 등 전제적으로 권력을 행사하였다.

2. 2차 세계대전 이후 경찰의 재편성

가. '구'경찰법 제정과 자치경찰제도 및 공안위원회제도 도입(1948~1954년)

2차 세계대전 패전후 연합사령부의 방침[15]에 따라 우선 경보국 보안과와 검열과 등이 폐지되며 내무성 경보국장 등 약 4,800명이 일제파면되었고 치안유지법 등도 폐지되었다.[16]

1946년 미국에서 2개의 경찰조사단이 방일하여 제출한 보고서를 참고로 연합사령부가 내각총리대신에게 편지를 보냈고[17] 1947년 12월 17일 '구'경찰법(법률 제196호)'이 공포되었다.

이 법은 경찰의 민주화와 철저한 지방분권 추진을 목표로 하여 시정촌 단위의 자치경찰 설치 및 공안위원회제도 창설을 핵심내용으로 하였고 이에 따라 인구 5,000명 이상의 시정촌에는 자치경찰(시정촌자치체경찰)을 두어 출범 당시 전국에 1,605(이중 정촌은 1,386)개의 자치경찰이 탄생하였고 촌락지역 등 나머지 지역은 국가경찰(국가지방경찰)이 담당하게 되었다.

그러나 이렇게 세분화된 경찰은 광역적 사무수행 등에 적합하지 않는 등 비효율적이었고 중앙정부도 차별적으로 재정지원을 하면서 많은 문제점이 나타나게 되었다.

---

14 주된 법률과 행정입법으로는 1875년 공포된 「행정경찰규칙」, 1885년 공포된 「위경죄즉결례」, 1908년 제정된 「경찰범처벌령」, 1925년 제정된 「치안유지법」 등이 있다. 자세한 내용은 이운주, 경찰제도(일본), 비교경찰론, 수사연구사, 2006, 487-488면을 참고하길 바란다.

15 1945년 9월 22일의 「항복후 미국의 초기 대일 방침」은 사법, 법률 및 경찰조직을 가능한 빨리 개혁할 것을, 동년 10월 4일의 「정치적, 공민적 및 종교적 자유에 대한 제한의 철폐에 관한 각서」는 비밀경찰기관 및 언론, 출판 등의 검열·감독에 관계된 일체의 기능정지와 내무대신 이하의 특별고등경찰의 전직원 파면 등을 요구하였다.

16 다만 「행정경찰규칙」, 「행정집행법」 및 「경찰범처벌령」은 「경찰관등직무집행법」과 「경범죄법」의 제정 이후 폐지되었다.

17 일본정부의 내무성도 독자적인 개혁시안을 작성하였으나 전혀 반영되지 못했다. 세부적인 내용 및 경과에 대해서는 岩瀨聰, 現行警察制度の歷史 一現行警察法成立までの過程を中心として一, 講座 警察法 第一卷, 立花書房, 2014를 참고하길 바란다.

이에 따라 1952년 주민투표를 각각 실시하여 자치경찰은 402(정촌 127)개로 줄어들었고 1954년 자치경찰과 공안위원회제도를 유지하면서도 효율성과 정부의 치안책임을 확보할 수 있도록 하기 위해 경찰법을 전면개정(법률 제162호)하게 되었다.[18]

나. '신'경찰법(이하 경찰법이라 함) 제정과 광역자치경찰제도 도입

전면개정된 경찰법의 중요한 특징은 경찰의 민주적 운영과 정치적 중립성을 확보하기 위해 공안위원회제도를 유지하면서 국가공안위원회 위원장은 국무대신으로 하고 경찰운영의 단위를 도도부현으로 하여 집행사무를 도도부현 경찰에 일원화하면서 국가의 일정한 관여를 인정한 것이 특징이다. 이후 몇 번의 개정을 거쳐 조직 및 기능을 일부 변경하였으나 중요한 골격은 그대로 유지되고 있다.

3. 경찰개혁의 추진

1999년부터 잇따른 경찰 관련 사건·사고의 발생으로 2000년 경찰쇄신회의가 발족되었고 여기서 제출한 「경찰쇄신에 관한 긴급제언」을 토대로 국가공안위원회와 경찰청은 「경찰개혁요강」을 수립하여 대대적인 경찰개혁을 추진하였다.

경찰개혁요강은 4대 과제 14개 시책으로 이루어졌으며 주요내용은 다음과 같다.

1. 경찰행정의 투명성 확보와 자정능력 강화
  (1) 훈령·통달의 공표, 징계사안 발표기준의 명확화 등 정보공개의 추진
  (2) 고충처리시스템 구축 등 경찰직원의 직무집행에 대한 국민고충의 적정한 처리
  (3) 감찰체제의 강화 등 경찰에 대한 엄정한 감찰 실시
  (4) 경찰의 감찰을 감독하는 기능 강화 등 공안위원회의 관리기능 충실과 활성화

---

18 보다 세부적인 내용 및 경과에 대해서는 島根悟, 国家地方警察及び市町村警察並立時代の概観, 警察の進路~21世紀に警察を考える~, 東京法令出版, 2008을 참고하길 바란다.

2. 「국민을 위한 경찰」의 확립

(1) 상담체제의 충실, 경찰서협의회[19]의 설치 등 국민의 요망·의견의 파악과 성실한 대응

(2) 코반근무자 부재의 해소 등 국민의 체감불안 해소를 위한 경찰활동의 강화

(3) 세심한 피해자 지원 등 피해자 대책의 추진

(4) 실적평가의 재검토

3. 새로운 시대의 요청에 부응하는 경찰 구축

(1) 폭력단 범죄 등 조직 범죄와의 대결

(2) 사이버 범죄 등 하이테크 범죄 대책의 획기적 강화

(3) 광역 범죄에의 적확한 대응

(4) 안전하고 쾌적한 교통의 확보

4. 경찰활동을 지원하는 인적기반 강화[20]

(1) 엄정한 집행력 확보와 개개인의 자질 향상

(2) 업무 합리화와 지방경찰관의 계획적 증원

이러한 과제 및 시책들은 총 44개의 세부계획을 통해 추진되었으며 2005년 12월 제출된 종합평가서에 의하면 범죄발생건수는 감소하였고 국민의 신뢰도도 상승하는 등 일정한 효과를 거두었다고 평가되었다.

국가공안위원회와 경찰청은 여기서 그치지 않고 종합평가서에서 지적된 사항 등을 계속하여 지속적으로 개혁하도록 2005년 12월 22일 「경찰개혁의 지속적 단행을 위한 지침」을 하달하였는데 2010년 실시한 종합평가에서 이후로도 일정한 성과를 거두고 있다고 평가되었다.[21]

---

19 도도부현 공안위원회가 주민 등을 위촉하여 경찰서장의 자문역을 수행하게 하고 있으며 지역실정을 경찰업무에 반영하게 한다는 좋은 평가를 받고 있다.

20 경찰에 대한 비판에서 출발한 개혁임에도 불구하고 경찰력을 강화하는 내용도 포함하고 있다.

21 2002년 568명으로 최고수치를 기록한 징계처분자수가 2009년에는 242명으로 7년간 연속으로 감소하였다. 일본 경찰의 개혁과 관련하여 더 자세한 내용은 田中節夫, 警察法施行60周年記念インタビュー 警察改革の軌跡, 警察学論集 第67卷 第7号, 2014를 참고하길 바란다.

Ⅲ. 경찰의 조직

　　일본 경찰은 "능률적 임무수행과 민주적 관리운영"의 양자가 추구된 경찰로 평가된다.[22] 이는 광역자치경찰로 임무를 능률적으로 수행하면서 공안위원회제도로 민주적 관리운영을 담보한다는 것인데 이를 위한 정치적 중립성 확보는 일본 경찰에서 가장 중요한 조직법상의 원칙으로 중시되고 있다. 즉 핵심적인 역할을 하는 것이 공안위원회제도이다.

1. 국가경찰(국가공안위원회와 경찰청)

가. 국가공안위원회의 의의

　　조직법상 경찰청은 국가공안위원회에 두어져 있는(경찰법 제5조) 특수한 조직일 뿐이다.[23] 나아가 국가공안위원회의 위원장은 내각의 구성원으로서 경찰에 관한 제도의 수립, 예산 편성이라는 내각의 권한사항에 관해 경찰과 내각을 연결함과 동시에 국회에서 국가공안위원회의 권한사항에 관해 정부를 대표하여 설명하고 있는[24] 특수한 형태이므로 일본 경찰 관련해서는 우선 국가공안위원회에 대한 심도깊은 이해가 필요하다.

　　국가공안위원회는 2차 세계대전 이후 미국이 점령정책의 일환으로 행정민주화를 위해 설치한 많은 행정위원회[25]의 하나로 1948년에 설립되어 내각부에 두어진 위원회 중 하나이다.

---

22 佐藤英彦, 特集 警察法施行 50年 日本警察の不易価値, 警察学論集 57券 7号, 立花書房, 2004, 2면.

23 경찰청은 경찰청이 국가공안위원회의 단순한 사무국이 아니고 독립한 행정기관이며 국가행정조직법상 제8조의3의 특별한 기관에 해당한다고 주장하였다. 나아가 다른 특별한 기관과도 달라 각 성(省)과도 실질적으로 다르지 않다고도 주장하였다. 경찰청 기획관리관실, 일본경찰법 해설, 1995, 67면.

24 경찰청, "일본의 경찰제도와 범죄수사", 일본경찰제도 관련 참고자료집, 2006, 159면.

25 이 행정위원회는 단순한 자문기구가 아니라 스스로 국가 및 지방공공단체의 의사결정을 하고 자신의 명의로 외부에 표시하는 권한을 가진 행정기관의 성격을 가지고 있었다. 다만 이후 행정위원회제도가 미국과 달리 일본사회에 맞지 않다는 지적이 있어 많은 행정위원회가 자문기관인 심의회 등으로 바뀌고 폐지되었으나 공안위원회는 현재도 존재하고 있다.

　　그 설치근거는 경찰권력이 정치적으로 남용되지 않도록 중립성을 확보하는 것으로 직권행사의 독립성을 확보하기 위하여 국가공안위원회는 내각총리대신의 소할하에 두어져26 있고(경찰법 제4조 제1항) 다른 일반 위원회와 같이 내각총리대신의 임명에 국회의 동의를 얻게 하는 등 내각총리대신의 임명재량에 제약을 가하고 있다. 나아가 일반적으론 학식경험자가 위원으로 임명되지만 전문분야에의 대응과 많은 사무량 등을 고려해 전문위원을 두는 것도 인정되고 있다.27

　　더구나 국가공안위원회는 유일하게 그 장이 국무대신인 위원회 즉 대신위원회(大臣委員會)로 내각부와의 독립성은 다른 위원회보다 크다고 할 수 있으며 이와 같이 국가공안위원회의 위원장을 국무대신으로 한 것은 정부의 치안에 대한 국가적 관점이 국가공안위원회의 중립적이고 바른 판단에 의해 경찰운영에 구현되어 정부의 치안책임과 경찰의 정치적 중립성과의 조화를 도모하기 위한 것으로 설명되고 있다.

　　여기에 다음과 같은 제도 설계로 정치적 중립성을 더하고 있다. 국가공안위원회는 위원장과 5인의 위원으로 조직하고(제4조 제2항) 국가공안위원회의 의사는 출석위원의 과반수로 결정하고 가부동수의 경우에만 위원장이 결정하는 것으로 하고 있다. 즉 위원장에게는 표결권이 없고 가부동수의 경우에 재정권만을 부여하고 있는 것이다.

나. 국가공안위원회의 권한과 2000년대의 개혁

　　국가공안위원회는 여러 권한을 가지는데 특히 중요한 것이 인사권으로 경찰청장관은 내각총리대신의 승인을 받아 임면하고 도부현 및 방면본부장은 도도부현 공안위원회의 동의를 얻어 임면하고 있다. 이뿐만 아니라 도도부현에서 근무하는 경시정 이상에 해당하는 지방경무관을 도도부현 공안위원회의 동의를 얻어 임면하고 있으며 이상을 정리하면 다음과 같다.

---

26 소할은 '지휘명령권 없는 감독'으로 내각총리대신은 국가공안위원회의 임명외에는 경찰법 제71조의 긴급사태의 경우에만 지휘감독권을 가진다.

27 경찰법 제12조의4 제1항 국가공안위원회에 「범죄피해자등급부금의지급등에의한범죄피해자등의지원에관한법률」 및 「옴진리교범죄피해자등을구제하기위한급부금에관한법률」 및 「국외범죄피해조위금등의지급에관한법률」의 규정에 의한 재정에 관계된 심사청구에 대하여 전문사항을 조사심의하기 위해 전문위원 약간명을 둔다.

〈표 2〉 일본 경찰의 임면권자 및 임면에 관한 요건

직 원	임명권자	임면에 관한 요건	근 거
경찰청장관	국가공안위원회	내각총리대신의 승인	경찰법 제16조 제1항
장관 이외의 경찰청직원	경찰청장관		경찰법 제16조 제2항
경시총감	국가공안위원회	도공안위원회의 동의와 내각총리대신의 승인28	경찰법 제49조 제1항
도도부현 경찰직원 중 경시정 이상의 경찰관(지방경무관)	국가공안위원회	도도부현 공안위원회의 동의	경찰법 제50조 제1항, 제51조 제4항, 제55조 제3항
도도부현 경찰의 직원중 지방경무관 이외의 직원	경시총감 또는 도부현 경찰본부장	도도부현 공안위원회의 의견청취	경찰법 제55조 제3항

이외에도 관계법의 하위규범인 국가공안위원회규칙의 제정, 각종 통보와 보고를 받는29 등 다양한 권한이 있으나 특히 2000년 경찰개혁 추진 이후 공안위원회 기능이 더욱 강화되었다. 구체적으로 감찰권을 강화하여 감찰에 대하여 구체적 또는 개별적 사항에 대하여 지시할 수 있게 되었고 또한 경찰법상 '관리' 개념을 명확히 하였다.30 아울러 활동범위를 확대하고 이를 보좌하도록 경찰청장관관방 내에 과단위 조직인 국가공안위원회 회무관을 설치하였다.

다. 경찰청

'구'경찰법에 의해 설치된 국가지방경찰본부가 전신으로31 현재 장관관방(한국의 기획조정관 및 경무인사기획관에 해당)과 5개 국(생활안전국, 경비국, 교통국, 형사국, 사이버

---

28 수도 도쿄를 관할하는 경시총감은 수도치안의 책임자라는 특성상 도공안위원회의 동의를 거쳐 내각총리대신의 승인을 받아 임면하고 있다.

29 「도로교통법」상의 보고와 「무기등제조법」에 근거한 통보를 받는다.

30 공안위원회 운영규칙을 개정하여 기존에는 '관리'의 개념을 경찰행정에 대한 대강의 방침을 정하여 그에 따라 운영되도록 감독한다는 것에서 개개의 사무집행의 세부내용까지 지휘감독은 아니어도 경찰청의 사무집행이 국가공안위원회의 큰 방침에 적합하지 않다고 인정되는 경우 방침에 적합하도록 필요한 지시가 가능하다고 변경하였다.

31 2차 세계대전 이전의 내무성 경보국은 경시청과 도부현에 대한 상급기관으로 전면적인 지휘감독권은 가지고 있었지만 특별고등경찰 부문을 제외하고는 경찰관이 배치되지 않아 개별사안에 실질적으로 관여할 수 없는 소규모 조직에 불과하였다. 田村政博, 警察法の60年 ―理念とプラティスの変化, 警察学論集 第67卷 第7号, 2014, 69면.

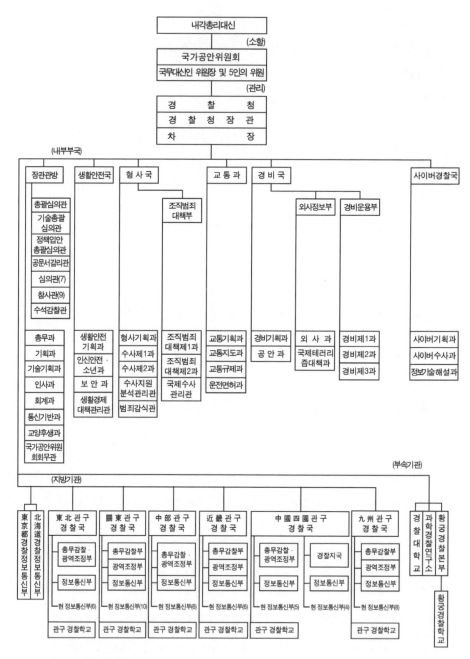

[그림 3] 일본 국가경찰의 조직도
출처: 경찰청 홈페이지(https://www.npa.go.jp/about/overview/kuninokeisatukikouzu.pdf)

경찰국),[32] 3개 부(조직범죄대책부, 외사정보부, 경비운용부)가 있고, 부속기관 3개(경찰대학교, 과학경찰연구소,[33] 황궁경찰본부)와 8개의 지방기관(관구경찰국 6개, 경찰정보통신부 2개)으로 이루어져 있다.

2013년 기준 2,088명(이중 내부 근무자는 1,330명)이 30과 및 5관에 근무하며 이중 20과 3관이 각종 경찰사안에 대처하여 도도부현 경찰의 지도 등을, 나머지가 국가사무를 담당하고 있다.[34]

2. 자치경찰(도쿄의 경시청을 중심으로)

가. 도도부현 공안위원회

도도부현 경찰의 관리기관으로 도도부현 지사의 소할하에 도도부현 공안위원회가 설치·운영되고 있고 도도부 및 지정현은 5인으로, 기타 현은 3인으로 구성된다. 위원은 도도부현 지사가 도도부현 의회의 동의를 얻어 임면하지만 도도부현 지사는 정치적 중립성 보장을 위해 이외에 특별한 지휘감독권을 가지지 않는다.[35]

도도부현 공안위원회의 주요 권한으로는 도도부현 경찰에 대한 관리(제38조 제2항), 도도부현 경찰의 장 등에 대한 임면동의권(제49조, 제50조, 제51조, 제55조) 및 도도부현 경찰직원 임면에 관한 의견진술권(제55조 제3항)이 있고 이외에도 해당 도도부현 경찰의 비위 능에 대한 감찰 등 지시권(제43조의2) 및 징세 또는 파면 권고권(제55조 제4항), 경찰직원의 징계사안에 대한 경찰본부장의 보고의무(제56조 제3항),

---

32 일본 경찰의 경우 장관관방뿐만 아니라 형사국, 생활안전국, 교통국, 경비국, 사이버경찰국이 각각 자체 기획과를 두고 있어 계단위 조직을 두고 있는 한국경찰에 비해 기획기능이 강화되어 있다.

33 과학수사에 관한 연구 및 실험 그리고 이들을 응용하는 감정 및 검사도 하지만 소년의 비행방지 기타 범죄의 예방과 교통사고 방지 기타 교통경찰에 관한 연구 및 실험을 하며 장비 등을 개발한다. 이와 별도로 각 도도부현 경찰본부에 과학수사연구소가 설치되어 경찰서의 감식과와 연계하며 다양한 증거의 감정작업을 하고 있다.

34 발족 당시에는 정원 955명의 경찰관(이중 내부 근무자는 260명)이 17개과(이중 국가사무를 담당하는 8개과(장비과, 교양과, 감식과, 조사통계과, 통신기획과, 유선통신과, 무선통신과, 통신조사과)와 각종 경찰사안에 대처하여 도도부현 경찰의 지도 등을 담당하는 5개과를 두었다.

35 지방자치법상 가지고 있는 권한으로 도도부현 경찰에 대한 조례안·예산안의 의회제출권 및 예산의 집행권, 경찰서의 설치권 등을 가지고 있다.

직원의 직무집행에 고충이 발생한 경우 공안위원회에 대한 신고와 회답 의무화 (제79조)가 있고 기타 여러 법률36에 근거한 권한이 있다.

나. 도도부현 경찰본부

47개 도도부현에 각각 경시청 및 경찰본부가 있고37 이하에서는 대표적인 조직으로 경시청을 살펴보기로 한다. 왜냐하면 경찰법 시행령에 따라 인구, 범죄발생상황, 기타 사정에 따라 경무부 소장사무의 일부를 담당하는 총무부, 지역경찰과 순찰을 담당하는 지역부, 경비경찰을 담당하는 공안부 등의 부를 따로 둘 수 있는데 경시청은 총무부, 경무부, 생활안전부, 지역부, 형사부, 조직범죄대책부, 교통부, 경비부, 공안부의 9부를 두어 다른 도부현 경찰본부보다 규모가 훨씬 크기 때문이다.

일본의 수도로 인구 1,300만 여명의 대도시인 도쿄를 관할하는 경시청은 2021년 4월 1일 현재 경찰관 43,566명, 일반직원 3,015명, 비상근직원 3,174명38이 근무하고 있다. 경시청 산하에는 102개의 경찰서와 코반 824개소, 주재소 257개소, 지역안전센터 82개소가 있으며 여기에 순찰차 1,292대, 오토바이 958대, 경비정 22척, 헬기 14기, 경찰견 35마리, 말 16마리가 있다.

한국경찰과 크게 차이나는 것은 코반과 주재소를 지역부가 담당하고 생활안전부가 주민의 생활에 밀착한 범죄를 담당한다는 점이다.39 아울러 경무기능이 유치장을 담당40하고 있으며 수사부문도 형사부와 조직범죄대책부로 나

---

36 「도로교통법」에서 도로교통규제와 운전면허증의 발급 등, 「풍속영업등의규제및영업의적정화등에관한법률」에서 풍속영업의 허가권, 「폭력단원에의한부당한행위의방지등에관한법률」에서 폭력단의 지정권, 「고물영업법」에서 고물영업허가권, 「질옥(우리의 전당포)영업법」에서 전당포영업허가권, 「총포도검류소지등단속법」에서 총포도검류의 소지허가 등을 인정하고 있다.

37 이외에 홋카이도와 부현에 있는 지정시에는 시경찰부를, 경시청과 홋카이도에는 방면본부를 두고 있다. 다만 시경찰부는 도부현 경찰본부의 사무를 분장하며 도부현 경찰본부장의 지휘감독하에 있는 조직으로 경찰의 기본적 단위가 아니다. 島根悟, 現行警察制度の基本構造に関する一整理, 講座 警察法 第一卷, 立花書房, 2014, 240면.

38 정년퇴직후에도 계속하여 경찰직원으로 근무하는 「재임용제도」와 "코반상담원", "생활안전상담원" 등으로 경찰업무를 지원하는 「비상근직원제도」가 있다.

39 경시청 생활안전부의 경우 기획 등을 담당하는 생활안전총무과와 생활경제과, 생활환경과, 보안과, 소년육성과, 소년사건과, 사이버범죄대책과, 생활안전특별수사대가 있으며 특히 사이버수사기능도 포함하고 있다.

40 과거 우리나라와 같이 수사기능에서 유치장을 관리하였으나 인권보호차원에서 1980년에 이관하였다.

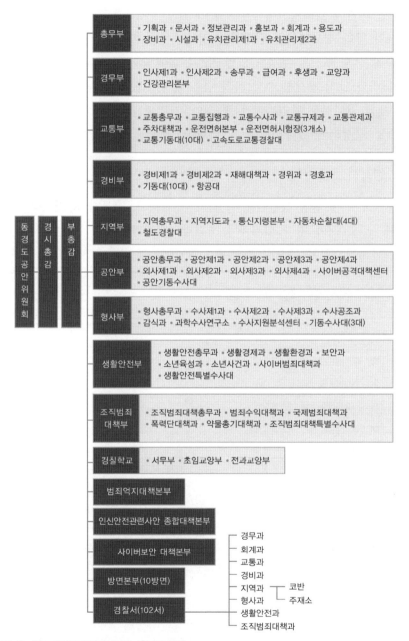

[그림 4] 일본 경시청 조직도(2021년 4월 1일 현재)

출처: 경시청 홈페이지(https://www.keishicho.metro.tokyo.lg.jp/saiyo/2022/about/organization.html)

넌 점이다. 여기에 범죄억지대책본부 등이 있으며 경찰학교를 별도로 가진다. 단 우리나라와 달리 정보업무를 담당하는 정보부서는 별도로 두고 있지 않다.

아울러 실제 부서의 구성도 일반적으로 과에 과장이 있고 계장과 계원이 있는 우리나라와 달리 경시청 수사1과의 경우 과장이 있고 이를 보좌하는 이사관이 2명, 각 계를 지휘하는 관리관이 14명 있다. 그리고 각 계의 계장이 있고 반장과 수사원으로 구성되어 있다.[41]

다. 경찰서

일반적으로 형사과, 생활안전과, 지역과, 경비과, 교통과 및 총무과(또는 경무과)를 두고 있고 서에 따라 회계과나 조직범죄대책과를 두고 있는 곳도 있다.

2022년 4월 1일 기준으로 전국에 1,149개의 경찰서가 설치되어 있다.[42]

〈표 3〉 경찰서 수(2022년 4월 1일 기준)

		경찰서수			경찰서수
北海道(홋카이도)		64	近畿(긴키)	滋 賀(시가)	12
東北(도호쿠)	青 森(아오모리)	17		京 都(교토)	25
	岩 手(이와테)	16		大 阪(오사카)	66
	宮 城(미야기)	25		兵 庫(효고)	46
	秋 田(아키타)	14		奈 良(나라)	12
	山 形(야마가타)	14		和歌山(와카야마)	12
	福 島(후쿠시마)	22	中国(주고쿠)	鳥 取(돗토리)	9
警視庁		102		島 根(시마네)	12
関東(간토)	茨 城(이바라키)	27		岡 山(오카야마)	22
	栃 木(도치기)	19		広 島(히로시마)	26
	群 馬(군마)	16		山 口(야마구치)	16
	埼 玉(사이타마)	39	四国(시코쿠)	徳 島(도쿠시마)	10
	千 葉(지바)	39		香 川(가가와)	12
	神奈川(가나가와)	54		愛 媛(에히메)	16
	新 潟(니가타)	29		高 知(고치)	12
	山 梨(야마나시)	12			

---

41 北芝 健 監修 株式会社レッカ社 編著, そこが知りたい！「日本の警察」, PHP文庫, 2011, 35-36면.

42 2008년 4월 1일 기준 1,269개였다.

	長　野(나가노)	22		福　岡(후쿠오카)	36
	静　岡(시즈오카)	28		佐　賀(사가)	10
	富　山(도야마)	14	九	長　崎(나가사키)	22
中	石　川(이시카와)	12	州	熊　本(구마모토)	23
部	福　井(후쿠이)	11	(규슈)	大　分(오이타)	15
(주부)	岐　阜(기후)	22		宮　崎(미야자키)	13
	愛　知(아이치)	45		鹿児島(가고시마)	27
	三　重(미에)	18		沖　縄(오키나와)	14
			합 계		1,149

출처: 경찰청, 레이와4년(2022) 경찰백서, 2022, 222면의 표를 편집한 것임.

라. 코반(交番)과 주재소(駐在所)

　　일본의 지역경찰은 코반과 주재소를 거점으로 운영되고 있으며 일본의 안정된 치안의 비결로 평가되며[43] 해외에도 수출되고 있다.[44] 코반은 1881년 경찰관이 순찰하기 위한 거점으로 설치된 순사파출소가 그 시초로 이후 코반[45]이라는 애칭으로 불리다가 1994년 경찰법 개정으로 코반이 정식명칭이 되었다. 2022년 4월 1일 현재 전국에 코반은 6,250개소, 주재소는 6,104개소가 설치되어 있다.[46]

　　코반과 주재소는 관할구역 순찰 등 수행하는 기능은 큰 차이가 없으나 코반은 교대근무를, 주재소는 경찰뿐만이 아니라 가족이 같이 거주하며 근무한다는 점이 다르다. 왜냐하면 보통 3~4명이 1개반을 이루어 바이 교대로 근무하는 코반과 달리 주재소는 경찰관 1인이 계속 근무하므로 순찰 등으로 경찰관이 외부에

---

43 미국의 경찰학자 Bayley와 Ames 등은 일본에서 질문조사를 중심으로 한 사회학적 조사를 실시하여 일본 경찰의 성공 비결은 코반, 주재소를 기점으로 지역사회와 융화하고 경찰조직이외의 방범협회 등의 단체, 개인에 의한 경찰활동을 적극적으로 활용한 방법론에 있다고 주장하였다. 吉田如子, 交番再訪一論を通して見る警察官の姿, 法社会学 第65号, 2006, 150면.

44 현재 아메리카, 싱가포르, 브라질 등에 코반시스템이 도입되어 있다.

45 이러한 애칭은 경찰이 정해진 교차점(交叉點)에서 입초근무(立番)를 하고 있던 것에서 유래하였다고 한다.

46 이러한 수치는 계속 변화한 것으로 1888년(명치21년) 10월 경찰관리배치및근무개칙은 구에는 500~1500명당 경찰관 1인, 기타 정촌에는 1,500~3,000명당 경찰관 1인을 배치하고 또한 숙사를 주재소로 하여 경찰관을 거주시킨다고 정하여 1888년에는 전국에 2,335개의 파출소와 3,938개의 주재소가 있었으나 1889년에는 파출소 481개, 주재소 11,041개로 크게 바뀌었고 이후 파출소가 계속 증설되었다. 警察政策学会 管理運用研究部会, 警察の体制及び運用に関する諸考察－近代警察の創設から国際協力の推進まで－, 警察政策学会資料 第76号, 2014, 10면.

나간 경우 가족이 연락 등[47]을 담당하며 24시간 근무체제를 유지한다. 따라서 코반은 주로 치안수요가 많은 도시지역에, 주재소는 산간부나 섬지역에 설치된다.

코반 및 주재소의 주 임무는 관할구역의 순찰과 불심검문 등 범죄예방에 직접 관계되는 순찰과 코반에 접수되는 길안내 및 유실물·습득물의 처리, 각종 상담이 주된 업무로 우리나라와 달리 112신고 출동이 핵심이 아니다.

즉 순찰차는 각 경찰서의 지역과(계) 또는 경찰본부 직할의 자동차순찰반(또는 자동차순찰대)에서 통합적으로 운영하고 있어[48] 여기서 순찰차에 의한 순찰, 110번(우리의 112신고) 신고처리, 교통위반 단속 등을 하므로 코반 및 주재소는 주로 범죄의 예방 등에 주력하게 된다.[49]

아울러 예방순찰을 위해 불심검문, 서류작성 등의 능력향상을 위한 교육을 실시하고 있고 특히 불심검문을 잘 하는 경찰관을 경찰청 지정 광역기능지도관 또는 도도부현 경찰 직무질문(한국의 불심검문)기능지도관 등으로 지정하고 교육을 담당케 하여 2012년에 지역경찰관이 검거한 형법범은 237,275명으로 경찰의 형법범 검거인원의 82.7%를 차지하고 있다.[50]

❈ 코반제도에 대한 개선 – 코반상담원의 도입 –

일본도 경찰인력의 부족으로 코반에 경찰관이 부재하는 경우가 자주 발생하여 우선 '하이테크 코반'이라고 하여 마이크와 액정화면을 가진 단말기를 설치하여 경찰관 부재시에도 경찰서에 근무하는 직원이 대응할 수 있도록 하는 시도를 하였으나 유지비 등의 문제로 현재는 시행되고 있지 않다.

최근에는 '코반상담원제도'를 도입하여 정년퇴직한 경찰관 등을 재고용하여 코반에 근무하게 하고 있는데 2022년 4월 1일 기준 약 6,300명의 코반상담원이 전국에서 지역주민의 의견·요망사항을 청취하고 분실물 및 분실신고를 접수하고 피해신고서 등을 대신 작성하여 주고 있으며 사건·사고 발생시 경찰관에 연락하며 지리안내 등도 하고 있다.[51]

---

47 보통 부인이 지리안내, 유실·습득물 접수, 교통사고 신고, 피해신고서 취급 등을 한다.
48 이외에도 도도부현에 따라 유격특별순찰대를 두어 치안이 나쁜 지역과 번화가 등을 중심으로 순찰하며 불심검문을 주로 하고 있다.
49 대규모 코반의 경우 순찰차근무에 전종하는 경찰관이 배치되어 있는 곳도 있다.
50 일본경찰청, 평성25년판(2013) 경찰백서, 2013, 104면.
51 일본경찰청, 레이와 4년(2022) 경찰백서, 2022, 87면.

3. 기타 한국경찰과의 차이

가. 관구경찰국

경찰청은 지방기관으로 6개 관구경찰국(東北, 關東, 中部, 近畿, 中國(四國), 九州)을 두고 있는데 이는 1954년 경찰법 제정 당시 고등재판소 및 고등검찰청의 관할구역에 대응하여 설치한 것으로 도쿄도와 홋카이도는 관할구역에서 제외된다.[52]

관구경찰국은 총무감찰부(경무과, 감찰과, 회계과), 광역조정부, 정보통신부와 관구경찰학교로 이루어져 있는데 관구경찰국장은 경찰청 소관사무의 일부를 경찰청장관의 명을 받아 처리한다. 주된 사무로는 국가공안관련 재해 및 소요사태 발생 등에 신속하고 적절하게 경찰을 운용하고 전국적인 경찰통신시설을 확보하고 범죄의 광역화와 기동화에 대응하여 도도부현 간의 수사활동을 조정하며 고등검찰청, 공안조사국 등의 치안관계기관과 긴밀한 연락을 유지하는 것이다.

나. 공안경찰

정치경찰인 특별고등경찰은 국사경찰로도 불리며 경시청 국사경찰은 2차 세계대전 이전 내각총리대신에 해당하는 태정대신이 지휘할 수 있게 하여 특별히 취급하였고 이는 부현에 설치된 국사경찰도 마찬가지로 내무경의 명령에 따르거나 그 사정을 보고해야 한다고 규정하여 특별 취급하였다.

2차 세계대전 이후 부서가 폐지되었으나 바로 내무성 공안과 및 각 부경 경비과를 설치하고 현재는 경찰청 경비국을 정점으로 경시청 공안부·각 도부현 경찰본부 경비부와 경찰서 경비과로 구성되어 있다.[53]

국가 체제를 위협하는 사안을 담당하며 국외적으로는 구공산주의 국가, 국제테러리즘, 스파이활동에 대응하고 국내적으로는 좌익폭력집단, 일본공산당, 사회주의협회, 시민활동, 특수 종교집단, 우익단체 등을 대상으로 수사[54] 및 정보수집

---

52 도쿄도는 수도경찰의 특수성과 경찰청이 소재하고 있는 관계로 경찰청이 직접 지휘·감독하고 홋카이도는 관할이 넓으므로 방면으로 나누어 방면본부를 두고 있다.

53 공안경찰의 변천에 관하여 자세한 내용은 青木理, 日本の公安警察, 講談社 現代新書, 2000중 제2장 特高から公安へ를 참고하길 바란다.

54 비슷한 조직으로 법무성의 외국인 공안조사청이 있으나 체포권 및 강제수사권한을 가지지 않아 정보수집에 의한 조사활동만을 하고 있다.

을 하고 있다.

다. 황궁경찰본부

청와대 경호실이 대통령 경호 등을 수행하는 우리나라와 달리 일본 경찰은 천황과 황족 등에 대한 경호를 경위(警衛)로, 그 밖의 외국 원수 등의 경호를 경호라고 하여 경찰이 수행하고 있다.

이러한 경호 및 경위는 원래 전국의 도도부현 경찰이 각각 관할구역 내에서 담당하여야 하나 실제 수도인 도쿄에서 거의 이루어지므로 경시청 경비부에 특별히 경위과와 경호과를 두어 그 소속직원(통칭 SP: Security Police)이 다른 지역에서도 주로 경호를 담당하고 있다. 다만 이와 별도로 경찰청 부속기관으로 황궁경찰본부를 두어 그 직원인 황궁호위관[55]이 천황 및 황후, 황태자와 기타 황족의 경위, 황거 등의 경비 기타 황궁경찰에 관한 사무[56]를 담당하게 하고 있으며 이는 직접적인 직무집행은 모두 도도부현 경찰이 담당하는 경찰법상의 특별한 예외이다.

황궁경찰본부는 서무와 복지 등을 담당하는 경무부, 기획과 재해방지, 경비 등을 담당하는 경비부, 경호를 담당하는 호위부, 교토 등에 설치된 호위서(4개소), 교육을 담당하는 황궁경찰학교로 이루어져 있다.

현재 황궁 등 시설의 경우 시설내 경비를, 이동시에는 근접 경비를 황궁경찰이 담당하고 주변 지역 및 목적지 경계경비 등은 도도부현 경찰이 담당하고 있다.

❈ **경찰의 예산**

일본 경찰의 예산은 국가예산인 경찰청예산과 지방자치단체예산인 도도부현경찰예산으로 나누어지는데 큰 특징은 국가사무와 지방사무의 성격을 같이 가지는 도도부현 경찰의 특성을 반영하여 경비를 구분하여 분담하는 것이다.

---

55 경찰법 제69조는 황궁호위관의 계급, 직무, 소형무기의 소지, 경찰관직무집행법의 준용 등을 규정하고 있다.

56 과거에는 능묘의 관리 및 경비도 담당하였으나 현재는 소방업무만을 일반 경찰과 달리 담당하고 있다. 重久真毅, 警衛, 警護, 皇宮警察, 講座警察法 第三卷, 立花書房, 2014, 711면. 이외에도 경찰법 제69조 제3호는 황궁호위관은 천황 및 황후, 황태자 기타 황족의 생명, 신체 혹은 재산에 대한 죄, 황실용 재산에 대한 죄 또는 황거 기타 황실용재산인 시설 혹은 천황 및 황후, 황태자 기타 황족이 숙박하는 시설에서의 범죄에 대해 국가공안위원회가 정하는 바에 따라 형사소송법 규정에 따른 사법경찰직원으로서의 직무를 행한다고 규정하고 있다.

현행 경찰법 제정시 국가의 치안책임을 명확히 하기 위해 국고지변제도 및 보조금제도를 만들게 되었고 이에 따라 도도부현의 경찰사무중 국가적 성격을 가지거나 전국적으로 통일하고 일정수준이상을 유지해야 하는 것 즉 경시정 이상의 급여, 경찰교육, 경찰통신, 범죄감식, 범죄통계, 경찰차량의 정비, 경호·경비, 특수한 범죄수사 등에 필요한 경비가 국고지변경비가 된다.

이외에 구분이 곤란한 사무는 국가가 예산의 범위 내에서 일부를 보조하는데 일반범죄수사, 방범활동, 교통단속, 경찰차량의 유지비 등을 보조대상경비로 하여 원칙적으로 소요액의 5/10를 보조하고 특별한 사정이 있는 경우는 초과하여 보조할 수 있다.[57]

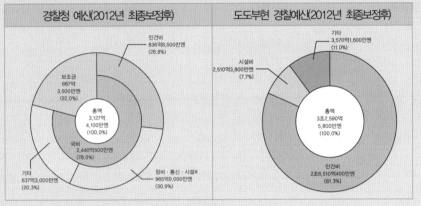

출처: 경찰청, 평성25년판(2013) 경찰백서, 195면.

Ⅳ. 경찰의 인사

1. 계급 및 인력구조

가. 계급체계

일본 경찰의 계급구조는 경찰법상 경시총감(警視總監)·경시감(警視監)·경시장(警視長)·경시정(警視正)·경시(警視)·경부(警部)·경부보(警部補)·순사부장(巡査部長)·

---

57 더 자세한 내용은 小田部耕治, 警察財政制度, 講座警察法 第一卷, 立花書房, 2014를 참고하길 바란다.

순사(巡査)의 9단계이다.[58]

　계급은 없지만 경찰조직의 장인 경찰청장관이 별도의 직위를 차지하고 있고 순사계급은 법적으로는 하나의 계급이지만 실무규칙상 순사장과 순사의 2가지 계급으로 분류된다. 계급별로 맡게되는 직위는 다음과 같다.

〈표 4〉 일본 경찰관의 계급과 직위

	경찰청	경시청	경찰본부(대)	경찰본부(소)	경찰서(대)	경찰서(소)
경시총감		경시총감				
경시감	차장, 국장, 심의관, 경찰대학장, 관구경찰국장	부총감, 부장	본부장			
경시장	과장, 관구경찰국부장	부장	부장	본부장		
경시정	실장, 이사관	참사관, 과장	부장	부장	서장	
경시	과장보좌	과장, 관리관	과장	과장	부서장	서장
경부	계장	계장	과장보좌	과장보좌	과장	차장
경부보	주임	주임	계장	계장	계장	계장
순사부장			주임	주임	주임	주임
순사						

출처: 北芝 健 監修 株式会社レッカ社 編著, そこが知りたい! 「日本の警察」, PHP文庫, 2011, 166면.

❂ 일본 경찰의 계급 및 계급장의 변천

　도쿄에 설치된 경시청은 경시, 경부, 순사의 관직을 두고 이어 경부보와 순사부장의 직을 두었다. 다만 다른 지역은 단계적으로 계급제도가 정비되어졌고 2차 세계대전 후에는 한 때 모두 사무관으로 통일하여 경찰부장과 경시는 2급, 경부, 경부보, 순사부장 및 순사는 3급의 지방사무관이 되기도 하였다. 이후 '구'경찰법의 제정에 따라 장관, 차장, 경시장, 경시정, 경시, 경부, 경부보, 순사부장 및 순사의 9계급을 두었으나 1954년 현행 경찰법 제정시 현재와 같은 형태의 9계급이 되었다.

---

58 황궁경찰본부의 황궁호위관은 「황궁」을 붙여서 황궁순사부터 황궁경시장까지 7계급이다.

계급장 관련해서는 모든 경찰관이 2002년 10월부터 개인식별번호가 각인된 식별장과 같이 왼쪽 가슴에 착용하고 있고 경시총감만은 혼자이므로 어깨에 계급장을 착용하고 있다.[59]

나. 계급구조의 변화 및 현황

일본도 1954년 경찰법 제정 당시에는 순사가 68.9%, 순사부장이 16.1%를 차지하여 피라미드형 구조였고 1972년 이전까지는 큰 변화가 없다가 1972년부터 1991년 사이에 5회의 경찰법 시행령 개정[60]을 통해 현재의 종형 직급구조가 되었다. 이중 가장 중요한 조정은 1991년의 조정으로 경부보 이상의 지방경찰관의 계급별 정원을 대폭 증원하여 중간관리층인 경시가 38.6%, 경부가 45.4%, 경부보가 100% 증원되었다.

〈표 5〉 1991년 지방경찰관의 계급별 구성비율의 조정내역

	시정 전	증가분	시정 후
경시	5,071(2.3%)	1,956(38.6%△)	7,027(3.2%)
경부	10,399(4.8%)	4,721(45.4%△)	15,120(6.9%)
경부보	31,758(14.5%)	31,729(100%△)	63,487(29.0%)
순사부장	31,758(34.1%)	−9,011(12.1%▽)	65,674(30.0%)
순사	97,073(44.3%)	−29,362(30.2%▽)	67,711(30.9%)

출치: 近藤知尚, 地方警察職員たる警察官の階級別定員の基準の改正について, 警察公論 第46卷 第11号, 立花書房, 1991, 20면.

그리고 이러한 구조는 경부보 이상의 계급에 대하여 정원과 연동시켜 일정하게 유지하고 있으므로 결국 중요한 것은 정원이 될 것이다. 이하에서는 일본 경찰의 현재의 정원과 증원이 어떻게 이루어져 왔는가를 살펴보도록 하겠다.

---

59 경찰청장관도 특별히 규정된 「경찰청장관장」을 양쪽 어깨의 견장에 착장한다.

60 1972년에는 전체 경찰관의 약 70%를 차지하는 순사의 비율을 줄이고 순사부장을 대폭적으로 증원하고, 1974년에는 순사부장 증가를 반영하여 경부보 정원비율을 확대하고, 1977년 및 1978년에는 경시·경부·경부보의 비율을 확대하는 등 단계적으로 추진하였다.

다. 인력구조

일본 경찰은 경찰법에 정원의 근거규정을 두고 있으며61 구체적인 내용은 각각 국가경찰과 자치경찰로 나누어서 정령과 조례 등에 규정하고 있다.

〈표 6〉 2022년도 경찰직원의 인력구조

구분	경찰청				도도부현 경찰					합계
	경찰관	황궁호위관	일반직원	계	경찰관			일반직원62	계	
					지방경무관	지방경찰관	소계			
정원(명)	2,264	910	4,847	8,021	630	259,089	259,719	28,454	288,173	296,194

주: 도도부현 경찰직원중 지방경무관은 정령에서 정하는 정원이고 기타 직원은 조례에서 정하는 정원임.
출처: 경찰청, 레이와 4년(2022) 경찰백서, 2022, 200면.

다만, 치안수준을 전국적으로 균형있게 유지할 필요가 있어 자치단체직원인 지방경찰관도 필요최소한의 인원을 경찰법 시행령에서 기준을 정하여 따르도록 하고 있는데 2022년 기준 각 도도부현별 경찰관의 정원은 다음과 같다.63

---

61 경찰법 제57조(직원의 정원)
   1. 지방경무관의 정원은 도도부현 경찰을 통하여 정령으로 정하며 그 도도부현 경찰마다의 계급별 정원은 총리부령으로 정한다.
   2. 지방경찰직원의 정원(경찰관에 있어서는 계급별 정원을 포함한다)은 조례로 정한다. 이 경우에 있어서 경찰관의 정원은 정령으로 정하는 기준에 따르지 않으면 안 된다.
62 일본 경찰의 경우 한국경찰에 비하여 일반직원의 비율이 상당히 높다. 경시청의 안내자료에 의하면 일반직원은 사무를 담당하는 사무직원과 전문기술을 보유한 기술직원으로 나뉘며 업무로는 경찰서의 경무와 회계, 경찰본부의 총무부·경무부 등의 각 부에서 사무(기획·경리·통계 등), 통역, 건축, 기계, 전기, 심리, 교통기술, 감식기술(법의), 감식기술(화학), 감식기술(물리), 감식기술(문서감정), 감식기술(특수사진), 항공기계기술, 체육지도, 자동차운전면허시험관, 보건사 등이 있다.
63 2013년 기준 각 도도부현별 경찰직원의 정원은 다음과 같다.

〈지방경찰직원의 조례정원〉

		경찰관			경찰관
北海道(홋카이도)		10,528	近畿(긴키)	滋 賀(시가)	2,243
東北(도호쿠)	青 森(아오모리)	2,322		京 都(교토)	6,493
	岩 手(이와테)	2,197		大 阪(오사카)	21,275
	宮 城(미야기)	3,881		兵 庫(효고)	11,842
	秋 田(아키타)	1,966		奈 良(나라)	2,449
	山 形(야마가타)	1,990		和歌山(와카야마)	2,154
	福 島(후쿠시마)	3,572	中国	鳥 取(돗토리)	1,226
警視庁		43,272		島 根(시마네)	1,495
関	茨 城(이바라키)	4,747		岡 山(오카야마)	3,453

〈표 7〉 인구와 경찰관정원

지역	도도부현	인구	경찰관정원	지역	도도부현	인구	경찰관정원
北海道(홋카이도)		5,228,732	10,634	近畿(긴키)	滋 賀(시가)	1,418,886	2,282
東北(도호쿠)	青 森(아오모리)	1,260,067	2,348		京 都(교토)	2,530,609	6,560
	岩 手(이와테)	1,221,205	2,153		大 阪(오사카)	8,839,532	21,474
	宮 城(미야기)	2,282,106	3,766		兵 庫(효고)	5,523,627	11,953
	秋 田(아키타)	971,604	1,989		奈 良(나라)	1,344,952	2,481
	山 形(야마가타)	1,070,017	2,013		和歌山(와카야마)	944,750	2,183
	福 島(후쿠시마)	1,862,277	3,437	中国(주고쿠)	鳥 取(돗토리)	556,959	1,231
警視庁		13,843,525	43,486		島 根(시마네)	672,979	1,512
関東(간토)	茨 城(이바라키)	2,907,678	4,814		岡 山(오카야마)	1,893,874	3,511
	栃 木(도치기)	1,955,402	3,429		広 島(히로시마)	2,812,477	5,189
	群 馬(군마)	1,958,185	3,442		山 口(야마구치)	1,356,144	3,148
	埼 玉(사이타마)	7,393,849	11,524	四国(시코쿠)	徳 島(도쿠시마)	735,070	1,555
	千 葉(지바)	6,322,897	10,850		香 川(가가와)	973,822	1,859
	神奈川(가나가와)	9,220,245	15,703		愛 媛(에히메)	1,356,343	2,463
	新 潟(니가타)	2,213,353	4,192		高 知(고치)	701,531	1,611
	山 梨(야마나시)	821,094	1,682	九州(규슈)	福 岡(후쿠오카)	5,124,259	11,124
	長 野(나가노)	2,072,219	3,487		佐 賀(사가)	818,251	1,717
	静 岡(시즈오카)	3,686,335	6,195		長 崎(나가사키)	1,336,023	3,075
中	富 山(도야마)	1,047,713	1,959		熊 本(구마모토)	1,758,815	3,107

지역	도도부현	경찰관정원	지역	도도부현	경찰관정원
東(간토)	栃 木(도치기)	3,376	(주고쿠)	広 島(히로시마)	5,123
	群 馬(군마)	3,386		山 口(야마구치)	3,105
	埼 玉(사이타마)	11,335	四国(시코쿠)	徳 島(도쿠시마)	1,535
	千 葉(지바)	11,444		香 川(가가와)	1,836
	神奈川(가나가와)	15,523		愛 媛(에히메)	2,436
	新 潟(니가타)	4,124		高 知(고치)	1,588
	山 梨(야마나시)	1,659	九州(규슈)	福 岡(후쿠오카)	10,965
	長 野(나가노)	3,436		佐 賀(사가)	1,694
	静 岡(시즈오카)	6,115		長 崎(나가사키)	3,042
中部(주부)	富 山(도야마)	1,933		熊 本(구마모토)	3,067
	石 川(이시카와)	1,951		大 分(오이타)	2,063
	福 井(후쿠이)	1,709		宮 崎(미야자키)	2,008
	岐 阜(기후)	3,469		鹿児島(가고시마)	3,004
	愛 知(아이치)	13,440		沖 縄(오키나와)	2,594
	三 重(미에)	3,033	합계		257,098

출처: 경찰청, 레이와 4년(2022) 경찰백서, 2022, 222면.

部 (주부)						
	石 川(이시카와)	1,132,656	1,977	大 分(오이타)	1,141,784	2,092
	福 井(후쿠이)	774,596	1,732	宮 崎(미야자키)	1,087,372	2,034
	岐 阜(기후)	2,016,868	3,527	鹿児島(가고시마)	1,617,850	3,035
	愛 知(아이치)	7,558,872	13,554	沖 縄(오키나와)	1,485,484	2,921
	三 重(미에)	1,800,756	3,079	합 계	126,654,244	259,089

출처: 경찰청, 레이와 4년(2022) 경찰백서, 2022, 222면.

가장 인원이 많은 경시청의 경우 경찰관만 43,486명인데 가장 인원이 적은 돗토리현(鳥取県) 경찰본부의 경우 경찰관이 1,231명에 불과하다. 그리고 이러한 경찰관은 2002년 4월 기점으로 형사부문 15%, 생활안전부문 7%, 교통부문 15%, 경비부문 11%, 지역부문 36%, 기타(유치업무 담당을 포함하는 조직관리부문 및 경찰학교 입교생 등) 16%에 배치되어 있다.[64]

2. 채용 및 승진

가. 채용제도[65]

대부분의 경찰관이 각 도도부현별로 순사부터 공개경쟁시험을 통해 채용되지만 일부 특수한 경력자를 별도로 채용하고 있으며 특히 경찰청은 국가공무원채용시험 I·II종 합격자 중에서 매년 20명 정도를 별도로 선발하고 있다.[66] 이외에 황궁경찰본부에 근무하는 황궁호위관도 별도의 선발절차를 거치고 교육도 황궁경찰학교에서 경찰의 기본적 교양 이외에 승마, 소방훈련, 서예 등을 더 배운다.

이중 대부분을 차지하는 순사 채용 경찰관의 채용절차를 살펴보면 각 도도부현별로 다르나 고졸 이상 35세 미만의 자를 대상으로 키, 체중, 시력 등 기준을 통과하면 두 번의 시험을 거쳐 채용하게 된다. 다만 학력과 연령을 기준으로 나

---

64 경찰청, "일본의 경찰제도와 범죄수사", 일본경찰제도 관련 참고자료집, 2006, 166면. 이러한 수치는 변화하고 있어 1997년에는 지역 40%, 형사 15%, 교통 15%, 경비공안 10%, 생활안전 5%, 기동대 5%, 기타 10%였다고 한다. 경찰청, "일본의 경찰제도", '06 경찰혁신 자료집 II, 2006, 388면.

65 다른 지방공무원과는 달리 일본국적을 반드시 보유해야 한다.

66 I종은 우리나라의 행정고시와 II종은 7급 공채와 유사하다. 자세한 내용은 이동희, "일본경찰의 입직·승진제도의 현황 및 시사점", 경찰학연구 제7권 제1호, 2007을 참고하길 바란다. I종시험에 합격하여 경찰에 채용된 경우를 캐리어, 일반 순사입직자를 논(non)캐리어라 부르고 II종시험 합격자를 준(準)캐리어라고 부르고 있으며 영화나 드라마에서도 자주 사용되고 있다.

누는데 경시청의 경우 대졸·고졸을 나누어 뽑고 있다.

〈표 8〉 경시청의 제1차 시험과 제2차 시험

시험과목			내용
제1차시험	필기시험	교양시험	출제분야의 내용은 대략 다음과 같다. (오지선다식, 50문제, 2시간) (지능분야) 문장이해, 판단추리, 수적 처리, 자료해석, 도형판단 (지식분야) 인문과학, 사회과학, 자연과학, 일반과목(국어, 영어, 수학)
		논(작)문시험	과제식의 논(작)문시험(1문제, 1시간 20분)
		국어시험	직무에 필요한 국어력에 대해 기술식 시험(20분)
	자격경력 등의 평정		보유한 자격경력 등에 대해 평정
	제1차 신체검사		신장측정, 체중측정은 제2차 신체검사에서
	제1차 적성검사		경찰관으로서의 적성에 대해 검사(체크식)
제2차시험	면접시험		인물에 대한 면접시험
	제2차 신체검사		경찰관으로서의 직무집행상 지장이 있는 질환의 유무 등 검사 검사내용: 시력검사, 색각검사, 청력검사, 운동기능의 검사, 의사의 진찰, X선검사, 혈액검사(빈혈검사, 간기능검사, 혈중지방 등 검사, 혈당검사), 소변검사
	제2차 적성검사		경찰관으로서의 적성에 대해 검사(기술식 등)
	체력검사		직무집행상 필요한 체력의 유무 검사 종목: 팔굽혀펴기, 버피테스트, 윗몸일으키기, 반복뛰기

출처: 경시청 홈페이지(https://www.keishicho.metro.tokyo.lg.jp/saiyo/2022/recruit/info‒police.html)

채용후 교육은 순사채용자의 경우 각 도도부현에 설치된 경찰학교에서 이루어지고 초임교육(신규채용순사에 대해 경찰학교에서 실시하는 기초 교육훈련)[67]후 경찰서에 배속된다. 대졸은 16개월, 고졸의 경우 10개월간 교육을 받는다.

Ⅱ종시험 합격자는 순사부장으로 채용하여 관구경찰학교에서 교육을 시키고 Ⅰ종시험 합격자는 경부보로 채용하여 경찰대학교에서 교육을 하고 있다.

---

67 교육은 전원 기숙사에서 아침 6시에 기상하여 하루 5교시(85분) 수업을 받고 직무윤리 및 컴퓨터 등의 일반교양, 헌법·행정법·형사법 등의 법학, 부문별 경찰실무, 무도(유도 또는 검도 중 하나, 여자는 합기도도 가능)·체포술 및 권총사격 등의 술과로 이루어진 커리큘럼에 따라 이루어진다. 이에 반해 일반직원 채용자는 형사법과 체포술, 권총사격 등은 하지 않는다. 아울러 현장실습도 거치지 않는다.

또한 도도부현은 필요에 따라 비정기적으로 특정분야의 전문적인 지식과 능력을 갖춘 자를 순사부장이나 경부보로 채용하는 특별수사관제도가 있으며 현재 재무수사관, 국제범죄수사관, 사이버범죄수사관, 과학수사관 등 4가지 분야가 있다.

나. 교육제도

경찰관과 일반직원을 대상으로 직장에서 하는 직장교양과 외부 교육훈련시설에 위탁하는 기타교양, 학교에서 하는 학교교양으로 나누어 실시하고 있는데 경찰청 산하에 경찰대학교, 황궁경찰학교가 있고 관구경찰국에 관구경찰학교가, 도도부현 경찰본부에 경찰학교가 있어 계급 및 기능별로 교육을 세분화하고 있는 것이 큰 특징의 하나이다.

우선 경시청 산하 경찰학교의 경우 신규채용자 이외에도 경부보임용과, 순사부장임용과, 부주사임용과, 주임임용과, 형사임용과, 교통수사임용과, 직무질문전과, 경호전과 등의 과정을 두어 교육을 실시하고 있고 관구경찰학교도 마찬가지로 다양한 교육을 실시하고 있다.

이중에서 가장 중요한 것은 경찰대학교이므로 이하에서는 경찰대학교를 중점적으로 살펴보기로 한다.

경찰대학교는 1948년 3월에 발족하였고 경찰법 제27조 제2항은 "경찰대학교는 경찰직원에 대해 상급간부로서 필요한 교육훈련을 실시하고 경찰에 관한 학술연수를 담당한다"라고 규정하고 있다. 이에 따라 교장과 부교장이 있고 경찰대학교의 관리사무 등을 담당하는 교무부 외에 경무교양부, 생활안전교양부, 형사교양부, 조직범죄대책교양부, 교통교양부, 경비교양부, 교관교양부 및 술과교양부가 있다. 아울러 특별수사간부연수소, 국제경찰센터, 재무수사연수센터, 조사기술종합연구·연수센터, 경찰정책연구센터, 경찰정보통신연구센터, 사이버보안대책연구·연수센터 및 부속경찰정보통신학교가 있다.[68]

교육대상에 따라 경찰운영과, 경부임용과, 과장보좌임용과, 초임간부과, 행정실무과, 교관양성과, 술과지도자[69]양성과를 두고 있는데 이중 중요한 것은 경

---

68 부속기관에서도 각종 연수와 교육훈련을 실시하고 있고 특히 조사기술종합연구·연수센터를 2013년 5월에, 사이버보안대책연구·연수센터를 2014년 4월에 설치하였다.

69 유도, 검도, 체포술 또는 체육 지도자로 예정되어 있는 경부보 이상 계급의 경찰관 등을 대상으로 한다.

부임용과로 경부는 경찰서에서 보통 과장으로 업무책임자 및 조직관리자의 역할을 수행하고 체포영장 및 압수수색영장의 청구자가 되며 당직책임자도 되기 때문이다.

현재 경부임용과는 약 3개월간의 본과정과 2주간의 특별단기과정으로 이루어져 있는데 49세 미만은 본과정을, 49세에서 56세 미만70은 특별단기과정을 이수하게 하고 있다. 아울러 수업을 모든 학생이 받는 공통수업(264시간으로 전체의 77%)과 전문분야별로 받는 전문수업(77시간으로 23%)으로 나누어 실시하고 있고 최근의 개선사항으로는 경찰서 당직책임자로서의 사태대처능력 향상, 여성을 배려한 조직운영, 인신안전 관련 사안의 대책, 사이버범죄대책, 재해대책 등을 포함시키고 있다.

다. 승진제도

입직별로 승진속도와 승진이 가능한 계급이 다르며 일반적으로 다음과 같았다.

〈표 9〉 캐리어·논캐리어의 승진속도의 차이

	Ⅰ종(캐리어)	Ⅱ종(준캐리어)71	지방경찰관(논캐리어)
경시감	48~49세		
경시장	40~41세	50세 이상	
경시정	33~34세	43~44세	53세 정도
경시	25~26세	35~36세	40세 정도
경부	23세	29세	29세
경부보	22세(채용시)	25세	25~26세
순사부장	–	22세(채용시)	22~24세
순사	–	–	18·22세(채용시)

출처: 北芝 健 監修 株式会社レッカ社 編著, そこが知りたい!「日本の警察」, PHP文庫, 2011, 33면.

---

70 본래 50세 미만자만을 경찰대학교에서 교육대상으로 하였으나 2000년 이후 경찰개혁과정에서 교육의 필요성이 중시되어 2001년 각 관구경찰학교에서 49세 이상 56세 미만자를 교육하다가 2013년 통합하여 경찰대학교에서 교육을 실시하고 있다. 더 세부적인 내용에 대해서는 門田渉, 警部任用科における最新の取組, 警察学論集 第67卷 第12号, 2014를 참고하기 바란다.

71 원래 지방경찰관중 30세 이전에 경부보로 승진한 자 중 우수한 인력을 경찰청에 채용하여 특별히 관리하는 제도가 있었으나 지원자가 감소하여 이에 대한 대체제도로 1986년부터 시행되었다.

먼저 Ⅰ종 채용자의 경우 별도의 시험을 거치지 않고 일정근무연한이 경과함에 따라 자동적으로 승진하여 특별한 문제가 없는 한 거의 예외없이 경시감까지 승진하였다. 다만 이러한 승진에 대하여 현장과의 괴리가 지적되어 2000년 경찰개혁으로 승진소요기간[72]을 연장하였다.

Ⅱ종 채용자는 형식적이나마 일정한 시험을 거치게 하고 있고 지방경찰관의 경우는 시험승진, 근속년수 및 근무성적에 기초한 실무경험 위주의 선고승진, 근무성적에 기초한 능력 및 실적위주의 선발승진이 혼용되어 있다.

원래는 시험에 의한 승진위주로 이루어져 최저년수만 근무하면 응시가 가능한 일반시험과 경험이 풍부한 자를 우대하는 특별시험을 두어 1980년대에는 전체의 80%를 차지하였다.

이후 1991년 유례없는 대규모 직급조정을 시행함에 따라 사전에 대책을 수립하였고 이중 적절한 승진관리가 효율적 인사배치 등과 함께 중요한 과제로 검토되어 시험에 의하지 않는 선발승진 및 선고승진이 대폭 확대되었다.[73]

라. 인사 운용

채용 자체가 크게 국가경찰과 자치경찰로 이원화되어 있고 지방경찰관의 경우 채용된 도도부현에서 계속 근무해야 하지만 조직의 효율적 관리 등을 위해 상호 간 인사교류가 이루어지고 있어 많은 지방경찰관들이 경찰청 또는 인접한 도도부현 등으로 파견[74]되고 있다.

아울러 특히 중요한 제도가 지방경무관제도로 이는 도도부현 경찰조직의 장인 경시총감과 도부현 경찰본부장, 그리고 상급간부에 해당하는 경시정이상의 경찰관에 대해 국가공무원으로서 국가공안위원회가 도도부현 공안위원회의

---

72 과거 경부보에서 경부까지 2년 4개월 걸리던 것이 2년 10개월로, 경부에서 경시까지가 4년에서 7년으로 연장되었다.

73 자세한 내용은 이동희, "일본경찰의 입직·승진제도의 현황 및 시사점", 경찰학연구 제7권 제1호, 2007을 참고하길 바란다. 다만 이렇게 능력과 실적을 중시하면서도 우리나라와 달리 특별승진제도는 운용하지 않고 있으며 근무평정결과를 승진임용시험의 합격여부에 반영하며 배점비율도 상향조정하고 있을 뿐이다.

74 출향(出向)이라고 한다. 2009년 가을부터 2010년 겨울까지 경찰대학교에서 교육받은 경시 108명을 대상으로 조사한 결과 79.61%가 경찰청 및 다른 조직에 출향하였고 특히 45세 이전에 승진한 젊은 경시들은 100% 출향하였다. 吉田如子, 都道府県警察幹部の育成合理化とその含意, 社会の安全と法, 立花書房, 2014, 302면.

동의를 얻어 임면하는 제도이다. 이는 일본에서도 유일하게 지방자치단체의 직원을 국가공무원으로 임면하는 제도로 경찰청 채용자가 도도부현 경찰의 최상급간부로 근무하는 것과 함께 하나의 일본 경찰이라는 귀속감을 가지게 하며 도도부현 경찰이 경찰청의 의사를 본래의 법적관계 이상으로 존중하게 하고 있다.[75]

또한 대규모 인력증원에 따라 경부보에 대한 인사운영이 중점적으로 검토되었다. 경부보의 경우 보직관리 및 이로 인한 사기저하 등의 다양한 문제가 발생[76]하여 2000년부터 추진된 경찰개혁에서도 중요한 과제로 다루어졌다. 당시 경찰개혁의 4가지 과제중 "경찰활동을 지원하는 인적기반 강화"에서 Ⅰ종채용자에 대한 인사관리의 문제와 함께 "직무집행의 중핵인 경부보의 위치 재검토"는 별도항목으로 설정되어 다양한 내용이 포함되었다.

경찰청의 지시에 따라 각 도도부현에서 각각의 실정에 맞게 다양한 시책을 추진하였는데 경부보로서의 능력과 자질을 보다 정확하게 판단하기 위해 승진시험의 내용 및 배점기준 등을 재검토함과 동시에 경부보가 맡게 되는 계장 등의 직제를 2분화하거나 동일 계내라도 상위의 경부보에게 지휘명령권이나 조정권을 부여하는 등의 다양한 시책을 추진하였다.[77]

❋ 일본 경찰의 교대근무제도[78]

일본 경찰의 근무형태는 매일근무제와 교대근무제로 나누어지며 매일근무제는 오전 8시 30분부디 오후 5시 15분까지 근무하고 경찰서에서 5일에서 10일 사이에 1회 당직근무를 서게 된다.

교대근무제는 부서에 따라 3부제에서 6부제까지 있는데 이중 코반근무는 경시청을 제외한 다른 도부현은 당번, 비번, 일근의 3부제를 채택하고 있으며 근무는 다음과 같이 한다.

75 田村政博, 警察法の60年 一理念とプラティスの変化, 警察学論集 第67巻 第7号, 2014, 69면.
76 순사부장도 이러한 문제를 동일하게 겪었다. 1972년부터 1991년까지의 대규모 직급조정에 따라 순사부장의 조직내 역할이 변하여 이전까지는 순시감독에 전종하였으나 최일선 근무인원의 부족을 방지하기 위해 부하와 함께 근무하면서 직접 지도·감독하는 역할로 자리매김되었다. 이동희, 일본경찰의 계급별 인력구조의 연혁 및 현황, 경찰연구 제19호, 수사연구사, 2003, 32면.
77 国家公安委員 会警察庁, 総合評価書 警察改革の推進, 2005, 140-141면.

〈표 10〉 3부제에서 당번일의 근무례

08:30	11:30	13:00	18:00	19:00	22:00	24:00	2:00	6:00	8:30

근무	휴식	근무	휴식	근무	휴식	근무	휴식	근무

※ 근무자별로 휴식시간대는 다르지만 합계 근무시간은 15시간 30분, 휴게시간은 8시간 30분이 되어야 한다.

　다만 경시청은 이미 1919년부터 3교대제를 실시하여 왔고 1960년대부터 수도치안 강화와 지역경찰관의 피로라는 문제가 제기되어 1972년 9월부터 4교대제를 실시하고 있다. 제1당번(주간), 제2당번(야간), 비번, 일근의 4부제를 하고 있는데 제1당번은 근무시간 7시간 45분, 휴게시간 1시간을 오전 7시 30분부터 9시 30분 사이에 시작하여 오후 4시 15분부터 6시 15분 사이에 마치고, 제2당번은 근무시간 15시간, 휴게시간 4시간을 오후 2시 30분부터 4시 사이에 시작하여 다음날 오전 9시 30분부터 11시 사이에 마치는 것이다.

〈표 11〉 4부제에서 제2당번일의 근무례

15:00	17:00	18:00	20:00	21:00	3:00	5:00	10:00

근무	휴식	근무	휴식	근무	휴식	근무

※ 근무개시시각 및 종료시각은 서별로 다르고 근무자별로 휴식시간대는 다르지만 합계 근무시간은 15시간, 휴게시간은 4시간이 되어야 한다.

---

78 이와 관련하여 더 자세한 내용은 佐々木真郎, 警察官の交代制・当直勤務に関する考察, 警察学論集 第67卷 第7号, 2014를 참고하기 바란다.

V. 경찰의 임무와 권한

1. 서 론

경찰법 제2조는 개인의 생명·신체 및 재산의 보호, 범죄의 예방·진압 및 수사, 피의자의 체포, 교통의 단속 기타 공공의 안전과 질서의 유지를 경찰의 책무로 규정하고 있다. 그리고 이러한 책무 달성을 위한 경찰의 권한행사는 법률에 근거하고(법치주의) 법률에 근거가 있더라도 특히 개인의 자유와 권리를 제약하는 경우에는 필요최소한의 범위 내에서 하도록(비례원칙) 요구되어 왔다.

경찰의 책무 관련 규정은 제정 및 시행 이후 60년이 경과하는 동안 변화가 없고 다른 규정들도 경찰청의 사무 확대[79] 등 약간의 개정이 있었을 뿐이다. 그러나 제도의 운영상 이념과 실무 즉 경찰행정의 범위와 방법 등은 크게 변화해 왔고 이는 경찰권한의 남용이 우려되었던 과거와 달리 배우자폭력, 스토커를 비롯한 새로운 사안에 대해 적극적인 대처가 요구되는 등 이제는 과잉행사와 과소행사의 좁은 경계 사이에서 국민의 기대와 신뢰에 부응하도록 권한을 행사하면서 책무를 달성해야 되기 때문이다.

이는 세계 모든 경찰이 마찬가지겠지만 일본 경찰도 국민의 생명과 재산을 보호하기 위해 사태에 적절하게 대응하도록 요구받고 있고 이러한 대응을 위해서

---

[79] 경찰법 제5조 제4항은 ① 경찰에 관한 제도의 기획 및 입안, ② 경찰에 관한 국가예산, ③ 경찰에 관한 국가의 정책평가, ④ 대규모 재해나 소란 또는 국제관계에 중대한 영향을 미치거나 국가의 중대한 이익을 현저하게 해할 염려가 있는 항공기의 납치(强取)·인질에 의한 강요·폭발물의 소지 기타 이에 준하는 범죄에 관한 사안으로 公安에 관계된 경찰운영, ⑤ 경찰법 제71조의 긴급사태(대규모 재해나 소란 등의 긴급사태시 총리의 긴급사태포고)에 대처하기 위한 계획 및 그 실시, ⑥ 광역조직범죄 등에 대처하기 위한 경찰의 태세, ⑦ 전국적인 간선도로에 있어서의 교통의 규제, ⑧ 범죄수익에 관한 정보 수집과 제공, ⑨ 국제형사경찰기구 등과의 연락, ⑩ 국제수사공조, ⑪ 국제긴급원조활동, ⑫ 소장사무에 관계되는 국제협력, ⑬ 범죄피해자등기본계획의 작성 및 추진, ⑭ 「채권관리회수업에 관한 특별조치법」에 따른 의견 진술 등, ⑮ 「무차별대량살인행위를행한단체의규제에관한법률」의 규정에 기초한 의견 진술 등, ⑯ 중대사이버사안에 관한 범죄의 수사 그 밖에 중대사이버사안에 대처하기 위한 경찰의 활동, ⑰ 황궁경찰, ⑱ 경찰교양시설의 유지관리 등, ⑲ 경찰통신시설의 유지관리 등, ⑳ 범죄의 단속을 위해 전자정보처리조직 및 전자적 기록의 해석 등, ㉑ 범죄감식시설의 유지관리 등, ㉒ 범죄통계, ㉓ 경찰장비, ㉔ 경찰직원의 임용, 근무 및 활동의 기준, ㉕ 기타 경찰행정에 관한 조정, ㉖ 위의 사무를 수행하기 위해 필요한 감찰, ㉗ 기타 다른 법률에 의해 경찰청 권한에 속하는 사무를 국가경찰사무로 규정하고 제16조 제2항은 이러한 사무에 관하여 경찰청장관이 도도부현 경찰을 지휘·감독하도록 규정하고 있다.

현장대응만이 중시되고 있지는 않다. 즉 현장집행력뿐만 아니라 정책능력도 중시되고 있어[80] 현재 일본 경찰은 조직범죄·폭력단·약물·총기·사이버공간의 안전확보·소년의 비행방지·소년보호(아동학대 및 아동포르노)·여성보호(배우자폭력·스토커)·교통범죄 등 다양한 범죄대책과 피해자지원 나아가 범죄억지대책까지 추진하고 있다. 또한 최근의 범죄대책은 입법 등의 제도입안, 사업자에의 요청 등 정책을 통해 범죄를 억제하는 정책을 중시하면서도 개별사건에 대한 대처에도 역점을 두고 있다.[81] 이하에서는 우선 범죄수사와 범죄예방을 위한 경찰활동을 우리나라와의 차이를 중심으로 살펴보기로 한다.

❄ 대규모 재해에의 대응

다른 나라와 구분되는 일본경찰의 특징으로 재해대응을 들 수 있다. 2011년 3월 11일 발생한 동일본대지진은 사망 15,883명, 행방불명 2,671명, 부상자 6,147명이 발생하였고 경찰은 발생직후부터 관할하는 3개 현의 경찰이 중심이 되어 주민의 피난유도 및 구출구조, 행방불명자 수색, 사체의 검시 및 신원확인, 긴급교통로의 확보, 피해자지원, 경계 및 순찰활동, 범죄 단속 등의 활동을 하였다. 이후 해당지역의 경찰관을 계속 증원하면서 임시주택의 방범활동, 교통안전시설 등의 정비, 범죄의 억지 및 검거 등을 실시하였다.

아울러 경찰재해파견대[82]를 신설하여 광역적 대응력을 강화하고 장비기자재를 확충하고 있으며 관계기관과 연계를 강화하면서 훈련을 실시하고 있다.

---

80 특히 경찰대학의 경찰정책연구센터가 싱크탱크로서 세미나 등의 개최, 학계와의 교류창구로서 활동, 국제 교류, 활동성과의 발표 및 각종 자료의 작성을 하고 있으며 외부 대학 및 대학원에서 강의도 하고 있다. 과거에는 주로 법학부 등에서 경찰활동을 강의하였으나 최근에는 보건의료관계학부(성범죄대책과 피해자지원), 교육학부(소년문제 및 소년범죄의 현상 등), 공학부건축학과(건물의 방범과 거리 안전) 등으로 확대되고 있다. 경찰정책연구센터의 활동 관련해서는 中川正浩, 警察政策硏究センターの役割, 社会の安全と法, 立花書房, 2014를 참고하길 바란다.

81 米田壮, 警察の現在と将来－変えるべきこと, 変えてはならないこと－, 警察学論集 第67巻第7号, 2014, 5면. 나아가 사태에 대한 적절한 대응은 경찰의 정치적 중립성 확보를 위해서도 중요하다고 인식되고 있다.

82 즉시 파견되는 즉응부대(광역긴급원조대, 광역경찰항공대, 기동경찰통신대, 긴급재해경비대)와 일정기간 경과후 현지 경찰을 장기간에 걸쳐 보완하는 일반부대(미리 숙박시설 등을 확보하는 지원대책부대와 특별경비부대, 특별생활안전부대, 특별자동차순찰부대, 특별기동수사부대, 신원확인지원부대, 특별교통부대, 정보통신지원부대)로 편성된다.

2. 범죄수사를 위한 경찰활동

가. 범죄수사

발생한 범죄가 단서를 통해 수사기관에 인지된 후 수사과정을 거쳐 공소가 제기되는 과정은 우리나라와 큰 차이가 없으며 수사과정에서 영장 등의 강제처분 등을 이용해 증거를 수집하거나 피의자의 신병을 확보하고 조서 등을 통해 확보한 피의자의 자백을 중시한다는 점도 우리나라와 마찬가지다. 우선 경찰에서의 단서 현황은 다음과 같다.

〈표 12〉 경찰에서의 단서별 인지건수(2008년)

총 수		1,818,023(100%)
피해자 등의 신고		1,629,366(89.6%)
경비회사의 신고		12,148(0.7%)
제3자의 신고		15,369(0.8%)
고소·고발[83]		8,064(0.4%)
일반인의 체포동행		2,294(0.1%)
119번 전송		797(0.04%)
타기관으로부터의 인계		163(0.01%)
경찰활동	계	149,302(8.2%)
	현인	6,771(0.4%)
	범적 발견	780(0.04%)
	직무질문	94,364(5.2%)
	탐문	946(0.05%)
	조사	37,475(2.1%)
	기타	8,957(0.5%)
자수		520(0.03%)

출처: 경찰청 홈페이지, 平成20年(2008)の犯罪(http://www.npa.go.jp/archive/toukei/keiki/h20/h20hanzai-toukei.htm).

---

83 고소·고발의 비중 차이가 한일 양국의 큰 차이로 지적된다. 한국 경찰청이 발표한 통계에 의하면 2013년 총범죄는 1,857,276건으로 2008년 일본의 총범죄 1,818,023건과 비슷하다. 그러나 한국의

이러한 수사를 보통 대상자의 동의를 얻어 하는 임의수사와 대상자의 동의를 불문하고 강제적으로 하는 강제수사로 나누어 피의자 등의 출석요구, 조사, 감정 등의 위촉 등과 탐문, 미행, 잠복, 실황조사, 임의동행을 임의수사로, 체포, 압수·수색, 검증, 감청 등을 강제수사라 하여 헌법상 재판관이 사전에 발부하는 영장을 필요로 한다.

다만 우리나라와 큰 차이가 나는 것이 체포와 구속의 관계로 체포와 구속이 동시에 가능하여 실무자의 판단에 따라 혼용되고 있는 우리나라와 달리 일본에서는 구속은 검사만이 할 수 있는 반면 반드시 체포를 해야 구속을 할 수 있다.[84] 체포 및 구속되는 경우 다음과 같은 시간적 한계 내에서 수사가 이루어진다.

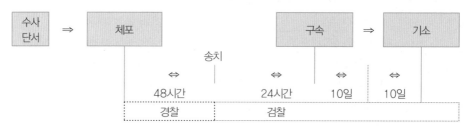

[그림 5] 일본의 인신구속절차 개요

체포는 피의자의 도주, 증거인멸을 방지하고 수사하기 위해 강제적으로 신병을 구금하는 것으로 영장(체포장)을 필요로 하는 통상체포(형사소송법 제199조; 이하 동일)와 영장없이 가능한 긴급체포(제210조)와 현행범체포(제213조)가 있다.

압수수색 및 검증은 영장에 의해 가능한데 체포에 의한 경우에만 예외가 인정되도록 규정되어 우리나라의 규정보다 제한적이지만 판례는 규정을 넓게 해석하고 있다.

또한 영장청구의 주체로서 체포영장은 지정 경부 이상의 사법경찰원이, 압수수색영장 등은 사법경찰원이 청구할 수 있도록 한정하고 있는데 여기서 사법경찰

경우 고소가 263,084건(14.2%), 고발이 78,061건(4.2%)으로 합계하면 총 수사단서의 18.4%를 차지하여 0.4%에 불과한 일본과 큰 차이를 보인다.

84 이를 체포전치주의라고 하며 2008년의 경우 경찰수사중 26%가 체포되었는데 영장으로 체포된 자가 13.2%(45,008명), 현행범체포된 자가 10.5%(35,804명), 긴급체포된 자가 2.2%(7,396명)이었다. 경찰청 홈페이지, 平成20年(2008)の犯罪(http://www.npa.go.jp/archive/toukei/keiki/h20/h20hanzaitoukei.htm).

원은 순사를 제외한 순사부장부터 해당되므로 그 범위가 우리나라에 비하여 넓다.

나. 수사상 경찰과 검찰의 관계

일본 경찰에 대해 가장 많이 알려진 것 중의 하나가 경찰이 독자적 제1차 수
사권을 가지고 검찰과 상호대등 협력관계라는 점이다.[85] 이것은 일본형사소송법 제
189조가 "사법경찰직원은 범죄가 있다고 사료하는 때는 범인 및 증거를 수사하여
야 한다"고 규정하고 있는데 비해 제191조가 "검사(검찰관)는 필요가 있다고 인정할
때는 스스로 범죄를 수사할 수 있다"고 제2차적·보충적 수사권을 규정하고 있는
것에서도 확인할 수 있고 제192조가 "검사와 사법경찰직원은 수사에 관하여 서로
협력하여야 한다"고 규정하여 상호대등 협력관계를 규정한 것에서도 알 수 있다.

다만 경찰수사가 실제로 어떻게 운용되는지는 이해하기가 쉽지 않은데 경
찰의 수사를 원칙적으로 검사에게 송치[86]하도록 하는 한편 수사의 적정화·효율
화 및 적절한 공소권 행사를 위하여 일정한 범위 내에서 검사의 수사지휘권을
인정하고 있기 때문이다. 그러나 제193조에서 일반적 지시권(제1항)·일반적 지
휘권(제2항)·구체적 지휘권(제3항)을 규정하고 있지만 이러한 지휘도 일반적으로
검사가 직접 수사를 진행하고 있는 경우로 한정[87]되고 영장청구 관련해서도 우
리와 달리 경찰이 직접 법원에 청구하여 검사를 경유하지 않으므로 큰 차이가
난다.

다. (소년범죄를 포함한) 소년비행에의 대응

일본 소년법의 경우 우리나라와 많이 흡사하나 소년사건은 모두 가정재판소
에 송치하여야 한다. 이에 따라 경찰은 촉법소년(14세 미만의 형벌법령에 저촉되는 행위

---

85 과거의 형사소송법에서는 경찰관은 검사의 지휘하에 그 보조적 입장에서 범죄수사를 하도록 규
    정되어 있었으나 2차 대전 이후 1947년 '구'경찰법의 제정과 1948년 형사소송법의 개정으로 제1
    차 수사권을 가지게 되었다. 자세한 경과에 대해서는 미쓰이 마코토, "일본 경찰수사 입법의 형성
    과 전개 – 연혁·법제·현황 –", 경찰대학 개교30주년 국제학술세미나 발표자료집, 2011을 참고하
    기 바란다.
86 미죄처분이라고 하여 형사소송법 제246조의 단서에 따라 경찰단계에서 사건을 종결처리할 수 있
    는 제도가 있다. 검사가 지정한 사건에 한하여 과거의 실무관행을 제도화한 것이다. 자세한 내용은
    김태명, "일본의 미죄처분과 간이송치 제도", 경찰법연구 제9권 제2호, 2011을 참고하길 바란다.
87 일반적 지시권의 경우도 수사를 수행하기 위한 준수사항, 공소를 위한 서류 작성, 사건 송치에 관
    한 것 등을 대상으로 하는데 불과하다.

를 한 소년)에 대해서는 아동상담소장을 거쳐 송치하고 범죄소년(14세 이상 20세 미만의 범죄행위를 한 소년)에 대해서는 수사후 검사를 거쳐 송치하게 된다. 더구나 1950년 최고재판소, 최고검찰청 및 경찰청이 협의하여 도입한 간이송치제도가 있어 일정 사건의 경우 경찰이 직접 가정재판소에 사건을 송치할 수 있다.

이외에도 경찰은 소년경찰활동규칙에 근거하여 불량행위소년(음주, 흡연, 심야 배회 기타 자기 또는 타인의 덕성을 해하는 행위를 하고 있는 소년), 피해소년(범죄 기타 소년의 건전한 육성을 저해하는 행위에 의해 피해를 입은 소년), 요보호소년(아동복지법상의 복지를 위한 조치 또는 이에 준하는 보호를 위한 조치가 필요하다고 인정되는 소년), 아동학대를 받았다고 의심되는 아동에 대하여 길거리선도(街頭補導)(제7조), 소년상담 및 지도·조언 등(제8조), 사회봉사활동 등 체험활동 등의 다양한 활동을 하고 있다.

3. 범죄예방을 위한 경찰활동

가. 경찰관직무집행법상의 권한

경찰관의 범죄예방 활동에 대하여 규정한 가장 대표적인 법이 경찰관직무집행법으로 경찰법 제2조 제1항의 책무를 수행하기 위한 수단을 규정하고 있다.

우리나라의 불심검문에 해당하는 직무질문(제2조), 신체검사(제2조 제4항), 보호(제3조), 피난 등의 조치(제4조), 범죄의 예방 및 제지(제5조), 출입(제6조), 무기의 사용(제7조)를 규정하고 있어 우리나라의 경찰관직무집행법과 큰 차이가 없다.

이중 가장 중요한 것이 직무질문으로 거동수상자 등에 대하여 경찰이 동의를 얻어 정지, 자동차검문, 소지품검사,88 임의동행 등을 실시한다. 이는 동의를 얻어야만 가능한 권한행사이지만 직무질문의 필요성, 긴급성 등 구체적 상황에 따라 유형력 행사가 어느 정도 인정되고 있고 정지 관련해서는 달아나려는 자의 손을 잡는 것이,89 자동차검문에서는 자동차의 정지를 요구하는 것과 술냄새가 나는 운전자가 도주하려는 경우에 키를 돌려 스위치를 끄고 제지한 것90이, 소지

---

88 우리나라의 경찰관직무집행법과 달리 직무질문에 소지품검사 관련 규정이 없으나 최고재판소 판례를 통해 직무질문에 부수하는 행위로 인정되고 있다.

89 最高裁決定昭和29年(1954)7月15日刑集8卷7号1137号.

90 最高裁決定昭和53年(1978)9月22日刑集32卷6号1774号.

품검사에서는 잠기지 않은 가방의 지퍼를 승낙없이 열어 본 행위가[91] 판례상 인정되고 있다.

이외에도 다양한 법률[92]로 다양한 권한을 인정받고 있는데 그중 폭력단 관련 법률과 배우자 폭력 및 스토킹 관련 법률[93]을 중심으로 경찰관의 권한을 살펴보기로 한다.

나. 경찰의 새로운 권한 Ⅰ - 폭력단에 대한 대응 -

일본의 범죄조직인 폭력단은 마약 밀매 등 전통적인 방식에서 벗어나 각종 사업에 진출하여 기업활동을 가장하면서 자금을 획득하여 활동하는 등 전통적인 방법으로는 대응이 곤란해졌다.

폭력단에 대응하기 위해 경찰은 마약, 상해, 절도, 사기, 공갈 등의 범죄를 단속하고 폭력단 배제활동[94]을 함과 동시에 「폭력단원에의한부당한행위의방지등에관한법률」에 따라 공안위원회는 형법상 범죄가 아닌 행위에도 중지명령, 재발방지명령, 청구방해방지명령, 보호자(用心棒)행위등방지명령, 금지명령, 사무소사용제한명령 등 다양한 행정명령을 할 수 있다.[95]

---

91 最高裁決定昭和53年(1978)6月20日刑集32卷4号620号. 다만 피의자가 흉기 등을 소지하고 있을 고도의 개연성이 있는 사안에서 인정된 것으로 그것도 일반적으로 형사소송법상 수색에 해당하지 않는 정도 내에서 인정된다.

92 金山泰介, 警察行政槪論, 立花書房, 2013, 64면은 경찰의 책무를 개인의 생명, 신체 및 재산의 보호와 공공의 안전과 질서유지로 나누어 전자에 대해서는 「경찰관직무집행법」, 「폭력단원에의한부당한행위의방지등에관한법률」, 「스토커행위등의규제등에관한법률」 등이, 후자에 대해서는 형사소송법」, 「도로교통법」, 「풍속영업등의규제및영업의적정화등에관한법률」, 「총포도검류소지등단속법」 등이 다양한 권한을 경찰관에게 부여해 준다고 설명하고 있다.

93 우리나라의 경우 「가정폭력범죄의처벌에관한특례법」 등 가정폭력, 성폭력, 아동학대 등을 "범죄"로 규정하고 "처벌"을 중심으로 규정하고 있으나 일본의 경우 배우자폭력, 아동학대, 스토킹을 "범죄"가 아닌 행위나 폭력으로 규정하고 이에 대한 다양한 대응을 규정하고 있다.

94 시민사회와 합동하여 공공사업 등의 각종 사업으로부터 배제하고 사무소를 철거하게 하거나 피해자를 보복으로부터 지키는 다양한 형태로 이루어지고 있다.

95 보통 경찰본부의 담당부서가 경찰서로부터 보고를 받아 검토한 후에 해당 공안위원회에 명령을 발하도록 요구하는 절차를 밟게 된다.

〈표 13〉 행정명령의 추이

	2004	2005	2006	2007	2008	2009	2010	2011	2012	2013
중지명령	2,717	2,668	2,488	2,427	2,270	2,119	2,130	2,064	1,823	1,747
재발방지명령	161	112	128	110	86	65	85	93	81	62
청구방해방지명령	–	–	–	–	3	0	8	5	2	5
보호자(用心捧)행위등 방지명령	–	–	–	–	–	–	–	–	–	9
금지명령	–	–	–	–	61	30	8	14	12	2
사무소사용제한명령	0	1(1)	0	0	0	0	0	27(1)	17	0

출처: 경찰청 홈페이지, 평성25년도(2013), 폭력단 정세
http://www.npa.go.jp/sosikihanzai/bouryokudan/boutai18/h25_jousei.pdf

또한 2000년대에 들어와, 특히 규슈 북부지역을 중심으로 총기와 수류탄을 이용한 습격사건과 조직간 대립사건 등 중대사건들이 다발하여 2012년 법을 개정하여 '특정항쟁지정폭력단'과 '특정위험지정폭력단'의 제도를 두어 지정된 폭력단의 구성원이 하는 일정한 행위를 단속하게 되었다.

다. 경찰의 새로운 권한 Ⅱ - 스토킹과 배우자 폭력에 대한 대응-

일본의 경우 치밀하고 피해자를 배려한 수사를 일찍부터 해왔으나 민사사안이거나 범죄사실이 특정되지 않은 경우 등은 수사기관의 합리적인 기준에 따라 선별적으로 고소를 접수하지 않는 등 수사를 하지 않았다. 그 결과 특히 가정폭력이나 스토커의 경우 피해자의 사망이라는 중대한 결과를 초래하여 신고를 하도록 적극적으로 설득하거나 최근에는 피해신고서를 제출하지 않더라도 당사자의 관계를 고려하여 필요하다고 인정되고 객관적 증거와 체포의 필요가 있는 경우에는 가해자를 체포하는 등 강제수사도 검토하도록 지시하고 있다.

이 중 먼저 제정된 것이 「스토커행위등의규제등에관한법률」로 1999년에 전 남자친구의 스토킹으로 피해여성이 경찰에 상담을 요청했으나 경찰이 단순한 남녀 문제로 취급하여 적극적인 대응을 하지 않은 사안에서 피해자가 살해되어 큰 사회 문제가 되었고 2000년 법이 제정되었다.

이에 따라 형법과 경범죄법 등의 적용이 곤란한 스토킹을 "쫓아다니는 행위

등(つきまとい等)"과 "스토커 행위"로 나누고 연애감정이나 호의감정 등으로 쫓아다니거나, 잠복, 무언의 전화 등을 "쫓아다니는 행위 등"으로 규정하여 경찰 본부장 등[96]은 반복의 위험 등 요건을 충족할 경우 경고할 수 있고, 경고에 위반한 경우 공안위원회 등이 금지명령 등을 할 수 있다. 그리고 금지명령위반은 1년 이하의 징역 또는 벌금에 처해진다. 한편, "스토커 행위"는 "쫓아다니는 행위 등" 중 위험성이 높은 특정한 행위를 반복하는 것을 말하며, 이는 범죄로서 6개월 이하의 징역 또는 50만엔 이하의 벌금에 처해진다.

2012년 이후 2만건 전후의 상담을 경찰이 접수하고 있는데 2021년에는 경고는 2,055건, 금지명령 등은 1,671건, 스토커행위죄 검거는 812건, 금지명령 등 위반 검거는 135건으로 과거 경고에 비해 금지명령이 아주 적었고 금지명령 등 위반은 더 적었기에 경고 등의 억제효과가 인정되었으나 2016년 이후 금지명령이 크게 늘었다.

또한 배우자[97]의 폭력에 대해서는 비록 형법 등으로 처벌이 가능하지만 신고하지 않거나 신고해도 경찰이 제대로 접수하지 않는 문제점이 있어 2001년 「배우자로부터의폭력방지및피해자보호에관한법률」이 제정되었고 이 법은 폭력의 신고, 상담, 피해자 보호 및 자립지원 등을 폭넓게 규정하고 그중에서도 법원의 보호명령제도[98]를 새로 도입하였다.

경찰의 역할은 한국에 비해 제한적인데 피난 기타 조치의 지도, 주소 또는 거소를 알지 못하도록 하기 위한 조치, 피해방지 협상을 위한 조언, 피해자를 대신해서 가해자에게 연락 및 경찰시설물을 협상장소로 제공 등(제8조의2)을 하고 있다.

아울러 경찰은 피해자가 보호명령을 신청하면 법원의 요구에 따라 피해자가 경찰 직원 등에 상담·원조·보호를 신청했을 때의 상황 및 조치한 내용을 기재한 서면을 제출하거나 설명을 하는 등 보호명령의 결정에 실질적으로 관여하고 있

---

96 경찰서장도 할 수 있으나 경시청의 경우 피해자의 주소를 알리지 않으려는 경우 경시총감이 하고 있다. 青山彩子, ストーカー事案等男女間のトラブルに起因する被害の未然防止, 講座 警察法 第二卷, 立花書房, 2014, 129면.
97 2013년 개정으로 배우자이외에 생활의 근거지를 같이 하는 교제상대도 대상에 추가되었다.
98 다만 이 제도는 영미의 민사상 금지명령과는 달리 명령위반에 대해 경찰의 체포의무가 있는 것은 아니고 처음에는 접근금지명령과 퇴거명령만 도입하였으나 이후 전화 등 금지명령 등이 추가되었다.

고[99] 보호명령위반도 1년 이하의 징역 또는 벌금에 해당하므로 이러한 범죄행위에 대해서는 수사 및 검거하고 있다.

이외에도 재피해를 방지하기 위해 관할 경찰서장으로부터 지정받은 경찰관이 방범지도와 경계조치를 하고 교도소 등과 연계하여 석방 등의 정보를 피해자에게 알려준다. 또 수감되지 않은 가해자도 계속 동향파악을 하며 필요에 따라 지도경고 등의 조치를 한다. 나아가 2008년 「총포도검류소지등단속법」을 개정하여 가정폭력의 전과를 소지허가의 결격사유로 하여 더 큰 위험발생을 사전에 차단하고 있다.

스토킹과 배우자 폭력에 대한 경찰의 대응은 다음과 같다.

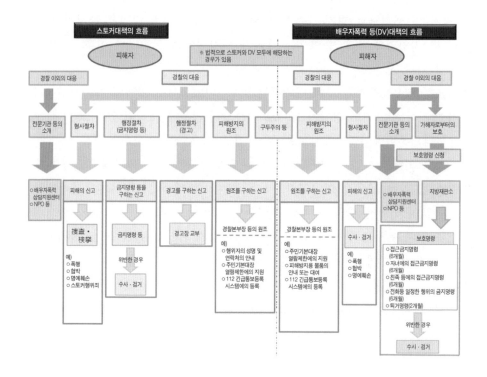

---

99 아울러 보호명령을 한 지방재판소는 그 내용을 관할하는 도도부현 경찰의 장에게 통지하므로 이후 관할 경찰서장은 방문 등을 통해 다양한 유의사항을 지도하고 피해자를 보호하게 된다.

VI. 주요 치안현안 및 당면과제

1. 치안대책

일본 경찰은 다양한 문제들을 해결하고자 노력하고 있으며 최근의 주요 정책 대상은 '범죄피해자', '사이버보안', '스토킹', '아동포르노 등 성착취', '보이스피싱', '폭력단·약물·범죄수익이전방지', '재해 및 테러', '안전한 교통 확보' 등이다. 다만 개별 대응에 앞서 일본의 치안대책이 체계적이며 종합적으로 이루어진다는 점을 이해할 필요가 있다.

2002년까지 치안이 급속히 악화됨에 따라 먼저 정부차원에서 2003년 범죄대책각료회의를 설치하고 「범죄에 강한 사회의 실현을 위한 행동계획」을 결정하였다. 여기에는 국민이 스스로 안전을 확보하는 활동의 지원, 범죄가 발생하기 어려운 사회환경의 정비, 각종 범죄대책을 중심으로 다양한 시책을 담았는데 이렇게 범죄대책을 정부전체의 정책과제로 삼은 것은 전후 최초로 획기적인 조치였다.[100]

경찰도 경찰청 차장을 장으로 하는 '가두범죄등억지종합대책실'을 설치, 가두범죄와 침입범죄의 억지를 목표로 단속 및 타기관 연계를 강화[101]하여 이후 범죄가 크게 감소하였다.

2008년 12월에 범죄대책각료회의에서는 「범죄에 강한 사회의 실현을 위한 행동계획 2008-『세계 제일의 안전한 나라, 일본』의 부활을 목표로-」를 결정하여 2003년도 행동계획을 유지하면서도 범죄가 발생하는 원인과 사회적 배경에 대한 분석을 토대로 보다 광범위한 정책을 종합적이고 지속적으로 강구하기로 하였다.

2013년 범죄대책각료회의에서는 세계 제일의 안전한 나라 일본을 위한 전략으로서 세계 최고수준의 안전한 사이버공간 구축 등을 과제로 채택하였다.

---

100 川出敏裕·金光旭, 刑事政策, 成文堂, 2012, 31면.

101 각 지방자치단체도 조례를 제정하여 범죄예방을 위해 노력하였고 특히 도쿄도의 경우 치안대책을 담당하는 부지사를 두고 싶다는 요청에 경찰청이 2003년 파견하여 부지사겸 긴급치안대책본부의 본부장을 맡았고 2005년 도쿄도청소년·치안대책본부가 만들어져 이후로도 전직 경찰관과 파견자가 핵심적인 역할을 맡고 있다.

2. 피해자 보호

일본 경찰은 우리나라와 달리 범죄피해자지원에서 주도적 역할을 하고 있으며 우선 대표적인 것으로 범죄피해자에 대한 보상제도를 운용하고 있다. 이 제도는 1980년 시작되어[102] 현재는 「범죄피해자등급부금의지급등에의한범죄피해자등의지원에관한법률」에 따라 범죄피해자에게 국가(경찰청)의 일반예산으로 3종류의 급부금[103]을 지급하고 있으며 최대 유족급부금이 2,964.5만엔이고 장애급부금이 3,974.4만엔이다.

또한 2016년 11월부터 국외범죄피해자조위금등지급제도가 시행되었는데 국외에서 생명 또는 신체를 해하는 고의의 범죄행위로 사망한 일본국적 소유자의 제1순위 유족에 대하여 1인당 200만엔을, 장애등급 1급 상당의 장애를 입은 피해자에 대해서는 1인당 100만엔을 지급하는 제도이다.

이외에도 일본 경찰은 피해자의 보호와 지원 관련 선도적인 역할을 수행하여 왔는데 대표적인 것으로 1996년 마련한 「피해자대책요강」이 있고 여기서 수사과정에서의 다양한 피해자 지원책이 마련되었고 특히 「피해자 연락제도」가 도입되어 살인, 상해, 성범죄 등과 교통사망사건의 피해자들에게 수사상황, 검거사실, 피의자의 신상, 피의자의 처분상황 등의 정보를 제공하고 있다. 또한 범죄 피해의 발생 직후부터 사건 수사담당자와는 별도로 피해자를 지원하는 「지정 피해자 지원요원제도」가 도입되어 병원 소개 및 동행, 현장검증의 입회, 자택 등 이동시 편의제공, 조사시 보조, 상담 및 치료, 형사절차 설명 등 정보제공, 기타 지원단체 등의 소개 및 인계 등을 담당해왔다.

이 피해자대책요강은 현재 「범죄피해자지원요강」으로 변경되어 성범죄 피해자, 폭력단범죄 피해자, 교통사고 피해자, 배우자폭력 및 스토킹 피해자에 대한 다양한 대책을 포함하여 시행중에 있다.

아울러 경찰이 일반적인 민간 피해자지원단체와 긴밀히 연계하고 있을 뿐만

---

102 당초 법무성에서 하는 안도 검토되었으나 주민과 밀접한 관계에 있는 지방자치단체로서 경찰이 하는 것이 바람직하다는 이유로 현재 도도부현 공안위원회가 급부금의 재정을 실시하고 있다.

103 유족급부금과 장애급부금은 피해자의 피해 당시 소득의 일정 비율에 피해정도에 따른 배수를 곱하여 지급액을 산출하지만 중상병급부금은 의료보험이 적용되는 의료비의 자기부담분을 환급하는 제도이다.

아니라 조직 관리 운영 및 활동 내용 등에 대해 엄격한 요건을 충족한 민간 피해자지원단체를 '범죄피해자등조기원조단체'로 지정하는 제도가 있어 경찰이 피해자의 동의를 얻어 피해자의 이름과 피해사실 등의 개인정보를 직접 단체에 제공하여 피해자가 범죄발생후 조기 단계부터 지원받을 수 있도록 하고 있다.

나아가 과거 내각부가 담당하던 범죄피해자등기본계획의 작성을 경찰청이 담당하게 되었는데 경찰청은 관계부처, 지방공공단체 등의 추진상황을 확인하면서 범죄피해자백서 등도 발간하고 있다.

3. 사이버경찰국의 창설

2022년 4월 경찰청의 정보통신국이 폐지되고 사이버경찰국이 신설되었다. 이는 사이버공간에서 발생하는 문제에 대하여 기존의 조직으로는 대응이 어렵다는 점을 고려한 것인데[104] 신설된 사이버경찰국은 사이버 관련 사무를 전담함으로써 정보를 신속하게 집약할 수 있게 되었고 동시에 생활안전, 경비 등의 다른 부문과 긴밀하게 연계함으로써 사이버공간과 실공간 모두 빈틈없이 대응할 수 있도록 하였다.

또한 경찰청에서 종합조정기능을 담당하고 있는 장관관방 기능에 경찰업무의 디지털화와 과학기술의 사령탑을 설치함으로써 경찰업무 전체를 보다 합리화하고 고도화하도록 하였다.[105] 동시에 경찰청의 조직인 관동관구경찰국[106]에 '사이버특별수사대'를 신설하여 직접수사도 담당하게 하였다. 이에 따라 국가공안위원회 및 경찰청의 사무에 큰 변화가 발생했는데 과거에는 도도부현경찰만이 집행권한을 행사하였기 때문이다.

---

104 이전에는 금전 목적 등의 사이버범죄는 생활안전국이, 국가의 안전에 관계된 사이버공격은 경비국이, 정보기술의 분석은 정보통신국이 각각 담당해왔다.

105 小島裕史, "令和4年度警察庁組織改正について", 警察学論集 第75卷 第7号, 2022, 1면.

106 이는 사이버특별수사대의 수사대상인 피해기업의 본사 및 인터넷서비스제공업자의 본사가 주로 관동권에 존재한다는 점을 고려한 것이다. 中山卓映·市原悠樹, 『警察法の一部を改正する法律』에 대하여", 警察学論集 第75卷 第7号, 2022, 20면.

참고문헌

1. 국내문헌

- 김태명, "일본의 미죄처분과 간이송치 제도", 경찰법연구 제9권 제2호, 2011.
- 경찰청, "일본의 경찰제도", '06 경찰혁신 자료집 Ⅱ, 2006.
- 경찰청, "일본의 경찰제도와 범죄수사", 일본경찰제도 관련 참고자료집, 2006.
- 경찰청 기획관리관실, 일본경찰법 해설, 1995.
- 미쓰이 마코토, "일본 경찰수사 입법의 형성과 전개-연혁·법제·현황-", 경찰대학 개교 30주년 국제학술세미나 발표자료집, 2011.
- 이동희, "일본경찰의 입직·승진제도의 현황 및 시사점", 경찰학연구 제7권 제1호, 2007
- 이운주, 경찰제도(일본), 비교경찰론, 수사연구사, 2006.

2. 외국문헌

- 青木理, 日本の公安警察, 講談社現代新書, 2000.
- 青山彩子, ストーカー事案等男女間のトラブルに起因する被害の未然防止, 講座 警察法 第二巻, 立花書房, 2014.
- 池田克史, 道州制と警察に関する論点について, 警察の進路~21世紀に警察を考える~, 東京法令出版, 2008.
- 岩瀬聡, 現行警察制度の歴史-現行警察法成立までの過程を中心として-, 講座 警察法 第一巻, 立花書房, 2014.
- 大日方純夫, 近代日本警察のなかのヨーロッパ, 林田敏子·大日方純夫 編 近代ヨーロッパの探求 13 警察, ミネルヴァ書房, 2012.
- 小田部耕治, 警察財政制度, 講座警察法 第一巻, 立花書房, 2014.
- 金山泰介, 警察行政概論, 立花書房, 2013.
- 川出敏裕·金光旭, 刑事政策, 成文堂, 2012.
- 幕田英雄, 実例中心 捜査法解説 第3版, 東京法令出版, 2012.
- 菊地良生, 警察の誕生, 集英社, 2010.
- 北芝 健 監修 株式会社レッカ社 編著, そこが知りたい!「日本の警察」, PHP文庫, 2011.
- 近藤知尚, 地方警察職員たる警察官の階級別定員の基準の改正について, 警察公論 第46巻第11号, 立花書房, 1991.
- 米田壮, 警察の現在と将来-変えるべきこと, 変えてはならないこと-, 警察学論集

第67卷 第7号, 2014.

- 警察政策学会 管理運用研究部会, 警察の体制及び運用に関する諸考察ー近代警察の創設から国際協力の推進までー, 警察政策学会資料 第76号, 2014.
- 경찰청, 평성25년판(2013) 경찰백서, 2013
- 경찰청, 레이와4년(2022) 경찰백서, 2022.
- 小島裕史, "令和 4 年度警察庁組織改正について", 警察学論集 第75卷 第7号, 2022.
- 国家公安委員会·警察庁, 総合評価書 警察改革の推進, 2005.
- 重久真毅, 警衛警護, 皇宮警察, 講座警察法 第三卷, 立花書房, 2014.
- 佐々木真郎, 警察官の交代制·当直勤務に関する考察, 警察学論集 第67卷 第7号, 2014.
- 佐藤英彦, 特集 警察法施行 50年 日本警察の不易価値, 警察学論集57券7号, 立花書房, 2004.
- 島根悟, 国家地方警察及び市町村警察並立時代の概観, 警察の進路～21世紀に警察を考える～, 東京法令出版, 2008.
- 島根悟, 現行警察制度の基本構造に関する一整理, 講座 警察法 第一卷, 立花書房, 2014.
- 田中節夫, 警察法施行60周年記念インタビュー 警察改革の軌跡, 警察学論集 第67卷 第7号, 2014.
- 田村政博, 警察法の60年 一理念とプラティスの変化, 警察学論集 第67卷 第7号, 2014.
- 中川正浩, 警察政策研究センターの役割, 社会の安全と法, 立花書房, 2014.
- 中山卓映·市原悠樹, "「警察法の一部を改正する法律」について", 警察学論集 第75卷 第7号, 2022.
- 법무성, 레이와4년(2022) 범죄백서, 2022.
- 門田渉, 警部任用科における最新の取組, 警察学論集 第67卷 第12号, 2014.
- 吉田英法, 戦前期における内政と警察, 講座 警察法 第一卷, 立花書房, 2014.
- 吉田如子, 交番再訪ー論を通して見る警察官の姿, 法社会学 第65号, 2006.
- 吉田如子, 都道府県警察幹部の育成合理化とその含意, 社会の安全と法, 立花書房, 2014.

3. 참고자료

- 국가공안위원회 홈페이지: http://www.npsc.go.jp/
- 경찰청 홈페이지: http://www.npa.go.jp/
- 경시청 홈페이지: http://www.keishicho.metro.tokyo.jp/index.htm

China

중 국

중국에서 공안기관의 역사는 중국공산당의 역사와 직결되어 있으며 중국 역사의 중요한 일부분이라고 할 수 있다. 중국 공안의 건립과 발전은 3단계로 나눌 수 있는데, 중화인민 공화국 성립 이전의 공안기관, 新중국 성립 후 '문화대혁명' 까지의 공안기관, 개혁개방 이래의 공안기관으로 구분할 수 있다.

[이 기 수]

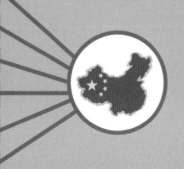

Ⅰ. 중국의 국가 개황

1. 중국의 현황

중국의 공식명칭은 중화인민공화국(中華人民共和國)이고 유라시아 대륙의 동남부에 위치한다. 중국의 국토는 러시아, 캐나다에 이어 세계 제3위이고, 한반도의 약 44배에 달한다. 중국의 황하문명은 세계 4대 문명 중 하나이며, 인도와 함께 인구 10억 명이 넘는 세계 최고의 인구대국이다. 인구의 구성은 대부분 한족(漢族)이고, 몽고, 회(回), 장(臟), 묘(苗), 조선족(朝鮮族) 등 55개 소수민족으로 이루어져 있다. 이들 소수민족은 전체 인구의 약 7%에 불과하지만 이들이 분포되어 있는 지역의 면적은 전체 면적의 약 50~60%로 대부분 변경지역이다.[1]

[그림 1] 중국 천안문

중국의 경제는 개혁개방 정책 이후 급속하게 발전해 중국의 GDP(국내 총생산)는 세계 최고인 미국을 위협하는 정도에 이르고 있다. 중국은 지리적으로 한국과 접하고 있어 경제교역에 있어서도 떼려야 뗄 수 없는 관계로 발전하고 있다. 1992년 8월 수교를 시작한 이후 30년이 넘은 현재는 양국이 없어서는 안 될 경제 동반자로 변모했다.

2. 중국의 정치·행정 체제

1949년 중화인민공화국의 창설 이후 중국은 사회주의 국가로 존속해왔다. 그 동안 중국의 정치는 공산당 내에서 권력투쟁의 양상으로 전개되어 왔으며, 공산주의 이데올로기를 우선시하는 노선과 실용주의 노선간의 갈등이 중심적인 축

---

1 한국민족문화대백과 '중국' 참고.

을 이루어왔다. 헌법상 중국의 최고 권력
기관은 전국인민대표대회이다. 전국인민
대표대회는 국가의 대내외 중요사안에 관
한 최고의 의결기구이며, 각 지역과 인민
해방군에서 선출된 2,900여 명(최고 3,500명)
으로 구성된다. 이 대회는 서방의 의회와
달리 1년에 한 차례 정도만 개최되며 공산
당의 주요 정책을 정당화하는 역할을 하

[그림 2] 전국인민대표대회

며 실질적인 권력은 공산당이 장악하고 있다.

　　대내외적으로 중국을 대표하는 최고 권력자인 국가주석은 공산당 중앙위원
회의 추천에 의해 전국인민대표대회에서 재적 과반수의 찬성으로 선출된다. 국가
주석은 국무원 총리와 군사위원회 위원을 지명하여 전국인민대표대회의 승인을
받는다. 국무원은 중국의 최고행정기관으로 중앙인민정부라고도 하며 산하에 29
개 중앙행정부처와 각 성(省)자치구에 지방인민정부를 두고 있다. 국무원은 전국
인민대표대회에서 결정된 중요사안을 집행하며, 국가행정에 관한 법률의 결의나
결정 등을 집행한다. 국무원 총리는 국가 주석의 추천으로 전국인민대표대회의
승인을 받아 임명된다.[2]

3. 치안 및 사법체계

　　일반적으로 사법체계는 수사기관, 기소기관, 재판기관이 어떤 관계를 맺고
어떤 형태를 갖추고 있느냐에 따라 결정된다. 중국에서 사법체계와 관련된 기관
은 공안[3]기관, 국가안전기관, 인민법원, 인민검찰원, 사법행정기관 등을 들 수 있

---

2 두산백과 '중국의 정치' 참고.
3 '공안'이란 용어는 국민당 장개석 군대와 모택동군대가 치열한 전투를 벌였던 국공 내전기에 장개
　석이 이끄는 국민당의 경찰과 구분하기 위해 처음 사용된 용어이다. 중국이 공산화된 이후 중국
　에서는 경찰과 공안이라는 용어가 혼용되고 있다. 경찰은 법 규정상 '인민경찰'이라는 용어로 많
　이 사용되고 있는데 인민경찰의 범위에 대하여 살펴보면 '중화인민공화국경찰법' 제2조 제2항의
　규정에 따라 공안기관·국가안전기관·감옥·노동교양 관리기관의 인민경찰과 인민법원·인민검찰
　원의 사법경찰을 포함하고 있다. 1957년 제정된 인민경찰조례에 의하면 단지 공안기관의 인민경
　찰만을 의미했으나, 1983년 공안부와 국가안전부가 분리되고 인민법원, 인민검찰원의 양원이 조
　직법에 의해 사법경찰을 두게 되면서 인민경찰의 범위가 공안부문에 관련된 부서로 확대되었다.

다. 각 기관별로 담당하는 분야를 보면 다음과 같다. 공안기관은 형사사건에 대한 수사·구류·예심을 진행하고, 국가안전기관은 간첩 등 국가안전 관련 사건에 대한 수사·구류·예심을 진행한다. 인민검찰원은 기소심사, 공소제기와 유지를 주로 담당하고, 구속의 승인과 일부 범죄에 대한 직접 수사도 실시한다. 인민법원은 재판을 담당하며, 사법행정기관은 판결 후 처리를 담당한다. 다른 나라와 달리 중국공산당의 중앙정법위원회가 이들 기관을 총괄한다. 최고인민법원과 최고인민검찰원은 국무원과 대등한 관계로, 전국인민대표대회의 직속기관이며, 세 기관은 상호 연계 속에서 독립된 하위조직체계를 구성하고 있다.

가. 인민법원

인민법원은 중국의 재판기관을 일컫는 것으로 최고인민법원, 지방 각급 인민법원, 전문인민법원으로 구성되어 있다. 인민법원은 법률에 따라 독립적으로 심판권을 행사하며, 행정기관·단체·개인 등의 간섭을 받지 않는다. 최고인민법원은 최고심판기관으로, 지방의 각급 인민법원과 전문인민법원의 재판활동을 감독하고, 상급 인민법원은 하급 인민법원의 재판활동을 감독한다. 인민법원의 활동은 최고인민법원 활동보고의 형태로 매년 전국인민대표대회에서 보고된다. 지방에는 3개 급으로 구분하여 성급(省級)·지급(地級)·현급(縣級) 행정구역에 각각 고급·중급·기층 인민법원을 둔다.

중국의 재판은 양심종심제로서 1심 판결에 불복할 경우 항소할 수 있지만 2심 판결이 종심이므로 2심에 대한 불복은 허용되지 않는다. 다만, 심판감독절차를 두어 법원이 이미 법률효력이 발생한 판결 및 결정에 대해서 사실인정 또는 법령 적용상 착오를 확인 발견 시 법정절차를 거쳐 재심리할 수 있다. 최고인민법원은 이와 같은 경우 직접 재심리 하거나 하급법원에 재심을 명할 권한이 있다.[4]

중국의 공안부는 공안기관이라고도 하며 약칭 '공안'으로 불린다. 공안부는 일반적으로 경찰이 맡지 않는 위기관리, 소방활동, 특수직업 감독 등의 업무도 맡고 있다. 국제적으로는 '경찰'을 사용하여 외국인에게 혼선을 줌에도 불구하고, 중국정부는 변경할 의사가 없어 보인다. 왜냐하면 영어 표현인 공공의 안녕(public security)란 말과 일치하고 중국의 실정에 합당한 용어로 판단하고 있기 때문이다(康大民, 「公安論」, 北京:群衆出版社, 1998, 59~64면; 이진권외, 「비교경찰제도론」, 2021, 203면; 위키백과).

4 韓玉勝, "中國的司法制度－以刑事訴訟中各機關的職責爲視角", 矯正硏究 第39號, 2008.

나. 인민검찰원

국가의 법률감독기관이다. 인민검찰원의 조직은 최고인민검찰원, 지방 각급 인민검찰원, 전문인민검찰원으로 구성되어 있다. 지방 각급 인민검찰원은 성·자치구·직할시 인민검찰원 및 분원, 자치주 및 성 직할시 인민검찰원, 현·시·자치현 및 시직할구 인민검찰원으로 나눈다. 전문검찰원에는 군사검찰원, 철도운송검찰원 및 삼림검찰원이 있다.

최고인민검찰원은 최고 검찰기관으로, 지방 각급 인민검찰원과 전문인민검찰원의 업무를 지도하며, 상급 인민검찰원은 하급 인민검찰원의 업무를 지도한다.

전문인민검찰원은 군사검찰원 등으로, 관할 사건은 각 주관 조직계통의 활동과정에서 생긴 사건들이다. 인민검찰원의 기능은 법률의 규정에 따라 독립적으로 검찰권을 행사하며, 법규에 따라 전인대 및 전인대 상무위원회에 업무를 보고한다.[5]

다. 공안기관

국가의 치안 유지와 수사를 담당하는 기관이다. 특히 중국의 사법체계에서 공안기관은 형사사건의 중요 수사기관이다. 법률로 규정한 일부를 제외하고 대부분의 형사사건은 공안기관이 수사를 책임진다. 공안기관의 조직은 국무원에는 공안부(公安部)가, 성급 인민정부에는 공안청(公安廳)이, 하부 행정기관에는 공안처(公安處), 공안국(公安局), 공안분국(公安分局), 공안파출소(公安派出所) 등이 설치되어 있다.

중국 공안부는 통상적인 형사경찰, 교통경찰, 마약단속 등과 더불어 호적관리나 외국인 주거등록, 소방 및 형무소 관리, 그리고 비교적 경미한 민사사건의 중재 등도 담당한다.[6] 주요 기능은 사회 치안관리, 공공질서 유지 및 국가기관, 기업단체 등을 보위하며, 반혁명 행위 및 기타 범죄행위에 대처하고, 법률규정에 따른 형사사건의 수사·구류·체포 등 형사소송 활동을 담당한다.[7]

---

5 한국민족문화대백과 '사법기관'; 韓玉勝, 앞의 논문 참고.
6 우수근, 「중국을 이해하는 9가지 관점」, ㈜살림출판사, 2008, 37면.
7 한국민족문화대백과 '사법기관'.

중국의 치안과 관련하여 범죄 통계 등에 대하여 중국공안 당국의 태도가 아직 그리 개방적이지 않은 것으로 보이고, 또 매년 최신의 통계자료를 작성하여 공개하지도 않고 있다. 다만 공개된 자료를 토대로 보면 우선 인구 10만 명당 살인율은 세계 평균보다 매우 낮게 나타

[그림 3] 경비업무를 수행 중인 중국의 경찰

나고 있고, 인구 10만 명당 수형인구도 세계 평균보다 낮게 나타나고 있다. 중국은 현재까지 사형제도를 유지하고 있으며 사형집행이 세계 최고수준에 이르는 것으로 알려져 있다. 다만 사형을 선고할 수 있는 범죄수를 줄여가고 있고, 사형집행 전에 숙려기간을 두는 등 개선의 여지를 두고 있다. 이처럼 중국의 살인율이나 수형인구 지표를 기준으로 볼 때 중국의 치안상황은 비교적 안정적이라고 할 수 있으며, 범죄율도 높지 않다고 평가할 수 있을 것이다.

II. 중국경찰의 발전과정

중국에서 공안기관의 역사는 중국공산당의 역사라고 할 수 있으며 중국 역사의 중요한 일부분이라고 할 수 있다. 중국 공안의 건립과 발전은 3단계로 나눌 수 있는데, 중화인민공화국 성립 이전의 공안기관, 新중국성립 후 '문화대혁명'까지의 공안기관, 개혁개방 이래의 공안기관으로 분류할 수 있다.

1. 중화인민공화국 성립 이전의 공안기관

가. 토지혁명전쟁시기의 공안기관

1) 중앙특과

중국역사에서 오랜 기간 동안 경찰기관은 군대와 분명한 구분이 없는 상태로 존재하였다. 전통적인 경찰제도가 근대경찰로 바뀌게 된 것은 청나라 말기였다. 1894년 중일 갑오전쟁 이후에 중국이 제국주의 열강의 침략을 받아 위기에 처하게 되자 개화파 지식인들을 중심으로 서구문물을 받아들이자는 유신운동이 일게 되었다. 서구문물을 수용하고 정치개혁을 하자는 주장이 부각되면서 1905년에 순경부(巡警部)를 설립하고 전국적 경찰행정 사무를 관장케 하였는데 이것이 중국 근대 경찰이 성립하게 된 시초이다.

이후 장개석이 이끄는 국민당과 모택동의 공산당이 격렬한 내전을 시작하고 중국공산당은 당의 안전을 확보하기 위해 공산당 내에 경찰의 기능을 담당하는 부서를 설치한다. 그것이 주은래의 주도하에 1927년 11월 상해에 설치한 '중앙특과(中央特科)'였다.[8] 중앙특과에는 총무, 정보, 행동, 교통 등 4과를 두었다. 이것은 중국공산당이 중앙기관에 설립한 최초의 보위조직이다. 중앙특과는 1933년 상해의 중국공산당이 이전하며 축소되었고, 1935년 10월에는 소멸하였으나 그 업무나 기율, 특히 정보활동 등은 이후에 심대한 영향을 미치게 된다.

[그림 4] 장개석과 모택동

2) 국가정치보위국

1931년 11월 중국공산당은 강서 루이진(瑞金)에서 중화소비에트 제1차 전국대표대회를 개최하고 중화소비에트공화국 임시중앙정부의 성립을 선포했다. 동시에 인민혁명정권의 공안기관으로 '국가정치보위국'을 설립하여 공산당이 장악

---

8 조용관, "중국경찰의 형성과정과 지도이념 연구", 국민윤리연구 제62호, 2006, 368－369면.

한 지역의 혁명정권, 군대와 사회치안의 보위업무를 책임지도록 하였다. 국가정치보위국은 군사, 정치, 경제활동 등에 공개·비밀수단을 활용해 반대파의 확장을 억제하고, 매춘, 도박, 마약 등 사회악을 제압하고, 호주제를 강화하였으며, 소비에트 지역으로의 진출을 도모하고, 당과 혁명정권 및 인민군대의 안전을 보위하였다.

나. 항일전쟁시기의 공안기관

1) 연안정부 인민경찰

1935년 10월 중국공산당은 섬서(陝西), 감숙(甘肅), 요하(遼夏)의 접경지역에 항일혁명 근거지로서 연안정부를 수립했다. 1937년 7월 '노구교 사건9'으로 중일전쟁이 전면적으로 발발하자 같은 해 9월에는 일본의 침략에 대항하기 위해 제2차 국공합작이 성립되었다. 중국공산당은 항일전쟁을 하는 한편 연안정부 수도인 연안시(延安市)의 사회치안과 공공질서를 확보하기 위해 1937년 10월 연안시공안국을 설립하고, 이듬해인 1938년 5월에는 연안시 경찰대를 설립하였는데 이를 합해 '변경(邊警)'이라 칭했다. 이것이 공산당 지도하의 최초의 인민경찰조직이며 정규화된 무장경찰조직이었다.

2) 중공중앙사회부(中共中央社會部)

1939년 이전 중국공산당의 정보, 보위기구는 변화가 크고, 업무가 통일되게 처리되지 못하였다. 정보와 보위업무, 중앙과 지방 업무 등이 분산되어 완성되고 통일된 계통을 갖추지 못했다. 게다가 항일전쟁 개시 후에는 일본이 간첩을 파견해 공산당과 군대, 정권 내부에서 파괴공작을 수행해 문제가 매우 심각한 상황이었다.

이러한 문제를 해결하기 위해 1939년 2월 중국공산당은 당의 고위조직 내부에 중앙사회부(中社部)를 신설하였다. 중앙사회부 설치 후 각 항일근거지에서 적의 첩보활동을 억제하고, 스파이를 적발하는 활동을 전개하여 성과를 올렸다. 또

---

9 1937년 일본·중국 양국 군대가 노구교에서 충돌하여 중·일전쟁의 발단이 된 사건. 1937년 7월 7일 북경 서남 교외의 노구교 근처에서 몇 발의 총성이 울렸다. 일본군은 근처에서 야간훈련을 하고 있었다. 발포가 어느 쪽에서 이루어졌는지 불분명했지만 일본은 이 총격을 일본에 대한 중국의 도발행위로 간주하고 전쟁을 선포했다(안정애, 「중국사 다이제스트」, 가람기획, 2012, 94면).

한 중앙과 지방에 사회부를 창설하여 중국공산당의 정보와 보위활동기구에 있어 각 방면, 계층 간의 관계에 있어 계통화, 통일화, 효율화를 이루었다.

다. 국·공(國·共) 내전[10] 시기

항일전쟁에서 승리한 후, 국민당과 공산당은 제2차 국·공 내전을 벌였다. 3년간의 내전에서 공산당은 토지해방 등에 따른 농민과 민중의 지지를 바탕으로 마침내 승리하였다. 중국공산당은 내전 기간 중에도 계속해서 지역별 분국을 설립하고, 각 국(局) 밑에는 사회부를 설치하였다. 그리고 동북, 화북 등 해방구에 인민정부를 수립하고, 인민정부 밑에는 공안부를 설치하였다. 예를 들어 화북해방구에는 1948년 5월과 1949년 5월에 각각 화북국과 화북인민정부를 수립하고 그에 따라 화북국 사회부와 화북인민정부 공안부를 설치하였다. 1949년 7월에는 화북사회부와 화북공안부의 기초 위에 중앙군사위 공안부를 설립하였다. 이 중앙군사위 공안부가 바로 중화인민공화국 공안부의 전신이다.

내전에서 중국공산당이 승리하며 1949년 10월 1일 중화인민공화국의 성립을 국내외에 선포함으로서 중국대륙에는 중국역사상 최초의 사회주의 국가가 탄생되었다. 중국공산당은 국민당의 경찰기관을 흡수하고, 공안기관을 통해 사회질서를 바로 잡고 도시 사회치안 관리작업을 전개하였다.[11]

2. 新中國성립 후 "문화대혁명"까지의 공안기관

가. 新中國 성립초기 공안기관

신중국 성립 후 1949년부터 1956년까지 신중국의 근본임무는 인민민주정권을 공고히 하고, 토지개혁을 완성하며, 국민경제를 신속히 회복하기 위해 계획경제를 실현하고, 농촌과 수공업, 자본주의 공상업에 대하여 사회주의 개조를 실현하는 것이었다. 이 시기 공안의 주요 임무는 전국적으로 신속하게 반혁명세력을 제거하고 혁명의 신질서를 건립하며, 신생 인민정권을 보위하고, 경제건설과 사회주의 개조의 순조로운 진행을 지켜내는 것이었다.

---

10 국공 내전을 현재 중국에서는 해방전쟁으로 칭한다.

11 중국인민공안대학, 公安學基礎敎程, 2012.

1) 중앙인민정부 공안부의 건립

중화인민공화국이 성립하자 바로 '중국인민정치협상회의공동강령'과 '중앙인민정부조직법'에 근거하여 중앙인민정부 공안부를 설치하고, 중공중앙사회부를 폐지하여 인민공안기관을 통일하였다. 공안부는 신중국의 최초 전국통일 지도기관이 되었다. 1949년 10월 15일부터 11월 1일 기간 중에 북경에서 제1차 전국공안회의를 개최하여 공안기관 간의 상하 통일적 명령체계를 수립하고, 각 부서의 업무를 안배하였다. 그리고 같은 해 11월 5일 공안부는 북경에서 창립대회를 개최하였다. 1954년에 중국의 헌법이 제정되었는데 헌법에서는 정무원을 국무원으로 바꾸고 공안부는 이 국무원에 속하는 중앙정권조직의 하나로 독립하였다.

2) 문화대혁명 시기의 공안기관

1966년부터 1976년의 10년 동안 이른바 '문화대혁명'은 국가와 인민에게 엄청난 재난을 가져왔고, 공안부문 역시 큰 피해를 입고 본래의 기능을 발휘하지 못했다. 문화대혁명의 주도세력은 당권을 획득할 목적으로 공안업무의 주도적 지위를 전반적으로 부정하고, '잡란공란법(砸爛公檢法, 공안기관, 검찰기관, 검찰에 대한 파괴)이라는 구호를 위치며 공안기관 파괴를 시도하였다. 정치적으로 공안기관은 '자산계급의 독재도구', '국민당의 특수임무 기구'로 매도되었다. 조직도 전국 공안기관은 상하 모두 철저히 개조되었다. 1967년 12월 9일에는 공안기관에 대하여 군사통제를 실시하도록 하였고, 각급 지도간부는 거의 모두 교체되고 심지어 형무소에 수감되어 사망하기도 하였다. 많은 인민경찰들이 공격받고 공안기관에서 쫓겨나야 했다. 사상 측면에서도 공안업무의 정확한 노선과 잘못된 노선의 경계가 혼란스럽고 불명확했다.

이러한 상황 하에서 공안기관이 정상적인 업무를 진행하기는 매우 어려웠다. 다만 '문화대혁명'의 중후반기에 이르러 저우언라이(周恩來)와 덩샤오핑(鄧小平) 등 지도자의 관심과 지지로 공안조직은 업무를 어느 정도 회복할 수 있었다. 그리고 마침내 1975년 제4기 전국인민대표대회에서 공안조직과 권한을 새로이 규정하고 공안기관에 검찰기관의 권한까지 주어진 초안을 정식으로 채택하여 공안기관의 권력이 현저히 확대되었다.

3. 개혁개방 이후의 공안기관

가. 공안기관의 정상화와 발전

1976년 '문화대혁명'의 종료 이후 특히 1978년 12월 당의 11회 삼중전회(三中
全會)이후 중국공산당은 '개혁개방'을 모토로 경제건설을 중점 추진하게 되고, 공
안업무도 양호한 발전의 궤도를 가게 된다. 1978년 2월 헌법개정을 통해 검찰부
문을 부활하여 검찰업무를 공안부에서 분리시켰다. 1979년에는 형법, 형사소송
법, 법원조직법, 검찰원조직법 등 7개 법안을 채택하고 경찰업무를 정비하였다.
또한 병역법(1984.5), 징병업무조례(1985.10), 촌민위원회조직법(1988.6), 외국인출입
국관리법(1985.11), 도로교통법관리조례(1988.3), 국가비밀보호유지법(1989.5), 집회행
진시위법(1989.10) 등을 제정하였다. 공안체제 개편과 관련하여 1983년 6월 전국인
민대표대회 상무위원회의 결정으로 국가안전부가 설치되면서 대간첩업무와 대외
정보업무가 국가안전부로 이관되었다. 그리고 1984년 국제형사기구(ICPO) 제53회
총회에서 정식가맹국으로 가입하였으며, 공안부 형사국에 국제형사경찰기구 중
국사무국을 조직하여 국제협력을 강화하였다. 1995년에는 중화인민공화국경찰법
을 제정하였다.[12] 이 법의 제정으로 중국인민경찰제도의 기본적 법률을 완성하여
새로운 시기 국가안전과 사회치안을 유지하기 위한 중요한 법적 기반을 마련하였
다고 평가되고 있다.

나. 공안업무의 기초 건설 강화

2000년대에 접어들면서 중국 공안기관은 부단히 공안업무의 기초를 강화하
고 있다. 이를테면 2006년의 '삼기(三基)'공정 건설과 2009년의 '삼항(三項)'건설은
공안업무의 발전과 견실한 기초를 다지게 했다. '삼기(三基)'란 첫째, 파출소, 형사
경찰대(刑警隊), 교통경찰대(交警隊) 등 공안기초 조직에 중점을 두고, 정책, 제도,
처우, 경비, 장비 등 방면을 개선하고 실력을 증강한다. 둘째, 인구관리, 정보화적
응, 새로운 경찰업무의 창조 등 3개 방면의 업무를 강화한다. 셋째, 인민경찰(民警)
개개인의 기능과 역량을 강화한다는 3가지 내용을 담고 있다. '삼항(三項)'은 경찰

---

12 이진권 외, 앞의 저서, 202면 참고.

업무의 정보화, 공정하고 엄격한 법집행의 규범화, 인민과 경찰관계 개선 등을 담고 있다. 또 고도의 경제성장에 따라 세무경찰을 창설하고, 세계화 추세에 맞추어 활발한 대외교류를 추진하는 등 경찰조직의 혁신과 발전을 지속해나가고 있다.

Ⅲ. 중국경찰의 조직

1. 중국경찰의 특색 및 지도원리

가. 특색

중국경찰은 각국의 경찰과 비교해 세 가지 측면에서 다른 점을 보이고 있다. 첫째, 정치성을 띠고 있다는 점이다. 통상적으로 경찰은 국가적으로 정치적 중립을 유지할 것을 요구받는다. 그러나 중국경찰은 공산당의 사회주의 건설을 지향하는 이른바 정치성을 띠고 있으며 공산당 위원회와 각급 정부에 예속되어 있다. 둘째, 각국의 경찰이 일반적으로 민생치안, 수사활동 등의 업무를 수행하는데 반해 중국의 경찰은 호적, 소방, 교정, 철도공안, 출입국관리, 산림보호 등 직무영역이 매우 광범위하다. 셋째, 이중적 감독구조를 갖고 있다는 점이다. 경찰의 모든 정책과 지침은 공산당(중앙정치법률위원회), 국무원에 의해 결정되고, 공산당 중앙기율검사위원회의 지도·감독을 받는다.

나. 중국경찰의 지도원리

중국경찰의 지도원리는 크게 3가지로 설명된다. 우선 첫째는 '통일된 지도'를 들 수 있다. 중국의 모든 경찰(공안기관)은 당과 정부의 지도를 따르며, 지방의 공안기관은 중앙 공안부의 통일된 지도를 받아야 한다. 둘째는 '분리된 관리'를 들 수 있다. 중앙의 공안기관은 중앙정부의 지도와 관리를 받고, 지방 공안기관은 지방정부의 지도와 관리를 받아야 한다. 셋째는 앞의 두 지도 원리에 의해 나타나는 충돌을 조정하기 위한 것이다. 즉 지방의 공안기관은 중앙 공안부의 지시를 받아야 하고, 동시에 지방정부의 지시도 받아야 한다. 이처럼 지시가 충돌할 경우 상급우선의 원칙에 따라 공산당 위원회, 지방정부, 공안기관의 순서에 따라 지시를 이행하게 된다.

2. 중앙조직일반

가. 공안부

1) 개　관

공안부는 중앙경찰기관으로서 행정부인 국무원 소속으로 전국의 공안업무를 주관하는 인민경찰의 최고기관이다. 공안부장은 장관급이며, 그 아래 지방경찰기관으로 1급 행정구(22성, 4직할시, 5민족자치구)에 공안청(또는 공안국)이 있다. 또한 행정기관과 해방군의 중간적 성격의 치안기관으로서 병역제 조직인 중국인민무장경찰부대가 있고, 중앙에 총부, 각급행정구에 총대가 있다.

공안부는 1청(판공청)과 20여개에 달하는 국(局), 사(司)로 구성되어 있고, 부속기관으로 중국인민공안대학, 중국형사경찰학원 등 3개 대학, 4개의 연구소 등을 두고 있다.[13]

2) 담당 업무

공안부는 국무원의 구성부서이며 전국 공안업무의 최고지도기관이자 지휘기관이다. 공안부는 판공청, 정보지휘, 연구실, 감찰감사, 인사훈련, 뉴스홍보, 경제범죄수사, 치안관리, 형사수사, 대테러, 식품의약품범죄수사, 특근(特勤), 철도공안, 사이버안전보위, 교도소관리, 경무보장(警务保障), 교통관리, 법제, 국제협력, 장비재무, 마약단속, 과학기술정보화 등 국급(局级)기관을 두고 각각 관련 업무를 담당한다. 해관총서 밀수방지국과 중국민간항공국 공안국은 공안부 서열에 포함되며 각각 공안부와 해관총서, 공안부와 중국민간항공국의 이중 지도를 받는데 공안부의 지도를 위주로 한다.[14] 판공청은 총무업무를 담당하는 부서로서 전국공

---

13 한종욱 외, 비교경찰론, 수사연구사, 2009, 614-617면; 박동균, 이재호, "중국경찰의 조직구조와 제도적 특징", 한국동북아논총 제32집, 2004 참고.

14 공안부 홈페이지 자료(www.mps.gov.cn) 참고(2023.1.27. 기준). 이전에는 공안부 홈페이지에서 공안부의 개별 업무를 상세히 소개하고 있었으나 현재는 공개하지 않고 있다.

안업무상황 파악, 사회치안상황 종합·분석, 각종 공안소식 취합·분석, 긴급사무 협조처리, 각종 문건과 회의보고의 기초문건에 대한 심사업무 협조처리, 각종 문건과 회의보고의 기초문건에 대한 심사업무, 대외적인 소식 발표, 접대업무와 서류의 접수 및 발송업무, 공안계통의 통신망 관리 등을 담당한다.[15]

나. 전문공안기관

전문공안기관은 공안부의 파견기관으로 국가가 일부 전문 업무부문에 설치한 공안기관이다. 전문공안기간은 해당소속부와 소재지구 공안기관의 이중지휘를 받으며 해당업무와 관련된 치안업무 및 직권을 행사한다. 여기에는 철도, 교통, 민항, 임업공안기관이 있다.

1) 철도공안기관

철도부 공안국은 최초의 전문공안기관으로 철도운영계통의 각 철도국, 분국에 공안국과 공안분국을 설치하여 철도역, 차량, 철도역의 일선 치안업무를 맡고 있다. 구체적으로 철도의 안전과 운수질서를 유지하고, 역과 열차에서 발생하는 형사사건의 수사와 일반 치안사건을 담당한다.

2) 교통공안기관

1971년 설립되어 교통부공안국, 항만 비행장 공안기구를 포함하고 있는 기관이다. 장거리 교통, 강과 해상운수의 안전을 유지하고, 관련 계통에서 발생하는 형사사건을 처리하며, 장거리 역, 항구, 부두의 치안질서 유지를 담당한다.

3) 민항공안기관

1981년에 설립된 기구로 주요 임무는 항공기 및 공항의 안전확보와 치안질서 유지이다. 중국민용항공국공안국과 화북, 화동 광주, 서남, 서북, 우루무치민항관리공안국 및 그 소속기구 등이 포함된다.

4) 임업공안기관

1984년에 설립되어 삼림자원과 임업생산 안전을 보호하고, 화재, 관할 삼림 파괴와 삼림법 위반의 범죄사건을 처리하고 임업지구의 치안질서를 유지한다. 이

15 진병동, "중국의 경찰제도에 관한 연구", 경찰복지연구 제5권 제2호, 2017, 275-276면.

에는 임업부공안국, 흑룡강, 길림, 내몽고, 감숙 등의 성·자치구 국유산림지역 공안기구가 포함되며, 지방 각급 임업공안기구도 여기에 속한다.

3. 지방공안기관

중국의 지방공안기관은 기본적으로 성(省), 지(地), 현(縣), 파출소의 4급 공안기관으로 설치되어 있다.

가. 성·자치구·직할시 공안청·국

성(省)·자치구(自治區)·직할시 공안청(直轄市公安廳)·국(局)은 성·자치구·직할시 인민정부의 공안업무를 주관하는 기관이다. 이들은 각각 해당 자치행정기관 내 공안업무를 지휘·관리한다. 1994년 공안부가 제정한 '성·자치구공안청기구에 관한 개혁 의견(關於省·自治區公安廳機構改革的意見)'에 의하면 공안청은 조직·협조 직능을 갖춘 지휘기관이며, 직접적으로 수사에 참여하여 중대 형사사건 수사처리, 치안사건 등을 처리한다. 이는 정부 기타 행정부문과 가장 큰 차이라 할 수 있다. 공안청의 역할은 각성의 경찰업무의 거시적 관리와 지휘직능에 초점을 두며, 치안관리와 공안, 무장경찰 관리에 대한 직능을 강화하는 데 있다.

공안청기구는 각 성·자치구의 인구수, 지역면적, 치안상황, 경제수준 등의 요소를 고려하여 설치한다. 기구설치에 있어 반드시 설치해야 되는 부서는 판공청, 정치보위처, 경제보위처, 치안관리처, 형사정찰처, 출입국관리처, 컴퓨터감찰처, 통신처, 특수경찰중대, 예심처, 교통경찰중대, 법제처, 행정재무와 정치부이며, 무경중대, 법경부대, 소방중대, 경호처 조직 등이다. 기율검사, 감찰, 심계, 퇴직간부부서, 기관당위기구(機關黨委機構) 등은 통일적 규정에 따라 설치한다. 장비처, 연구처, 문서보관처, 과기처 등은 각 지역 상황에 따라 설치한다.[16]

나. 지구공안처(국)

지구(盟, 自治州, 地級市)공안처(국)은 성·자치구공안청의 파출기구이다. 지구의 공산당위원회(黨委), 행정관서와 성·자치구공안청의 지휘 하에 공안업무와 직권

---

16 이진권 외, 비교경찰제도론, 법문사, 2021, 265-266면 참고.

을 행사하며, 관할 현·시 공안기관·인민무장경찰부대의 업무를 지도한다.

다. 현·시공안국

현(自治縣, 縣級市)공안국은 현·시인민정부의 조직으로 현·시의 당위(黨委), 정부와 상급공안기구 지휘하에 공안업무를 수행하고, 직권을 행사한다.

라. 공안분국

각 직할시·성 관할시의 각 구에 설치된 공안분국(公安分局)은 시공안국의 파견기구이며, 구공산당위원회(區委), 구인민정부와 시공안국의 지휘 하에 공안업무를 수행한다.

마. 공안파출소

공안파출소(公安派出所)는 현·시공안국과 공안분국의 파견조직으로 대도시 또는 중도시의 각 가도사무소(街道辦事處, 동사무소와 유사)와 현소속의 진(鎭), 중요한 향(鄕)에 설치된다. 1988년 4월 국무원이 비준한 '관어부분고등학교설립공안파출소실시판법(關於部分高等學校設立公安派出所實施判法)'에 따라 일부 대학교 등에도 설치되었다. 공안파출소는 중국공안기관의 기초단위로서 관할 내의 치안관리업무를 맡고 있다.

4. 중국인민무장경찰부대

중국인민무장경찰부대는 병역제 조직으로 중국 무장세력의 하나이며 인민경찰의 종류 중 하나이다. 중국인민무장경찰부대는 1982년 중국공산당중앙위원회의 결정에 따라 인민해방군 내의 일부 부대와 공안부문의 일부 병역제 경찰부대가 합하여 성립된 것이다. 그럼으로써 군이 담당했던 경비 등 경호경비 업무가 각급 정부와 공안부로 이관되게 되었다. 인민무장경찰부대는 의무병역제와 지원병제를 상호결합하고 있다. 무장경찰 중 변방, 소방, 경위 3개 부대는 공안부장이 임명권을 갖는다. 그 외 부대는 군인으로 분류되고 중앙군사위원회의 지휘를 받는 현역 군인이다.

인민무장경찰부대는 '중화인민공화국 병역법'과 '중화 인민해방군 조례'에 따라 행동하고, 인민해방군의 건군원칙을 집행하도록 되어 있다. 인민무장경찰부대의 주요임무는 ① 국가주권 유지, ② 사회치안 유지, ③ 국가의 중요목표와 인민 생명·재산의 안전에 대한 보호 등이다.

5. 국가안전부

중국의 국가안전부는 우리나라의 국가정보원에 해당하는 기관이라고 할 수 있다. 국가안전부(Ministry of State Security(MSS), 国家安全部)는 중화인민공화국(비군사적 이해관계 지역)의 정보 및 보안기관으로, 외교안보, 정치적 보안을 담당한다. 국가안보 뿐만 아니라 국내의 일반적인 보안 업무에도 관여한다. 국가안전부는 1983년 공안부 내의 일부 부서와 당내의 내사 및 내부 안전을 담당한 중앙조사부의 일부 기능, 군 총참모부의 일부 인력을 통합해 설립됐다. 개혁·개방 정책에 따라 외국인의 입국 및 내국인의 출국이 폭발적으로 증가함에 따라 조직적인 방첩 및 간첩 활동을 벌이기 위한 것으로 풀이된다. 17개의 공작국과 10여개의 행정지원국으로 편성돼 있는 것으로 전해진다. 베이징에 본사를 두고 있다.[17]

국가안전부는 당 중앙의 경비와 기밀유지를 담당하는 중앙판공청, 국내외 정보수집과 대만업무를 담당하는 중앙조사부, 외국 간첩업무를 담당하는 대외연락부, 중국공산당의 세력 확대를 담당하는 통일전선공작부가 있다. 주요 임무는 국가기밀의 보호, 간첩혐의자에 대한 추적, 감시, 감청, 반민주운동조직 및 불법출판물의 단속, 외국 대사관, 영사 등 관원의 위법행위단속 등이다.[18]

---

17 위키백과(https://ko.wikipedia.org) 참조.
18 정진환, 비교경찰제도, 백산출판사, 2006, 460-461면 참고.

Ⅳ. 중국경찰의 인사·교육제도

1. 중국경찰의 인사제도

가. 인사권자

중국경찰의 인사권은 중앙의 공안부와 지방 각급 공안기관의 인사가 분리되어 있다. 공안부장은 장관급으로 국무원 총리와 공산당 정법위원회의 제청으로 전국인민대표대회의 의결을 거쳐 임명된다. 시공안국장, 성공안청장은 지방 인민대표회의 상무위원회에서 결정하여 각급 인민정부가 임명하고 반드시 국무원에 보고·등록되어야 한다. 공안부와 지방의 각급 공안기관의 인사권이 독립적으로 이루어지고, 지방의 경우 지방자치화한 것이 특징이다.

인사와 마찬가지로 예산도 독립적으로 운용된다. 각 省공안청이 독립적으로 경찰예산을 편성할 수 있도록 하고 있어 각 성별로 경찰관의 봉급도 상이하다. 예산의 배분에 있어서도 각 처별로 예산집행의 자율권을 상당히 폭넓게 부여하고 있어 각 지방의 사정을 반영해 중요업무의 우선순위에 따라 예산을 사용할 수 있도록 하고 있다.[19]

나. 채 용

경찰기관은 경찰관을 채용하면서 시험제도를 실시하며, 채용하는 경찰관은 국가가 정하는 요건에 부합해야 한다.[20] 인민경찰의 채용은 주로 공안경찰학교 졸업생 중에서 채용하고 부족부분은 국가통일의 채용시험을 통해 채용한다.[21] 공안경찰학교 졸업생 중에서 인민경찰을 채용할 경우 재학 중 공안전문지식시험 및 체육능력, 심리소질 측정평가시험을 통과해야 하고, 졸업 후 배치 전에 공공과목 시험에 합격해야 채용될 수 있다. 공안경찰학교 출신이 아닌 자는 인민경찰채용

19 한종욱 외, 비교경찰론, 수사연구사, 2009, 614-617면.
20 공안기관조직관리조례 제24조.
21 공안기관인민경찰채용판법 제4조.

시에 반드시 공안경찰학교에 들어가 3개월 이상 공안전문교육을 받아야 하고 교육 불합격 시에 채용자격이 취소된다.

인민경찰법이 정한 인민경찰의 자격조건은 만 18세 이상으로 양호한 정치·업무자질과 품행을 갖추어야 하고 고졸 이상의 건강한 신체 등을 요건으로 규정하고 있다. 인민경찰 지휘자는 법률전문지식을 갖고 정법(공안, 검찰, 법원 등) 업무경험 및 일정한 조직관리, 지휘능력을 갖추고 전문대학 이상의 학력으로 인민경찰학교 교육훈련과 시험에 합격해야 한다. 이중 동일한 조건에서 가장 중시되는 것은 양호한 정치소질로서 공산주의 정치적, 사상적 신념 등을 평가하는 정치심사를 통해 본인은 물론 부모, 직계가족, 방계가족까지 심사한다. 채용된 신임경찰은 적어도 3개월의 초임훈련을 이수해야 하고, 임용 전에 공공과목 시험에 합격해야 한다.[22] 채용이 결정된 자는 1년의 시보기간을 거쳐 정식 임용된다.

부적격으로 채용에서 배제대상이 되는 경우는 형사처벌 전력이 있거나 범죄혐의로 조사받고 있는 경우, 공직에서 해고나 면직을 당한 경우, 직계 및 방계 혈족이 사형이나 복역으로 본인에게 중대한 영향을 미칠 수 있는 경우, 직계 및 방계혈족이 국외에서 자국의 정치활동 권한에 대하여 반대하여 본인에게 중대한 영향을 미치게 하는 경우 등이 규정되어 있다.[23]

공안부에 채용되는 경찰관들의 전공분야에 있어 이공계열의 비중이 우리나라에 비해 상대적으로 높은 편이며, 석사과정 이상의 고학력자들이 높은 비중을 차지해 다른 부서 공무원보다 우수한 자질을 갖춘 것으로 평가받는다.[24]

다. 중국경찰의 계급체계

중국경찰에는 본래 구체적인 계급제도 없이 직명에 따른 구분 외에 간부와 일반경찰관의 구별이 있었을 뿐이다. 계급제도는 1992년 7월에 인민경찰계급조례에 규정하면서 도입되었다. 이 조례 제7조 규정에 따르면 중국의 경찰계급은 5등급 13계급체계이며 계급별 보직이 아닌 일정범위 내(2~3계급)의 복수직급제를 운영한다.

---

22 경찰청 해외치안자료(중국). 2011.
23 <공안기관 인민경찰채용판법> 제6조.
24 박동규, 이재호, 앞의 논문, 230–231면 참고.

한편 인민무장경찰부대의 경우는 1989년 2월 15일부터 군과 같은 계급제를 실시하고 있다. 중국경찰의 계급을 우리나라와 비교해보면 아래의 표와 같다.

〈표 1〉 중·한 경찰계급체계 비교

등 급	계 급	직 급	한국과 비교
총경감	총경감	공안부장(장관급)	치안총감
부총경감	부총경감	공안부 부부장, 지방공안부장	치안정감
경감	1급 경감	省공안청장 공안국장 및 차장 부국장	치안감
	2급 경감		경무관
	3급 경감		총경
경독	1급 경독	처장 및 부처장급 공안부 과장 파출소장	경정
	2급 경독		경감
	3급 경독		경위
경사	1급 경사	파출소 부소장	경사
	2급 경사	부과장	경장
	3급 경사	과원	순경
경원	1급 경원	사무원 일반경찰관	
	2급 경원		

중국경찰의 계급체계와 관련해 주의할 것이 있다. 국장에 임명된 사람이 하위직인 과장보다 계급이 낮을 수도 있는 체계로 계급보다는 직책을 우선시한다는 점이다. 즉, 우리나라처럼 계급의 의미가 강하지 않고, 계급보다는 직무수행능력을 보다 중시한다는 것을 주의할 필요가 있는 것이다. 직무수당도 계급보다는 보직중심으로 지급하고 있으므로 승진에 대한 지나친 집착이 없는 편이다.[25]

라. 승 진

승진소요기한이 만기되고, 시험을 통과한 경우 한 단계 승진하게 된다. 그외 특별한 공적이 있는 경우에는 조기에 승진할 수 있다. 1급 경독이나 경감급으로의 승진은 인민경찰학원에서 교육 후에 실시하게 된다. 그리고 임무를 감당하

---

25 경찰청 외사국 해외치안 자료(중국) 참고.

〈표 2〉 중국경찰의 승진조건과 연한

계 급	기 간	필요조건
2급 경원 → 경사	3년에 1계급씩	승진조건을 만족하지 않은 자는 승진이 연기되고, 직무능력이 우수한 자는 기간 전에도 조기승진 가능
1급경사↔1급경독	4년에 1계급씩	지위의 범위 내에서 근무실적 등을 감안해서 실행
1급 경독에서 상위급으로의 승진		지위의 범위 내에서 근무실적 등을 감안해서 실행
경사↔경독 경독↔경감		상응하는 경찰관계 대학(학원)이나 학교에서 교육 합격 후에 승진

지 못하거나 기율위반 시에 강등처분을 할 수 있도록 하고 있다.[26]

또한 1급 警督(경정)까지는 기본 최소연한 3년 내지 4년이 소요되며 특별한 결격사유가 없는 직원에 대해서 자동으로 승진하게 되어 있다. 중국경찰은 계급보다 직위 중심으로 업무가 이루어져 우리나라처럼 승진경쟁이 치열하거나 중요하게 인식되지는 않고 있다.

2. 교육훈련 체계

중국경찰의 교육훈련은 매우 다양하면서도 체계적인 시스템을 갖추고 있다고 할 수 있다. 2000년대 이후에는 중국인민공안대학에 석·박사과정을 개설하고 범죄학, 수사학 기타 경찰실무관련 학문의 연구를 심화해 가고 있다.

가. 중앙교육기관

중국인민공안대학은 공안부의 직속기관으로, 1948년 고급 경관학원으로 창립하여 1998년 중국 인민 경관대학교와 합병하여 중국 인민공안대학으로 새롭게 구성되었다. 60여년 역사를 통해 고등학력 교육과 직업경찰의 배양에 크게 기여하였다. 박사후 과정, 박사연구생, 석사연구생, 2학년 학위생, 본과생 및 성인고등교육, 고급경관훈련, 공안업무훈련, 홍콩 및 마카오 경관 훈련, 외무경찰훈련, 유학생 교육 등 다양한 유형의 많은 공안교육훈련시스템을 구축하고 있다. 현재 재학 중인 학생 수는 1만3천여 명에 이르고, 전임교수, 부교수, 교관은 600여 명이

---

26 경찰청 외사국 해외치안 자료(중국) 참고.

교육에 임하고 있다.

인민공안대학의 학과는 우리나라의 경찰대학보다 세분화되어 법학과, 치안학과, 수사학과, 형사과학기술학과, 안전방범공학과, 통신공학과, 교통관리공학과, 행정관리학과로 구분되어 있다. 석사과정 역시 법학석사의 경우에 법학이론, 형법학, 소송법학으로 구분되고, 이학석사는 응용심리학, 공학석사는 정보보호와 사이버수사, 경찰정보체제와 정책결정을 학습하는 응용컴퓨터 공학을 전공하도록 하고, 의학석사과정도 설치해 법의병리학, 법의혈청학 등 경찰에 필수적인 분야를 학습하도록 하는 법의학 전공을 개설하고 있다. 그 외에도 군사교육훈련학, 행정관리, 안전기술공학, 교통계획관리학 등 다양한 분야의 석사과정을 개설하고 있다. 박사과정은 소송법학을 전공으로 개설하고 있다. 이와 같이 경찰실무와 관련된 다양한 전공학과를 개설해 운영하는 것이 특색이며 강점이라고 할 수 있다. 현재 우리나라 경찰대학을 비롯해 독일 경찰대학, 러시아, 베트남 경찰교육기관과 광범위한 교류를 하고 있다.

그 밖에 주로 형사, 과학수사분야의 전문가를 양성하는 4년제 교육기관인 형사경찰학원과 다중범죄 진압을 위한 무장경찰, 경호, 소방 등 분야를 전공하는 중국인민무장경찰학원이 있다.

나. 지방교육기관

각 성에는 공안전과학교(公安轉科學校)가 있는데 신임경찰교육 후 전문대학 학위를 수여받는 학위과정과 경찰공무원 임용시험 합격자를 대상으로 신임교육을 실시하는 비학위과정이 있다. 1급 행정구 및 대도시의 인민경찰학교는 중졸자는 4년, 고졸자는 2년간 교육을 실시하며, 정치, 법률, 문화, 공안업무, 군사 등을 교육한다.[27]

그 밖에 공안간부 관리대학, 공안고등전문대학(3년제) 등이 있다.

---

27 한종욱 외, 앞의 책, 622−626면.

다. 재직공안 교육훈련

경찰기관의 경찰관은 경찰학교(公安學校) 등의 경찰교육훈련기관에서 교육훈련을 받고 시험·심사에 합격하여야 보직부여, 보직승진, 계급수여, 계급승진을 할 수 있다.

1) 초임교육훈련

공안근무를 준비하는 신임경찰들을 대상으로 하는 교육이다. 앞서 언급한 경찰을 양성하는 각종 공안학교를 마치고 공안으로 선발된 자, 일반대학 및 전문대 졸업생, 의무병(義務兵)을 마친 군인제대자 중 선발된 자와 같이 새로 공안이 된 사람들과 다른 분야에서 옮겨온 과급(科級)이하 간부 등이 그 대상이다.

훈련기간은 3개월 이상이고 주요 훈련 내용은 기초이론지식, 법률기초, 공안업무 기초지식, 경찰체육훈련이다.

2) 승진·승급자격 훈련

인민경찰법과 인민경찰계급조례의 규정에 근거하여 계급이 1계급 승진하거나 직무가 1등급 상승하는 자는 사전에 반드시 받아야 하는 훈련교육을 말한다. 훈련의 주요 내용으로는 정치이론, 공안실용법학, 관리와 통솔과학, 공안업무연구 등이다. 기간은 2내지 3개월이다.

3) 전문 업무 훈련

공안업무의 수요에 근거하여 실제 근무의 종류나 임무에 따라 각각 다른 시간, 내용과 형식으로 진행하는 훈련이다. 훈련내용은 근무부서와 임무를 반영하여 확정하는데 주로 정치이론, 경찰실무법학, 경찰관리, 전문업무과정, 경찰업무 강좌로 구성되고 기타 전문교육도 실시한다. 훈련기간은 매 5년마다 3개월 이상이다.[28]

---

28 진병동, 앞의 논문, 287면.

Ⅴ.   중국경찰의 수사상 권한과 임무

1. 중국의 사법제도 개설

가. 중국의 형사사법제도 개혁

중국은 1978년 전국인민대표대회에서 헌법을 개정, 검찰업무를 공안기능에서 분리하였다. 1979년에는 형법, 형사소송법, 법원조직법, 검찰원조직법 등 7개 법안을 채택함으로써 현행 사법제도의 기반을 닦았다. 형사사법제도와 절차를 규정하는 중국의 형사소송법은 사회주의 정치체제를 따라 舊소련법의 모델을 계승한 '초직권주의'를 바탕으로 하고 있었다. 즉 실체적 진실의 발견을 절대적 가치목표로 삼고 법관이 진실발견을 위해 과도한 권한을 보유하고 있었다. 또 절차가 복잡하고 효율성이 낮아 법관의 월권행위를 통제하기 곤란하고 피고인이나 변호인 등 당사자들이 소송에서 제 역할을 하기 어려운 구조였다고 할 수 있다.

이러한 문제점의 인식 하에, 법제정 17년 만인 1996년 형사소송법을 대폭 개정하여 기존 164개 조문을 225개로 확대하고 내용을 더욱 구체화하였다. 그와 함께 영미법계의 소송제도를 대폭 도입하였으며 인권보호 규정도 강화하였다. 그러나 개혁의 필요성을 충족하기에는 미진하다는 지적이 많았고 외국의 법률과 비교해도 선진성이 결여되었다는 평가를 받았다.[29]

2000년대 들어서 형사소송법을 개정해야 한다는 목소리는 더욱 커졌고, 드디어 개정작업에 돌입했다. 중국은 개정의 원칙을 시대에 뒤떨어지지 않으면서 현실을 반영하고, 외국사법제도를 맹목적으로 수용하지 않으며, 범죄자 징벌과 인권보장의 균형을 추구한다는 점에 두고 추진하였다.[30] 그리하여 2012년 다시 한 번 큰 폭의 개정을 시행하였다. 2012년 형사소송법은 형사소송법 제1조에서 형사소송법의 목적은 '범죄징벌과 인민보호'임을 명시하였다. 그리고 제2조에서

---

29 박종근, 이금일, "2012년 중국형사소송법개정안에 관한 소고", 「형사정책」 제24권 제2호, 2012, 292면 참고.

30 박종근, 이금일, 앞의 논문, 293면 참고.

는 형소소송법의 임무가 죄 없는 자에게 형사추궁을 하지 않고, 공민의 인신권리, 재산권리, 민주권리와 기타 권리를 보호하는 것임을 명확히 하였다.

또한 증거제도를 개혁하였는데 증거의 개념을 보완하고, 증거가 확실하고 충분하다는 개념을 보다 구체화하여 논란의 소지를 제거하였다. 즉, 증거는 유죄와 양형의 사실을 모두 증명할 수 있어야 하고, 법정절차에 의해 진실에 부합한다는 것이 판명되어야 함을 규정하였다. 그리고 전체의 사건증거에 근거하여 범죄사실의 인정은 합리적인 의심이 없어야 한다고 규정하여 엄격한 증거주의를 도입하였다. 아울러 위법수집증거배제의 원칙을 명문화하고 위법수집증거가 발견될 경우 검찰과 법원의 조사의무 및 증거배제의무를 규정하였다.[31]

그 외 수사절차에서 자백을 얻기 위한 고문이 주로 구치소 이송 전에 발생하고 있음을 직시해, 피의자를 구속한 후 즉시 구치소(간수소, 看守所)로 이송하고 피의자신문은 구치소에서 진행하도록 하였다(형사소송법 제84조, 제116조). 그뿐 아니라 무기징역이나 사형에 처해질 수 있는 사건 및 기타 중대한 범죄에 대하여는 피의자신문의 전(全)과정을 의무적으로 녹음·녹화하도록 했다(형사소송법 제121조). 그간의 중국의 사정을 감안하면 고문이나 가혹행위를 방지하기 위한 획기적인 조치였다고 할 수 있는 것이다. 수사의 수준을 제고하고 엄정하게 법률을 준수해 신뢰를 제고하고자 하는 노력이라고 평가할 수 있을 것이다.

강제처분과 관련하여 구속요건을 보다 구체화 하고, 구속 시에 일정요건에 해당하면 검찰의 피의자신문을 의무화하였다. 그리고 구속을 대체할 수 있는 거주지 감시와 보석제도의 범위를 확대하고 변호인 제도를 개선하였다.

나. 사법기관 간 업무분장과 관계

형사절차가 수사, 기소, 재판의 주요 3단계로 이루어진다면 이를 담당하는 3기관은 경찰(공안), 검찰, 법원의 상호관계를 통해 사법체계를 형성한다고 할 수 있다. 중국에서도 3기관의 업무분장은 명확히 구분되어 있다. 큰 틀에서 공안기관은 수사기능을, 검찰은 기소를 담당하고 재판기능은 법원에서 책임을 진다. 구체적으로 공안기관은 형사사건의 수사, 구금, 체포, 사전심사를 담당한다. 인민검찰원은 검찰, 체포 승인, 검찰이 직접 접수한 사건의 수사 및 공소제기를 책임진

---

31 증거제도 개혁과 관련한 자세한 내용은 박종근, 이금일, 앞의 논문, 291-298면 참고.

다. 재판은 인민법원이 책임진다(형사소송법 제3조). 업무분장 외에도 공안, 검찰, 법원의 3기관 간에는 상호협력, 상호제약의 원칙(互相配合, 互相制約)이 존재한다(형사소송법 제7조). 법률에 특별한 규정이 있는 경우를 제외하고는 어떤 기관·단체·개인도 이를 행사할 권리가 없다.

우선 상호협력은 각 기관 간 업무를 처리함에 있어 형사절차의 원활한 진행을 위해 상호간에 협력하여야 한다는 원칙이다. 상호제약은 3개의 기관이 상호간의 업무수행을 감시하고, 독주를 견제하여 법절차를 준수하고 형사정의를 실현하도록 하기 위한 것이라고 할 수 있다. 따라서 공안, 검찰, 법원은 주어진 업무를 충실히 수행하며 상호 협조하되, 위법행위나 법절차 준수 등과 관련하여 상호제약을 함으로써 균형 있는 체계를 이루어 사법정의를 실현하도록 한 것이다.

2. 공안기관의 수사상 지위

가. 공안기관 수사권의 법적 근거

중국형사소송법은 제3조에서 '형사사건의 수사, 구금, 체포, 예심은 공안기관이 담당한다.'고 규정하여 공안기관이 범죄수사의 주요기관임을 명시하고 있다. 또 헌법 제135조는 '인민법원, 인민검찰원, 공안기관은 형사사건을 처리함에 있어 명확한 업무분배와 분배된 업무에 대한 부책, 상호 협력, 상호 견제하여 정확하고 효과적으로 법률이 집행되도록 해야 한다.'고 규정하여 공안기관을 포함한 사법기관의 형사사건 처리에 대한 법적 근거를 제공하고 있다. 그 밖에 '반간첩법(反間諜法)32'은 국가안전기관과 공안기관이 국가의 안전에 위해를 가하는 범죄활동을 처리할 수 있도록 하고 있으며, '인민경찰법'은 공안기관의 범죄수사 권한에 대한 구체적인 규정을 두어 공안기관 수사권의 근거가 되고 있다.

이 중에서 형사소송법의 규정이 직접적인 공안기관 수사권의 근거규정이라고 할 수 있는데, 중국의 형사소송법은 공안기관에 전면적인 수사권을 부여하였다. 공안기관은 형사사건의 주요 수사기관으로서 입안, 피의자신문을 할 수 있고, 압수·수색, 검증, 감정 등을 비롯해 피의자의 체포, 구인, 보석, 주거감시 등의 강

---

32 반간첩법은 2014년 기존의 국가안전법의 명칭을 변경하고 국가안전기관, 공안기관 등의 권한을 강화하여 제정된 것이다.

제처분권을 가진다. 또한 구속이 필요한 경우 인민검찰원에 제청하고 이를 집행할 권한과 지명수배 권한을 가진다.

나. 수사권의 관할

형사소송법 제19조는 공안기관, 인민검찰원, 인민법원의 3대 사법기관 간 형사사건 관할을 규정하고 있다. 먼저 '형사사건의 수사는 공안기관이 진행한다. 법률에 별도의 규정이 있는 경우는 제외한다.'고 규정하여 공안기관이 형사소송에 있어 주요 수사기관임을 명시하고 법률에 타 기관이 수사토록 하는 특별한 규정이 없는 한 공안기관이 입건 수사토록 하고 있다.

또한 '부패와 뇌물(貪汚賂物) 범죄, 국가공무종사자(國家工作人員)[33]의 독직범죄, 국가기관원(國家機關工作人員)[34]이 직권을 이용해 행한 불법구금, 고문, 보복위해, 불법수색 등을 통해 공민의 인신권리를 침해하는 범죄 및 공민의 민주권리를 침해한 범죄는 인민검찰원이 입건 수사한다. 국가기관 종사자가 직권을 이용하여 행한 기타 중대한 범죄사건 중 인민검찰원이 직접 수리하는 것이 필요한 때는 성급(省級)이상 인민검찰원의 결정으로 인민검찰원이 입건 수사할 수 있다.'라고 규정하여 인민검찰원의 수사권 관할을 명시하고 있다(형사소송법 제19조 하단).

인민법원의 관할에 대하여는 형사소송법 제19조 하단에서 규정하고 있다. 즉, '자소사건은 인민법원이 직접 수리(受理)한다.'고 규정하여 법원이 처리하는 사건의 범위를 정하고 있다. 자소사건에 대하여 형사소송법 제204조의 규정은 3가지를 규정하고 있는데, ① 고소가 있어야 처리하는 사건(친고죄), ② 피해자가 증거를 가진 경미한 형사사건, ③ 피해자가 신체·재산상의 권리를 피고인에게 침해당한 증거를 갖고 있음에도 공안기관이나 인민검찰원이 형사책임을 추궁하지 아니한 사건의 3가지가 그것이다.

국가안전 관련 형사사건에 대하여는 형사소송법 제4조에서 규정하고 있다. 즉, '국가안전기관은 법률의 규정에 따라 국가안전을 위해하는 형사사건을 처리하며 공안기관과 동등한 직권을 행사한다.'고 규정하고 있다. 아울러 최근 개정된

---

33 국가종사자란 형법 제83조의 규정에 의하면 일체의 국가기관, 국영기업, 사업단위 및 기타 법률에 의해 공무에 종사하는 사람을 말한다.

34 국가기관종사자란 국가권력기관인 전국인민대표대회, 행정기관, 사법기관, 군사기관 등 국가기관과 당에서 공무에 종사하는 사람을 말한다.

'반(反)간첩법'은 '국가안전기관은 국가안전 업무를 책임지는 주관기관이다. 국가안전기관은 반간첩공작 중 법에 의거 정사, 구류, 예심 및 체포권한을 행사하고, 법률이 규정한 기타 직권을 행사한다(반간첩법 제3조·8조).'고 규정하여 국가안전기관의 구체적 권한을 명시하고 있다.

또한 형사소송법은 제308조에서는 '군대의 보위부문은 군대 내부에서 발생한 형사사건에 대한 수사권을 행사하며, 감옥 내의 범죄사건은 감옥(監獄)에서 사건을 처리하며 형사소송법 규정을 적용한다.'고 규정하고 있다.

이상에서 살펴본 바와 같이 형사사건의 주요 수사기관은 공안기관이라 할 수 있고, 그 외 법률규정에 따라 인민검찰원, 인민법원, 국가안전기관, 군보위부문, 감옥(監獄) 등이 수사권을 갖는다고 정리할 수 있다.

형사사건 수사와 관련하여 각 수사권을 가진 기관들은 독자적 수사권을 가지고 타 기관이 관여나 간섭 없이 수사를 진행하게 된다. 만일 관할이 아닌 사건을 접수한 경우에는 해당 관할기관에 이첩하여 수사토록 한다.

다. 불심검문

우리나라 경찰관직무집행법 제3조는 불심검문을 "경찰관이 수상한 거동 기타 주위의 사정을 합리적으로 판단하여 죄를 범하였거나 또는 범하려 하고 있다고 의심할 만한 상당한 이유가 있는 자 또는 이미 행하여졌거나 행하여지려고 하는 범죄에 대하여 그 사실을 안다고 인정되는 자를 정지시켜 질문하는 것"이라고 규정하고 있다. 규정내용으로 보아 불심검문은 범죄의 예방, 범인의 체포, 수사의 단서가 되는 정보의 수집 등을 목적으로 한다고 할 수 있다.

중국에서도 인민경찰은 사회치안질서를 유지하기 위해 범죄혐의자에 대하여 상응하는 증서(신분증 등)를 제시한 후 현장에서 검문·검사를 할 수 있다. 검문·검사를 통하여 다음의 항목에 해당하는 경우 공안기관에 강제동행할 수 있으며 공안기관의 비준을 거쳐 그에 대해 계속 검문할 수 있다.

- 범죄행위가 있다고 지목된 자
- 현장에서 범행을 했다고 의심되는 자
- 범죄혐의가 있고 신분이 불명확한 자
- 소지한 물품이 장물이라고 의심되는 자

피검문자의 유치시간은 공안기관에 도착한 때로부터 24시간을 초과할 수 없다. 다만 특수한 경우 현급 이상 공안기관의 비준을 거쳐 48시간까지 연장할 수 있다. 검문사항은 반드시 기록으로 남겨야 한다. 계속 검문하도록 비준을 받은 경우 그 가족 또는 소속기관에 즉시 통지하여야 한다. 계속 검문하는 것을 비준 받지 못한 경우 피검문자를 즉시 석방하여야 한다.

계속 검문을 통해 공안기관은 피검문자를 체포 또는 기타 강제처분 조치의 필요성이 인정된 경우 전항의 정해진 시간 내에 그 결정을 해야 하며, 정해진 시간 내에 결정을 할 수 없을 경우 피검문자를 즉시 석방하여야 한다(인민경찰법 제9조).

3. 수사절차

중국의 수사절차는 입안(立案), 정사(偵査, 수사), 예심, 수사종결로 단계를 구분할 수 있다. 다음에서 나누어 살펴보도록 한다.

가. 입안(立案)

1) 입안의 개념

중국에서는 수사를 시작함에 있어 반드시 입안이라는 절차를 거쳐야 한다. 이는 공안기관, 인민검찰원과 인민법원이 범죄신고나 고소, 고발, 자수 등에 대하여 심사를 진행하여 범죄사실을 발견하거나 형사책임을 추궁할 필요가 있다고 판단할 경우 형사사건으로 수사와 재판을 진행할 것을 결정하는 일종의 소송활동이다.[35] 수사를 개시하는 전단계라는 점에서 우리나라의 입건과 유사한 면이 있으나 법적 성질 등에서 분명한 차이점이 있다. 즉, 중국의 입안은 형사소송법이 규정한 형사소송의 정식 개시절차로서 수사진행 여부를 심사하여 결정하고, 수사와 재판은 반드시 입안을 거쳐야 한다는 점에서 우리나라의 입건과는 차이점을 갖고 있는 것이다.[36] 입안은 범죄신고나 고소·고발, 자수의 접수, 심사, 처리, 감독 등

---

35 陈光中, 刑事诉讼法 第七版, 2021, 289면.

36 우리나라의 '입건'은 형사소송법이 규정한 정식 절차가 아니고, 고소·고발에 대하여 범죄혐의에 대한 판단 없이 불확실한 상태에서 입건하여 수사하는 사례가 많고, 수사나 재판의 필수절차라고 보기도 어렵다(同旨, 이진권, "중국공안기관의 수사절차 중 입안제도에 대한 고찰", 「한국경찰연

이 이루어지는 하나의 완전한 소송절차이다. 따라서 입안은 수사권한을 가진 공안기관, 인민검찰원, 법원만이 할 수 있다. 각 사법기관은 입안자료를 심사한 후에 범죄사실의 발생이 있고, 법에 의해 형사책임을 추궁할 필요가 있다고 판단되면 입안결정을 하게 되고 수사를 개시하거나 심판의 소송활동을 하게 되는 것이다. 중국에서도 입안은 형사소송 개시의 필수절차로서 중국의 오랜 사법경험의 결정체로 평가하고, 형사소송의 정확한 진행을 보장하기 위해 매우 중요한 것으로 보고 있다.[37]

   2) 입안의 조건
   중국의 형사소송법 제112조는 '인민법원, 인민검찰원 또는 공안기관은 범죄신고, 고소·고발, 자수 등 자료에 대하여 관할범위에 따라 신속히 심사를 진행하고, 범죄사실이 형사책임을 추궁할 필요가 있다고 인정될 때에는 당연히 입안하여야 한다. 만일 범죄사실이 없다거나 범죄 실행이 현저히 경미하여 형사책임을 물을 필요가 없는 경우에는 입안하지 않는다.'라고 규정하여 입안의 조건을 명시하고 있다.
   즉, ① 범죄사실이 존재해야 하고, ② 범죄사실에 대하여 형사책임을 물을 필요가 인정되어야 한다. 범죄사실의 존재는 입안의 첫 번째 조건이다. 여기서 범죄사실은 법에 의해 범죄를 구성하는 행위를 말한다. 그리고 입안단계에서 요구하는 범죄사실의 존재는 사회 위해행위가 이미 발생했다는 것으로 족하고, 범죄과정이나 구체적 범죄 정황, 범죄혐의자의 신원 등 범죄사실 전부를 요하는 것은 아니다. 왜냐하면 입안은 형사소송의 시작단계로서 사건에 대하여 아직 수사와 심리가 진행되지 않은 상태이고, 범죄사실은 수사(偵査)나 심판절차를 통해 밝혀내야 할 내용이기 때문이다.[38]
   중국 형사소송법은 제16조에서 ① 범죄정황이 매우 경미하거나 위해가 크지 않아 범죄로 인식되지 않는 경우, ② 공소시효가 도과된 경우, ③ 특별사면령에 의해 형벌이 면제된 경우, ④ 친고죄 중 고소가 없거나 고소를 취소한 경우, ⑤ 범죄혐의자나 피고인이 사망한 경우, ⑥ 기타 법률이 형사책임을 면제한다고 규

구」 제8권 제1호, 2009).
 37 程榮斌 外, 刑事訴訟法, 제2판, 中國人民大學出版社, 2005, 276p.
 38 陈光中, 앞의 책, 294면 참고.

정한 경우에 형사책임을 추궁하지 않는다고 규정하고 있다. 따라서 위 내용에 해당되는 경우에는 입안결정을 해서는 안 된다.

3) 입안 절차와 감독

공안기관, 인민검찰원, 인민법원은 범죄신고, 고소·고발 또는 자수에 대하여 모두 당연히 접수해야 하고, 이를 미루거나 거절해서는 아니 된다. 자기 관할이 아닌 경우에는 접수 후에 이송하고 이송사실을 신고인이나 고소인 등에게 통지하고, 긴급한 조치가 필요한 경우 긴급조치를 한 후 이송 처리한다(형소법 제108조).

공안기관 등은 사건을 접수한 후 심사를 진행하게 된다. 심사는 입안의 중심 절차라고 볼 수 있다. 심사 중에는 정확한 판단을 위해 범죄 신고자, 고소·고발인이나 단체, 자수자에게 보충자료나 설명을 요구할 수 있고, 필요한 조사도 진행할 수 있다. 심사 후에는 입안결정과 불입안결정의 두 가지 형식으로 결정을 내려야 한다. 고소인 등이 사법기관의 입안 여부 결정에 불복할 경우 재심의를 신청할 수 있다(형사소송법 제110조).

입안은 정식 소송절차의 일부이므로 법률감독권을 갖는 인민검찰원의 감독 대상이다. 형사소송법 제111조는 '인민검찰원은 공안기관이 당연히 입안수사(立案偵査)해야 할 사안을 불입안(不立案)했다.'고 판단하거나, 피해자가 공안기관이 당연히 입안해야할 사안을 입안하지 않았다고 판단해 인민검찰원에 이의신청을 한 경우에 공안기관에 설명을 요구할 수 있다. 인민검찰원이 공안기관의 설명이 '이유 없다(不成立)'고 판단할 때는 마땅히 공안기관에 입안을 통지해야 하고, 공안기관은 통지를 접수한 후 당연히 입안을 해야 한다.'고 규정하고 있다.

다. 정사(偵査)

1) 정사의 개념

중국형사소송법 제108조 1항은 '정사란 공안기관, 인민검찰원이 사건을 처리함에 있어 법률에 의거 진행하는 전문조사활동과 관련 강제조치를 말한다.'고 규정하고 있다. 따라서 정사는 법에 의거 증거를 수집하고, 범죄를 밝히고 증명하며, 범죄인을 추적하여 체포하며, 이를 위해 강제성 조치를 취하는 권력적 행위라고 할 수 있다. 정사는 일종의 소송활동으로서 엄격한 법률적 성격을 갖는다. 또한 정사는 범죄에의 대응에만 활용되어야 하고 민사사건이나 다른 분야에 쓰일 수 없다.

법률이 규정한 정사활동의 내용은 전문적 조사 및 강제성조치와 관련이 있다. 전문적 조사를 진행하고 강제조치를 취하는 것은 정사활동의 양대 핵심구성요소이다. 전문적 조사란 정사기관의 범죄증거 수집, 범죄혐의자를 추적·검거하는 활동을 진행하는 것이다. 중국의 형사소송법이 규정한 전문적 조사에는 피의자신문, 증인과 피해자 심문, 실험, 검증, 감정, 신원확인 등의 조사활동을 말한다. 그리고 강제성 조치는 정사기관이 취하는 개인의 자유, 재산, 사생활 등 권익을 제한하거나 박탈하는 활동과 관련된다. 이것은 5종의 법정 강제조치 즉, 강제소환, 보석, 주거감시, 긴급체포와 구속을 포함하고, 수색, 압수, 조회, 동결 등 정사활동도 포함한다.

2) 예 심

예심이란 정식 재판 이전에 형사피의자 또는 피고인에 대하여 이루어지는 예비적인 심리활동을 말한다. 공안기관의 예심부문이 수사부문에서 조사한 사실을 확인함과 더불어 진일보한 진상조사를 위해 법에 의해 강제처분된 피의자에 대해 예비성 신문을 진행하는 활동으로 검찰의 기소, 법원 심판절차의 전제와 기초가 된다.

형사소송법 제3조는 '형사사건의 수사, 체포, 구속의 집행, 예심은 공안기관이 담당한다.'라고 규정하여 공안기관의 예심권을 인정하고 있으며, 동법 제116조는 '공안기관은 수사를 거쳐 범죄사실을 증명할 증거가 있는 사건에 대하여 마땅히 예심을 진행하고, 수집, 조사된 증거자료를 확인해야 한다.'라고 규정하고 있다.

예심은 수사과정을 재심사하여 법집행의 정확성을 기하고, 보다 철저한 진실의 추구와 착오를 수정함으로써 독자적인 공안기관 수사권의 합리성을 확보하고, 국민의 신뢰를 구축하는 중국특유의 독자적 절차라고 평가할 수 있다.

예심절차는 사건의 수리(受理), 구속의 집행과 수색 등 강제조치 집행, 체포된 범인의 심사, 피해자와 증인에 대한 심사와 신문, 검증과 감정·검사의 사실대조,

예심의 종결로 이루어진다. 일반적으로 예심은 형사수사 과정에서 구속과 체포의
비준(허가)에서부터 시작된다. 즉, 형사수사 기능에서 체포를 허가해줄 것을 신청
하면서 예심수사의 사건이 접수되고 이 단계가 예심수사절차의 사건수리단계가
된다. 사건이 수리되면 2인 이상의 담당자를 지정하고, 형사수사와 상호협조 하
에 수사과정을 재검증하고 엄격한 법률감독을 실시한다. 강제조치가 취해진 피의
자에 대하여는 조사와 신문이 이루어지는데 형사수사절차 때보다 더 엄격하게 이
루어진다.

예심기능은 객관성과 정확성을 기하기 위해 형사수사기능과 분리되어 있으
며, 이를 담당하는 인력들은 그 중요성을 감안하여 공안기구 내부에서 가장 우수
한 인력들로 구성되어진다. 예심의 종결은 곧 수사의 종결을 뜻하는데 피의자를
기소할 것인지, 사건을 취소할 것인지 결정하여 수사를 마무리 하게 된다.[39]

라. 수사의 종결

공안기관이 수사를 통해 범죄사실이 증명된 경우 수사를 종결하고 기소의견
서를 작성하여 사건자료, 증거 등과 함께 동급 인민검찰원에 송치하여 기소 여부
를 심사 결정토록 한다(형사소송법 제160조). 동시에 범죄혐의자 또는 그 변호인에게
송치사실을 통지해야 한다. 그러나 수사결과 피의자에 대해 형사책임을 추궁하지
말아야 할 경우 사건은 취소(撤銷)[40]해야 하며 피의자가 이미 구속된 경우 즉시 석
방하고 석방증명서를 발급해야 한다. 아울러 피의자의 구속을 비준한 인민검찰원
에 통보해야 한다(형사소송법 제163조).

수사종결권에 대하여 중국형사소송법은 별도의 규정을 두고 있지 않다. 수사
권한을 가진 공안기관이 수사의 종결도 하게 된다는 당연한 결론 때문에 그렇다
고 볼 수 있다. 그러나 앞서 논한 제163조의 내용에서 이미 공안기관이 범죄사실
이 증명된 경우 수사를 종결한다는 내용을 규정함으로써 수사종결권의 존재를 간
접적으로 확인할 수 있다. 수사에 대하여 종결권은 명확히 수사기관에 부여하고,

---

39 김찬원, "중국경찰의 수사제도", 「치안정책연구」 제16호, 2002, 179-210p 참고.
40 「공안기관 형사사건처리 절차규정」 제168조에 의하면 '범죄사실이 없는 경우, 상황이 경미하고
위해가 크지 않아 범죄로 볼 수 없는 경우, 소추시효가 완성된 경우, 사면으로 형이 면제된 경우,
피의자가 사망한 경우, 기타 법에 따라 형사책임을 추궁하지 않는 경우에는 사건을 취소해야 한
다'고 규정하고 있다.

별도로 공소의 제기는 인민검찰원에 부여하여 수사와 공소의 권한을 분리시킨 것은 우리나라와 구분되는 중국의 특징이라고 할 것이다.

4. 검찰과 경찰의 관계

중국의 검찰은 권한 측면에서 우리나라의 검찰만큼 많은 권한을 갖지는 않는다. 대체로 수사는 공안기관이, 기소는 검찰이 담당하고 있다고 볼 수 있다. 양 기관의 관계는 상명하복관계가 아니며 대등한 상호협력, 상호견제의 관계라고 정리할 수 있다. 중국의 검찰은 공무원의 직무관련 범죄에 대한 수사권을 갖고 있으며, 공안기관의 사건에 있어 체포·구속에 대한 강제처분 비준권을 갖는다. 공안기관은 피의자를 구속할 경우 사전에 검찰기관의 비준을 받도록 하고 있다. 반면 검찰이 체포나 구속을 할 경우에는 비록 검찰이 직접 수사하는 사건인 경우에도 체포, 구속, 보석, 주거감시 등 강제처분의 집행을 공안기관을 통해 집행하도록 하고 있다. 강제권의 행사를 공안기관이 전담하도록 하고 있어 검찰보다 공안기관이 실질적으로 강한 권한을 행사하고 있다고 할 수 있다.

검찰은 국가의 법률감독 기관으로서 형사소송 전반에 대한 법률감독을 실시한다(형사소송법 제8조). 검찰의 법률감독 대상은 공안기관과 법원을 포함해 교도소와 소송참여인(피의자, 피고인, 피해자, 변호인, 소송대리인, 감정인, 증인, 통역 등)도 포함된다. 공안기관에 대하여 구체적으로 구속비준심사, 불입건에 대한 설명요구 및 입건통지, 피의자·증인에 대한 가혹행위 여부 감독, 체포·구속기간 경과 여부 등을 감독한다. 이러한 감독은 우리나라처럼 사전에 유치장감찰 등을 통한 적극적 간섭형태의 감독이라기보다는 공안기관의 업무수행을 존중하고 구체적인 위법행위나 의무위반이 발생했을 때 사후교정의 차원에서 진행된다.

한편 중국 「형사소송법」에 규정된 상호견제의 원칙에 따라 중국 경찰은 검찰의 자의적인 구속신청 기각과 불기소 처분에 대하여 견제 및 불복할 수 있는 제도적 정치를 마련하고 있다. 제92조는 경찰의 구속허가 신청을 검찰이 기각한 경우 경찰이 재심사를 요구할 수 있고, 검찰이 이를 거부한 경우 상급 검찰원에 재심사를 청구할 수 있다. 제181조는 경찰이 기소의견으로 송치한 사건을 검찰이 불기소 결정한 경우 경찰이 재심리를 요구할 수 있고, 거부할 경우 역시 상급 검찰원에 재심리를 요청할 수 있다.[41] 이를 통해 검찰의 자의적인 구속허가 기각과 불기소 처분에 대하여 견제를 할 수 있도록 하고 있다.

Ⅵ. 중국 경찰의 인권보호 등 변화

1. 인권보호 강화

중국경찰은 2012년 형사소송법이 개정된 후 이를 반영해 피의자 및 피고인의 인권보호를 위한 다양한 인권보호 시책을 수립하여 시행하고 있다. 먼저 중국 공안부는 2011년 전국 2,100여 개의 간수소(구치소에 해당)를 언론 및 민간단체 등에 대외 개방하고, 각 방마다 투서함을 설치하여 수감자들의 인권침해 등 불만사항을 투서함에 개진할 수 있도록 하였다. 또한 각 방마다 CCTV를 설치하고 주재 검찰원에서 실시간 감시하도록 하고 특별감독원의 불시순찰 및 인권침해 감시체제를 구축하였다. 아울러 각 공안기관의 조사실과 일반 사무실을 격리하고, 조사실에도 CCTV를 설치하여 조사과정을 녹화하도록 하여 인권침해를 방지하기 위해 노력하고 있다. 그리고 인민경찰 법집행 자격시험을 도입하여 신문, 조사, 증거수집 등 수사활동을 주요 내용으로 하는 시험을 실시하게 하여 경찰관의 적법절차 준수와 인권보장을 강화하기 위해 노력하고 있다.

2. 교통질서 확립

중국경찰의 급속한 발전의 한 면모를 보여주는 것은 교통질서를 확립하기 위한 노력이다. 2008년 베이징 올림픽 개최 전까지만 해도 중국에서 음주단속은 유명무실한 상태였고, 음주운전을 대수롭지 않게 여기는 분위기였다. 교통질서 역시 대도시에서 차량이 중앙선을 넘어 역주행하거나 불법유턴하는 것이 흔한 일

---

41 노연상, "중국 경찰과 검찰의 관계가 주는 시사점", 치안정책연구 제33권 제2호, 2019, 78–79면.

이었다. 그러나 올림픽을 준비하면서 교통질서가 그 나라의 이미지를 결정한다는 사실을 인식하고 강력한 단속과 계도를 통해 교통질서를 바로잡아 나가고 있다.

　　우선 음주단속과 관련해서 음주운전에 대한 처벌을 강화하였으며 음주운전에 대한 형사구류, 동석한 자들에까지 책임을 묻는 등 엄중한 처벌을 정착시켰다. 또한　베이징뿐만 아니라 지방에서도 사고를 야기할 수 있는 과속, 초과탑승, 화물차량 적재량 초과 등에 대한 단속을 강화하였고, 더 나아가 운전 중 전화 통화 금지, 안전띠 미착용, 황색 신호 시 교차로 진입 단속 등 선진국형 교통단속을 시행하고 있다.[42] 이런 경찰의 노력에 따라 중국의 무질서했던 도로는 질서를 잡아가고 있는 상태이며 교통사고 등도 크게 감소하고 있는 추세이다.

---

42 경찰청 외사국 해외치안자료(중국) 참고.

참고문헌

- 陈光中, 刑事诉讼法 第七版, 2021.
- 康大民,「公安論」, 北京: 群衆出版社, 1998.
- 韓玉勝, "中國的司法制度－以刑事訴訟中各機關的職責爲視角", 矯正研究 第39號, 2008.
- 程榮斌 外, 刑事訴訟法, 제2판, 中國人民大學出版社, 2005.
- 中國人民公安大學, 公安學基礎敎程, 2012.
- 김병권·한종욱 외, 비교경찰론, 수사연구사, 2009.
- 안정애,「중국사 다이제스트」, 가람기획, 2012.
- 우수근,「중국을 이해하는 9가지 관점」, ㈜살림출판사, 2008.
- 이진권 외, 비교경찰제도론, 법문사, 2021.
- 정진환, 비교경찰제도, 백산출판사, 2006.
- 김찬원, "중국경찰의 수사제도",「치안정책연구」제16호, 2002.
- 노연상, "중국 경찰과 검찰의 관계가 주는 시사점", 치안정책연구 제33권 제2호, 2019.
- 박동균, 이재호, "중국경찰의 조직구조와 제도적 특징", 한국동북아논총 제32집, 2004.
- 박종근, 이금일, "2012년 중국형사소송법개정안에 관한 소고",「형사정책」제24권 제2호, 2012.
- 이진권, "중국공안기관의 수사절차 중 입안제도에 대한 고찰",「한국경찰연구」제8권 제1호, 2009.
- 조용관, "중국경찰의 형성과정과 지도이념 연구", 국민윤리연구 제62호, 2006.
- 진병동, "중국의 경찰제도에 관한 연구", 경찰복지연구 제5권 제2호, 2017.
- 공안부 홈페이지(www.mps.gov.cn) 자료.
- 사이버경찰청 통계(www.police.go.kr) 자료/경찰청 해외치안자료.
- 두산백과/한국민족문화대백과(중국편)/경찰학 사전/위키백과/위키피디아.

International
Coordination

경찰의 국제공조

지금까지 주권이 미치는 울타리 안에서 국민의 안전과 사회
의 질서를 유지하는 각 국 경찰의 모습을 국가별로 살펴
보았다. 여기에서는 각 국가들이 그들의 울타리 안에서 해
결할 수 없는 문제로 인해 또는 각 국 내에서 일어나는 각종
사안들을 어떻게 더 현명하게 풀어나갈 수 있는지 등을
알아보기 위하여 '함께 협력하는 모습'에 대해 살펴본다.

[권 선 영]

지금까지 주권이 미치는 울타리 안에서 국민의 안전과 사회의 질서를 유지하는 각 국 경찰의 모습을 국가별로 살펴보았다. 각자 국가를 이루고 또 발전시키는 과정에서 가장 적합한 방법을 찾으려 노력한 결과물이다. 어떤 체제가 더 바람직하다고 일률적인 잣대로 평가할 수는 없다. 각자 그들에게 주어진 여러 환경에 맞게 시간과 노력을 통해 최선을 찾은 체제가 지금의 모습들이기 때문이다.

지금부터는 각 국가들이 그들의 울타리 안에서 해결할 수 없는 문제로 인해 또는 각 국 내에서 일어나는 각종 사안들을 어떻게 더 현명하게 해결해나갈 수 있는지 등을 알아보기 위하여 '함께 협력하는 모습'에 대해 살펴본다.

I. 국제공조의 의의와 종류

1. 국제공조의 의의

부족이 모여 살다가 봉건제를 넘어 국가를 형성한 다음 중세를 넘어설 때까지는 문제가 발생할 경우 이웃과 잘 논의하고, 해결하면 그 안에서의 삶에는 별다른 문제가 없었다. 산업화를 지나 1, 2차 세계대전을 거치면서 국가 간의 협력이 매우 중요하다는 사실을 알게 되었지만, 국가들 간의 문제와는 별개로 사람들과 관계된 개별적인 사안들에 대해서도 인접한 국가들과 충분히 풀어갈 수 있을 만큼 그 해결이 그리 어려운 것은 아니었다.

그러나 2차 세계대전 직후를 정점으로 식민지 처지를 청산하고 각지에서 국가들이 세워진 다음, 그 국가들이 눈에 띄는 발전을 이룩하기 시작한 1980년대 이후부터는 국제화의 개념이 더 크게 부각되기 시작했다. 이제는 더 이상의 인접 국가들만의 문제가 아니라 지구촌 반대편에 있는 국가와도 상생을 위하여 국가 간에 서로 협력하는 것이 불가피해졌다. 국가와 국가의 교류 폭이 과거와는 비교할 수 없을 만큼 넓어졌고, 자유롭게 사람들이 왕래하면서 많은 문제가 발생하였

다. 결국 각 국가들은 자국민의 안전을 위협하거나 사회의 질서를 흐트러뜨리는
사건과 사고들을 해결하기 위해 상호 협조가 반드시 필요하다는 것을 알게 되었
다. 현대 국제사회의 복잡한 상황 속에서 인류의 복지, 안전과 평화, 그리고 인간
의 존엄성을 보장하기 위해서는 물론 각 국가들이 먼저 바로 서는 것이 우선되어
야 하겠지만, 그 전이라도 반드시 긴밀한 국제공조도 있어야 한다는 것이다.

> ✱ 국제화 – 무엇이 새로운 것인가?
>
> 　국제화(Globalization)에 논의는 새로운 것이 아니라 산업화가 무르익기 시작한 20세기 초부터 줄
> 기차게 거론되었다. 무역과 투자, 그리고 1인당 국민소득(GNI, Gross National Income)에 대한 국가
> 별 비교가 가능해졌고, 국경이 열려있으며, 사람들의 이동도 자유로워졌기 때문이다. 그러면 과연 무
> 엇이 새로운 것일까?
>
> 　우선, 새로운 시장이다. 은행, 보험, 교통 등 서비스 분야에서의 국제시장이 지속 성장하는데다, 시
> 차가 있고 거리가 멀더라도 금융파생상품을 실시간으로 사고 팔 수 있게 되는 등 국제적으로 얽힌
> 비정형화된 새로운 금융시장이 열려있고, 세계적 상표에 대한 국제적 소비시장이 날로 커져가면서 독
> 점금지법이 완화되고 또 인수합병이 크게 증가했다.
>
> 　다음은 새로운 역할자들이다. 세계 각 국의 물건들을 뛰어넘는 신제품으로 날로 성장하는 다국적
> 기업들과, 국가들에게 규칙을 지키라고 종용하는 세계무역기구(World Trade Organization), 세계 형
> 사재판소(International Criminal Court), 폭발적으로 국제 네트워크를 형성하는 비정부기구들, 날로
> 증가하는데다 그 중요성이 더해지는 유럽연합(European Union)·아세안(Association of South-
> East Asian Nations)·남미의 남부공유시장(Mercosur)·북미자유무역연합(North American Free
> Trade Association)·남부아프리카개발공동체(Southern African Development Community) 등 지역
> 연합체가 그것이다.
>
> 　그리고, 새로운 규칙과 기준들이다. 그 어느 때보다도 더 민영화·자유화되는 시장의 경제규칙들,
> 세계 속에 확산되어가는 인권조약과 그에 따른 제반 규정들, 개발이라는 공동의 목표의식과 그에 따
> 른 실천목록(action agenda), 기후변화에 따른 환경과 사회적 규제에 관한 조약들, 지적재산권이나
> 통신·서비스에 관한 각종 협정들, 투자에 관한 다자협약 등을 들 수 있다.
>
> 　끝으로 더 빠르고 저렴해지는 통신(통행)과 관련한 수단이 있다. 기존의 전화나 팩스뿐만 아니라
> 휴대용전화와 이를 활용한 SNS(Social Network Service)들의 발달, 그리고 더 신속하고 저렴해진
> 항공, 철도, 그리고 도로망이 그것이다.

　'샤를리 엡도(*Charlie Hebdo*)'라는 프랑스 잡지사 테러사건은 국제공조의 필요
성뿐만 아니라, 얼마나 어떻게 더 공고해져야 하는지 알게 해준다.

❂ 프랑스 잡지사 테러사건의 요지

2015년 1월 7일 11시 20분경 프랑스 파리 도심에 위치한 '샤를리 엡도(Charlie Hebdo, 프랑스 풍자 전문 주간지)' 사무실에 얼굴을 가린 무장 괴한 두 명이 편집장과 기자들에게 무차별 총격을 가하여 경찰관 2명을 포함한 12명을 살해하고 4명에게 중상을 입힌 사건이 발생하였다. 이후 프랑스 당국은 1월 9일 '샤를리 엡도'에서 테러행각을 벌이고 파리 부근 '다마르탱 엉 고엘르(Dammartin-en-Goële)'에서 인질극을 벌이던 '쿠아시(Kouachi)' 형제를 사살했고, 같은 시간 파리 동부 '포르트 드 벵센(Porte de Vincennes)'의 한 식품점에서 인질극을 자행하던 '아메디 쿨리발리(Amedy Coulibaly, 32)'를 사살하였다.

직후에 이루어진 수사를 통해 '아메디 쿨리발리'가 단기간 임대했던 아파트에서 자동화기 몇 정과 기폭장치 등의 무기, 그리고 '이슬람국가(IS: Islamic State)' 깃발들이 발견됨으로써 IS와 연관이 있는 것으로 알려졌고, '샤를리 엡도' 테러사건에 연루된 것으로 보이는 10명 규모의 프랑스 테러조직 가운데 6명이 경찰의 체포망을 피해 도주한 상황이라고 전해졌다.

한편, 잡지사 테러를 감행한 '쿠아시' 형제는 알카에다 지부에서의 훈련과 테러지원 혐의로 실형까지 선고받았지만, 30세가 넘어가면서 더 이상 프랑스 대테러당국(GIGN: Groupe d'intervention de la Gendarmerie nationale과 GIPN: Groupe d'intervention de la Police nationale)의 감시대상이 되지 않았는데, 미국과 영국의 '입국금지 대상자 명단(No fly list)'에는 포함되어 있는 것으로 알려져 국제공조상 허점을 드러낸 아쉬움이 남았다.

이에 따라 1월 11일 프랑스 내무장관을 비롯한 유럽 각 국과 유럽연합(EU), 미국, 캐나다의 관계 장관들은 프랑스 파리에서 테러규탄 행진 행사에 앞서 '테러대응 관계장관회의'를 개최, 프랑스 언론사 테러와 같은 사태의 재발을 막기 위해 테러리즘에 맞선 국경 통제와 인터넷 감시활동을 강화하기로 합의하였는데, 한 가지 특기할 만한 것은 유럽의 통합을 꿈꾸던 유럽인들에게 '사람의 자유 왕래'라는 전환점을 제공했던 '쉥겐조약(Schengen agreement, 1985년 6월 14일 체결)'의 내용도 조정할 수 있다고 밝힌 것이다. 수십 년간의 논쟁을 거치며 수천만명의 사람들이 좌고우면하던 끝에 이루어낸 성과도 단 한 번의 사건으로 인해 쉽게 물거품이 될 수도 있음을 보여준다.

범죄의 주체와 객체, 범죄행위, 보호법익 또는 결과발생 등의 요소가 2개 이상의 주권국가와 관계되는 범죄를 국제성 범죄라고 하는데, 범죄의 예방, 검거와 소추, 처벌 등을 위해 관련 국가들이 협력해야 하는 범죄들을 일컫는다. 이러한 국제성 범죄를 수사하여 그 범인들을 추적·체포하는 것은 결코 쉬운 일이 아니다. 각국 경찰제도에서 알아본 바와 같이 상이한 형사사법체계, 수사절차, 문화와 관습, 언어 등의 걸림돌들을 극복해가며 다방면에 걸쳐 서로 협력해야 하기 때문이다.

이후에는 모든 분야에 있어서의 국가 간의 협력을 논할 수는 없으므로, 경찰 활동상의 협력 문제를 다루되, 주로 범죄 관련 정보 교환, 범죄인의 발견·체포·인도 등 공조수사에 관한 분야를 위주로 살펴본다.

그와 같은 국제공조수사가, 즉 국가 간에 수사상 서로 돕는 모습들이 어떠한 경로를 택하여 이루어지는지에 따라 우선 외교경로를 활용할 경우, 그리고 인터폴을 통할 경우, 끝으로 그 이외의 경찰상 협력 등 세 분야로 나누어 각각에 해당하는 내용들을 개괄한 다음, 이어 외교경로를 통한 국제공조, 그리고 인터폴을 활용한 국제공조에 대하여 알아보고자 한다.

2. 국제공조의 종류

가. 외교경로를 통한 공조

국제성 범죄에 대한 국제공조는 우리나라 현행법인 국제형사사법공조법과 범죄인인도법이 허용하고, 국제형사사법공조조약, 범죄인인도조약의 범위 내에서 이루어진다.

1) 국제형사사법공조

국제형사사법공조는 범죄를 예방하고 진압하기 위하여 다각도의 국제적 협력을 증진하기 위해 이루어지는 것으로서, 특히 형사사건의 수사 또는 재판과 관련하여 외국의 요청에 따라 또는 외국에 대하여 요청하는 공조를 말한다.

이를 위해 우리나라는 1991년 3월 8일 법률 제4343호로 국제형사사법공조법을 제정하였고, 2023년 1월 현재까지 30개 국[1]과 맺은 형사사법공조조약이 그 효력을 발휘하고 있다.

---

1 호주, 캐나다, 프랑스, 미국, 몽골, 중국, 뉴질랜드, 러시아, 우즈베키스탄, 태국, 베트남, 인도, 브라질, 멕시코, 일본, 알제리, 쿠웨이트, 필리핀, 불가리아, 카자흐스탄, 벨기에, 스페인, 아르헨티나, 말레이시아, 인도네시아, 남아프리카공화국, 페루, 아랍에미리트, 캄보디아, 키르기즈(외교부 자료, www.mofa.go.kr, 조약 발효일 순).

2) 범죄인인도에 의한 공조

범죄인이 당해 범죄와 관련하여 재판관할권이 없는 국가 또는 재판관할권이 있더라도 필요한 모든 증거와 증인 등이 외국에 있어 사실상 재판이 불가능하거나 재판하기를 꺼려하는 국가로 도피하였을 경우 범죄인에 대한 심리와 재판을 가장 적정하게 행할 수 있는 국가에서 해당 범죄인을 인수하여 필요한 형사절차를 계속할 수 있도록 하는 국제협력제도를 범죄인인도라고 한다.

이와 관련하여 우리나라는 1988년 8월 5일 법률 제4015호로 범죄인인도법을 제정하였고, 범죄인인도조약이 체결되어 발효된 상대국은 2023년 1월 현재 30개 국2이다.

나. 인터폴을 통한 공조

'인터폴(Interpol)'은 'International Police(국제경찰)'에서 'Inter'와 'Pol'을 따서 만들어진 말(造語)로, 국제형사경찰기구(ICPO: International Criminal Police Organization)의 별칭이며, 본명보다 더 많이 활용되고 있다.

'보다 더 안전한 세계(For the safer world)'를 목표로 인터폴 헌장과 각 회원국들의 국내법이 허용하는 한도에서 국제성 범죄에 관한 정보를 교환하고, 회원국 소속 법집행기관들의 교육을 주도하며, 범죄자의 체포와 인도에 관하여 상호 협력을 함으로써 범죄의 예방과 진압에 큰 역할을 하고 있다.

외교경로를 거치지 않고, 인터폴 사무총국과 회원국에 설치된 '국가중앙사무국(NCB: National Central Bureau)' 간에 연결된 통신망을 통해 정보교환을 하는 등 신속히 협력할 수 있다는 장점이 있는 반면, 외교적인 노력에 비해 일처리 비중이 상대적으로 낮게 취급되는 경향으로 인하여 상대국의 적극적인 협력을 이끌어내는 데에는 많은 노력이 필요하다.

---

2 호주, 캐나다, 스페인, 필리핀, 파라과이, 칠레, 멕시코, 미국, 몽골, 아르헨티나, 태국, 브라질, 중국, 뉴질랜드, 일본, 우즈베키스탄, 베트남, 인도, 페루, 과테말라, 인도네시아, 프랑스, 알제리, 불가리아, 카자흐스탄, 쿠웨이트, 남아공, 아랍에미리트, 이란, 키르기즈(외교부 자료, www.mofa.go.kr, 조약 발효 순).

다. 경찰협력을 통한 공조

외교경로나 인터폴이라는 국제기구를 통하지 않고, 경찰과 경찰 간에 이루어지는 협력, 경찰과 글로벌 인터넷기업 간의 협력이 있는데, 이들 모두 경찰협력이라는 큰 틀에 포함된다.

1) 경찰조직 간 협력

경찰과 경찰 간 협력방법으로 첫 번째는 파견된 경찰관을 통해 직접 협력하는 경우, 두 번째는 경찰들의 필요에 의해서 일정한 기간을 두고 특별한 계획(Project)을 입안, 시행하며 협력하는 경우, 세 번째는 양자 또는 다자 간의 교류를 이어가는 방법이 있다.

첫 번째는 협력 대상국에 영사의 직책을 부여하거나 또는 '외사협력관', '코리안 데스크(Korean Desk)', '연락관(liaison officer)' 등의 명칭 아래 경찰관을 직접 파견하여 그를 통해 자료 수집, 정보 교환 등의 협조를 구하는 방법이다. 2023년 1월을 기준으로 우리나라에서 해외로 파견된 경찰주재관은 35개 국에 위치한 55개 공관(대사관 또는 총영사관)에 총 66명인데, 이들은 해외에 체류하는 한국인들의 형사상 권익 보호, 우리나라와 관계된 국제성 범죄에 대한 주재국 법집행기관과의 수사공조, 국제테러조직 등 불순세력에 의한 위해행위나 잠입 저지 등을 위한 주재국 경찰과의 정보협력 등의 임무를 수행하며 우리 국민을 보호하기 위해 노력하고 있다.

또 주재관과는 별도로 직접 경찰관들을 긴밀한 협력이 필요한 국가에 파견을 보내고 있다. 2014년에만 10명의 한국인이 피살을 당하는 등 필리핀[3]에서 교민들이나 여행객들의 피해가 최근 몇 년에 걸쳐 끊임없이 발생하고 있는데 주목하고, 2012년 5월부터 필리핀 경찰청에 한국 경찰관 1명을, 그리고 2015년 2월부터 추가로 1명을 더 파견한 이래, 2023년 1월 기준 필리핀 '코리안 데스크'는 5개 지역에서 5명이 필리핀 경찰들과 수사팀을 구성, 국민이 사건·사고를 당할 경우

---

3 외교부에 따르면 필리핀에서 한국인이 범죄 피해자가 된 사건은 2010년 94건에서 2013년 780건으로 8배 이상 증가하여, 중국(598건)을 제치고 한국인 대상 범죄가 가장 많은 국가라고 한다. 필리핀은 총기가 자유롭게 유통되는 등 치안여건이 좋지 않고, 경찰의 수사능력도 많이 부족하여 강력범죄에 취약한 구조인데, 필리핀에 체류하는 한국인은 10만여 명이고, 연간 방문객도 150만 명이 넘는다.

즉시적이고도 적절한 도움을 받을 수 있도록 활동하고 있다. 또한 '경찰협력관'이라는 직책으로 중국(베이징, 칭따오에 각 1명), 캄보디아, 태국 등 세 곳에 총 4명이 파견되어 필리핀의 코리안 데스크와 같은 역할을 하고 있다.

> ✪ 해외 경찰주재관의 역할
>
> 해외 경찰주재관은 대한민국 외교공관(대사관, 총영사관, 분관)에서 영사(외국에서 본국의 이익과 자국민 보호를 담당하는 외교관)로 근무한다.
>
> 경찰주재관의 임무는 ① 우리나라 국민이 해외에서 범죄피해나 불의의 사고를 당하였을 경우 현지 경찰에게 협조를 요청, 사건해결에 노력하거나, 현지에서 한국인을 상대로 물의를 일으키는 범죄자 검거에 기여하는 등 재외국민을 보호하는 역할, ② 우리나라에서 범죄를 저지르고 해외로 도피한 피의자를 국내로 송환하거나, 주재국과의 형사상 협력이 필요할 경우 해당국 인터폴 NCB 또는 경찰과 협력하는 국제범죄 관련 공조업무, ③ 주재국 경찰의 활동상황, 치안 관련 혁신사례 등에 대한 보고와 자매결연 등 경찰청이나 시·도경찰청의 경찰관 상호 방문 시 그에 대한 일정조정 및 안내 등의 경찰 교류협력업무 등 크게 세 가지로 볼 수 있다.
>
> 해외 경찰주재관은 주재국의 법과 국제법에 따라 활동해야 하고, 독자적인 경찰권한이 없어 현지 경찰에 협조를 요청하여 공조수사에 참여하는 것 외에는 직접 사건을 수사하고 피의자를 검거하는 등의 독자행동을 할 수는 없다. 그러나 국내에서와 같이 해외에서도 '국민의 눈물을 닦아주는, 국민과 가장 가까운' 경찰역할을 감당해야 하기 때문에 1인 다역(多役)의 역할에 고군분투하고 있다.

두 번째로는 각종 범죄나 사회혼란 등 치안수요가 많음에도 불구하고, 전쟁 직후 또는 사회적 어건 불비 등의 이유로 해당국의 치안역량이 역부족일 경우 우리나라가 그간의 지식과 기술을 직접 전수하는 방법이다. 이는 문화 분야에서 세계에 선풍을 일으켰던 '한류(韓流)'에 빗대어 '치안한류'라고 불리는 사업으로, 치안전문가들을 해외에 파견함으로써 평화적인 집회시위 관리 역량을 기를 수 있도록 하는 등 사회의 질서를 유지하기 위한 방안(Know-how)들을 전수한다. 분쟁과 사회혼란으로 어려운 삶을 이어가고 있는 아프가니스탄을 위해 '지방재건팀(PRT: Provincial Reconstruction Team)' 소속으로 5명의 경찰관이 파견되기도 하였고, 2023년 1월 현재 평화적 집회 시위 관리 등 경비분야 지식 전수를 위해 아랍에미리트(UAE)와 오만에 각각 3명과 4명의 경찰관을 '치안전문가'로 파견되어 있고, UN PKO 활동을 위해 남수단에서 2명이 활약하고 있다.

끝으로, 정례 또는 수시 교류를 통해 최근 국제성 범죄의 양상이나 상대국 출신 국민에 의한 자국 내 범죄에 관한 정보를 교환하는 등 협력을 공고히 하기 위해 인접국인 중국이나 일본과의 정례 또는 수시 회의를 개최하고 있고, 경찰청 뿐만 아니라 시·도경찰청에서도 특정국가 필요지역의 경찰청과 교류협정(MOU: Memorandum of understanding)을 맺고 매년 상호 교환방문을 이어가는 등 정례적인 교류를 이어가고 있다.[4]

예를 들어 경북경찰청[5]의 경우 경북에 체류하는 외국 인 4만 3천여명 가운데 베트남 출신이 1만 3백여명(전체의 약 24%)으로 가장 많고, 또한 결혼이민자 1만 1천 8백여명 중 약 40%에 이르는 4천 7백여명이 베트남 출 신인 점을 감안하여 2013년부터 베트남 하노이에 인접한 '타이응웬'성 공안국과 교류협력을 체결하고, 상호 교환방문을 통해 범죄정보 교류, 치안혁신사례 수집 및 우호증진에 노력하고 있다.

2) 세계적 인터넷 관련 기업들과의 국제공조

정보통신기술(ICT: Information & Communication Technology)의 발전과 함께 2010년을 전후하여 본격적으로 스마트폰 등 모바일 기기가 확산 보급되면서 시간과 공간의 한계를 넘어 언제 어디서나 연결되고 소통할 수 있는 기반이 마련되었고, 기기 사용자들이 자발적으로 참여하여 다양한 방식으로 정보를 생산하는 소셜 데이터(Social Data)가 급격히 증가함에 따라 삶의 많은 부분이 변화하고 있다.

특히 범죄와 관련하여 외교경로 또는 인터폴을 통하거나 상대국에 위치하는 경찰주재관을 통하더라도 즉시적인 필요자료를 적절한 시간 내에 받아내기 어렵고, 또한 수십 수백 건이 아닌 수천 수만 건에 달하는 자료들을 얻어내기 힘들다는 한계에 부딪치게 되었다. 사이버범죄의 경우 사용자 이름, 주소, 로그기록 등 사용자정보, 은행계좌 정보 등을 확보하기 위해서는 데이터의 휘발성, 저장장치

---

4 경찰청은 1996년 중국 공안부를 시작으로, 2021년 6월 우즈베티스탄 내무부 등 총 29개국 경찰청 또는 치안담당부처와 MOU를 체결하였다(사이버경찰청 누리집 자료).

5 각 시·도경찰청에서도 관할 내 체류외국인 수 등 상대국 일정 지역 치안담당부서와 교류협력사업이 필요한 경우 경찰청의 승인을 받고 MOU를 체결한 이후 상호 방문 및 회의를 통해 협력하고 있는데, 예를 들어 서울의 경우 중국 베이징공안, 일본 도쿄경시청, 멕시코 멕시코시티치안부, 우즈베티스탄 타슈켄트내무부 등 4곳과 MOU를 체결하고 국제교류협력사업을 진행하고 있다(사이버경찰청 누리집 자료).

의 한계에 따른 일부 자료의 삭제 또는 일시보관 등의 이유 때문에 신속한 협조가 필요하다. 그런데, 상당한 시일이 소요될 것이 자명한, 외교경로나 인터폴을 경유하는 기존의 방식으로 협력을 요청할 경우 필요한 자료가 삭제되어 적시 적절한 조치를 취하지 못함으로써 수사 등의 목적을 달성할 수 없게 되므로 결국 모든 기록이 사라지는 것을 기다리는데 불과하다고 해도 과언이 아니다.

이에 따라, 세계적인 인터넷 관련 기업들과 실시간 협력을 할 수 있도록 다양한 방법이 마련되어 있는데, 페이스북(Facebook), 이베이·페이팔(Ebay·PayPal), 스카이프(Skype), 트위터(Twitter), 구글(Google: Gmail, YouTube, Google Play, Google Wallet 포함), 애플(Apple), 마이크로소프트(MS) 등에 각기 별도로 마련한 웹페이지(Web page) 또는 이메일(email)을 통해 사용자정보, 로그기록, 신용카드 정보, 제품등록 여부, 최근 서비스 내역 등을 우리나라 영장이나 공문을 첨부하여 직접 확인할 수 있게 된 것이다. 물론 명예훼손 사건에 대해서는 정보를 제공하지 않는다든지, 연이어 얽혀진 해외 IP(Internet Protocol)를 제외한 해당국 정보만 제공한다든지, 그리고 웹페이지 또는 이메일 관리자가 해당 요구사항을 확인하여 통보하기까지의 시간이, 미국 등과 우리나라 간의 시차와 맞물려 실시간 서비스되기 어렵다는 점이 여전히 한계로 남아있다.

❁ 세계 기업들과의 공조 사례

1. 2014년 3월 '살고싶지 않다. 죽은 후에 아이들이 걱정된다'는 자살을 암시하는 게시글을 트위터(Twitter)에서 발견하고, 긴급 정보공개를 요청하여 요청한 지 1시간 이내에 사용자의 최초 가입 당시 등록 IP주소, 등록된 이메일주소, 최근 접속한 IP주소 등 3건의 정보를 입수

2. 경찰관 복장으로 '대마초 비범죄화'라는 푯말을 들고, 필로폰을 흡입하는 사진이 페이스북(Facebook)에 게시된 것에 대해 마약류관리에관한법률 위반으로 영장을 집행하여 IP주소 등을 확보

3. 2013년 8월, 기프티콘을 위장한 스미싱 메시지를 유포한 자를 추적하던 중 스카이프(Skype)를 통 해 통화를 하고 있다는 사실을 확인하고, 영장을 발부 받아 최근 통화내역을 확보

> ✿ 유럽 사이버범죄협약(부다페스트협약) 가입 추진 중
>
> – 사이버범죄에 대한 강제성 있는 국제공조 네트워크를 구성함으로써 회원국 간에 더욱 신속하게 디지털증거를 확보할 수 있도록 규정한 협약으로 현재 미국, 일본 등 67개국 가입
> – 지난 2022년 9월 국가안전보장회의(NSC) 안건으로 상정하였고, 10월에는 외교부장관 명의로 가입의향서를 제출하는 등 동 협약 가입을 추진 중

Ⅱ. 외교경로를 통한 국제공조

외교를 '국가 간에 맺는 모든 관계'라고 정의할 경우 그에 속하는 범위는 매우 넓다. 정치·경제·사회 등 모든 분야에서 시대·공간적 환경과 필요에 따라 국가 간의 관계가 이루어지고 있는 점을 생각한다면, 외교의 범위는 순수한 내치를 제외한 모든 영역을 포함하며, 꼭 어떠한 방식으로 행해져야 한다는 틀(frame) 속에 넣을 수 없기 때문에 일부 정형화된 것을 제외하고는 내용과 방법이 공조의 필요와 처해진 환경에 따라 모두 각양각색일 수밖에 없다.

따라서 어떠한 외교적 방법으로 국제공조가 이루어지고 있느냐를 모두 논하기는 어렵다. 다만, 경찰활동 가운데 특히 수사 관련 사안에서 이미 제정·시행된 법률들을 통해 어떻게 국제공조가 이루어지고 있는지에만 국한한다면, 외교경로를 통한 국제공조의 범위를 한정할 수 있다. 물론 제도가 있어도 그것을 활용하는 사람들의 열의와 노력 여하가 그 제도의 성패를 좌우한다는 것은 두말할 필요가 없다.

1. 국제형사사법공조법에 의한 공조

가. 국제형사사법공조와 국제형사사법공조법

국제형사사법공조는 범죄의 예방과 처벌을 목적으로 국가 간에 이루어지는 모든 형태의 협력을 의미한다.

역사적으로 범죄 진압을 목적으로 한 국가 간의 협력행위에는 '범죄인인도'가 핵심이었으나, 점차 증인이나 감정인의 신문, 물건의 인도·검증, 문서의 송달, 정보의 제공 등을 내용으로 하는 사법공조가 범죄인인도 제도로부터 분리되어 하나의 독립한 별개영역으로 정착되어 왔고, 나아가 외국 형사판결의 집행과 형사소추의 이관 등 새로운 형태의 국제형사사법공조제도로까지 발전하고 있다.6

이는 우리나라의 입법 사례를 보아도 알 수 있다. 국제형사사법공조의 가장 핵심이라고 생각되었던 범죄인인도에 대해서는 1988년 8월 5일 범죄인인도법을 제정하였지만, 국제형사사법공조법은 범죄인인도법보다 늦은 1991년 3월 8일에야 제정되었다.

국제형사사법공조법은 형사사건의 수사 또는 재판과 관련하여 외국정부로부터 요청받거나 우리나라에서 외국에 요청하는 형사사법공조의 범위와 절차 등을 규정함으로써 범죄의 예방 및 진압을 위한 국제적인 협력 증진을 도모하고 있다.

교통·통신 수단과 정보교환체계의 비약적인 발달로 인적·물적자원 교류가 확대되면서 범죄 측면에서도 국제적 범죄조직에 의하여 수개 국에 걸쳐 행하여지는 국제범죄가 빈발하고 범죄인의 해외도피현상이 현저히 증가하는 경향을 보여주고 있기 때문에 형사사법 분야에서의 국제공조 형태는 매우 다양하고 꾸준히 확대되어 가는 추세이다.

나. 국제형사사법공조법상 공조의 범위

국가 간에 체결된 국제형사사법공조조약들을 분석한 결과, 일반적으로 형사사법공조의 범위에는 증인·감정인·피의자의 신문, 물건의 인도, 압수·수색·검증, 서류의 송달, 증인 또는 감정인의 소환, 증인 또는 대질신문을 위한 수형자의 이송, 소송관계인의 수배 및 소재 파악, 정보의 제공 등이 포함된다. 각 국의 법률이 허용하는 범위에 따라 형사사법공조의 범위도 달라지기 때문에 일률적으로

---

6 국제형법, 김주덕, 도서출판 육서당, 87면, "협의의 형사사법공조가 범죄인인도와 구별되는 독자적인 영역으로 자리를 잡게 된 것은 제2차 세계대전 이후이며 각 국의 조약체결상의 관행과 국내입법에서 이러한 경향이 나타나게 되었다. 종래에는 협의의 형사사법공조에 관한 규정들이 범죄인인도조약의 부록으로 채택되었으나 오늘날에는 협의의 형사사법공조에 관하여 독자적인 조약을 체결하거나, 범죄인인도 및 형사사법공조에 관한 포괄적인 조약을 체결하는 경향을 보여주고 있다."

무엇이 포함되고, 또 어떤 것은 포함되지 않는지 미리 정할 수는 없다.[7]

우리나라 국제형사사법공조법은 제5조(공조의 범위)에서 1. 사람 또는 물건의 소재에 대한 수사, 2. 서류·기록의 제공, 3. 서류 등의 송달, 4. 증거 수집, 압수·수색 또는 검증, 5. 증거물 등 물건의 인도, 6. 진술 청취, 그 밖에 요청국에서 증언 하게 하거나 수사에 협조하게 하는 조치 등 여섯 가지로 규정하고 있다.

다. 국제형사사법공조의 기본원칙

형사사건 수사, 재판 등 사법행위는 영토주권의 고유한 범위 내에 속하는 것으로서 다른 국가가 이에 간섭할 수 없는 주권행사의 대표적인 형태이다. 그러나 국제사회에서 범죄의 국제화 현상에 효율적으로 대처하기 위해서는 국가 상호 간에 긴밀한 협조를 하여야 하는데, 이와 같은 범죄의 수사와 재판, 그리고 형의 집행에 있어서 국가 간의 협력행위가 국제형사사법공조에 해당한다. 결국 국제형사사법공조는 범죄에 공동 대처하기 위해 각 국이 자신의 주권을 일부 제한하며 양보하는 의미를 가진다.

이러한 국제형사사법공조에 관하여 국제사회에서는 오랜 관행을 통해, 그리고 국가 간에 체결된 조약의 시행을 위해 제정된 국내법, 관련 판례 및 학설에 의하여 몇 가지 기본원칙이 형성되어 왔으며, 시대적 변화에 따라 다양한 내용이나 방법으로 적용되고 있다.

1) 상호주의

주권국가 간의 국제관계에 통용되는 일반원칙인 상호주의는 국제형사사법공조에 있어서 외국이 사법공조를 행하여 주는 만큼 자국도 동일 또는 유사한 범위 내에서 공조요청에 응하는 것을 말한다.

공조조약이 체결되어 있지 아니한 경우[8]에도 동일 또는 유사한 사항에 관하

---

7 협약에 은행, 재무, 회사 또는 상업상의 기록 등 관련 문서 및 기록원본 또는 등본의 제공, 증거확보를 위한 수익, 재산 및 도구 기타 물건의 특정 또는 추적 등도 포함될 수 있으며, 증언이나 진술의 경우에도 사전 선서가 있었는지 여부를 특정하여 규정하기도 한다.

8 조약 미체결국가들에 대한 공조요청에는 반드시 상호 보증의 뜻이 담긴 외교노트(Note Verbal)를 첨부하고 있고, 조약이 체결되지 않은 국가의 공조요청서에 상호 보증이 누락된 경우에는 상호보증서가 접수될 때까지 공조를 거절하는 것이 관례이다.

여 대한민국의 공조요청에 응한다는 요청국의 보증이 있는 경우에는 국제형사사법공조법을 적용한다.[9]

2) 쌍방가벌성의 원칙

형사사법공조의 대상이 되는 범죄는 요청국과 피요청국에서 모두 처벌 가능한 범죄여야 한다는 원칙이 쌍방가벌성의 원칙(Principle of Double Criminality)이다.

어느 정도의 쌍방가벌성이 요구되는가에 대하여 추상적 쌍방가벌성의 입장과 구체적 쌍방가벌성의 입장이 대립된다. 추상적 쌍방가벌성은 요청국과 피요청국의 형벌법규가 추상적으로 동일하거나 유사한 경우로, 범죄행위가 피요청국에서 이루어졌다고 가정할 때 피요청국의 형벌법규상 구성요건에 비추어 가벌적이면 쌍방가벌성이 있다고 인정하는 것을 말하고, 구체적 쌍방가벌성은 문제된 행위가 양 국가에서 구체적으로 동일한 범죄로 처벌될 수 있는 것을 의미하는데, 범죄 구성요건의 동일성뿐만 아니라 위법성조각사유, 책임조각사유, 공소시효, 고소 등 소송요건 등을 전반적으로 고려하여야 한다.

형사법의 구체적·기술적 내용이 국가에 따라 차이가 있는데도, 구체적 쌍방가벌성을 요구하는 경우에는 사법공조의 범위가 좁아져 사법공조의 근본취지를 제대로 살릴 수 없기 때문에 형사사법공조 기본원칙으로서의 쌍방가벌성은 추상적 쌍방가벌성이면 충분하다고 본다.

3) 특정성의 원칙

특정성의 원칙(Principle of Speciality)은 요청국이 공조에 힘입어 수집한 증거를 공조요청된 범죄 이외의 범죄에 관한 수사나 재판에 사용하여서는 안 된다는 의미와 함께, 피요청국의 증인 등이 공조요청에 따라 요청국에 출석한 경우 피요청국을 출발하기 이전의 행위로 인해 구금 또는 소추되지 않으며 어떠한 자유도 제한받지 않는다는 의미를 포함하고 있다.

국제형사사법공조법은 후자(後者)에 대하여 제9조 제2항[10]에서 규정하고 있

---

9 국제형사사법공조법 제4조(상호주의) 공조조약이 체결되어 있지 아니한 경우에도 동일하거나 유사한 사항에 관하여 대한민국의 공조요청에 다른다는 요청국의 보증이 있는 경우에는 이 법을 적용한다.

10 국제형사사법공조법 제9조(요청국에서의 협조) 제2항 협조요청의 당사자에 대하여는 그 이전에 한 행위로 요청국에서 기소되거나 처벌받지 아니하고 자유를 제한당하지 아니한다는 요청국의 보증이 있어야 한다.

고, 전자(前者) 의미의 특정성의 원칙에 대해서는 제22조 제2항[11]에서 유추할 수 있다. 특정성의 원칙을 엄격히 적용하는 국가일 경우 공조요청서에 기재된 범죄사실에 대해서만 기소 또는 처벌할 수 있고, 기재되지 않은 범죄사실에 대하여 추가기소를 할 경우에는 피요청국의 동의를 별도로 받아야 하므로, 공조요청서를 작성할 때 처벌 가능한 모든 범죄사실을 공조요청서에 포함시키는 것이 필요하다.

4) 일사부재리의 원칙

특정사건에 있어서 유죄, 무죄 혹은 면소의 판결을 받은 경우 동일한 사건에 대하여 다시 소추되지 않는다는 원칙으로, 일사부재리의 원칙(ne bis in idem)은 동일 범죄에 대한 이중처벌과 이중소추를 금지함으로써 인권침해를 방지하기 위한 것이다.

그러나, 일사부재리의 원칙이 사법공조에 기계적으로 적용될 경우 당국 간 형벌제도의 차이로 인하여 형사정의 구현이 좌절되거나 범인의 무죄를 입증하기 위한 공조요청이 거부될 수도 있다. 따라서 대부분의 사법공조조약들은 일사부재리의 원칙을 임의적 거절사유로 정하여 형사정의의 실현과 인권보장이라는 두 측면을 각 사안별로 검토함으로써 공조여부를 판단하도록 하고 있다.[12]

앞서 언급한 바와 같이 이와 같은 국제형사사법공조제도의 기본원칙들은 구체적으로 실행이 요청되는 형사공조의 형태나 각 국의 형사사법제도의 역사적 유사성이나 발전상황, 그리고 시대적 변화에 따라서 다양한 내용이나 방법으로 적용되고 있는데, 이에 더 나아가 정치범죄불공조원칙, 자국민불공조원칙, 군사범죄불공조원칙 등 새로운 원칙들을 파생시키면서 새로운 국제법 원리를 만들어가고 있다.

라. 국제형사사법공조의 제한과 연기

1) 국제형사사법공조의 제한

국제형사사법공조제도는 기본적으로 공조를 실시하는 피요청국이 자국 주권

---

11 국제형사사법공조법 제22조(법무부장관의 공조 자료 송부 등) 제2항 법무부장관은 제1항에 따라 자료를 송부할 때에는 그 자료 등의 사용·반환 또는 기밀 유지 등에 관하여 요청국이 지켜야 할 준수사항을 정하여, 그 이행에 대한 보증을 요구하도록 외교부장관에게 요청할 수 있다.
12 국제형법, 김주덕, 도서출판 육서당, 110면.

의 일부를 양보하는 것을 전제로 한다. 그러므로 비록 범죄억제라는 국제사회의 공통이념을 실현하기 위한 공조라고 할지라도 주권의 양보 또는 침해의 감수에는 그 한계가 있을 수밖에 없다.

국제형사사법공조법은 제6조에서 '공조의 제한'이라는 제목 하에 임의적 공조거절사유[13]로서 다섯 가지, 즉 ① 대한민국의 주권, 국가안전보장, 안녕질서 또는 미풍양속을 해칠 우려가 있는 경우, ② 인종, 국적, 성별, 종교, 사회적 신분 또는 특정 사회단체에 속한다는 사실이나 정치적 견해를 달리한다는 이유로 처벌되거나 형사상 불리한 처분을 받을 우려가 있다고 인정되는 경우, ③ 공조범죄가 정치적 성격을 지닌 범죄이거나, 공조요청이 정치적 성격을 지닌 다른 범죄에 대한 수사 또는 재판을 할 목적으로 한 것이라고 인정되는 경우, ④ 공조범죄가 대한민국의 법률에 의하여는 범죄를 구성하지 아니하거나 공소를 제기할 수 없는 범죄인 경우, 그리고 끝으로 ⑤ 국제형사사법공조법에 요청국이 보증하도록 규정되어 있음에도 불구하고 요청국의 보증이 없는 경우를 규정하고 있다.

물론 위와 같이 동 조항에서 규정하고 있는 경우 이외에도 인권이나 국가이익을 침해할 우려가 있는 경우에는 당연히 공조를 거절할 수 있다고 할 것이다.

2) 국제형사사법공조의 연기

외국의 공조요청이 대한민국에서 수사가 진행 중이거나 재판이 계속된 범죄에 대하여 행하여진 경우에는 그 수사 또는 재판절차가 끝날 때까지 공조를 연기할 수 있다.[14]

공조의 즉각적인 실행이 피요청국의 진행 중인 수사 또는 기소를 방해할 염려가 있어 연기하는 것으로, 공조실행을 연기할 경우 피요청국은 어느 조건을 붙여서 공조를 할 것인지 여부를 검토하여야 하며, 공조연기에 대한 이유를 상대국가에 통지해주어야 한다.

---

13 어떠한 거절사유를 절대적 공조거절사유로 볼 경우에는 구체적인 사안에서 공조 필요성이 있을 때라고 하더라도 이에 위배될 경우 탄력적인 대처가 어렵게 되는 단점이 있으므로, 임의적 거절사유로 규정하는 것이 바람직하다.

14 국제형사사법공조법 제7조(공조의 연기).

마. 공조절차

외국으로부터 수사에 관한 공조요청을 받은 사안에 있어서의 공조절차는 법무부장관이 공조를 할 것인가에 관하여 판단한 다음 일선 검찰청에 필요조치를 할 것을 지시[15]하므로, 형사사법공조법상 공조요청서의 작성 주체는 검사라고 본다. 사법경찰관은 검사에게 신청하여 공조요청서를 받아 대검찰청을 경유하여 법무부장관에게 공조요청서를 송부하고, 법무부장관은 공조요청 여부를 결정한 뒤 요청이 상당하다고 인정되면 외교통상부장관에게 이를 송부하며, 외교부장관은 외교경로를 통하여 피요청국에 공조요청을 한다. 외교경로를 통할 수 없는 긴급하거나 특별한 사정이 있는 경우에는 법무부장관이 외교부장관의 동의를 얻어 이를 행할 수 있다.[16]

국제형사사법공조조약이 체결되어 있는 국가와의 공조절차는 먼저 조약에 규정된 절차에 따르고, 조약에 규정이 없는 경우에는 형사사법공조법의 규정에 의한다. 공조조약이 체결된 당사국 간에는 공조를 제공하여야 할 국제법상 의무를 부담하므로 조약이 체결되어 있지 않은 경우보다 신속하고 원활한 공조가 가능하다.

공조요청서에는 공조요청과 관련된 수사 또는 재판을 담당하는 기관, 공조요청 사건의 요지, 공조요청의 목적과 내용, 그 밖에 요청 대상자의 신원 및 소재, 공조요청을 이행함에 있어 피요청국에서 준수하기를 원하는 특정 절차 또는 요건에 대한 상세한 설명 및 그 이유, 수색 및 압수요청인 경우 대상물이 피요청국 안에서 발견될 수 있을 것이라고 믿는 근거, 비밀에 관한 요구사항 및 그 이유, 공조요청이 이행되어야 할 시간제한 등 공조를 하기 위하여 필요한 사항을 가능한 한 구체적이고 상세하게 기재하여야 한다.[17]

경찰서에서 형사사법공조가 필요하여 검사에게 공조요청서를 신청하는 등 상대 국가에 국제공조수사를 요청하는 경우를 알기 쉽게 나타내면 아래와 같다. 상대국에서 공조수사가 요청되는 경우에는 역순으로 보면 된다.

---

15 국제형사사법공조법 제15조(법무부장관의 조치) 참조.
16 국제형사사법공조법 제11조(공조요청의 접수 및 공조 자료의 송부) 단서 참조.
17 국제형사사법공조법 제12조(공조요청서) 참조.

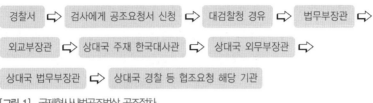

경찰서 ⇨ 검사에게 공조요청서 신청 ⇨ 대검찰청 경유 ⇨ 법무부장관 ⇨

외교부장관 ⇨ 상대국 주재 한국대사관 ⇨ 상대국 외무부장관 ⇨

상대국 법무부장관 ⇨ 상대국 경찰 등 협조요청 해당 기관

[그림 1] 국제형사사법공조법상 공조절차

바. 형사사법공조와 범죄인인도와의 차이

범죄인인도는 피의자나 피고인 또는 유죄의 확정판결을 받은 자의 강제적 신병인도를 목적으로 하는 제도로서, 범죄진압을 목적으로 하는 국가 간의 협력행위의 핵심이자 역사적으로 볼 때 오랫동안 국제형사사법공조의 중심부분을 차지하고 있었다.

대개 국제형사사법공조라고 하면, 신병 확보가 주목적이 아니라 증인 및 감정인의 신문, 압수·수색·검증, 소재 추적, 문서 송달, 정보 제공 등 이른바 협의의 사법공조로서, 범죄인인도를 위한 사전단계로서의 의미가 크다.

일부 나라의 국내법과 조약에서는 범죄인인도를 단순히 범죄인의 인도에 그치지 아니하고 범죄인인도의 청구와 연관된 행위에 직접 관련되는 물건을 함께 인도하도록 하는 내용으로 범죄인인도제도에 협의의 사법공조를 일부 포함시키는 방식을 취하고 있다.[18]

2. 범죄인인도법에 의한 공조수사

가. 범죄인인도와 범죄인인도법

범죄인인도(extradition)는 한 나라의 형법 또는 기타 형사 관련 법률을 위반한 범죄인이 다른 나라에 거주하고 있는 경우 범죄인의 현재지국가가 법익을 침해당한 국가의 청구에 의하여 범죄인의 신병을 그 국가에 넘겨주는 국제형사제도로

---

18 1958년 서독-벨기에간 범죄인인도 및 형사사법공조조약과 1973년 이탈리아-스페인간 범죄인인도 및 형사사법공조조약, 그리고 1974년 프랑스-루마니아간 범죄인인도 및 형사사법공조조약 등은 범죄인인도와 형사사법공조에 관한 사항을 함께 포함하여 규정하고 있다.

서, 자국에 있는 외국인을 자기나라 밖으로 강제 퇴거시키는 강제추방(deportation)
이나, 한 국가에서 범죄 기타의 이유로 박해를 받거나 그러한 우려가 있는 사람
에 대하여 타국의 비호를 부여하는 망명(asylum)과는 구별된다.

　　범죄인인도의 직접적인 목적은 외국에 있는 범죄인을 자국의 재판관할권 안
으로 넘겨받는데 있으며, 범죄에 대한 불벌상태를 방지하는 동시에 범죄를 진압
하는데 있다.

　　범죄인인도의 문제가 발생하는 범죄형태의 유형으로는 한 국가에서 범죄를
행하고 다른 나라로 도피한 경우, 공범자 중 일부는 한 나라에 있으면서 다른 공
범 일부를 그 외 국가에 보내 범죄를 실행하게 하는 경우, 한 나라에서 실행을 착
수하고 다른 나라에서 그 범죄의 결과가 발생하는 경우[19] 등을 들 수 있다. 전통
적인 범죄인인도의 유형은 첫 번째로서 어느 한 국가에서 범죄를 범하고 다른 나
라로 도피한 경우이다.

　　우리나라는 과거 1975년 문세광 사건[20]이 발생하였을 당시 일본에 있는 범인
들의 인도청구 문제가 검토되었고, 1977년에는 미국정부로부터 박동선[21]에 대한
인도요청을 받았다. 그 후 1980년대 초 급격한 정치적 상황변화에 따라 재산의
해외반출과 함께 외국으로의 범죄인 도피현상이 증가하고, 1986년 아시안게임과
1988년 서울올림픽 개최를 계기로 해외여행 자유화조치가 이루어지면서 범죄인
의 해외도피 가능성이 더욱 높아지게 되자 외국과의 범죄인인도조약, 형사사법공
조조약의 체결 및 국내 범죄인인도법 제정 필요성이 크게 인식되었다.

　　이로 인하여, 범죄인인도에 관한 범위와 절차 등을 정함으로써 범죄억제에

---

19 예를 들어 A국가에서 B국가에 있는 특정인에게 시한폭탄을 우송하여 그를 살해한 경우를 말한다.

20 1974년 8월 15일 광복 29주년 기념식에서 박정희 대통령이 문세광에게 저격당한 사건이다. 10시
　23분경 식순에 따라 박정희 대통령이 기념사를 낭독하던 순간, 식장에 잠입한 문세광이 갑자기
　단상으로 접근, 박정희 대통령을 향하여 3발, 대통령 부인 육영수(陸英修)를 향하여 2발을 쏘았
　다. 박정희 대통령은 무사했으나 육영수는 저격당하여 이 날 수도육군병원에서 운명하였다. 문세
　광은 체포 당시 일본 여권을 소지하고 있었다. 그에게 박정희 대통령을 암살할 것을 지령, 그 범행
　수행을 위해 제반 수단방법을 제공한 배후는 북한 함흥을 기지로 하고 일본의 오사카(大阪)·고베
　(神戸)·요코하마(橫濱) 등 항구를 왕래하던 북한 공작선 만경봉호의 북한 공작지도원(성명 미상)
　과 재일조총련 오사카 서지부(西支部) 정치부장 김호룡 등이다.

21 1976년 10월 24일 '워싱턴 포스트'지가 재미실업가 박동선의 의회로비 활동을 폭로하면서 '박동선
　스캔들' 또는 '코리아 게이트'로 유명해졌다. 이후 박동선이 미국 측으로부터 면책특권을 받는 조
　건으로 1978년 미국 청문회에서 미 전·현직 의원 32명에게 85만 달러의 선거자금을 제공한 것과
　1972년 미국 대선(大選) 당시 공화당 후보인 닉슨에게 2만 5천 달러를 제공했던 사실을 증언함으
　로써 일단락되었다.

있어서의 국제적인 협력 증진을 목적으로 하는 우리나라의 범죄인인도법은 1988년 8월 5일 법률 제4015호로 제정되었다.

범죄인인도법은 본칙 4개 장 57개 조항과 부칙으로 구성되어 있다. 제1장 총칙은 범죄인인도사건의 관할과 상호주의원칙을, 제2장은 인도사유와 인도의 제한, 인도심사의 절차, 범죄인의 인도구속, 그리고 범죄인의 인도절차를, 제3장은 외국에 대한 범죄인인도청구절차를, 제4장은 범죄인의 통과호송 승인, 출입국에 관한 특칙 등 보칙을 정하였고, 부칙은 시행일을 규정한다.

나. 범죄인인도청구대상

범죄인인도에 관한 기본원칙을 규정한 것은 범죄인인도법 제5조로, 《대한민국 영역에 있는 범죄인은 범죄인인도법이 정하는 바에 따라 청구국의 인도청구에 의하여 소추, 재판 또는 형의 집행을 위하여 청구국에 인도할 수 있다.》라고 규정하고 있다.

대한민국 영역 안에 있는 범죄인이 인도대상인데, 외국인이 국내에서 일정한 주거를 가지고 거류하고 있는 경우 또는 일시적인 체류뿐만 아니라 밀입국하여 불법적으로 체류하는 경우, 대한민국 국적의 항공기 내에 탑승하고 있는 경우 등 다양하다. '거주 또는 체류' 범죄인으로 규정하지 않고 포괄적 개념으로 대한민국 영역 안에 '있는' 범죄인이라는 표현을 쓴 이유이다.

인도대상 범죄인은 외국인 뿐 아니라 대한민국 국민도 포함된다. 다만 대한민국 국민의 경우에는 임의적 인도거절 사유[22]가 되며, 수사를 위한 인도와 재판을 위한 인도의 경우에는 인도범죄가 대한민국과 청구국의 법률에 의하여 사형, 무기징역 내지 금고, 장기 1년 이상의 징역 또는 금고에 해당하여야 한다.[23]

다. 범죄인인도의 제한

범죄인인도법은 ① 대한민국 또는 청구국의 법률에 따라 인도범죄에 관한 공소시효 또는 형의 시효가 완성된 경우, ② 인도범죄에 관하여 대한민국 법원에

---

22 범죄인인도법 제9조(임의적 인도거절 사유).

23 범죄인인도법 제6조(인도범죄), 이른바 범죄인인도에 있어서 쌍방범죄성 원칙을 선언함과 동시에 인도대상 범죄의 기준을 정하고 있는 규정이다.

서 재판이 계속 중이거나 재판이 확정된 경우, ③ 범죄인이 인도범죄를 범하였다고 의심할 만한 상당한 이유가 없는 경우, ④ 범죄인이 인종, 종교, 국적, 성별, 정치적 신념 또는 특정 사회단체에 속한 것 등을 이유로 처벌되거나 그 밖의 불리한 처분을 받을 염려가 있다고 인정되는 경우를 절대적 인도거절사유로 규정하고 있다.[24]

그리고, ① 범죄인이 대한민국 국민인 경우, ② 인도범죄의 전부 또는 일부가 대한민국 영역에서 범한 것인 경우, ③ 범죄인의 인도범죄 외의 범죄에 관하여 대한민국 법원에 재판이 계속 중인 경우 또는 형의 선고를 받고 그 집행이 끝나지 않았거나 면제되지 않은 경우, ④ 범죄인이 인도범죄에 관하여 청구국이 아닌 제3국에서 재판을 받고 처벌되었거나 처벌받지 않기로 확정된 경우, ⑤ 인도범죄의 성격과 범죄인이 처한 환경 등에 비추어 범죄인을 인도하는 것이 비인도적이라고 인정되는 경우를 임의적 인도거절사유로 정하고 이들 경우에 해당할 경우 범죄인을 인도하지 않을 수 있도록 하고 있다.[25]

임의적 인도거절사유 가운데 특기할 만한 것은 자국민 불인도와 관련된 것이다. 오늘날 대다수 국가가 자국 영토 밖에서 자국민이 범한 범죄에 대해서도 처벌하고 있고, 외국의 형법과 형사소송절차를 잘 모르기 때문에 자국민이 스스로의 이익을 충분히 방어할 수 없어 공정한 결과를 얻지 못할 가능성이 있기 때문에 자국민을 인도하지 않는다는 원칙을 택하기도 하지만, 국제외교상 구체적인 사안에 있어서는 대한민국 국민이라도 인도하여야 할 필요가 있을 수 있기 때문에 우리 법은 임의적 거절사유로 정하고 있다.

한편, 우리의 범죄인인도법은 인도범죄가 정치적 성격을 지닌 범죄이거나 그와 관련된 범죄인 경우, 그리고 인도청구가 범죄인이 범한 정치적 성격을 지닌 다른 범죄에 대하여 재판을 하거나 그에 대하여 이미 확정된 형을 집행할 목적으로 행하여진 것이라고 인정되는 경우에는 범죄인을 인도하여서는 안 된다고 규정[26]하고 있는데, 정치적 성격의 범죄에 대한 인도청구 또는 정치적 목적의 재판이나 형의 집행을 위한 인도청구의 경우 인도거절은 의무적인 것으로 되어 있으

---

24 범죄인인도법 제7조(절대적 인도거절사유).

25 범죄인인도법 제9조(임의적 인도거절사유).

26 범죄인인도법 제8조(정치적 성격을 지닌 범죄 등의 인도거절).

므로 재량의 여지가 없는 것으로 해석되고 있다. 이러한 정치범죄 불인도 원칙 (Principle of non-extradition of political offenders)은 정치적 성격의 범죄[27]를 범한 자를 인권보호 차원에서 인도대상으로부터 제외시킴으로써, 국제공공질서의 유지와 개인의 인권보호이념 사이에 충돌이 있는 경우 인권보호이념이 우선한다는 측면을 보여주고 있다.

그러나, 정치범죄라고 하더라도 ① 국가원수, 정부수반 또는 그 가족의 생명·신체를 침해하거나 위협하는 범죄, ② 다자 간 조약[28]에 따라 대한민국이 범죄인에 대하여 재판권을 행사하거나 범죄인을 인도할 의무를 부담하고 있는 범죄, ③ 여러 사람의 생명·신체를 침해·위협하거나 이에 대한 위험을 발생시키는 범죄에 대해서는 범죄인을 인도한다.[29]

❂ **정치범죄 관련 사례: 중국인 장진해(張振海)의 일본 망명시도**

이 사건은 정치범죄의 개념 적용이 다루어진 일본 최초의 사례로 거론된다.

중국인 장진해는 1989년 12월 6일 베이징發 상해 경유, 뉴욕行의 중국민항기 CA981(승무원, 승객 223명)에 승객으로 탑승, 비행 중에 한국으로의 착륙을 요구하며 기장에게 항공기를 폭파한다고 협박하여 비행기를 공중 납치하였다. 한국의 공항당국이 착륙을 동의하지 않자, 동 비행기는 일본의 후쿠오카(福岡) 공항에 긴급 착륙하였다.

중국은 공중납치범의 도망범죄인으로서 장진해에 대한 가구금과 인도청구를 일본에 하였고, 동 청구에 의하여 1990년 2월 23일 도쿄(東京)고등검찰청은 도쿄고등재판소에 도망범죄인인도법 제8조에 의한 심사청구를 하였으며, 도쿄고등재판소는 동년 4월 20일 도망범죄인을 인도할 수 있는 경우에 해당한다고 결정을 하였다. 불복신청이 이루어졌지만, 일본 최고재판소는 4월 24일 이를 기각하였다.

장진해가 주장한 법적 쟁점은 다음의 5가지 사항이다.

(1) 본 건 공중납치행위는 중국형법에 명문의 규정이 없어 가장 유사한 규정(항공기의 물적인 파괴행위, 제107조)에 비추어 죄를 확정하고 처벌하려는 것이므로 죄형법정주의에 반한다.

(2) 천안문 사태 참가를 이유로 체포·취조를 받은 사실에 비추어 볼 때, 본 건 범행은 대만으로의 정치망명을 목적으로 이루어진 것으로 도망범죄인인도법 제2조 1호의 정치범죄에 해당한다.

---

27 일반적인 정치범죄의 특징은 ① 정치범죄는 국가의 존립이나 그 기능의 법익에 대한 위험을 발생시키고, ② 피해법익의 규모가 일반범죄에 비하여 비교적 크고, ③ 일반국민으로 하여금 형법에 복종하지 않게 하는 점에서 가벌성이 있으며, ④ 일반적으로 범죄의식이 없고, ⑤ 정치범죄에 대한 형벌은 엄격하지만, 권력자의 교체가 있는 경우 사면 등의 은사가 행해진다는 것 등이다.

28 항공기불법납치협약(1972년), 민간항공안전에 관한 불법행위 억제협약(1973년) 등.

29 범죄인인도법 제8조(정치적 성격을 지닌 범죄 등의 인도거절) 제1항 단서 각호.

(3) 본 건 인도의 청구는 공중납치 사범에 대해서가 아니라 천안문사태 등 다른 정치범죄에 대한 심판과 처벌을 목적으로 이루어진 것이다.

(4) 중국에 인도되면, 고문 또는 잔학한 형의 금지에 관한 시민적 및 정치적 관리에 관한 국제규약(국제인권규약 B규약) 제7조에 위반한 취급을 받을 것이 예상되므로 도망범죄인을 인도할 수 없는 경우에 해당한다.

(5) 장진해는 '난민에 관한 조약'상의 난민에 해당하며, 박해의 우려가 있는 중국으로의 인도는 추방·송환금지의 규정(동 조약 제33조 제1항)에도 위반한다.

그러나, 그는 일본에서 중국으로 인도된 후 1990년 7월 18일 베이징중급인민법원에서 징역 8년, 정치적 권리박탈 2년을 선고받았다.

라. 범죄인인도청구절차

우리나라 법률을 위반한 범죄인이 외국에 있는 경우 법무부장관은 해당 외국에 대하여 범죄인인도 또는 긴급인도구속을 청구할 수 있다.[30] 경찰 등 수사기관의 요구에 의하여 검사는 범죄인인도청구서를 작성, 대검찰청을 경유하여 법무부장관에게 범죄인인도 또는 긴급인도구속청구를 건의[31]하고, 법무부장관이 청구 여부를 결정한다. 외국에 대하여 범죄인인도청구를 하는 것은 우리나라 형사사법절차를 위한 것이므로 법집행의 책임을 지고 있는 법무부장관이 결정하도록 한 것이다.

법무부장관이 범죄인인도청구를 결정하여 외교부장관에게 요청[32]하면, 외교부장관은 해당국 주재 또는 관할 한국대사관을 통하여 피청구국 외무부장관에게 범죄인인도 등을 요청[33]하며, 해당 외무부장관은 자국 법무부장관에게 그 사실을 통보, 법집행기관을 통해 청구 대상자를 검거하여 법원의 인도재판을 통해 인도할 수 있는지 여부를 결정한 다음 인도결정 시 청구국에 신병을 인계한다.

경찰서에서 범죄인인도가 필요하여 검사에게 범죄인인도요청서를 신청하는 등 상대 국가에 대한 범죄인인도를 요청하는 경우를 알기 쉽게 나타내면 다음과 같다. 상대국에서 범죄인인도가 요청되는 경우에는 역순[34]으로 보면 된다.

30 범죄인인도법 제42조(법무부장관의 인도청구 등) 제1항.
31 범죄인인도법 제42조의 3(검사의 범죄인인도청구 등의 건의) 제1항.
32 범죄인인도법 제43조(인도청구서 등의 송부).
33 범죄인인도법 제44조(외교부장관의 조치).

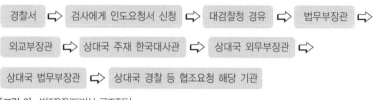

[그림 2] 범죄인인도법상 공조절차

우리나라 외교부장관이 범죄인의 인도청구를 받았을 때에는 인도청구서와 관련 자료[35]를 법무부장관에게 송부하고, 법무부장관은 이를 서울고등검찰청 검 사장에게 보내어 그 소속 검사에게 서울고등법원[36]에 범죄인의 인도허가 여부에 관한 심사(인도심사)를 청구하도록 한다.[37] 이 때 검사는 범죄인의 소재를 알 수 없 는 경우를 제외하고는 지체 없이[38] 법원에 인도심사를 청구하여야 하는데,[39] 범죄 인의 주거가 일정하고 도망할 염려가 없다고 인정될 경우를 제외하고는 법부장관 의 인도심사 청구명령이 있을 때에는 인도구속영장에 의하여 범죄인을 구속하여 야 한다.[40]

---

34 범죄인인도법 제2장 외국으로의 범죄인인도, 제2절 인도심사 절차, 제11조(인도청구를 받은 외교 부장관의 조치) 이하 참조.

35 범죄인인도 요청 시 필요한 자료는 ① 인적사항(여권사본, 십지지문, 사진 등), ② 신체적 특징(피 의자를 특정할 수 있는 체중, 키, 흉터 등을 자세히 기재), ③ 범죄사실(구속 또는 체포영장 및 범죄사실을 증명할 수 있는 증거서류, 공범의 판결문 또는 압수품 사진 등), ④ 소재지(현재지 또 는 추정 소재지나 생활 근거지 등을 확인할 수 있는 사항 및 연락처 등) 등이다. '범죄인인도법에 의한 인도심사 등의 절차에 관한 규칙(대법원 규칙)' 제5조 제1항은 검사의 인도심사청구서 기재 요건으로 ① 범죄인의 성명, 연령, 성별, 국적, 직업 및 주거, ② 범죄인이 대한민국 국민인 경우 에는 _ 주민등록번호 및 본적, ③ 범죄인이 구속되어 있는시 여부, ④ 인도범죄명 및 인도청구 연월일, ⑤ 청구국의 국명 및 인도청구 연월일, ⑥ 인도범죄사실에 적용된 청구국의 법조 및 그에 상응하는 대한민국 법조, ⑦ 인도청구가 인도조약에 의한 것인 경우에는 그 조항, ⑧ 인도청구가 인도조약에 의하지 않은 경우 범죄인인도법 제4조(상호주의) 소정의 보증이 있다는 취지, ⑨ 범 죄인인도법 제10조(인도가 허용된 범죄 외의 범죄에 대한 처벌 금지에 관한 보증, 이른바 특정성 의 원칙) 소정의 보증이 있다는 취지, ⑩ 범죄인에 대하여 행하여진 청구국 형사절차의 개요 등을 열거하고 있다.

36 범죄인인도법 제3조(범죄인인도사건의 전속관할)는 범죄인인도 심사 및 그 청구에 관련된 사건을 서울고등법원과 서울고등검찰청의 전속관할로 한다고 규정하고 있다.

37 범죄인인도법 제12조(법무부장관의 인도심사청구명령) 제1항.

38 구체적인 기간을 명시하지 않았지만, '지체 없이'라는 의미는 특별한 사정이 없는 한 3일 이내를 의미한다고 해석된다. 그러나, 범죄인인도법 제13조(인도심사청구) 제2항에서는 "범죄인이 인도 구속영장에 의하여 구속되었을 때에는 구속된 날부터 3일 이내에 인도심사를 청구하여야 한다." 라며 그 기간을 명시하고 있다. 구속된 범죄인의 인권 보장과 신속한 사건 처리를 목적으로 특별 규정을 둔 것이다.

39 범죄인인도법 제13조(인도심사청구) 제1항.

법원은 인도심사청구를 받으면, 지체 없이 인도심사를 시작하여야 하며,[41] 범죄인이 인도구속영장에 의하여 구속 중인 경우에는 구속된 날부터 2개월 이내[42]에 인도심사에 관한 결정을 하여야 한다.[43]

법원의 결정은 인도심사의 청구가 적법하지 않거나 취소된 경우 인도심사청구 각하결정, 범죄인을 인도할 수 없다고 인정되는 경우 인도거절 결정, 그리고 범죄인을 인도할 수 있다고 인정되는 경우 인도허가 결정 가운데 한 가지 결정이다.[44] 법관이 서명날인하여야 하는[45] 법원의 결정서에는 그 이유를 명시하여야 하고,[46] 그 결정주문이 기재된 서면이 검사에게 통지된 때 그 효력이 발생한다.[47]

여기에서 범죄인인도법은 법원의 결정에 대한 불복방법을 규정하지 않고 있는데, 각하결정의 경우 형식적 결정일 뿐이고, 거절결정은 범죄인의 입장에서 볼 때 불복신청의 실익이 없는 것이며, 인도허가결정의 경우에도 범죄인인도절차가 일반적인 형사소송절차와는 달리 외국에서 죄를 범한 외국인에 대하여 그 신병을 확보하여 인도하는 절차로서, 범죄인의 인권보호를 위한 제도적 장치도 법원의 심사를 거치는 것으로 충분하기 때문에 그 외 별도로 법원의 결정에 대한 불복방법까지 규정하는 것은 불필요하다고 보기 때문이다.[48]

범죄인의 인도집행과 관련하여, 법무부장관은 법원의 인도허가결정이 있는 경우 서울고등검찰청 검사장에게 그 소속 검사로 하여금 범죄인을 인도하도록 명하여야 한다. 다만, 청구국이 인도청구를 철회하였거나 대한민국의 이익 보호를 위하여 범죄인의 인도가 특히 부적당하다고 인정되는 경우에는 인도를 하지 않을 수 있다.[49] 이는 범죄인인도가 그 본질상 외국이 재판권을 가지는 범죄인에 대한

---

40 범죄인인도법 제3절 범죄인의 인도구속, 제19조(인도구속영장의 발부) 제1항.

41 범죄인인도법 제14조(법원의 인도심사) 제1항.

42 국제적 협력이라는 측면에서 신속하게 인도 여부에 대한 결정을 하여 청구국에서의 범죄진압 노력에 부응하여야 하기 때문에 법원의 인도심사기간을 2개월로 규정한 것이나, 동 규정은 훈시규정이어서 부득이한 사정에 의하여 2개월 이내에 법원이 결정하지 못하는 경우에도 인도구속이나 심사청구는 그 효력에 아무런 영향이 없다고 본다.

43 범죄인인도법 제14조(법원의 인도심사) 제2항.

44 범죄인인도법 제15조(법원의 결정) 제1항.

45 범죄인인도법에 의한 인도심사 등의 절차에 관한 규칙 제17조(결정서의 서명날인).

46 범죄인인도법 제15조(법원의 결정) 제2항.

47 범죄인인도법 제15조(법원의 결정) 제3항, 범죄인인도법에 의한 인도심사 등의 절차에 관한 규칙 제18조(결정주문의 통지).

48 국제형법, 김주덕, 도서출판 육서당, 237면 참조.

해당국의 소추, 재판, 형의 집행을 위하여 그 신병을 청구국에 인도하는 것이므로 일반 국내 형사절차와는 달리 국제정치적으로나 외교적으로 국가이익에 중대한 이해관계가 있으므로 오늘날의 민감한 국제정치상황에 비추어 법무부장관이 국가이익을 고려, 범죄인인도를 하지 않을 수 있도록 한 것이다.

범죄인의 인도는 범죄인이 구속되어 있는 교도소, 구치소 기타 법무부장관이 지정하는 장소에서 행해지는데,[50] '기타 법무부장관이 지정하는 장소'는 공항, 항구 또는 기타의 편리한 장소를 지정한 경우를 의미하며, 인도기한은 법무부장관이 인도명령을 한 날로부터 30일이다.[51] 법무부장관이 범죄인에 대한 인도명령을 하는 경우에는 인도장을 발부하여 서울고등검찰청 검사장에게 송부하고, 인수허가장[52]을 발부하여 외무부장관에게 송부하여야 하는데,[53] 외교부장관은 이를 지체 없이 청구국에 송부하여야 한다.[54]

청구국의 공무원이 인수허가장을 제시하면서 범죄인인도를 요청하는 경우 범죄인의 인도지휘를 받은 교도소·구치소 등 인도구속영장 또는 인도집행장에 기재된 구금장소의 장은 범죄인을 인도하여야 하는데,[55] 만일 범죄인의 인도기한 내에 청구국으로부터 인도요청이 없는 경우에는 범죄인을 석방하고, 검사는 법무부장관에게 그 내용을 보고하여야 한다.[56] 또한 범죄인을 인도받은 청구국의 공무원은 지체 없이 범죄인을 청구국으로 호송하여야 한다.[57]

---

49 범죄인인도법 제34조(인도에 관한 법무부장관의 명령 등) 제1항.

50 범죄인인도법 제35조(인도장소와 인도기한) 제1항.

51 범죄인인도법 제35조(인도장소와 인도기한) 제2항.

52 인도장과 인수허가장에는 ① 범죄인의 성명, 주거, 국적, ② 청구국의 국명, ③ 인도범죄명, ④ 인도범죄사실의 요지, ⑤ 인도장소, ⑥ 인도기한, ⑦ 발부날짜가 기재되며, 법무부장관이 서명날 인하여야 한다. 범죄인인도법 제36조(인도장과 인수허가장의 송부) 제2항.

53 범죄인인도법 제36조(인도장과 인수허가장의 송부) 제1항.

54 범죄인인도법 제39조(청구국에의 통지).

55 범죄인인도법 제40조(교도소장 등의 인도) 제1항.

56 범죄인인도법 제40조(교도소장 등의 인도) 제2항.

57 범죄인인도법 제41조(청구국의 범죄인 호송).

마. 인터폴송환과 범죄인인도와의 차이

인터폴 공조를 통한 송환은 외국의 요청에 관계없이 자국의 질서유지를 위하여 자국의 법률을 위반한 외국인을 강제로 퇴거시키는 출입국 관리행정상의 절차로, 자국의 주권을 적극적으로 행사하는 조치인데 반하여, 범죄인인도청구는 외국의 요청에 따라 개시되는 국제법상 절차로서 피요청국의 입장에서 볼 때 자국에 소재하는 사람을 외국에 넘겨준다는 점에서 자국의 주권을 스스로 제한하는 성격을 갖는다.

또한 공조주체 면에서 볼 때, 인터폴 공조를 통한 송환은 국제경찰협력의 일환으로 각 국의 경찰당국이 주체인 반면에, 범죄인인도청구는 법무부가 주된 역할을 수행하고 외교부는 자료의 전달 등 대외적인 창구역할을 한다.

그리고, 공조절차상으로 전자는 외교적인 공식통로가 아니라 각 국의 중앙사무국(NCB: National Central Bureau)을 창구로 한 경찰당국과 인터폴 사무총국과의 협력이거나 경찰과 경찰 간의 직접적인 협력인데 반해, 후자는 당사국 간의 범죄인인도조약을 기반으로 공식적인 외교경로를 통하여 공조를 하거나 조약 체결이 없는 경우에는 동일 또는 유사한 사항에 관하여 요청국의 보증이 있는 경우에 적용하는 상호주의에 따라 협력을 하는 것이다.

소요기간 면에서 볼 때, 인터폴 공조를 통한 송환은 인터폴 사무총국, 그리고 7개 지역사무소, 각 국의 중앙사무국(NCB)을 연결하는 전산망(I-24/7)을 통하여 공조가 추진되므로 외교적인 통로와는 비교할 수 없을 정도의 기동성이 있지만, 수사기관, 법무부, 외교부 등 여러 기관을 거쳐야 하는 범죄인인도청구는 신속성과 효율성이 떨어져 많은 시간이 소요된다.

하지만, 인터폴은 인터폴헌장 제2조[58]에 명시된 것과 같이 세계인권선언의 정신에 입각하여 회원국 국내법의 범위 내에서 최대한의 협조를 보장하고 있을 뿐, 구체적인 협조사항은 각 국의 국내법에 위임하고 있으므로 법적 구속력은 약한 반면, 범죄인인도청구는 조약을 체결한 국가 간에 구속력이 있다.

---

58 인터폴헌장 제2조 본 기구의 목적은 다음과 같다. ① 각 국의 현행 법률의 내에서 그리고 세계인권선언의 정신에 입각하여 모든 형사경찰당국 간에 최대한의 협조를 보장, 증진시킨다. ② 일반범죄의 예방과 진압에 효과적으로 기여할 수 있는 모든 기관을 설립하고 발전시킨다.

Ⅲ.　인터폴을 통한 국제공조수사

1. 인터폴의 의미와 공조의 범위

가. 인터폴 개황

현재 프랑스 리옹(Lyon)에 본부를 두고 있는 국제형사경찰기구(ICPO: International Criminal Police Organization), 즉 인터폴(INTERPOL)은 1914년 국제적 범죄자에 대한 수배서 등을 통일하기 위해 유럽 관계국가 경찰수장들이 모나코(Monaco)에 모여 회의59한 것을 기원으로 한다.60

인터폴은 국제범죄의 예방과 진압을 위해 인터폴헌장과 국내법이 허용하는 범 위 내에서 회원국 상호 간 필요한 각종 정보와 자료를 교환하고, 범인 체포 및 인도에 있어서 상호 신속·원활한 협조관계를 유지하는 '정부간 국제기구 (Inter-governmental Organization)'61로서, 현재 195개 회원국이 가입62하고 있다.

> ✪ 인터폴의 상징
>
> 인터폴의 상징은 1949년 제18차 인터폴 총회에서 처음 채택된 이후 많은 회원국들의 가입과 함께 상징들이 인터폴의 세계적 영향력을 잘 표현해야 한다는 인식이 확산되면서 1973년 제42차 인터폴 총회에서 현재의 엠블렘(emblem)과 인터폴 기가 채택되었다.

---

59 동 회의는 국제범죄기록보관소 설립, 범죄인인도절차의 표준화 등에 대해 논의한 국제형사경찰회 의로 국제경찰협력의 기초가 되었다.

60 혹자는 1923년 유럽, 미국 등 20여 국가 대표가 모여 결성한 국제형사경찰위원회(International Criminal Police Commission)에 그 기원을 두기도 한다.

61 정부 간 협약이 없는 임의적 기구이기 때문에 비정부기구(Non-governmental Organization)라는 주장도 있으나, 본래 출범은 NGO였더라도 1971년 UN경제사회이사회로부터 정부 간 기구로 공 인되었고, 1996년 10월 UN총회에서 Observer자격을 인정받았으며, 가입 시 또는 정기총회마다 정식 외교서한을 구비해야 하는 절차상 규정 등으로 볼 때 정부 간 기구로 보는 것이 옳다.

62 우리나라는 1964년 가입.

[인터폴 엠블렘]　　　　　[인터폴 기]

엠블렘은 올리브 나뭇잎이 지구를 지지하는 바탕에 장검과 저울을 조합하여 구성하였는데, 올리브 잎은 경찰활동의 목적이 평화수호임을, 지구는 인터폴의 활동범위가 전세계적임을 나타내며, 장검과 저울은 범죄에 대한 강한 진압의지와 함께 범죄로부터 보호되는 법익과 피의자의 인권, 공정한 법집행을 종합적으로 균형 있게 수행할 것임을 상징한다.

청색을 바탕으로 한 인터폴 기는 엠블렘 주위에 4개의 번개무늬를 배치, 인터폴을 통한 경찰활동이 어느 때건 신속하게 이루어짐을 의미한다.

국제형사경찰기구의 조직은 총회, 집행위원회, 사무총국, 국가중앙사무국(NCB: National Central Bureau) 등 4개의 기관으로 구성되어 있고, 대륙별 지역회의, 국제심포지움 등의 국제회의를 수시로 개최하고 있다.

총회와 집행위원회는 인터폴을 이끌어나가는 기관으로 정기적으로 회합하여 의사결정 및 감독권을 갖는 심의기관(Deliberative Organization)이며, 사무총국은 총회나 집행위원회에서 채택된 의결사항이나 권고안들의 이행을 책임지고 회원국 국가중앙사무국들과 긴밀히 접촉함으로써 국제경찰협력의 구심체 역할을 수행한다.

국가중앙사무국(NCB)은 국가수사협력의 중심이 되는 기관으로서, 인터폴을 통한 국제수사협력은 회원국의 국가중앙사무국으로 지정된 기관을 경유하여 행해지도록 하고 있는데, 우리나라의 국가중앙사무국은 경찰청 외사국(외사수사과 인터폴계)으로 지정되어 있다.

인터폴 사무총국은 업무의 신속성과 원활함을 위해 24시간 회원국들에게 필요 정보를 제공하거나 다른 회원국들과의 연락을 중개하는 등의 목적을 위해 사무총국에 '지령·조정실(CCC: Command and Coordination Centre)'을 두고 있으며, 아르헨티나, 카메룬, 코트디브와르, 엘살바도르, 케냐, 짐바브웨 등 6곳에 '지역사무소(Regional Office)'를 설치하고, 범죄·범죄인 특정에 관한 연구와 교육훈련 등을 위해 싱가포르에 '인터폴 국제혁신단지(IGCI: INTERPOL Global Complex for Innovation)'를 2015년 4월부터 가동하는 한편, 국제연합(UN)과 유럽연합(EU), 아프리카연합(African Union, 아디스아바바 소재)에 대표를 파견하고 있다.

✪ **인터폴이 축적하고 있는 자료 예시(2021년 기준)**

① 수배서(Notice) 115,218건, 2021년 12,940건 등 2017년부터 5년간 74,066건의 공지서(diffusion, 수배서와 유사하나 비공식적 성격의 문서)

② 도난·분실여권 및 여행증명서(SLTD: Stolen or Lost Travel Documents) 약 9천9백만 건

③ 68개국에서 받은 아동 성도착 관련 약 4백3십만 이미지 파일과 비디오클립(이를 통해 32,700여 피해자를 괴롭힌 14,500여 범죄자 신원 파악)

④ 134개국에서 받은 52,000여 도난 문화재 관련 자료

⑤ 17,000여 범죄현장에서 발견한 약 220,000개의 지문자료

⑥ 135개국에서 받은 7,533,193대의 도난차량 관련 자료(2020년 기준 248,976대 확인)

나. 인터폴을 통한 공조

한국경찰의 국제공조활동은 공조의 경로에 따라 인터폴 사무총국과 회원국 등 인터폴 채널을 통한 공조, 해외 경찰주재관을 통한 공조, 기타 재외 한국공관을 활용한 공조 등으로 분류된다.

인터폴을 통한 공조는 여러 기관을 거치면서 장시간이 소요되는 외교경로를 거칠 필요가 없고, 인터폴 사무총국과 회원국들이 24시간 운영하는 인터폴 국제통신망(Ⅰ-24/7[63])을 활용, 세계 구석구석까지 광범위하고 신속하게 이루어진다는 점에서 다른 어떠한 경로를 이용한 국제공조보다도 효과적이다.

국내의 모든 법집행기관들은 인터폴 사무총국 및 회원국들 간에 협조하고

---

63 Ⅰ-24/7은 인터폴 국제통신시스템(INTERPOL International Communication System)의 "Ⅰ"에 일주일에 "7", 24시간을 나타내는 "24"를 넣어 '언제나 활용할 수 있는 국제통신시스템'을 나타낸다.

있는 내용, 즉 테러, 살인, 강도, 불법마약거래, 위조, 실종자 소재확인, 사기, 절도 등 모든 국제성범죄 수사에 대해 필요한 사항을 인터폴 대한민국 국가중앙사무국(NCB-Seoul)을 통하여 외국경찰에 협조를 요청할 수 있다.

국제형사사법공조법은 원칙적으로 외교경로 또는 법무당국 간 경로를 통하여 공조하도록 규정하고 있으나, 일정한 경우 신속한 자료와 정보교환을 위해 외교경로를 거치지 않고 인터폴을 통하여 협조할 수 있도록 하고 있는데, 동 법 제38조(국제형사경찰기구와의 협력)에 의하면, 행정자치부장관은 국제형사경찰기구로부터 외국의 형사사건 수사에 대하여 협력을 요청받거나 국제형사경찰기구에 협력을 요청하는 경우에는 ① 국제범죄의 정보 및 자료 교환, ② 국제범죄인의 동일증명 및 전과 조회, ③ 국제범죄에 관한 사실 확인 및 그 조사를 할 수 있다.

실무상으로는 수사당국이 필요로 하는 형사사건의 증거수집에 관하여 국가 간에 행하여지는 모든 합목적적인 수단과 관련되는 협력에 이르고 있는데, ① 진술조서, 검증조서, 감정서 등 일체의 증거 및 이를 위한 증인신문, 압수·수색·검증 자료, ② 국외도피사범 국내송환을 위한 수사 및 검거, ③ 타국 수사관과의 수사활동 협력, ④ 범죄예방을 위한 정보 교환 및 협력과 범인 수배, ⑤ 특정인 또는 일반적 자료와 수사상 필요자료, ⑥ 범죄경력 및 수법 제공 등으로 모든 국제성범죄에 관하여 협조가 필요한 사항은 인터폴을 통해 외국경찰에 협력을 요청할 수 있다.

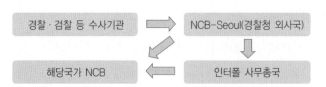

[그림 3] 인터폴 국제공조수사 처리도

이에 관하여 혹자는 ① 증거물 제공, 증인신문, 압수·수색 등 강제처분을 요청하는 것이 어려우며, ② 검사 또는 판사에 대한 협력을 요청하는 것이 곤란하고, ③ 진술조서 제공, 각종 서류의 인증 등에 관하여 각 국이 서로 다른 취급을 하고 있어서 우리나라에서 필요로 하는 증거능력이 있는 증거를 입수하기가 쉽지 않으며, ④ 국가의 중대한 이익과 관련된 경우이거나 국가 간에 재판권에 대하여 다툼이 있는 경우에는 인터폴을 통하여 수사협력을 구하는 것이 적절하지 않다고 보고 있으나,[64] 협력 범위나 그 한계가 그 어디에도 구체적으로 정해지지 않았고, 상호주의에 따라 인터폴 회원국과의 긴밀한 협력을 통해 충분히 해결할 수 있으며, 범죄 후 도피가 순식간에 이루어지고, 또 증거도 쉽게 사라지는 등 갈수록 빠른 대처가 필요한 현대사회에서 신속한 국제공조 필요성이 날로 증가하고 있다는 점 등을 고려할 때 그러한 주장은 이치에 맞지 않는다고 할 수 있다.

2. 국제공조 요청절차

경찰서에서 도피사범에 대한 국제공조수사가 필요할 경우 여권행정제재[65]와 입국 시 통보요청[66] 등 선행해야 할 조치를 취하고, 사진, 지문, 체포영장 사본 등 구비서류를 첨부하여 국외도피사범 국제공조수사 요청서를 작성하여 직속 시·도경찰청 외사과(또는 외사계)에 국제공조수사 요청을 하며, 시·도경찰청 외사과(외사계)에서는 필요사항이 모두 기재되어 있는지 확인·검토하고 부족한 사항 및 자료를 보완, 경찰청 외사국 외사수사과 인터폴계로 동 요청서와 관련 서류를 송부한다.

경찰청 외사국(인터폴국제공조과 인터폴계)에서는 도피 예상국 인터폴 국가중앙사무국(NCB)에 피의자 소재 확인 및 국내로의 추방조치 등 공조수사를 요청[67]하고, 경찰 주재관이 파견된 국가일 경우 해당 주재관에게 주재국 경찰과 이민국 등 관계 당국과 협조하여 피의자에 대한 송환 추진을 지시하며, 중요 도피사범에 대해서는 이러한 조치들과 함께 인터폴 사무총국에 적색수배를 요청한다.

---

64 국제형법, 김주덕, 도서출판 육서당, 152−153면 참조.

65 외교부장관은 장기 2년 이상의 형에 해당하는 죄를 범하고 기소되어 있는 사람 또는 장기 3년 이상의 형에 해당하는 죄를 범하고 국외로 도피하여 기소중지된 사람에 대해서는 여권의 발급 또는 재발급을 거부할 수 있으며(여권법 제12조(여권의 발급 등의 거부·제한) 제1항 참조), 또한 반납을 명할 수 있다(여권법 제19조(여권 등의 반납 등)).

66 출입국관리법상 규정된 출·입국 규제방법의 하나로, '입국 시 통보 요청제도'는 일선 수사관이 해외로 도피한 피의자 등에 대해 검사 지휘를 받아 법무부에 요청하면 출입국사무소 외국인정책본부가 도피자의 입국 시간과 장소 등을 담당 수사관에게 통보해 주는 제도다.

67 요청 대상국의 국민일 경우 한국으로의 추방은 사실상 곤란하므로, 해당국에서의 수사 개시를 요청한다. 실무상으로 우리나라 NCB(NCB−Seoul)에서 다른 국가 NCB로 강제송환을 포함한 각종 국제공조수사 요청 시 그에 대한 대응이 우리의 수사 진행 속도에 비하여 신속하게 이루어지지 않는 경우가 많은데, 이때에는 인터폴 사무총국 내 지역협력을 담당하는 부서(지역협력국, INTERPOl General Secretariat NCB Directorate, 유럽, 미주, 중동·아프리카, 아시아 등 4개 과로 분류)의 지역별 담당자들에게 연락, 신속한 조치를 요청하면, 인터폴 사무총국에서도 직접 해당국 NCB에 조속한 대응(Response)을 촉구한다.

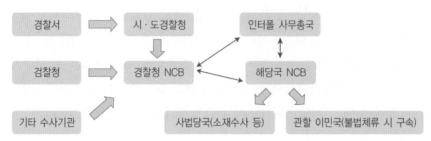

[그림 4] 인터폴을 통한 송환 절차 흐름도

✹ 인터폴의 수배서

인터폴 수배서는 문서상단 왼편 등에 표시된 색상에 따라 7가지로 분류되고, UN안전보장이사회와의 협약을 통해 발부하는 특별수배서를 포함, 총 8가지이다.

적색수배서는 형사소추 또는 형집행 대상인 수배자의 범죄인인도를 염두에 둔 체포를 위해, 청색수배서는 대상자의 체류지 확인 등 관련 정보 수집을 위해, 녹색수배서는 회원국 경찰에게 정보를 전달하거나 경고를 하기 위해, 황색수배서는 실종자 수색을 위해, 흑색수배서는 신원미상자 또는 사망자의 신원 확인을 위해, 주황색수배서는 무기 또는 군용물품 소포 등 위험물건의 위협을 경고하기 위해, 그리고 보라색수배서는 범죄자들에 의해 활용된 물건 등에 관한 정보를 제공하기 위해 활용된다. UN-인터폴 특별수배서는 '알카에다[Al-Qaeda, القاعدة, 1979년 소련(현 러시아)군이 아프가니스탄을 침공하였을 때 아랍 의용군으로 참전한 오사마 빈 라덴(1957. 3. 10~2011. 5. 2)이 결성한 국제 적인 테러 지원조직]'나 '탈레반(Taliban, 1994년 아프가니스탄 남부 칸다하르주(州)에서 결성된 무장 이슬람 정치단체로서 1996년부터 2001년까지 아프가니스탄을 지배한 세력)' 연계자 또는 동 단체의 여행을 금지시키거나 무기반입을 금지시킬 목적으로 2005년부터 활용되기 시작하였다.

☞ 2021년 한 해 동안 발부된 수배서

Red	Yellow	Blue	Black	Green	Orange	Purple	INTERPOL-UN
10,776	2,622	3,604	118	1,072	45	107	13

☞ 2021년 12월 현재 기준 유효한 수배서는 총 115,218

3. 인터폴을 통한 국외도피사범 국내송환

국외도피사범은 국내에서의 각종 범법행위와 관련한 형사처분을 면할 목적으로 범죄 직후나 수사단계 또는 형 확정판결 전 국외로 도주한 중요 수배자로 정의할 수 있다. 인터폴을 통해 모든 국외도피사범에 대한 국제공조수사를 요청할 수 없다는 인적·물리적 한계[68]로 인하여 우리 경찰이 정한 범위에는 공조수사를 요청하는 대상자가 한정[69]되어 있다.

가. 1990년부터 2011년까지 22년간[70]

범죄를 저지르고 해외로 도피하는 범죄자의 수[71]는 22년간 2,549명에 이르고, 죄종별로는 살인, 강도 등 대인(對人) 범죄가 10.3%, 경제사범이 67.4%의 비율을 보이는 것으로 나타났다.[72] 또한 해외도피사범의 목적지로는 미국(25.5%), 중국(21%), 필리핀(11.5%), 태국(7.0%), 일본(5.6%), 캐나다(5.3%) 등의 순서를 보이고 있다.

---

68 통상 14만명이라고 일컬어지는 경찰관들 가운데 외국과 외국인 관련 업무를 담당하는 외사(外事) 경찰의 수는 전국적으로 1천명(14만의 0.7%)에 미치지 못하고 있으며, 또한 해외공조수사를 담당하는 경찰청 외사국 외사수사과 인터폴계에는 계장 포함 불과 9명의 경찰관이 근무하고 있다. 그들은 17개 시·도경찰청에서의 국제공조수사 의뢰 등을 포함하여 매년 1천건이 넘는 인터폴 전문(電文)을 접수·처리하면서도 2003년 이후 매년 50건이 넘는 강제송환 실적을 보이고 있다.

69 경찰청의 '인터폴을 통한 국제공조수사 매뉴얼'(2021년 4월 작성)에 의하면 국외도피사범 공조수사 요청 기준은 '장기 1년 이상 징역이나 금고에 해당하는 죄를 범하여 체포·구속영장이 발부된 자'로 다만 정치·종교·군사·인종 관련 사건으로 수배된 자는 제외한다.
경찰청이 2021년 5월에 발행한 '인터폴 국제공조 매뉴얼'에 의하면, 인터폴 적색수배 요청 기준은 장기 2년 이상 징역이나 금고에 해당하는 죄를 범하여 체포영장·구속영장이 발부된 자 중 ① 살인, 강도, 강간 등 강력범죄사범, ② 조직폭력, 전화금융사기 등 조직범죄 관련 사범, ③ 다액(5억원 이상) 경제사범, ④ 사회적 파장 및 사안의 중대성을 고려하여 수사관서에서 특별히 적색수배를 요청한 기타 중요사범이다.

70 본 서적 초판에서처럼 해당 기간 1. 국외도피사범의 수, 2. 범죄의 종류, 3. 해외도피사범의 목적지별 분류를 살펴보고, 나항에서는 경찰청의 분류기준에 따라 최신 자료를 검토하고, 앞의 자료와 비교할 수 있도록 하였다.

71 동 자료는 초기부터 전산화된 것이 아니어서, 모든 형사사범에 대한 조치와 실태가 완벽히 집계된 것은 아니다. 따라서 모든 해외도피사범의 수를 나타내는 것은 아니며, 단지 사건처리 과정에서 해외로 도피한 것으로 밝혀짐에 따라 각 수사관서에서 경찰청 외사국 외사수사과 인터폴계를 거쳐 인터폴 채널 등을 활용, 해외공조를 요청한 대상자의 수를 알려주고 있을 뿐이다.

72 *Vers un mandat d'arrêt international, Du contexte à sa mise en oeuvre*(국제체포영장, 그 실현), KWEON Sun Young, 2013, 프랑스 리옹3대학 박사학위논문, 99면 이하 참조.

연도	1990	1991	1992	1993	1994	1995	1996	1997	1998	1999	2000	계
	3	0	20	30	23	98	83	135	150	164	106	
연도	2001	2002	2003	2004	2005	2006	2007	2008	2009	2010	2011	2,549
	140	110	178	114	156	141	134	135	211	178	240	

☞ 연도별 국외도피사범 추이(경찰청 외사국 자료)

계	중범죄[73]					경제사범				위조 · 변조	기타
	소계	살인	강도	강간	폭력	소계	사기	횡령 배임	부정 수표		
2,549	263	90	71	23	79	1,718	1,317	277	124	86	482
100	10.3	3.5	2.8	0.9	3.1	67.4	51.7	10.8	4.9	3.4	18.9

☞ 국외도피사범의 죄종별 분류(경찰청 외사국 자료)

계	미국	중국	필리핀	태국	일본	캐나다	베트남	홍콩	인도네시아	호주	캄보디아	뉴질랜드	브라질	기타
2,549	651	536	294	178	144	135	87	81	67	56	29	27	25	239
100	25.5	21.0	11.5	7.0	5.6	5.3	3.4	3.2	2.6	2.2	1.2	1.1	1.0	9.4

☞ 국외도피사범의 목적지별 분류(경찰청 외사국 자료)

그러면, 해외도피범죄자들 가운데 경찰청 외사국을 통하여 세계 각 국에 공조수사를 요청한 도피사범이 22년간 2,549명이었는데, 과연 몇 명이나 현지에서 검거되어 한국으로 강제 송환되었을까?

경찰은 인터폴을 통한 국제공조와 현지 주재 경찰 외사협력관들의 노력에 힘입어 1990년부터 2011년까지 22년간 총 970명의 해외도피사범을 검거하였다.

---

73 동 분류 표는 범죄를 Crime(重犯罪), Délit(Crime 이외의 범죄), Contravention(경범죄)으로 구분하는 프랑스 형사법의 범죄 분류방식에 따라 작성되었다.

그러나 그러한 노력에도 불구하고, 검거된 970명은 같은 기간 동안 해외로 도망한 2,549명의 38.1%, 즉 절반에도 미치지 못하는 수준이다.

연 도	1990	1991	1992	1993	1994	1995	1996	1997	1998	1999	2000	계
	0	0	4	3	4	18	27	35	52	43	31	
연 도	2001	2002	2003	2004	2005	2006	2007	2008	2009	2010	2011	970
	36	19	66	42	57	52	54	73	143	137	74	

☞ 국외도피사범 강제송환 실적(경찰청 외사국 자료)

반면, 법무부(검찰)의 범죄인인도조약에 근거한 강제송환은 같은 기간 총 113명에 불과하였다.

계	미국	중국	필리핀	호주	캐나다	인도네시아	일본	페루	뉴질랜드	카자흐스탄	스페인	과테말라	기타
113	39	19	8	7	5	5	4	4	2	2	1	1	19

☞ 범죄인인도 실적(법무부 자료)

나. 그 이후 최근 추이

경찰청 자료에 의하면, 2012년부터 2022년까지 11년 간 국외도피사범은 6,418명으로, 지난 22년 동안의 2,549명보다 무려 2.5배로 늘었다.

연 도	2012	2013	2014	2015	2016	2017	2018	2019	2020	2021	2022	계
	285	254	350	434	616	528	579	927	943	953	549	6,418

☞ 연도별 국외도피사범 추이(경찰청 외사국 자료)

이 가운데 검거를 통해 강제송환된 상황을 살펴보면, 위 기간 동안 총 2,932명을 송환하여 같은 기간 국외로 도피한 6,418명 가운데 45.7%가 법의 심판대에

오르게 되었는데, 보다 많은 경찰주재관 등을 파견하고 실질적인 교류협력을 진행하는 등 그간 경찰 노력 증대에 따른 것으로 보인다.

연 도	2012	2013	2014	2015	2016	2017	2018	2019	2020	2021	2022	계
	99	120	148	216	297	300	304	401	271	373	403	2,932

☞ 국외도피사범 강제송환 실적(경찰청 외사국 자료)

　　한편, 2012년부터 2021년까지 법무부의 강제송환 관련 통계는 10년간 575명인데, 범죄인인도제도를 통하여 강제송환한 범죄자뿐만 아니라, 국외도피한 사람을 검찰이 수배하고 우리나라 입국 시에 통보가 되도록 하여 공항 등 통관상황에서 검거한 사람까지 포함한 숫자임을 감안할 때 앞에서 살펴본 2011년까지의 113명과 비슷한 수준으로 이어지고 있음을 추정할 수 있다.

연 도	2012	2013	2014	2015	2016	2017	2018	2019	2020	2021	계
	24	41	45	48	55	74	70	85	60	73	575

☞ 범죄인인도 등 실적(법무부 자료)

　　강제송환된 국외도피사범의 죄종별, 도피했던 국가별 추이를 과거 통계에 대비하여 비교를 명확히 하긴 어려운 점이 있겠지만, 최근 4년간(2019년부터 2022년까지) 강제송환된 국외도피사범의 추이를 살펴보면 아래와 같다.

구분	총계	사기	횡령배임	폭력	살인	성범죄	강도	마약	절도	특가법	불법도박	기타
2022	403	187	10	20	1	12	1	34	6	1	107	24
2021	373	170	12	18	3	14	7	22	9	4	91	23
2020	271	110	14	8	1	9	3	19	7	4	70	26
2019	401	166	9	16	5	13	1	26	3	1	117	44
계	1,448	633	45	62	10	48	12	101	25	10	385	117
비율	100%	43.7	3.1	4.3	0.7	3.3	0.8	7.0	1.7	0.7	26.6	8.1

☞ 국외도피사범의 죄종별 분류(경찰청 외사국 자료)

1990년부터 2011년까지 22년간의 국외도피사범 가운데에서도 사기범이 51.7%로 가장 높게 나타났는데, 위 표에서도 2019년부터 2022년까지 4년간 강제송환된 국외도피사범 가운데 사기범이 43.7%로 가장 많았다는 점과 함께, 인터넷 불법도박의 성행으로 인하여 지난 4년 동안 송환된 국외도피사범 중 불법도박에 연루된 범죄자가 26.6%를 나타내고 있다는 점이 특기할 만하다.

한편, 2019년부터 2022년까지 4년간 강제송환된 국외도피사범 가운데 중국과 필리핀, 그 뒤를 이어 태국이 가장 많았다. 1990년부터 22년간의 국외도피사범들 중 미국을 목적지로 하는 자가 25.5%로 가장 많았고, 그 뒤를 이어 중국, 필리핀, 태국이었던 상황이었음이 비교되고, 또 중국 등 10개국을 제외한 '기타'의 비율이 9.4%에서 13.9%로 커진 점에 비추어 도피 대상국이 보다 다양해졌다는 것을 추론할 수 있다.

구분	총계	중국	필리핀	태국	말레이시아	베트남	캄보디아	미국	인도네시아	일본	싱가폴	기타
2022	403	94	96	42	5	61	26	13	1	9	3	53
2021	373	93	102	19	10	32	18	16	4	4	0	75
2020	271	64	52	49	3	27	8	21	5	7	1	34
2019	401	108	76	40	37	36	22	18	11	9	5	39
계	1,448	359	326	150	55	156	74	68	21	29	9	201
비율	100%	24.8	22.5	10.4	3.8	10.8	5.1	4.7	1.4	2.0	0.6	13.9

☞ 국외도피사범의 목적지별 분류(경찰청 외사국 자료)

4. 공조수사 사례

가. 외국에서의 외국인 범죄에 대한 우리나라의 대응사례

'크리스토퍼 폴 닐(Christopher Paul Neil, 1975년생, 캐나다인)'[74]은 2000년 한국에 처음으로 입국하여 서울과 경기도 등지의 학교와 영어학원에서 영어강사로 근무하다가, 2007년 8월, 1년을 계약기간으로 광주의 한 외국인학교에서 근무하고 있었

---

74 인터폴 사무총국 홈페이지(www.interpol.int)에 동 작전과 관련된 보도자료 등이 있으며, 간단한 요약자료는 http://en.wikipedia.org/wiki/Operantion_Vico 참조.

다. 그는 베트남과 캄보디아 등지에서 6살부터 10살까지의 아이들을 성추행하고 사진을 촬영한 다음, 자신의 얼굴을 소용돌이 모양으로 감춘 채 2백여 장의 사진을 인터넷에 유포한 '아동 성(性) 도착자(pedophile, pédophile)'였다.

인터폴(INTERPOL)은 그간 수집한 55만 장의 아동 성(性) 학대(Child sexual abuse) 사진들 가운데 소용돌이 모양으로 얼굴을 무효화한 그의 사진들을 발췌하여 원형으로 복원하는데 성공하였고, 몇 차례의 검증을 거쳐 그의 혐의를 확실하게 입증할 수 있다고 보고, '비코 작전(VICO operation)'이라고 명명한 다음 회원국들의 도움을 통한 검거작전에 돌입하였다. 그의 사진이 전세계에 배부된 이후 각지에 거주하는 350여명으로부터 제보를 받았고, 2007년 10월 그가 한국에 체류하고 있다는 것을 밝혀내는데 성공하였다.

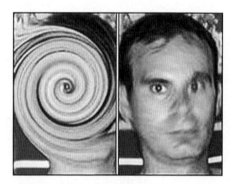

[그림 5] '닐'의 얼굴 복원 장면

[그림 6] '닐'의 태국공항 입국 장면

당시 인터폴 사무총장(General Secretary) '도널드 노블(Donald K. NOBLE)'을 비롯한 모든 인터폴 관계자의 시선은 한국으로 집중되었으나, '닐'은 같은 해 10월 17일 인천공항을 거쳐 방콕으로 출국하였다가, 같은 달 19일 태국의 한 휴양지에서 검거되었고, 이후 베트남, 캄보디아, 태국 등지에서의 '아동 성학대' 혐의로 징역형을 선고 받고, 2012년 9월 29일까지 태국 형무소에 구금되었다.

한국 경찰청과 사법당국은 인터폴 사무총국으로부터 인적사항 등 관련 정보를 받아 그의 소재를 발견하였지만, 감시 이외에 아무런 조치를 취할 수 없었으며, 결국 지인으로부터 관련 범죄혐의 때문에 인터폴 수배를 받고 있다는 언질을 받은 '닐'이 인천공항을 통해 급히 출국하게 되자, 그저 한국을 떠났다는데 만족하였다.

이후 우리 경찰은 아동 성 학대자가 7년 동안 우리나라를 왕래하며 4년 6개월간 청소년들에게 영어를 가르쳤었다는 사실만 확인하였고, 그가 근무한 학교와 학원 관계자들을 상대로 학생들을 성추행한 사실이 있는지 수사하였으나 관련 범죄를 밝히지 못했다.[75]

나. 한국에서 범행 후 외국도피 사례

앞선 사례는 외국에서의 범행 때문에 인터폴 적색수배 대상이 된 외국인이 한국에 체류한 경우 우리 사법당국의 대응이 어떠했는지에 대하여 밝히고 있는데, 한국에서 범죄를 저지르고 외국으로 도피한 한국인의 경우는 어떠했을까?

2013년 11월 26일 필리핀 북부 어느 도시에 위치한 카지노에서 도피 중이던 폭력조직 양은이파의 두목 조양은이 필리핀 경찰에 의해 검거되었다. 그는 2010년 8월 서울 강남에서 유흥업소 두 곳을 운영하며 종업원 48명의 차용증을 허위로 만들어 한 저축은행에서 44억 원을 대출받아 챙긴 사기 혐의를 받고 있었고, 국내 수사망을 피해 필리핀으로 달아났다가 현지에서도 한국 교민과 관광객을 대상으로 납치와 공갈, 협박을 일삼으며 생활비와 도박자금을 마련한 혐의를 받았다.

한국 경찰은 그를 검거하기 위해 필리핀 경찰주재관에게 관련 자료를 송부하고, 인터폴 적색수배서를 발부, 국제적으로 수배하였고, 경찰주재관은 필리핀 경찰과 다각도의 협력을 통해 사건을 해결할 수 있었다. 조양은의 도피생활은 3년 이상 지속되었는데, 유엔마약범죄사무소(UNODC)[76]라는 별도의 협조 라인을 통해 '조양은 검거작전'이 성공적으로 마무리될 수 있었다고 보도[77]되기도 하였으나, 온갖 음해와 신변위협에도 불구하고 노력한 경찰주재관이 있었기에 가능할 수 있었다.

---

75 2007년 10월 19일, 스포츠한국 기사(http://sports.hankooki.com/lpage/newstopic/200710/sp2007101922553858770.htm) 참조.

76 불법 마약 유통 및 국제테러 등에 대처하는 유엔 산하기구(United Nations Office on Drugs and Crime)로, 해당 국제범죄수사를 위해 폭넓은 네트워크와 정보를 가진 조직, www.unodc.org 참조.

77 한국경제, 2013년 12월 7일자, "'양은이파' 조양은 검거, 유엔 공조까지 있었다" 제하 기사 참조.

최근 사례로는 디지털교도소 운영자가 베트남 호치민에서 검거되어 지난 2020년 10월 6일 국내로 송환됐다. 피의자는 2020년 3월부터 디지털교도소 누리집과 인스타그램 계정 등을 개설, 운영하며 디지털 성범죄, 살인, 아동학대 등 사건 피의자의 신상정보와 법원 선고결과 등을 무단 게시하여 피해자들의 명예를 훼손, 사적(私的) 제재 논란을 불렀다.

경찰청은 인터폴 사무총국에 적색수배 신청을 하는 한편, 당초 도피국이었던 캄보디아 당국과 공조하다가 피의자가 다시 베트남으로 도주한 사실을 확인하고 베트남 공안과 공조, 호치민시 은신처에서 검거하였는데, 코로나19 상황으로 인하여 정상적인 항공편이 없어 타국 대사관과 협의, 특별 전세기를 이용하여 송환하였다.

Ⅳ. 맺음말

1. 국제공조수사의 한계

범죄의 국제화 현상이 날로 심화되고 있는 오늘날 한 국가의 형사사법기능이 더 이상 그 나라 영역 내에서 머물지 않고 이제 세계 전체의 문제가 되었다. 또한, 범죄인인도를 포함한 국제형사사법공조가 어느 정도로 충분히 이루어지는가에 따라서 각 국의 형벌권 실효성 유무가 판단되는 상황이다.

따라서 국제형사 사법공조는 더 이상 개별 주권 범위 내에서의 활동이라고 인식되거나 주권을 제약하는 문제라고 볼 것이 아니라 국제협력을 통한 형사정의의 실현이라는 측면에서 적극적으로 수용되어야 할 것이다.

그러나 국가마다 그 생성과정과 역사가 다르고 그 안에서 살아온 사람들이 서로 상이한 생각들을 하면서 그 사회를 유지하기 위한 국가조직 등 근간이 각양각색으로 나타나듯이, 형사사법체제, 관련 법률들도 나라별로 모두 천차만별이며, 또한 개별 사안에 따라 대응하는 서로의 마음자세가 다를 수밖에 없다는 점을 감안할 때 국제공조수사는 어떤 사항을 대상으로 하든지 간에 태생적으로 이미 한계를 지니고 있다.

하지만, 범죄를 저지르면 그 만큼의 대가가 누구에게나 분명히 따른다는 형벌의 위하(威嚇)적 성격이 사람들에게 범행을 저지르기 전에 한 번쯤 더 고민하게 함으로써, 죄를 범하지 않기 위해 노력하게 하는 것에 더하여, 죄를 짓고 그 어디에도 도망갈 곳이 없다는 것이 현실화된다면, 형벌의 위협만큼이나 범죄를 억제할 수 있게 되므로, 국제공조수사는 한 사회의 안전과 질서를 유지하기 위해 그 어떤 어려움이 있더라도 포기할 수 없는 것이다.

여기에 '어떻게 하면 국제공조수사를 제대로 할 수 있을까' 하는 문제를 놓고 우리 스스로 만들고 가꾸어온 제도 자체에 대한 정비가 시급하다.

우선, 국제형사사법공조법은 국제공조수사와 관련하여 자료의 요청이나 송부를 원칙적으로 외교경로를 통하여 규정[78]하고 있고, 또한 공조의 범위도 동 법률 제5조에서 넓게 정하고 있는 반면, 인터폴을 통해 실무적으로 다양하게 이루어질 수 있는 공조에 대해서는 비록 동 법률 제38조에 규정하고 있지만, 그 범위는 매우 한정[79]되어 있다.

또한 범죄인인도에 관하여 그 창구를 오직 외교경로에 한정하여 인도청구를 하거나 인도청구를 요청받도록 하고 있는데, 인도 대상자의 인권 보장적 측면이 강조된 것은 바람직하다 할 수 있으나, 절차가 복잡하고 오랜 시일이 소요되어 범죄인의 도주를 용이하게 할 수 있는데다가, 사법정의의 조속한 실현을 통한 피해자의 피해회복이나 사회질서 유지효과 등도 갈수록 빨라지는 현실에서 여전히 간과되고 있다.

---

78 국제형사사법공조법 제3장 외국의 요청에 따른 수사에 관한 공조(제11조~제22조), 제5장 외국에 대한 수사에 관한 공조요청(제29조~제32조).

79 국제형사사법공조법 제38조 제1항은 ① 국제범죄의 정보 및 자료교환, ② 국제범죄의 동일증명 및 전과 조회, ③ 국제범죄에 관한 사실 확인 및 그 조사로 국한하고 있는데, 특기할 만한 것은 하위 규정인 '국제형사경찰기구(인터폴) 대한민국 국가중앙사무국 운영규칙(경찰청 예규 제71호, 1991. 7. 31. 제정, 2019.4.22. 전부개정·발령)' 제8조(기능)에서는 우리나라 국가중앙사무국(경찰청 외사국, NCB-Seoul)의 기능과 관련하여 1. 국제범죄에 대응하기 위한 정보 및 자료 교환, 2. 국제범죄와 관련된 동일증명 및 전과조회, 3. 국제범죄에 대한 사실 확인 및 조사, 4. 국외도피사범 검거 관련 업무, 5. 국제범죄 대응을 위한 국제회의 참석 및 개최 등 업무, 6. 인터폴 총회 의결 사안의 집행, 7. 인터폴 및 각 회원국 국가중앙사무국과의 경찰업무 관련 상호 업무협력, 8. 국가중앙사무국 구성원 및 관련자 교육, 9. 인터폴협력관의 선발 및 운영, 10. 인터폴전산망 운영, 11. 대한민국 국적의 인터폴 집행위원회 구성원 등에 대한 지원, 12. 그밖의 국가중앙사무국 운영에 관한 사항으로 보다 폭넓게 정하고 있다는 점이다.

2. 외국과의 원활한 공조수사를 위한 몇 가지 방안

가. 국제형사경찰기구의 법적 지위 검토

인터폴을 매개로 한 세계 경찰들의 상호 협력에는 여러 이점(利點)[80]이 있음에도 불구하고, 첫째, 회원국 국내법 등으로 정해진 상호주의 원칙이라는 한계에 따라 전면적인 협력이 이루어지기 힘들다는 점, 둘째, 국내법이나 국제법률의 선제적인 명문화가 없기 때문에 외교채널을 통한 양자 또는 다자 간 협력보다는 약하다는 점, 셋째, 정치적·군사적·인종적 성격의 범죄는 협력의 대상이 될 수 없다는 인터폴헌장 내용이 보다 구체화되지 않은 상태에서, 많은 회원국들 내부의 정치상황이나 변수 역시 인터폴을 중심에 둔 협력에 걸림돌이 되고 있다는 점 등으로 인하여 그 이점이 제대로 활용되지 못하고 있다.

인터폴의 지위와 협력방안 등에 관한 규정들이 존재하지만, 회원국들의 서명 등 동의절차 없이 각 국의 실정법에 따라 우호적인 처리방식에 맡기는 연성법(Softlaw)적 체계에 머물고 있기 때문에 인터폴 총회 등에서 '권고(Resolution)'를 결정하더라도 해당 회원국이 받아들이지 않을 경우 그저 강제력이 없는 '충고(Advice)'에 그치고 만다.

물론 회원국 모두가 일제히 참여하는 조약체결을 한 순간에 이룰 수는 없다. 다만, 인터폴의 지위와 활동영역, 인터폴을 중심으로 한 협력방안에 관한 논의와 연구를 통해서, 그리고 개별 회원국과의 접촉 등 한 걸음씩부터 시작하는 자세를 갖는다면, 그저 연성법적 체계에 머무는 현재 모습을 언젠가는 탈피할 수 있다고 본다.

거기에는 우선 인터폴 회원국들이 체포 또는 구속영장이나 형집행장을 첨부하여 발부하는 적색수배서가 긴급인도구속청구서로 간주될 수 있는지 등의 법률적 효력에 대한 검토가 있어야 한다. 우리나라는 한 해에 17억 원이 넘는 인터폴

---

[80] 195개 국에 이르는 회원국들, 즉 세계 대부분의 국가들과 경찰협력을 이끌어낼 수 있다는 점, 인터넷 등 통신분야의 비약적인 기술발전에 힘입어 외교채널과는 비교할 수 없을 만큼 빠른 공조가 가능하다는 점, 24시간 상황실(CCC: Command and Coordination Centre)을 운영하고 있는 인터폴 사무총국에서 협력을 요하는 회원국 경찰들에게 필요한 지원을 즉시 제공할 수 있다는 점, 범죄인 추방자료 등 수많은 정보를 교환하고 또한 축적된 데이터를 활용할 수 있다는 점 등.

분담금(contribution)[81]을 지불하고 있고, 프랑스 리옹에 위치한 사무총국에 1명, 태국 방콕에 소재한 인터폴 연락사무소(Office de liaison)에 1명, 그리고 싱가포르에 위치한 인터폴 사이버범죄국(Digital Crime Centre)에 2명 등 총 4명의 경찰관을 '인터폴 협력관'이라는 이름으로 파견하고 있지만, 그 협력근거가 제대로 법률상 정비되지 않아 결국 무엇을 어떻게 해야 하는지 모르는 것과 마찬가지인 상황이 계속되고 있다.

그 결과로 아동 성도착자 '닐'이 우리나라를 7년 동안 왕래하며 총 4년 6개월을 체류하면서 무슨 일을 저질렀는지 밝히지도 못하고 그저 떠나가는 뒷모습을 쳐다볼 수밖에 없었으며, 조직폭력배 조양은이 죄를 짓고 해외로 도주한 이후 해외에서도 현지 교민들과 여행객들을 납치와 공갈, 협박을 일삼았어도 오랜 기간 동안 그의 악행을 지켜볼 수밖에 없었던 것이다.

법률적인 근간과는 별개로, 해외도피사범에 관한 업무, 특히 범죄인인도문제를 취급하는 곳은 경찰청 외사국 인터폴국제공조과뿐만 아니라, 법무부 검찰국 국제형사과가 있는데, 두 기관 모두 피해금액으로 얼마, 피해규모의 정도 등 각기 내부규정으로 강제송환절차를 추진해야 하는 기준을 달리 정하고 있는데다, 업무를 추진하는 부서의 열의에만 모든 절차진행을 맡기고 있어 그 성과가 미약한 실정이다.

해외로 도피하는 범인을 100% 검거할 수 없다고 하더라도, 형사처벌이 무서워 해외로 도피한 것으로 밝혀진, 일정 형량 이상의 범죄자에 대해서는 우선 인터폴 적색수배서를 발부하여 자세한 내용을 전세계에 전파하는 한편, 엄격한 절차에 따라 소지한 여권을 무효화함으로써 그의 소재를 발견한 국가에서 강제추방을 시행할 수 있는 근거를 마련해주고, 해당국에 파견된 경찰 주재관에게 상대국가와의 긴밀한 공조를 지시하여 도주한 범인의 조속한 송환과 관련 증거 입수 등을 하도록 해야 한다.

국가 예산사정상 많은 경찰관을 해외에 파견하지 못하고 있고, 또 해외파견 경찰관의 역할에도 한계가 있다는 점도 있지만, 인터폴 적색수배서에 대한 법률

---

[81] 2022년 우리나라의 인터폴 의무 분담금은 약 132만 유로 (한화 약 17억5천만원)이다. 인터폴은 회원국들이 부담하는 분담금(전체 예산의 약 75%)과 특정사업에 대한 일부 국가 또는 기업의 지원(약 25%)을 받아 운영되는데, 2021년 예산은 약 1억3천7백만 유로(Euro, 한화 약 1,781억 원)이다.

적 검토와 활용근거를 법령에 명확히 규정함으로써 단지 우리나라 안에서만 효력이 있을 뿐인 대한민국 체포 또는 구속영장의 활용범위를 확대시키려는 노력이 시급한 실정이다.

나. 인터폴을 매개로한 '정보교환 및 단속 중심체(Enforcement Core)'에의 적극적 참여

인터폴에서는 금융범죄, 조직범죄, 사이버범죄를 담당하는 부서에서 특정 프로젝트를 시작하여 지속적으로 회의를 이어나가며 참여국 간의 정보교류를 계속하고, 특정사건에 다수의 국가가 관련될 경우 특별 작전(Special operation)을 개시하여 국제공조수사와 검거사례를 축적하고 있다. 세계 각 국의 범죄정보를 교환하고 필요한 부분에 대해서는 공통된 교육으로 범죄 억지력을 향상시키는 등 '보다 안전한 사회를 만들자(To the safer world)'는 인터폴의 목표를 이루기 위한 활동 가운데 대표적인 방법이다.

예를 들어, 최근 몇 년간 우리나라를 괴롭히고 있는 온라인도박문제도 근본적인 대응방안을 마련할 수 있다. 어느 범죄 집단의 온라인 도박을 몇 건 단속하더라도 더 많은 도박사이트가 생겨나는 현상황에서 벗어나기 위해 인터폴 사무총국에서 특정 프로젝트를 개시함으로써 서버를 두고 운영자들이 숨어서 원격조정을 하거나 또는 도박자금을 운용하는 수사공조대상 국가들의 협력을 이끌어낼 수 있다면, 온라인 도박을 근절시킬 수 있는 보다 근본적인 방안이 되는 것이다.

물론 인터폴 사무총국에서 이루어지는 프로젝트나 작전에는 우선 인터폴에 근무하는 책임관이 필요하고, 주기적인 회의와 정보교환 및 자료축적도 예산의 뒷받침이 있어야 한다.

하지만, 적은 예산을 들여 더 많은 이득, 즉 도박자금의 해외 유출이나 금전적 액수를 산정할 수 없는 국민정신의 피폐 등 피해를 막을 수 있다는 점에서 볼때 그 효용이 결코 적다고 할 수는 없다.

현재에는 우리나라와 큰 연관이 없는 인터폴 프로젝트에도 적극적으로 참여한다면, 가까운 미래에 우리나라에서도 다양하게 출현할 수 있는 범죄양상에도 미리 대비할 수 있으며, 그러한 참여를 바탕으로 몇몇 핵심국가들과의 양자 또는 다자 간 결속[82]을 이끌어낼 수 있다면, 국제공조수사의 효율성을 지속적으로 제고할 수 있을 것이다.

다. 수사공조에 특화된 경찰관 또는 전문가의 해외파견

필리핀에서 한국인 납치나 살인 문제가 연속되는 등 한국인 피해 사례가 증가하자 마닐라 소재 필리핀 경찰청에 2012년에 마닐라에 이어 2015년에 앙헬레스(타갈로그어: Lungsodng Angeles)[83]에도 '한국사무소(Korean desk)'를 설치한 사례와 같이, 그간 해외협력이나 단편적 정보입수 차원에서 경찰 해외주재관을 파견하던 이전의 개념을 뛰어넘어서, 해당 국가 경찰들과 직접 활동할 수 있도록 수사기관에 더 많은 경찰관 또는 해당분야 전문가를 파견하는 것을 적극 검토할 때가 되었다.

현재까지 우리정부는 정부수립 이후 우리의 국익과 해외 거주 동포나 여행객들의 안전을 지키기 위해 대사관, 총영사관 설치와 함께 영사를 배치, 활동하게 하다가 경찰 등 '안전 전문가'들을 영사의 직책을 부여하거나 또는 주재관으로 배치해왔다.

그러나 경찰 영사 또는 주재관은 대사관원 또는 총영사관원의 일원으로서 해당 관청에서의 역할[84]도 부여되기 때문에 수사나 경찰협력 분야에만 전종할 수

---

82 예를 들어, 캄보디아 경찰청 대내안전국(ISD: Internal Security Department)과 우리나라 경찰청 사이버안전국 간에는 ACES 프로젝트 [2009년 인터폴 방콕 연락사무소(LOBANG: Liaison Office in Bangkok)에서 근무하던 한 경찰관이 아태지역에서 합법적으로 개설되는 카지노가 지속적으로 증가하고 불법 온라인 도박(illegal online gambling)이 큰 폭으로 늘어나는 상황에서, 이러한 현상들이 카지노에서 파생되는 조직범죄를 가중시킬 수 있다고 강조하여 시작되었다.] 창설 이후 최초의 공조수사 성공사례로 거론되는 작전이 실행되었다. 2014년 9월 24일 경찰청이 발표한 판돈 3조 7천억원대 기업형 인터넷 도박조직 검거성과는 2011년 7월경 캄보디아 경찰에 도박 사이트 서버 IP로 의심되는 21개 캄보디아 IP 주소에 대한 공조수사를 요청하면서 시작되었다. 당시에는 인터폴 공조요청서를 통해서만 공조수사가 이루어져 활발한 진척이 없었으나, 2012년 7월 제7차 ACES 프로젝트 회의에서 캄보디아 ISD 소속 경찰관 3명이 참가하여 사이버안전국과 양자회의를 개최함으로써 수사에 급물살을 타게 되었고, 두 달 후 2012년 9월에는 한국 수사팀이 캄보디아를 방문하여 ISD측과 근거지 압수수색 등 합동수사를 벌임으로써 중요 증거 하드디스크 수십여점을 압수하고 한국인 피의자 1명을 검거하는 성과를 거두었다. 2014년 9월의 성과는 이 당시 공조수사를 바탕으로 수배된 용의자들이 해외에서 자진 귀국, 마무리되면서 그 결실을 맺었다.
83 필리핀 수도 마닐라에서 북쪽으로 80㎞ 떨어진 앙헬레스는 필리핀 중부 루손 지방에 속한 팜팡가 주에 위치한 도시로, 면적은 60.27㎢, 약 32만명의 인구가 거주하고 있는데, 골프 및 유흥을 위해 한국인 관광객이 많이 찾는 곳이다.
84 예를 들면, 사증발급업무 부여, 대사관 행사 동원, 외교행랑 발송·수령 등인데, 업무가 많고 적음

344 • 경찰의 국제공조

는 없는 실정이어서 국민과 연관된 사건이나 사고가 불시에 발생할 경우 평상의 업무에 더한 추가업무가 되기 때문에 그에 대한 집중도가 떨어지기 마련이다.

한편, 인터폴을 매개로 하거나 또는 양국간 협약서(MOU)를 직접 체결한 이후 전문을 통해 수사자료, 범인 소재 등 관련 정보를 요청하는 일을 지금까지 관행적으로 해오고 있으나, 동 요청에 응해주어야 할 강제성이 없는데다 항상 상호주의에 따르고 있고, 또 시기적인 상황이나 담당자의 열의 등에 의한 변수가 늘 존재하기 때문에 전문을 통한 수사공조도, 비록 여러 양태의 통신수단 발달에도 불구하고, 여전히 제자리걸음을 하고 있는 형편이다.

따라서 외국경찰과의 적시 적절한 수사공조를 위해서는 수사전문가가 긴밀한 협력을 해야 할 필요가 있는 국가에 파견되어 해당국 사법당국과의 공조에 전종해야 한다. 어느 곳이나 사람들이 사는 곳이며, '面 對 面(face to face)'으로 이루어지는 협력만큼 더 신속하고 효과적인 것은 없기 때문이다.

을 떠나서 일상적으로 해오던 평상의 경찰업무와는 그 성격이 전혀 맞지 않는데다, 그 흐름을 중단한다는 데 문제가 있다는 것이다.

참고법률

- 범죄인인도법
- 국제형사사법공조법

참고문헌

1. 국내문헌

- 권선영, "*Vers un mandat d'arrêt international, Du contexte à sa mise en œuvre*" (국제체포영장, 그 실현), 프랑스 리옹3대학 박사논문, 2013.
- 김주덕, 국제형법, 육서당, 1999.
- 박외병, "국외도피사범 송환실태 및 송환대책에 관한 연구", 동국대학교 석사논문, 2003.
- 이재상, 형사소송법, 박영사, 2015.

2. 외국문헌

- A. DECOCQ, J. MONTREUIL et J. BUISSON, *Le droit de la police*, 2ème Edition, Litec, Paris, 1998.
- André HUET et Renée KOERING— JOULIN, *Droit pénal international*, Presses Universitaires de France, Edition PUF, 2005.
- Anne GRATACAP, *Impact des technologies de l'information et de la communication sur la globalisation des marches et la mondialisation de l'activité de la firme industrielle*, Thèse pour le Doctorat de l'Université Paris 1, 1994.
- C. FREMINCOURT, *Les résultats de la loi sur la réforme de l'instruction criminelle*, Thèse, Lille, 1904.
- Didier REBUT, *Droit pénal international*, Dalloz—Sirey, 2012.
- Elena JIMENEZ—SAAVEDRA, *Globalisation et nationalité de l'entreprise*, Mémoire de D.E.A. à l'Université Paris 2, 1997—1998.
- H. BONAFOS, *De l'extradition*, imprimerie d'Aimé Vingtrinier, Lyon, 1866.
- Harald W. Renout, *Droit pénal général*, Edition Paradigme, 2008—2009.

- Jean PRADEL, *Procédure pénale*, 16èmeéd., Edition Cujas, Paris, 2011.
- Marc LEBRUN, *INTERPOL*, PUF, Coll. Que sais−je ?, Paris, 1997.
- Mireille DELMAS−MARTY, *Les grands systèmes de politique criminelle*, PUF, Paris, 1992.
- Sophie BOT, *Le mandat d'arrêt européen*, Luxembourg, Larcier (15 mai 2009), Collection: Faculté de droit, d'économie et de finance de l'université du Luxembourg, p. 486; Thèse, l'Université d'Avignon 2008.

참고자료

- 국제형사경찰기구(인터폴) 공식 사이트 http://www.interpol.int

찾아보기

저자 약력

이 성 용

경찰대학교 행정학과(행정학사)
독일 Augsburg 대학교 법학 석사(LL.M.)
독일 Augsburg 대학교 법학 박사(Dr.iur.)
(현) 계명대학교 사회과학대학 경찰행정학과 교수
경찰청 교육과/감사담당관실, 서울 노원경찰서/남부경찰서 수사과, 경찰대학 치안정책연구소
　경찰연구관, 2006 독일월드컵 정부합동 대테러안전지원단 파견
저　서: Die Privatisierung der Inneren Sicherheit durch das Bewachungsgewerbe(Peter Lang, 2006)
비교경찰론(수사연구사, 2006, 공저)
경찰윤리(박영사, 2014: 대한민국학술원 2015 우수학술도서)
경찰실무종합(경찰공제회, 비교경찰편)

권 선 영

경찰대학교 법학과(법학사)
프랑스 파리1대학 형법 및 형사정책 전공(법학 석사)
프랑스 리옹3대학 형법 및 형사정책 전공(법학 박사)
(현) 경상북도자치경찰위원회 팀장
전 경북경찰청 생활안전 · 감사 · 외사 · 정보협력계장
전 인터폴협력관(사무총국), 경찰청 외사 · 사이버수사팀장, 외사정보분석관
저　서 : 세계구속영장: 그 구현의 맥락, 사이버선거: 현재와 미래, 사이버범죄 그게 뭐죠?

김 영 식

경찰대학교 법학과(법학사)
프랑스 그르노블 2대학 경찰행정학 석사
프랑스 그르노블 2대학 경찰행정학 박사
(현) 서원대학교 경찰학부 교수
충북경찰청 손실보상심의위원회 위원, 세종경찰청 인권위원회 위원, 충청북도 자치경찰위원회 정책
　자문위원장
저　서: 엔드오브폴리싱(역서), 폴리스트렌드 2020(공저) 외 다수

이 기 수

경찰대학교 행정학과(행정학사)
중국해양대학교 법학 석사
서울대학교 법학전문대학원 법학 박사
(현) 전남대학교 해양경찰학과 교수
해양경찰청 정책자문위원, 경찰청 사법제도개혁전문가TF 전문위원, 종로경찰서, 성북경찰서, 여수경
　찰서 형사과장
저　서: 허위자백의 이론과 실제, 허위자백 스토리, 형사소송법 핵심판례 110선(공저)

이 훈

경찰대학교 법학과(법학사)
플로리다 주립대 범죄학 석사
샘휴스턴 주립대 형사정책학 박사
(현) 조선대학교 경찰행정학과 부교수
전 웨스턴 캐롤라이나대학교 범죄학과 조교수

장 응 혁

경찰대학 행정학과(행정학사)
일본 도쿄대학 법학정치학연구과 형사법 석사
고려대학교 법학과 형법 박사
경찰청 혁신기획단 연구관
경찰대학 교수요원
(현) 계명대학교 경찰행정학과 조교수
일본 도쿄대학 비상근강사, 일본 경찰정책학회 회원
저 서: 性犯罪規定の比較法研究(成文堂, 2020, 공저)
일본의 형사정책 Ⅰ·Ⅱ(박영사, 2020, 공역)
젠더폭력의 이해와 대응(박영사, 2018, 공저)
소년법(박영사, 2016, 공역)

최 대 현

경찰대학교 법학과(법학사)
영국켄트대학교 법학대학원 법학 박사(PhD)
(현) 건국대학교 경찰학과 교수

제 2 판
비교경찰론

초판발행   2015년 8월 20일
제2판발행   2023년 8월 10일

지은이   이성용 외
펴낸이   안종만 · 안상준

편 집   양수정
기획/마케팅   장규식
표지디자인   이영경
제 작   고철민 · 조영환

펴낸곳   (주) **박영사**
             서울특별시 금천구 가산디지털2로 53, 210호(가산동, 한라시그마밸리)
             등록 1959. 3. 11. 제300-1959-1호(倫)

전 화   02)733-6771
f a x   02)736-4818
e-mail   pys@pybook.co.kr
homepage   www.pybook.co.kr
ISBN   979-11-303-1779-3 93350

정 가   23,000원